Foster u.a. (Hg.) · Die ganze Demokratie

Feministische Theorie und Politik
Herausgegeben von Barbara Schaeffer-Hegel

Band 12

Helga Foster
Helga Lukoschat
Barbara Schaeffer-Hegel (Hg.)

DIE GANZE DEMOKRATIE

Zur Professionalisierung von Frauen
für die Politik

2. Auflage

Centaurus Verlag & Media UG 2000

Der Druck erfolgt mit freundlicher Unterstützung der Bundeszentrale für politische Bildung, Bonn.

Die Deutsche Bibliothek – CIP-Einheitsaufnahme

Die ganze Demokratie :
zur Professionalisierung von Frauen für die Politik /
Helga Foster, Helga Lukoschat, Barbara Schaeffer-Hegel (Hg.) –
Herbolzheim : Centaurus-Verl.-Ges., 2. Auflage 2000
   (Feministische Theorie und Politik ; Bd. 12)
   ISBN 978-3-8255-0219-5   ISBN 978-3-86226-879-5 (eBook)
   DOI 10.1007/978-3-86226-879-5

ISSN 0933-0305

Alle Rechte, insbesondere das Recht der Vervielfältigung und Verbreitung sowie der Übersetzung, vorbehalten. Kein Teil des Werkes darf in irgendeiner Form (durch Fotokopie, Mikrofilm oder ein anderes Verfahren) ohne schriftliche Genehmigung des Verlages reproduziert oder unter Verwendung elektronischer Systeme verarbeitet, vervielfältigt oder verbreitet werden.

© CENTAURUS Verlags-GmbH & Co. KG, Herbolzheim 2000

Satz: Andreas Kosmalla, Jena
Umschlagentwurf: Janka Thurn, Birkenwerder
Umschlaggestaltung: DTP-Studio, Antje Walter, Lenzkirch

Inhalt

Vorwort

I. Bildungspolitische Perspektiven

Rita Süssmuth
Über die Zukunft von Frauen und Männern in der Politik 1

Elke Wülfing
Frauen gestalten Politik - Mit Bildung zum Erfolg 7

II. Zur Professionalisierung von Frauen für die Politik
Ergebnisse der Befragung von Frauen in Führungspositionen

Ulla Weber
Einleitung 13

Susanne Bergmann
Aspekte der familiären und politischen Sozialisation von Spitzenpolitikerinnen und Führungsfrauen 17

    Frühe Einflüsse auf die Entwicklung von politischem Interesse 17
    Aspekte der politischen Sozialisation 36
    Erste Schritte in die aktive politische Arbeit 47

Ulla Weber
Handlungskompetenzen für Frauen in der Politik 63

    Anforderungen in verschiedenen politischen Handlungsfeldern 64

    Karriereplanung 64
    Zeitmanagement, Arbeitsorganisation, Arbeitstechniken 76
    Politisches Fachwissen 82
    Durchsetzungsstrategien für den politischen Raum 87
    Öffentlichkeitsarbeit 98
    Personalführung 105

Selbstkonzept und Problembewältigung 110
Die defizitäre Wahrnehmung der eigenen Leistung 111
Der Bezug auf „weibliches" Politikverständnis 114
Die Konstruktion einer öffentlichen Person 117

Helga Lukoschat
Austausch und Vernetzung:
Maßnahmen zur Stärkung von Frauen in der Politik 120

Als Frau in der Politik - Behinderungen und Barrieren 124
Handlungs- und Bewältigungsstrategien von politischen Führungsfrauen 142
Kooperationsformen von Frauen in der Politik 166
Strategien und Instrumente zur Stärkung von Frauen in der Politik 185

III. Internationale Strategien zur Förderung von Frauen für die Politik

Marion Esch
Instrumente gleichstellungspolitischen Mainstreamings 197

Strategien zur Förderung der politischen Einflußmacht von Frauen 198

Beispiele aus den USA 207
Beispiele aus Europa 209
*Politische Bildung versus Professionalisierung von Frauen
für die Politik* 213

Verbesserung der gleichstellungspolitischen Infrastruktur 217

Gender Statistics und feministische Think-Tanks 219
*Gleichstellungspolitische Politikvermittlung: eine Herausforderung
für die Politik und den politischen Journalismus* 221
Campaigning 224

Helga Ebeling
Bildungspolitische Perspektiven 228

Marianne Alexander
Preparing Women to Lead 236

Anita Perez Ferguson
Gender and the State: New Strategies to Promote Women 232

Ann Swain
**The 300 Group:
a UK Network and Campaigning Group for Women in Politics** 239

Nancy Brown
Professional Training for Women in Politics 243

Danuta Waniek
**Parteiübergreifende Kooperation von Parlamentarierinnen
im polnischen Sejm** 248

Marianne Laxén
Mainstreaming equality - a Nordic project 251

IV. Die völlig normale Ausnahme:
Ergebnisse der Fragebogenerhebung bei deutschen Mandatsträgerinnen

Helga Foster
**Herkunftsbedingungen, Lebensformen und Bildungsaspirationen
von Frauen in der Politik** 255

   Hintergründe und Fragestellungen der Studie 255

   Das Bild von Politikerinnen im Spiegel biographischer Daten 265

   Umweltreaktionen beim Einstieg in die Politik 277

   Zuwendung durch Mentorinnen und Mentoren 279

   Gründe für den Einstieg in die Politik - Streben nach weiblichen Vorbildern
oder Befriedigung des „guten Gewissens"? 281

   Frauen in der Politik - die völlig normale Ausnahme 298

   Kompetenz und Gewissen 300

   Fortbildung für das politischen Amt 307

   Optionen, Perspektiven und Wünsche zur Weiterbildung
von Frauen in der Politik 325

   Soll es Weiterbildung nur für Frauen in der Politik geben? 329

   Schlußüberlegungen 330

Literatur 334

Die Autorinnen 345

Vorwort

Um die ganze Demokratie soll es in diesem Band gehen, um *Geschlechterdemokratie*! Unser Buch ist Konzepten und Strategien gewidmet, die die Einbeziehung der weiblichen Mehrheit der Bevölkerung in demokratische Verfahren der Machtbeteiligung und Machtausübung unterstützen. Daß es nach 200 Jahren Aufklärung und demokratischer Wertorientierung trotz vielfältiger politischer Bemühungen noch immer so schwierig ist, Frauen gleichberechtigt an Politik und Macht zu beteiligen, muß Gründe haben, die stärker sind als die Absichtserklärungen der Parteien und die Wirkungen der auf Gleichstellung gerichteten politischen Maßnahmen. Ehe wir zu den in diesem Band zusammengefaßten Forschungsergebnissen und Praxisvorschlägen kommen, müssen wir uns daher über die tieferen systemischen Gründe Klarheit verschaffen, die eine Gleichstellung von Frauen und Männern immer wieder verhindern: Sie liegen in wenigen aber bestimmenden Organisationsprinzipien unseres Gesellschaftssystems, die als die weitaus älteren den historisch späteren demokratischen Strukturen und Verfahren vorgelagert sind und diese partiell außer Kraft setzen.

Das Grundmuster der patriarchalen Geschlechterordnung - das kann man u.a. bei Gerda Lerner (1991) und bei Joan Kelly (1988) nachlesen - besteht darin, Frauen als kostenneutrale Ressource für die Produktion und Versorgung des gesellschaftlichen Nachwuchses und für die Gewährleistung des psychischen und physischen Wohlbefindens der Männer / Bürger zu nutzen. Diese archaische Grundstruktur ist im Verlauf des 18. und 19. Jahrhunderts mit dem Siegeszug der modernen demokratischen Staaten neu begründet und institutionell neu abgesichert worden. Frauen waren keine Bürger und die Familie gehörte nicht zum Staat. Als partiell rechtsfreier Raum galt Familie als der private Herrschaftsbereich - my home is my castle - der männlichen Vollbürger (Mac Kinnon, 1987).

Auf eine kurze Formel gebracht ist die Situation von Frauen in unserer Gesellschaft durch einen einfachen, aber wirkungsvollen circulus vitiosus gekennzeichnet, welcher dazu führt, daß Frauen - in jeder Generation von neuem - weniger qualifizierte Arbeit, weniger Einkommen und beträchtlich weniger politische Macht erhalten und zwangsläufig ins gesellschaftliche Abseits geraten:

→ Wegen der Zuständigkeit und Verantwortung für Kinder und Familie - bzw. allein schon wegen der Möglichkeit, schwanger zu werden - bleiben Frauen häufiger auf der Karriereleiter stecken, haben seltener ungebrochene Berufsbiographien und erhalten schlechter bezahlte Erwerbsarbeit mit geringeren beruflichen Aufstiegschancen;

→ trotz eines Plus an Verantwortung, Erfahrung und Arbeitsleistung, das Frauen im sogenannten „privaten" Bereich erbringen, gewinnen sie daher weniger Führungserfahrung im sogenannten „öffentlichen" Bereich und haben schlechtere Chancen zur Übernahme politischer und gesellschaftlicher Machtpositionen. Das wiederum führt dazu, daß

→ Frauen nur sehr unzureichend in der Lage sind, politische Strukturveränderungen zu bewirken, die dazu beitragen könnten, Männer anteilig an der Familienarbeit zu beteiligen und damit Frauen bessere Chancen auf mehr Einkommen, qualifiziertere Arbeitsplätze und mehr Zeit für Politik, Karriere und Macht geben würden.

Um langfristig wirksame Veränderungen in Richtung Gleichstellung herbeizuführen, muß daher auf den Ausgangspunkt dieser ausgrenzende Dynamik zurückgegangen werden: auf die seit Jahrtausenden überkommene, längst überholte, aber noch immer praktizierte geschlechtsspezifische Arbeitsteilung in der Familie. Erst eine Gleichverteilung der zum Erhalt der Gesellschaft unverzichtbaren Leistungen für die Pflege, die Betreuung und die Erziehung ihrer zukünftigen Mitglieder wird in der Lage sein, die patriarchale Spirale der Einkommens- Berufs- und Machtbeschränkungen für Frauen aufzuheben.

Wie wir wissen fehlt es nicht an Modellen und Konzepten, die geeignet wären, die Schieflage zwischen den Geschlechtern auszugleichen: u.a. die anteilige Verteilung des Erziehungsurlaubes für Väter und Mütter, Familienausgleichszahlung bei der Wahrnehmung des Erziehungsurlaubes durch den weniger verdienenden Partner, familiengerechte Teilzeitarbeit für Väter und Mütter, familiengerechte[1] Steuergesetzgebung, Veränderung der männlichen Lebensplanung und Karrieremuster. Kurz: Anerkennung von Familienarbeit als Teil der hauptberuflichen Lebensarbeit von Männern und Frauen. Die meisten Reformvorschläge wären sogar finanzierbar, wenn etwa ungerechtfertigte Steuerprivilegien, wie z.B. die Subventionierung von kinderlosen Patriarchen durch das Ehegattensplitting abgeschafft würden.

An politischen Konzepten fehlt es also nicht - wohl aber an der Macht diese umzusetzen. Die Macht dazu - davon gehen wir vorläufig aus - muß zunächst von den Frauen kommen[2]. Wenn die genannte Negativspirale in eine positive Drehrichtung umgepolt werden soll:

---

1 Hierbei wird davon ausgegangen. daß *Familie*. unabhängig vom Geschlecht und dem standesamtlichen Status der erwachsenen Partner, da ist, wo Kinder aufwachsen oder alte und kranke Menschen betreut werden.

2 was nicht heißt, daß es inzwischen nicht auch zunehmend mehr Männer gibt, die die zentrale Bedeutung dieses gesellschaftlichen Umverteilungsprozesses für sich und für die Zukunft des Gemeinwesens erkennen

→ anteilige Familienarbeit für Männer → mehr und bessere Arbeitsplätze → mehr Einkommen und Aufstiegschancen und → daher mehr politische Macht für Frauen,

werden mehr Frauen sich stärker einmischen und mehr Machtbereitschaft aufbringen müssen.

Eine langfristige gesellschaftliche Vision und klare frauenpolitische Zielsetzungen allein reichen jedoch nicht aus, um auf Dauer erfolgreich zu sein. Frauen brauchen zeitgemäße und wirksame Strategien zur Durchsetzung ihrer Forderungen. Die zu Beginn der zweiten Frauenbewegung entwickelten Strategien der Verweigerung, des Protestes, und der autonomen Projektarbeit waren in den Zeiten des Aufbruches wirkungsvoll und sinnvoll. Sie sind es heute nicht mehr. Die Frauenpolitik der 80er Jahre: Politik *von* Frauen, *mit* Frauen und *für* Frauen ist in der Bundesrepublik auf verschiedenen Ebenen sehr erfolgreich gewesen. Die Quote, Frauenbeauftragte, Frauenprojekte, Gleichstellungstellen und Frauenförderpläne sind ihre entscheidenden Stationen. Sie sind wichtige Etappensiege, die grundlegende Veränderungen gebracht haben und die vor allem die Voraussetzung für weitergehende gesellschaftspolitische Erneuerungen bieten. Aber die Begrenztheit von nur an Frauen orientierter traditioneller Frauenpolitik wird uns im Zeichen von Sparhaushalten und der Kürzung öffentlicher Programme überdeutlich vorgeführt. Auch wenn sich heute mehr Frauen in Führungsetagen aufhalten, haben Staat und Gesellschaft ihre patriarchale Grundstruktur beibehalten. Solange Frauen als besondere Gruppe besonderer Behandlung und auch besonderer Zuwendungen bedürfen, heißt das auch, daß die patriarchale Zuweisung gesellschaftlich notwendiger Aufgaben nach Geschlecht noch immer funktioniert. Der von Männern dominierte Staat wird - solange er glaubt, sich dies leisten zu können - Frauen lieber mit einigen durchaus zu verschmerzenden frauenpolitischen Zugeständnissen beruhigen als grundlegende Strukturveränderungen zu riskieren, die tiefgreifende Verhaltens- und Verfahrensänderungen nach sich ziehen würden.

Die Quoten- und Gleichstellungspolitik bewirkte in der Tat, daß die numerische Gleichstellung der Geschlechter in den Institutionen der demokratischen Politik ernsthaft vorangetrieben wurde. Aber eben nur die numerische! Quote und „Gleichstellung" allein - das ist leider ein Fakt - sind kaum in der Lage, männliche Machtzentren aufzubrechen, den Einfluß kleiner exquisiter Minderheiten zu schmälern und genügend Frauen in die richtigen Positionen zu bringen, in denen weittragende und gesellschaftlich wirksame Entscheidungen getroffen werden. Auch der politische Raum birgt mehr oder weniger attraktive Nischen, Abstellkammern und stille Winkel, in die Frauen hineinbugsiert und politisch wirkungslos gemacht werden können.

Neben den quantitativen erhalten daher qualitative Strategien heute immer größere Bedeutung für die Frauen- und Geschlechterpolitik. Denn die Widerstände gegen eine gleichberechtigte Teilhabe von Frauen an der Politik liegen sowohl in institutionellen Regelungen, die dringend einer politischen Revision bedürfen, als auch in subjektiv verankerten Dispositionen und Vorbehalten von Männern - aber auch von Frauen -, welche durch den Einsatz geeigneter Bildungsmaßnahmen beeinflußt werden können. Politische und bildungspolitische Maßnahmen müssen daher aufeinander abgestimmt sein und gleichzeitig ansetzen: Größere Anstrengungen im Bereich der politischen Bildung und Professionalisierung von Frauen werden bewirken, daß mehr Frauen mit mehr Durchsetzungskraft bessere politische Voraussetzungen für eine geschlechterdemokratische Gesellschaft schaffen.

Mit dieser Zielsetzung und unter Bezugnahme auf die Forderung der 4. Weltfrauenkonferenz in Peking (1995) begann vor drei Jahren eine Gruppe von Frauen und Männern in Berlin mit dem Aufbau der EUROPÄISCHEN AKADEMIE FÜR FRAUEN IN POLITIK UND WIRTSCHAFT. Die Akademie soll der Kooperation und der Qualifizierung von Frauen in der Politik und der Förderung des weiblichen Führungsnachwuchses dienen; sie soll als Macht- und Kräftezentrum für Frauen in politischen und anderen gesellschaftlichen Führungspositionen wirken.

Um die Konzeption und die Angebote der Akademie auf eine wissenschaftliche Grundlage zu stellen, strebten die Initiatorinnen als erstes eine Bestandsaufnahme über den Bedarf an Fortbildungs-, Trainings-, und professionellen Qualifikationsangeboten bei Politikerinnen an. In Anerkennung des grundlegenden Zusammenhanges zwischen politischer Bildung und politischer Gleichstellung von Frauen hat das Bundesministerium für Bildung, Wissenschaft, Forschung und Technologie ab Dezember 1995 die Förderung für das Forschungsprojekt *„Zur Situation und Zukunft von Frauen in der Politik als Aufgabe politischer Bildungsarbeit"* übernommen, das unter meiner Leitung an der Technischen Universität Berlin angesiedelt wurde. Eine Gesamterhebung bei allen weiblichen Abgeordneten der Bundesrepublik (Länder-, Bundes- und Europaebene und eine gleiche Anzahl von kommunalen Politikerinnen), sowie die Intensivbefragung einer Gruppe von Spitzenpolitikerinnen sollte u. a. klären:

– welche Bildungs- und Berufserfahrungen Politikerinnen für die Ausübung ihrer politischen Tätigkeit nutzen konnten;
– welche gezielten Angebote zur Qualifizierung für die Politik sie wahrgenommen haben; und
– welche diesbezüglichen Angebote sie sich für die Unterstützung der eigenen Karriere gewünscht hätten, bzw. welche sie für die zukünftige Qualifizierung und Professionalisierung von Frauen für die Politik als notwendig und sinnvoll erachten.

Mit der vom BMBF geförderten Untersuchung ist erstmals in der Bundesrepublik eine Gesamterhebung bei allen Parlamentarierinnen Deutschlands durchgeführt worden; erstmalig sind außerdem wichtige Rahmenbedingungen und Zielsetzungen für die professionelle Qualifizierung von Politikerinnen ermittelt worden.

Die Ergebnisse unserer Untersuchung stellen wir hiermit der Öffentlichkeit vor: Teil IV, von Helga Foster verfaßt, enthält die Interpretation der Ergebnisse unserer Fragebogenerhebung unter den weiblichen Abgeordneten der Bundesrepublik, Teil II die von Susanne Bergmann, Helga Lukoschat und Ulla Weber nach unterschiedlichen thematischen Feldern gesonderte Auswertung der Intensivinterviews mit Spitzenpolitikerinnen und weiblichen Führungskräften aus anderen gesellschaftlichen Bereichen.

Im September letzten Jahres wurden erste zusammenfassende Resultate unserer Erhebung zusammen mit Konsequenzen, die aus den Ergebnissen der Politikerinnenbefragung zu ziehen wären, auf einer vom BMF geförderten internationalen Konferenz in Bonn diskutiert. Die Staatssekretärin im Bundesministerium für Bildung, Wissenschaft, Forschung und Technologie, Frau Elke Wülfing, eröffnete die Konferenz, die Bundestagspräsidentin Prof. Dr. Rita Süssmuth hielt den Festvortrag. Die Beiträge dieser beiden Spitzenpolitikerinnen bilden den Teil I der vorliegenden Veröffentlichung. Vertreterinnen Europäischer und US-amerikanischer Frauenprojekte, welche in ihren Ländern vorbildliche Praktiken zu Stärkung des politischen Einflusses und der Präsenz von Frauen in Führungspositionen entwickelt und erfolgreich angewandt haben, stellten diese auf der besagten Konferenz vor. Teil III des vorliegenden Bandes ist ihren Projekten und ihren Erfahrungen gewidmet. Marion Esch, die die in englischer Sprache belassenen Konferenzbeiträge einleitet und kommentiert, hatte die Strategien der Projekte im Rahmen eines ihr von der Berliner Senatsverwaltung für Arbeit, Berufliche Bildung und Frauen gewährten Stipendiums recherchiert.

Es bleibt mir, all denen zu danken, die zum Gelingen unseres Forschungsprojektes und zum Zustandekommen dieser Veröffentlichung beigetragen haben: vornehmlich allen Mitarbeiterinnen unseres Teams, vor allem auch denjenigen, die wie Frauke Borst, Marion Zessner, Janka Thurn, Andreas Kosmalla und Katrin Gutschow nicht durch schriftliche Beiträge in diesem Band vertreten sind, ohne deren engagierten und kompetenten Einsatz unser Projekt jedoch nicht durchführbar gewesen wäre. Danken möchte ich auch unseren Interviewpartnerinnen und insbesondere den Mitgliedern des Kuratoriums der EUROPÄISCHEN AKADEMIE FÜR FRAUEN IN POLITIK UND WIRTSCHAFT, die uns großzügig an ihren professionellen Erfahrungen teilhaben ließen und damit zum Erfolg unserer Untersuchung beigetragen haben. Dem Bundesministerium für Bildung, Wissenschaft, Forschung und Technologie, sowie der Berliner Senatsverwaltung für Arbeit, Berufliche

Bildung und Frauen, und der Technischen Universität Berlin sei Dank für finanzielle Förderung und für großzügige Unterstützung bei der Durchführung unseres Vorhabens. Last but not least sei der Bundeszentrale für Politische Bildung gedankt, die dazu beigetragen hat, daß dieses Buch einer breiten Öffentlichkeit zugänglich gemacht werden kann.

Ich hoffe, daß viele Einzelne: Politikerinnen und Politiker, JournalistInnen, Lehrer und Lehrerinnen, in der Politischen Bildung tätige Dozentinnen und Dozenten, aber auch viele Einrichtungen: Schulen, Volkshochschulen, Einrichtungen der Politischen Bildung und andere Bildungsträger aus den hier vorgelegten Ergebnissen Nutzen ziehen werden. Dadurch würde die vorliegenden Veröffentlichung ihren Beitrag zur Verwirklichung der ganzen Demokratie leisten.

Berlin im Juli 1998 *Barbara Schaeffer-Hegel*

I.
Bildungspolitische Perspektiven

Rita Süssmuth

Über die Zukunft von Frauen und Männern in der Politik

Einige Thesen zum Thema Gleichberechtigung und Demokratie

Aktuelle Gleichberechtigungsdefizite und die Notwendigkeit künftiger Veränderungen

Ich beginne mit Überlegungen zu bestehenden Problemen und zur Notwendigkeit von Veränderungen. Wenn wir auf die Anfänge des Jahrhunderts zurückblicken, sind die erzielten Fortschritte beträchtlich. Dies gilt insbesondere hinsichtlich der Verankerung von Frauen in der Öffentlichkeit, in den verschiedensten Gesellschaftsbereichen, gerade auch in der Politik. Der Zuwachs an Quantität steht allerdings im Gegensatz zu dem Einfluß, den Frauen tatsächlich haben. Dies geht quer durch alle politischen Parteien und gesellschaftlichen Organisationen. Unter den sogenannten 'Machern' in unserer Gesellschaft sind die Frauen kaum vertreten - ein Tatbestand, der sehr unbefriedigend ist. Das Verhältnis von Beteiligung und Macht ist unausgewogen. Zudem sehe ich die Gefahr, daß wir wieder hinter das Erreichte zurückfallen.

Dieses Problem besteht im Hinblick auf die Zukunftsberufe, aber auch bei der Beteiligung in der Politik. In Verbindung mit den ökonomischen Zwängen erleben wir überall eine Renaissance der alten Bilder inmitten einer sich äußerst schnell verändernden Welt.

Die hier vorliegenden Widersprüche können engagierte Frauen oft zur Verzweiflung bringen. Für die junge Generation mit ihrer veränderten Lebensplanung und ihren praktischen Lebensstilen sind die Friktionen noch komplizierter als für meine Generation. Gerade das Problem der Vereinbarkeit von Familie und Beruf ist bis heute ungelöst. Es ist ein bedrängender Widerspruch, daß zentrale Themen aus der Mitte der sechziger Jahre am Ende der neunziger Jahre immer noch aktuell sind. Dies zeigt sich selbst an einem Faktum, das von Frauen in der Politik nicht selten mit Stolz genannt wird. Sicherlich ist der Anteil weiblicher Studierender gegenwärtig weit höher als in früheren Jahrzehnten. Allerdings sind die Frauen heute zumeist Studierende in traditionellen Bildungseinrichtungen. Die jungen Männer holen sich dagegen inzwischen außerhalb der Bildungseinrichtungen jenes Wissen, das sie für die Zukunft brauchen. Zugleich weisen sie eine viel höhere internationale Mobilität auf als die Frauen. Deshalb darf nicht nur eindimensional danach gefragt werden, wieviele Frauen im Bildungswesen tätig sind. Entscheidend ist vielmehr, wo sie hier angesiedelt sind und was sie mit welchen Zukunftschancen lernen.

In diesem Zusammenhang ist ein altes, aber ebenso neues gravierendes Problem zu beachten. Bei den einschneidenden Veränderungen auf dem Arbeitsmarkt ist erschreckend, in welchem Umfang die Frauen trotz veränderter Bildung und Ausbildung in sozial nicht abgesicherte, geringfügige Tätigkeiten abwandern. Bei den Männern gilt dies nur für einen sehr niedrigen Prozentsatz. In diesem Tatbestand liegt nicht nur eine neue Art von Disqualifizierung, sondern zugleich eine neue soziale Frage. Solange sie nicht maßgeblich von Frauen in der Politik thematisiert wird, sollte niemand erwarten, daß liberale Wirtschaftspolitiker sie ändern. Von ihnen wird im Gegenteil nur geltend gemacht werden, daß die Frauen sich auf die neue Lage einzustellen hätten. Gegenwärtig findet ohnehin die Auffassung breiten Zuspruch, daß nicht die Politik, sondern die Wirtschaft in Verbindung mit Wissenschaft und Technologie das entscheidende gesellschaftliche Gestaltungselement sei.

Es ist den Frauen bisher noch nicht hinreichend gelungen, öffentlich ihre gegenteilige Auffassung zu vermitteln. Gerade in Situationen wie der gegenwärtigen kommt der Politik eine zentrale, nicht etwa eine nachgeordnete Rolle zu. Diese Einsicht von Frauen werden eines Tages Männer massiv öffentlich publik machen und sich dann an die Spitze dieser Innovation stellen. Der Rückblick auf die Geschichte der Frauenbewegung zeigt im übrigen, daß diejenigen, die vor uns Pionierarbeit geleistet haben, sehr genau wußten, welche Strategien sie anwenden mußten. Damals gelang es in kurzer Zeit, Veränderungen herbeizuführen, die oft unmöglich schienen. Die Tatsache, daß es in den zwanziger Jahren mehr Professorinnen in den Naturwissenschaften gab als heute, belegt, welcher Quantensprung damals gelang und in welchem Schneckentempo wir uns heute bewegen. Auf jener Ebene, auf der die C 4 -Professuren oder die Stellen des höheren Managements vergeben werden, wird eben nicht allein nach Qualifikation entschieden, sondern ebenso nach ganz anderen Kriterien. Hier schwingen vor allem die alten Vorurteile mit, ob Frauen denn auch durchsetzungsfähig seien. Das beliebte Argument lautet, daß die Frauen zwar über hohe Kompetenz verfügen, aber leider nicht in dem gerade zu besetzenden Bereich. Oft werden qualifizierte Bewerberinnen mit dem Argument abgedrängt, erst einmal die Frage ihrer Kinderbetreuung zu regeln, bevor anderes zur Sprache kommt. Wir dürfen nicht zulassen, daß mit solchen Argumentationen Frauen beruflich eingeengt oder ausgegrenzt werden. Dies scheint mir ein entscheidender Punkt zu sein.

Die Bedeutung der spezifischen Fähigkeiten von Frauen für die Zukunft unserer Gesellschaft

Lassen Sie mich noch einmal stichwortartig auf jene Fähigkeiten hinweisen, die Frauen gerade mit Blick auf die zukünftige Entwicklung unserer Gesellschaft einbringen können: ihre hohe Flexibilität im Denken, ihre hohe Improvisationsfähigkeit, ihre geringere Bindung an vorgegebene Systeme, ihr pragmatischer Ansatz, ihre Teamfähigkeit, das Denken in alternativen Lösungen und die geringere Gefährdung, in Ideologien zu erstarren, nach denen nur eine Wahrheit die richtige sein kann. Ebenfalls hervorzuheben ist die hohe Kommunikationsfähigkeit der Frauen und jene Kreativität, die gerade die Frauen in den ärmsten Ländern der Welt nachweisen. Ihre Fähigkeiten sind oft ausschlaggebend für das Überleben ihres Dorfes, ihres Stammes und auch der ganzen Nation. Deshalb müssen wir uns fragen, warum diese unbestreitbaren Befähigungen nicht einen stärkeren Niederschlag in den zentralen zukunftsgestaltenden Bereichen finden. Gerade das Thema Innovation wird derzeit massiv von Männern besetzt. Wenn man sie fragt, was sie darunter verstehen, wird der Innovationsbegriff jedoch in aller Regel eindimensional technisch oder ökonomisch beschrieben. Demgegenüber kommen soziale und kulturelle, damit auch politische Innovationen aus gesamtgesellschaftlicher Situation viel zu kurz.

Wir brauchen deshalb Strategien, um selbst den Bereich 'Innovation' in der Gesellschaft' zu besetzen. Er darf nicht einseitig nur mit dem männlichen Verstand verbunden werden. Ein Beispiel kann diese Notwendigkeit erläutern: Gegenwärtig zeigt sich in der Naturwissenschaft, daß die Männer etwas begreifen, was Frauen längst vor ihnen gewußt und praktiziert haben. Sie hatten aber keine Öffentlichkeit für die Einsicht gefunden, daß es um die Verbindung von Kognition und Emotion, von verstandesmäßiger Abstraktion und Erlebniskomponenten geht. Gegenwärtig ist in aller Mund, daß wir nicht mehr wissenschaftlich kommunizieren könnten, wenn wir uns nicht gleichzeitig der Ästhetik bedienten. Dies ist ein originäres Frauenthema. Die Frauen haben schon seit langem über das Verhältnis von linker und rechter Hirnhälfte gearbeitet und geschrieben. Oft zeigt sich, daß uns jene Nasenlänge, die uns die Männer voraus sind, nur das ist, was schon viel früher in den als feministisch oder sektiererisch abqualifizierten Bereichen gedacht worden ist. Dies muß uns aufrütteln und lehren, das, was von den Frauen frühzeitig erkannt und gedacht worden ist, auch in den öffentlichen Diskurs einzubringen.

Ein weiteres Beispiel sind Friedensfragen. Erst kürzlich habe ich erlebt, daß in sehr schwieriger Situation israelische Frauen und Palästinenserinnen, die in Israel leben, mit Hilfe der Niederlande eine Friedenskonferenz veranstalten. Sicherlich kann man die Frage diskutieren, ob jede gesellschaftliche Gruppe für sich allein wirken sollte. Gleichwohl erscheint mir sinnvoll, zunächst gemeinsam unter Frauen die Hoffnung voranzutreiben. Entscheidend ist jedoch, daß diese engagierten Frauen auch in der Öffentlichkeit Gehör finden, nicht nur in ihrer Region, sondern auch in Europa und den USA. Was hilft es schließlich, wenn im Mikrobereich Pflanzen der Hoffnung und des Friedens gesät werden, solche Initiativen auf der Makroebene aber kein Gehör finden? Es geht dabei nicht nur um eine in den Medien vorzeigbare Alibifrau. Immer wieder bekommen engagierte Frauen zu hören, daß der Friedensprozeß von Männern entschieden werde. Während jedoch derzeit im Nahen Osten die Friedensfrage weithin als nicht lösbar angesehen wird, arbeiten diese Frauen mit eindrucksvollem Durchhaltevermögen weiter.

Durchhaltefähigkeit ist ohnehin eine von den Frauen immer wieder nachgewiesene Fähigkeit. Bei der Entdeckung der neuen Welt, in zwei Weltkriegen, als Flüchtlinge wie als Alleinerziehende haben Frauen ihre Belastbarkeit und Beharrlichkeit bewiesen. Diese außergewöhnlichen Leistungen werden bisher für die öffentliche Argumentation viel zu wenig genutzt. Deshalb brauchen wir Strategien, um das Durchhaltevermögen von Frauen wieder bewußter zu machen. Für Europa gilt, daß wir in dem Maße, in dem wir der Individualisierung das Wort geredet haben, viele Fragen privatisiert haben. Im Sinne von Hannah Arendt fehlt ein Bewußtsein für das Bürgerschaftliche, das Öffentliche, für alles, was zum Handeln im öffentlichen Raum gehört. Dieses Manko zieht sich durch die Schule, die Ausbildung, das Studium und setzt sich fort im Kampf um die knapp gewordenen Arbeitsplätze und Aufstiegsmöglichkeiten. Hier ist in der jungen Frauengeneration ein starker Trend zum Rückzug ins Private zu registrieren. Ebenso wird das Problem der fehlenden Gleichberechtigung nicht mehr angemessen wahrgenommen. Sicherlich hat die junge Generation ein Recht darauf, ihr Leben anders zu gestalten als wir Älteren. Oft heißt es bei ihnen, daß unsere Generation sehr altertümlich sei. Dies verstehe ich als Angriff und Herausforderung. Wenn junge Frauen heute sagen, daß sie Diskussionen über Quoten nicht mehr brauchen, gilt es daran zu erinnern, daß solche Instrumente notwendige Bedingungen sind, auch wenn sie allein nicht ausreichen. In den Strategien müssen wir weit über sie hinausgehen.

Zum frauenpolitischen Fortschritt gehört der Kampf um die Macht

Es kommt vor allem auch darauf an, die Mentalität jener Frauen zu verändern, die aufgrund ihrer eigenen Sozialisationsgeschichte ablehnen, daß andere sich neben Beruf und Familie auch noch politisch engagieren. Hier ist ein neues Denken herbeizuführen, das anerkennt, daß Chancen und Möglichkeiten von Frauen unterschiedlich verteilt sind. Für manche, denen es heute noch nicht gelingt, neben Beruf und Familie ein Mandat zu erwerben, kann dies künftig durchaus möglich sein. Was wir heute unterstützen, bildet morgen eine Stütze für uns selbst. Der europäische Vergleich zeigt eine ganze Reihe von Beispielen, die zum Teil auch auf anderen Mentalitäten beruhen. So haben die Skandinavierinnen mit den verschiedenen Rollenzuschreibungen viel weniger Probleme als die Frauen in der Bundesrepublik Deutschland. Doch wird auch von ihnen in den vergangenen Jahren betont, daß es keine Stabilität gibt. Frauenpolitisch sehen wir immer wieder, wie wir von den ökonomischen Prozessen zurückgeworfen werden. Dies gilt es auch in unseren Strategien zu berücksichtigen. Sicherlich sprechen wir immer wieder von Partnerschaft. Dies bedeutet jedoch nicht, daß die Frauen um des lieben Friedens willen alles beim alten belassen.

Zum frauenpolitischen Fortschritt gehören auch Konflikte, gehört insbesondere der Kampf um Macht. Viele Frauen wollen jedoch oft mit Macht, insbesondere mit politischer Macht nichts zu tun haben. Sie wollen nicht so werden wie die Männer schon immer waren. Auch dies gilt es bei unseren Strategieüberlegungen zu bedenken und zu verändern. Wenn überkommene Strukturen nicht mehr gewollt werden, müssen wir sagen, welche Alternativen entwickelt werden sollen. Ich nenne ein Beispiel aus dem parlamentarischen Bereich. Die Frauen in der Politik müßten erreichen, daß sich die gängigen Kommunikationsrituale der Plenardebatten ändern. Die Chancen dazu bestehen schon deshalb, weil im Plenum immer wieder auffällt, daß Frauen in ihrer weit überwiegenden Mehrheit anders reden als die Männer. Dieses Anders-sein und Anders-reden müssen wir mit Organisationsformen und Macht verbinden. Das Individuelle wird sich allein nicht durchsetzen.

Ich nenne hier Handlungsfelder, die wir in der Öffentlichkeit nicht nur suchen, sondern auch besetzen müssen. Dabei gilt es sicherlich auch Ängste zu überwinden, insbesondere die Sorge vor dem, was geschieht, wenn man abweichende Meinungen äußert oder sich nicht konform verhält. Frauen müssen sich zusammenschließen und Konzepte entwickeln, mit solchen Ängsten produktiv umzugehen. In manchen Situationen gelingt dies, in anderen nicht. Bislang fehlen jedoch die übergreifenden Strategien, mit denen solche Probleme von Frauen bewältigt werden könnten. Veränderung setzt auch andere Lehrkräfte an den Schulen und eine veränderte familiäre Erziehung voraus. Die Veränderungen dürfen sich nicht nur auf jene Frauen beschränken, die politisch tätig werden wollen. Sie müssen vielmehr in allen Bereichen ansetzen. Gerade das instrumentelle Wissen ist entscheidend. Es kommt darauf an, in einer Männergesellschaft Frauen wieder an den Entwicklungen teilhaben zu lassen. Wissenserwerb und Wissensverteilung, aber auch Wissensstrategien sind unverzichtbar. Sie sind heute von noch höherem Stellenwert als jemals zuvor. Deshalb dürfen Frauen ihre Netzwerke nicht nur ständig beschwören, sie müssen sie verwirklichen und nutzen. Es gilt jeweils von den anderen zu lernen, was sie entwickelt haben, um politisch erfolgreich zu sein. Solange diese Netzwerke nur auf dem Papier stehen und quasi beschützende Oasen des Auftankens sind, verlieren sie zwar nicht an Bedeutung, sind aber keine politisch wirksame Machtinstanz. Erst wenn diese Netzwerke Wirkung zeigen und ihre Effizienz gefürchtet wird, kommt ihnen ein gesellschaftlich einflußreicher Stellenwert zu. Auch hieran müssen wir arbeiten.

Schlußbemerkung

Deshalb geht es um Empowerment of Women, um die Nutzung jener kreativen Kraft, die von den Frauen ausgeht - nicht nur zum eigenen, sondern zum Vorteil der ganzen Gesellschaft. Vergessen wir nicht, daß es uns gemeinsam um mehr Demokratie, mehr Humanität und weniger Ausgrenzung geht. Manchmal scheint die Bedeutung dieser grundsätzlichen Ziele in unserer Gesellschaft in Vergessenheit zu geraten.

Elke Wülfing

Frauen gestalten Politik - Mit Bildung zum Erfolg

Wenn ich eine spontane Einschätzung dessen geben müßte, was Frauen in Politik und Gesellschaft bereits erreicht haben, so würde mir die Antwort schwer fallen. In manchen Bereichen haben Frauen es weit gebracht, in vielen anderen haben sie bei weitem nicht die Stellung, die ihnen eigentlich gebührt. Heute, an der Schwelle des 21. Jahrhunderts, könnten die Unterschiede nicht krasser sein: Einerseits stehen Frauen in den Industrienationen an Spitzenpositionen in Politik und Wirtschaft, andererseits gibt es leider Tendenzen in den Staaten der sogenannten Dritten Welt, die eine zunehmende Benachteiligung von Frauen aufzeigen. Diesen internationalen Aspekt sollte man nicht außer acht lassen.

Wie sieht es in der Bundesrepublik Deutschland aus?

In Deutschland hat eine Frau, Bundestagspräsidentin Prof. Dr. Rita Süssmuth, das zweithöchste Amt im Staate inne. Auch die Leitung des obersten Gerichts in Deutschland, des Bundesverfassungsgerichts, liegt in den Händen einer Frau: Jutta Limbach.

In der Bundesregierung sind Frauen ebenfalls einigermaßen (d.h. es könnte besser sein) vertreten: Durch die Bundesumweltministerin Angela Merkel, die Bundesministerin für Familie, Senioren, Frauen und Jugend, Claudia Nolte, und vier Parlamentarische Staatssekretärinnen im Finanzministerium, im Gesundheitsministerium, im Familienministerium und im Forschungsministerium.

In den Ländern tragen ebenfalls Frauen Regierungsverantwortung: Eine Ministerpräsidentin regiert das Land Schleswig-Holstein, und im Bereich Bildung, Wissenschaft, Forschung und Technologie gibt es inzwischen sieben Kultus- und Wissenschaftsministerinnen.

Auf kommunaler Ebene lassen sich auch langsam Fortschritte verzeichnen. Eine Vielzahl großer Städte haben inzwischen eine Frau als Oberbürgermeisterin, z.B. Frankfurt, Bonn, Münster oder Darmstadt.

Doch trotz sichtbarer Erfolge und unbestreitbar positiver Ergebnisse wird Politik immer noch überwiegend von Männern gestaltet. Die Zahlen in Deutschland sind eindeutig: 78 % der Parlamentarier in Bund und Ländern sind Männer, nur 18 % der politischen Führungspositionen in Deutschland sind von Frauen besetzt. Dabei werden Wahlen mehrheitlich von Frauen entschieden. Wenn Frauen in der Politik keine

Ringeltauben bleiben sollen, brauchen wir vor allem mehr Partnerschaft, werden mehr Netzwerke und gegenseitige Unterstützung benötigt.

Vor allem geht es darum, Ursachenforschung zu betreiben und Zusammenhänge zu erkennen.

Von Oktober 1995 bis Mai 1997 wurde vom Bundesministerium für Bildung, Wissenschaft, Forschung und Technologie das Forschungsprojekt „Zur Situation und Zukunft von Frauen in der Politik als Aufgabe der politischen Bildung" gefördert. Das Projekt soll Zusammenhänge und vor allem die Ursachen des Erfolges von Frauen in der Politik aufzeigen und hierbei auch die zu überwindenden Hemmnisse beleuchten.

Bildung für Frauen

Die Frauen in Deutschland - ebenso wie in den meisten anderen Industrienationen - haben einen äußerst erfolgreichen Weg durch die Bildungsinstitutionen angetreten. In den meisten Bereichen haben die Frauen ihre männlichen Mitstreiter bereits überflügelt. Seit Mitte der 80er Jahre erwerben mehr junge Frauen als Männer an allgemeinbildenden Schulen die Hochschulreife. 1994 stellten Frauen bundesweit 52,5 % der Abiturienten. In den Ländern der ehemaligen DDR lag ihr Anteil 1994 mit fast 60 % noch deutlich höher.

Mittlerweile beginnen in Deutschland mehr junge Frauen als Männer ein Universitätsstudium. Hier liegt ein enormes Potential, das es zu nutzen gilt.

Frauen in der Wissenschaft

Veränderung beginnt in den Köpfen. Wissen ist Voraussetzung für jede Veränderung. Die Bundesregierung hat sich deshalb zum Ziel gesetzt, Frauen in Bildung, Wissenschaft, Forschung und Technologie gezielt zu fördern.

Die Bundesregierung hatte Mitte der 80er Jahre im Hochschulrahmengesetz den Hochschulen auferlegt, darauf hinzuwirken, die Beseitigung der für Wissenschaftlerinnen bestehenden Nachteile zu erreichen. Dieser Appell hat leider nur wenig bewirkt. Deswegen hat Bundesbildungsminister Rüttgers jetzt ein klares Ziel formuliert.- Er hat eine Zielgröße von 20 % Frauenbeteiligung an den Professuren bis zum Jahr 2005 angemahnt.

Eine erste Trendwende haben wir wurde durch die Hochschulsonderprogramme II und III und durch das in der Bund-Länder-Kommission für Bildungsplanung und Forschungsförderung eingeführte Berichtsystem und Maßnahmebündel schon erreicht. Jetzt gilt es, diese Entwicklungen massiv zu verstärken, damit bei den anstehenden Neubesetzungen an den Hochschulen in den nächsten 10 Jahren ein wirkungsvoller Frauenanteil realisiert werden kann.

Es geht hier auch um die Nutzung des vorhandenen Innovations- und Qualifikationspotentials. Die Förderung von Frauen im Bereich der Wissenschaft muß integraler Bestandteil aller Hochschulen und forschungspolitischen Maßnahmen sein. Hierin sind sich Bundeskanzler Kohl und auch die Regierungschefs der Bundesländer einig.

Weitergehend wird in die Novelle des Hochschulrahmengesetzes die Verpflichtung der Hochschulen zur Durchsetzung der tatsächlichen Gleichberechtigung aufgenommen, weil offensichtlich alle Appelle nichts Entscheidendes bewirken.

Ein weiteres wichtiges Signal stellt die geplante „Universität für Frauen" auf der EXPO 2000 in Hannover dar. Auf dieser „Universität für Frauen" sollen tausend Wissenschaftlerinnen wichtige Fragen von Wissenschaft und Forschung behandeln.

Daß Bundestagspräsidentin Rita Süssmuth Gründungsmitglied dieser Frauenuniversität ist, gibt dem Ganzen einen wichtigen öffentlichkeitswirksamen Anstoß, und auch ich unterstütze diese Initiative nachdrücklich.

Frauen in der Arbeitswelt

Es gilt, die berufliche Karriere von Frauen gezielt zu fördern. Mädchen und Frauen sollen bessere Entscheidungsgrundlagen für ihre Berufswahl erhalten und sich nicht nur auf die typischen Frauenberufe beschränken.

Mit der Initiative des Bundesministeriums für Bildung, Wissenschaft, Forschung und Technologie „Frauen geben Technik neue Impulse" werden hierzu wichtige Anstöße gegeben. Dazu gehört auch, Frauen bessere Zugangschancen zu zukunftsträchtigen Berufen zu eröffnen.

Wir befinden uns in einer Zeit großer gesellschaftlicher Umbrüche, im Stadium des Übergangs von der Industriegesellschaft zur Wissensgesellschaft. Die Chancen und enormen Potentiale, die in dieser Entwicklung stecken, gilt es zu nutzen und offensiv für die Beteiligung der Frauen an der Wissensgesellschaft zu werben.

Es wurde festgestellt, daß junge Mädchen im koedukativen Informatikunterricht deutlich unterrepräsentiert sind. Auf Mädchenschulen konnte das Angebot die starke Nachfrage nicht befriedigen. Dies stimmt nachdenklich. Haben die heutigen jungen Mädchen, die nach außen hin doch einen sehr selbstbewußten Eindruck machen, nicht den Mut zum Wettbewerb? Wenn sie die Scheu haben, sich auf dem Gebiet der neuen Technologien mit den Jungen zu messen, dann muß man ihnen die Chance geben, sich in getrennten Kursen, d.h. in Kursen nur für junge Mädchen, zu profilieren, damit sie ein entsprechendes Selbstbewußtsein entwickeln können. Sicher wird sich der „Knoten" dann schnell lösen und die Mädchen werden zu den Jungen aufschließen.

Die Frauen müssen die Chancen, die in der Wissensgesellschaft liegen, erkennen und für sich nutzen. Beispielhaft sei hier der Bereich der Telearbeit angeführt. Durch die Telearbeit werden Kinderbetreuung und Beruf wieder miteinander vereinbar. Alte Berufsbilder, die mit „Frauenarbeit" verbunden sind, wie die klassische Schreibkraft, verschwinden immer mehr. Dies ist auch eine Chance zu höherqualifizierter Tätigkeit im Bereich der Sachbearbeitung.

Fazit

Frauen in der Politik brauchen sich nicht zu verstecken. Sie sind unverzichtbar für die politische Kultur dieses Landes und weltweit. Frauen verfügen über hohe Fachkompetenz und gute Qualifikationen, die sie besonders politikfähig machen.

Frauen brauchen jedoch nach wie vor gezielte Ermutigung, um ihre Fähigkeiten selbstbewußt und professionell in die Politik und in die Gesellschaft einzubringen.

Frauen müssen entsprechende Netzwerke und Beziehungen aufbauen, um ein Machtfaktor in Politik und Gesellschaft zu werden.

Letztlich können alle davon profitieren - auch die Männer - sie wissen es nur noch nicht.

II.

Zur Professionalisierung von Frauen für die Politik

Ergebnisse der Befragung
von Frauen in Führungspositionen

Ulla Weber

Einleitung

Um den politischen Einfluß von Frauen zu stärken, bedarf es nicht nur institutioneller Regelungen wie der Quote, Frauenbüros und Frauenförderplänen, sondern auch bildungspolitischer Maßnahmen. Welche Qualifizierungs- und Trainingsangebote dazu geeignet sind, Frauen darin zu unterstützen, sich die für eine politische Karriere notwendigen Kompetenzen und Fähigkeiten anzueignen, ermittelten wir unter anderem durch die Befragung von Führungsfrauen aus Politik und anderen öffentlichen Bereichen. Die Kenntnisse und Erfahrungen dieser Frauen, denen es gelungen ist, politische und gesellschaftliche Macht zu erlangen, sollten uns darüber Aufschluß geben, welche zielgerichteten und bedarfsgerechten Angebote Frauen vor und zu Beginn der Karriere darin unterstützen, sich auf die Anforderungen in den verschiedenen politischen Handlungsfeldern vorzubereiten und Politikerinnen darin bestärken können, die vorhandenen Ansätze des Austauschs und der Kooperation unter Frauen zu erweitern und auszubauen?

Trotz zunehmender Präsenz von Frauen in allen Bereichen der Öffentlichkeit ist Politik, zumindest Parteipolitik, noch immer eine „Männerdomäne", in dem Frauen, vor allem auf Spitzenpositionen, eine Minderheit darstellen. Dieser Sachverhalt hat eine Reihe von Untersuchungen zum Thema „Frauen und Politik" angeregt, die bei unterschiedlichen Fragestellungen verschiedene Erklärungsansätze für die Unterrepräsentanz von Frauen in der Politik bieten.

Verschiedene Studien widerlegen die populäre Behauptung, daß es Frauen an politischem Bewußtsein oder Interesse fehle (Meyer 1992 und 1994a u.a.). Die Gründe für die nicht gleichberechtigte Beteiligung von Frauen an der politischen Macht werden heute vielmehr darin gesehen, daß Parteipolitik in unserer Gesellschaft ein „männlich" dominiertes und geprägtes Handlungsfeld ist. Seit der Entstehung der neuzeitlichen Demokratie im 19. Jahrhundert bis in die Gegenwart bestimmt „Männlichkeit" als „Strukturierungsmerkmal" (Sauer 1994, 122) die institutionellen Regelungen wie auch die offiziellen und die informellen Formen und Praxen des politischen Apparats. Für Frauen als „Fremdkörper" in der Politik bestehen zahlreiche strukturelle Behinderungen. Hierzu gehören äußere Rahmenbedingungen wie die Zeit- und Organisationsmuster, in denen Politik betrieben wird (Schaeffer-Hegel u.a. 1995, Cordes 1996, 75), das Prinzip männlicher Seilschaften, durch das Frauen Aufstiegs- und Karrierewege in der Politik verschlossen bleiben (Schöler-Macher 1994), die männerbündische Kultur des politischen Alltags, die Frauen zu wenige Integrationsmöglichkeiten bietet (Kreisky 1993, Schwarting

1994) und vor allem die offenen und subtilen Diskriminierungen, die Politikerinnen z.B. durch die Berichterstattung der Medien erfahren (Schaeffer-Hegel, Ude 1995, Lukoschat 1995).

Die „Fremdheit in der Politik" (Schöler-Macher 1994) erwächst für Frauen ebenfalls aus der Tatsache, daß die Handlungsmuster und -anforderungen der politischen Tätigkeit an der „männlichen" Lebenswelt orientiert sind. Die in der Öffentlichkeit und besonders in der Politik üblichen Verhaltensweisen entsprechen nicht dem Kommunikations- und Politikstil, den Frauen aufgrund ihrer auf den Privatraum ausgerichteten Sozialisation präferieren würden. Den an „männlichen" Interessen und Bedürfnissen orientierten Verhaltensmustern des politischen Apparats wird in Teilen der feministischen Diskussion ein „weibliches Politikverständnis" entgegengesetzt. Frauen bevorzugen demnach einen mehr kooperativen, kontext- und personenbezogenen und weniger ressortegoistischen oder karriereorientierten Politikstil (Meyer 1992, Roemheld 1994).

Diese differenztheoretische Konzeption wird in der feministischen Diskussion durchaus kontrovers diskutiert. Ein Kritikpunkt ist, daß die meisten Partizipationsstudien derart angelegt sind, daß sie die Differenz zwischen dem „weiblichen" und dem „männlichen" Politikverständnis voraussetzen und aufgrund ihrer Untersuchungsanordnungen diese Voraussetzung auch als Forschungsergebnis produzieren (Sauer 1994, Schaeffer-Hegel u.a. 1995). Über die wissenschaftlichen Zweifel hinaus wird vor allem vor den Konsequenzen gewarnt, die solche Forschungsergebnisse in der Praxis haben können. Es wird befürchtet, daß die Distanz von Frauen zur Politik auf diesem Wege eher festgeschrieben wird, als daß aus den Ergebnissen z.B. ein Veränderungsbedarf des politischen Apparats abgeleitet wird (Sauer 1994).

Ungeachtet dessen, ob Frauen tatsächlich ein anderes Politikverständnis haben als Männer oder andere politische Entscheidungen treffen würden, wird in einigen Teilen der feministischen Politikwissenschaft der Professionalisierungsbedarf von Frauen für den öffentlichen Raum formuliert. Um auch in bestehenden Strukturen erfolgreich zu sein, müßten sich Frauen entsprechend den aktuellen Anforderungen für den politischen Bereich qualifizieren und sich die Kompetenzen aneignen, die sie benötigen, um den Anforderungen der öffentlichen Kommunikation gerecht zu werden (Naßmacher 1994, Holland-Cunz 1994).

Inzwischen gibt es durchaus einige bekannte, erfolgreiche Politikerinnen. Gut 18 % der politischen Führungspositionen auf Bundesebene sind von Frauen besetzt. Hier lag der Ausgangspunkt unserer Interviewuntersuchung, deren Ergebnisse in den folgenden Abschnitten dargestellt werden. Das Erfahrungswissen von Frauen in politischen Führungspositionen, denen es trotz männerbündischer Kultur und „weiblicher" Disposition gelungen ist, sich in der Politik zu behaupten und politische

Karriere zu machen, erschien uns besonders dafür geeignet, Auskunft über adäquate, realitätsbezogene Ansatzpunkte für die Entwicklung von Instrumenten und Strategien zur Stärkung und Unterstützung von Politikerinnen für die heutige bundesrepublikanische Situation zu gewinnen. Uns interessierte, welche Bedingungen, Kompetenzen und Strategien diesen Politikerinnen dazu verholfen haben, sich im politischen Alltag durchzusetzen. In einem weiteren Schritt könnten wir dann darauf schließen, welche politischen und bildungspolitischen Maßnahmen geeignet sind, um mehr Frauen darin zu unterstützen, politischen Einfluß zu erhalten.

Bei dem überwiegenden Teil unserer Gesprächspartnerinnen handelte es sich daher um Führungsfrauen aus der Politik: Frauen in hohen Parteiämtern, in herausragenden Funktionen im Bundestag und in den Länderparlamenten und Frauen, die ein Ministerinnenamt auf Landesebene inne haben. Ein halbes Dutzend der von uns befragten Frauen besetzt Positionen, die im engeren Sinn nicht der Politik zuzurechnen sind. Es handelt sich hier um verbandspolitische Ämter in der Wirtschaft und anderen gesellschaftlichen Bereichen, die hinsichtlich der Anforderungen und der Bedingungen in vielen ihrer Tätigkeitsfelder strukturell mit einer politischen Position vergleichbar sind.

Bei der Auswahl unserer Interviewpartnerinnen war es uns wichtig, Vertreterinnen aller im Bundestag vertretenen Parteien zu befragen, da uns die Teilnahme von Frauen am gesamten demokratischen Parteiensystem der Bundesrepublik Deutschland interessierte. Ebenso wesentlich wie die Berücksichtigung aller politischen Parteien war uns die Einbeziehung verschiedener Generationen in die Befragung. Das Alter unserer Gesprächspartnerinnen lag zwischen 26 und 74 Jahren. Daß es zahlreiche generationsbedingte Unterschiede hinsichtlich des Selbstverständnisses, der Lebensform, der Karriereplanung und des Ausbildungsstandes von Politikerinnen gibt, zeigt u.a. eine Studie von Birgit Meyer (1995), in der die Voraussetzungen und Einstellungen von Nachkriegspolitikerinnen mit denen von Frauen verglichen werden, die in den 70er und 80er Jahren in politische Positionen gelangt sind. Es ist anzunehmen, daß sich aus diesen Unterschieden auch ein jeweils verschiedener Qualifizierungsbedarf für die verschiedenen Generationen ergibt.

Um eventuelle Unterschiede in den Lebensläufen und Karrieregeschichten ostdeutscher und westdeutscher Politikerinnen zu berücksichtigen, führten wir die Interviews sowohl mit Politikerinnen aus den alten als auch aus den neuen Bundesländern.

Als Untersuchungsinstrument wählten wir leitfadengestützte Interviews. Leitfaden-Interviews haben den Vorteil, daß sie für die Auswertung ein Gerüst bieten, welches die verschiedenen Interviews vergleichbar macht. Gleichzeitig lassen sie während des Interviews genügend Spielraum für Themen und Gesichtspunkte, die außerhalb des Leitfadens liegen (Bortz, Döring 1995, 289). Die Interviews dauerten durchschnittlich eineinhalb Stunden.

Die Politikerinnen wurden in den Interviews u.a. nach ihrem persönlichen Werdegang, nach den ihre Karriere behindernden bzw. unterstützenden Faktoren und nach ihren politischen Erfolgen und Mißerfolgen gefragt. Weiterhin wurde nach den Kompetenzen gefragt, über die eine Politikerin verfügen muß, und nach den Techniken und Strategien, die die Befragten im Laufe ihrer Karrieren zur Durchsetzung ihrer Interessen und ihrer Person entwickelt haben. Drittens befragten wir die Frauen darüber, welche Bildungs- und Berufserfahrungen sie für die Ausübung ihrer politischen Tätigkeit nutzen konnten, welche Angebote sie zu ihrer eigenen gezielten Qualifizierung wahrgenommen haben, welche Angebote sie sich zur Unterstützung ihrer Karriere gewünscht hätten und welche Angebote sie für die Professionalisierung von Frauen für die Politik für notwendig halten.

In den folgenden Abschnitten werden die Ergebnisse unserer Befragung unter drei verschiedenen Fragestellungen dargestellt: Mit dem Ziel, Ansatzpunkte für die Förderung des weiblichen Nachwuchses für die Politik zu entwickeln, untersucht Susanne Bergmann, welche Faktoren dazu beigetragen haben, daß unsere Interviewpartnerinnen politisches Interesse entwickelt und begonnen haben, sich parteipolitisch zu engagieren. Ulla Weber ermittelt, welche Handlungskompetenzen eine Politikerin benötigt, um den Anforderungen im politischen Alltag gerecht zu werden und sich dort zu behaupten, und welche gezielten Qualifizierungsangebote dementsprechend den Erfolg von Politikerinnen unterstützen können. Im dritten Abschnitt beschäftigt sich Helga Lukoschat mit der Frage, welche Wege der Kooperation die Machtbasis von Frauen stärken können, welche Ansätze bislang erfolgreich waren und welche Möglichkeiten es gibt, diese Ansätze zu erweitern und in der Praxis zu verankern.

In allen drei Bereichen – Nachwuchsförderung, Qualifizierung und Kooperation - machen die Forschungsergebnisse deutlich, daß Bedarf an gezielten Maßnahmen im Bereich der politischen Bildung und der Professionalisierung von Frauen für die Politik besteht und daß entsprechende Angebote die gleichberechtigte Teilhabe von Frauen an der politischen Macht fördern können.

Susanne Bergmann

Aspekte der familiären und politischen Sozialisation von Spitzenpolitikerinnen und Führungsfrauen

Frühe Einflüsse auf die Entwicklung von politischem Interesse

In der Bundesrepublik Deutschland herrscht unter Meinungsführern und politisch Verantwortlichen Einigkeit darüber, daß Geschlechtsunterschiede keine soziale Ungleichheit rechtfertigen. Dennoch bleiben die Exklusion der Frauen aus politischer Mitverantwortung und ihre Inklusion in die Familie, die Strukturmerkmale der bürgerlichen Gesellschaft des 19. Jahrhunderts, bis in die Gegenwart spürbar. Auskunft darüber geben die aktuellen Statistiken: Ende der 90er Jahre liegt der Anteil an weiblichen Delegierten in Stadt- und Gemeinderäten bei 25 Prozent. Zehn Jahre zuvor waren es allerdings lediglich 15 Prozent, insofern ist ein deutlicher Fortschritt zu verzeichnen. Doch von einer paritätischen Beteiligung an politischer Macht sind Frauen selbst auf kommunaler Ebene noch weit entfernt.

Daraus ergibt sich die Frage, welche Wege gangbar sind, um den Ausschluß von Frauen aus gleichberechtigter Staatsbürgerschaft nicht nur in der Theorie, sondern auch in der gesellschaftlichen Praxis zu überwinden.

Der qualitative Teil der Untersuchung „Zur Situation und Zukunft von Frauen in der Politik als Aufgabe politischer Bildungsarbeit" setzt dort an, wo der demokratische Alltag bereits spürbar von Frauen mitgestaltet wird, wo Frauen Führungspositionen in gesellschaftlichen und politischen Wahlämtern errungen haben.

In Hinblick auf die Entwicklung von Konzepten für eine effektive Fördermöglichkeit des weiblichen politischen Nachwuchses wurden die Intensivinterviews zunächst unter den folgenden Aspekten ausgewertet:

- Welche Faktoren trugen zur Entwicklung des politischen Interesses bei?
- Welche Motivation lag dem politischen Engagement zugrunde?
- Welche Themen führten in die konkrete parteipolitische Arbeit?

Um zu erfahren, wann und wie politisches Engagement bei Frauen entsteht und ab wann unterstützende Maßnahmen sinnvoll sind, wurden die Spitzenpolitikerinnen und Führungsfrauen nach den Anfängen ihres politischen Interesses gefragt. Generationsübergreifend fallen die Antworten darauf sehr eindeutig aus: Mehr als zwei Drittel der Befragten nennen an erster Stelle den Einfluß durch das Elternhaus.

Dieser Befund entspricht durchaus den Erkenntnissen der modernen Sozialisationsforschung.

„Für die heranwachsende Generation ist nach zeitlicher Dauer und Intensität die Familie die wichtigste Sozialisationsinstanz, die auch maßgeblich die Weichen für die spätere soziale Plazierung des Individuums stellt" schreibt Rüdiger Peukert und formuliert damit die zur Zeit vorherrschende Auffassung in der Sozialisationsforschung (Peuckert 1995, 280). Die Untersuchungsergebnisse unserer Studie unterstreichen diese Einschätzung, speziell der Blick auf Antworten der ostdeutschen Interviewpartnerinnen zeigt aber, daß gezielte Einflußnahme auch andere Instanzen als das Elternhaus ins Spiel bringen kann.

Der hohe Stellenwert, der dem Einfluß durch das Elternhaus bei der Entwicklung von politischem Interesse zugemessen wird, unterscheidet sich in wesentlichen Punkten kaum von bevölkerungsrepräsentativen Antworten zum Thema „Wertvorstellungen und Grundüberzeugungen". Auch hier wird in allen Altersstufen die elterliche Einflußnahme sehr hoch eingeschätzt, wie das folgende Beispiel aus dem Freistaat Bayern aus dem Jahr 1995[3] verdeutlicht:

Meinungen zum Thema „Wertvorstellungen und Grundüberzeugungen" wurden vermittelt durch ...

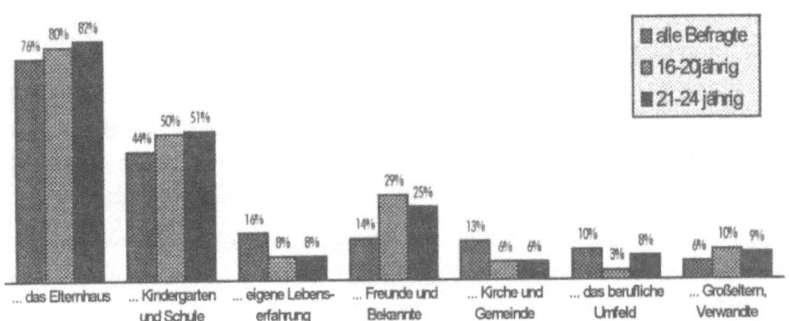

Grafik: INRA-Jugendstudie.
In: Hanns Seidel Stiftung e.V. (Hg.): Mit der Jugend Staat machen, Grünwald 1996, 20

Dabei bewerteten Jugendliche den Einfluß durch das Elternhaus sogar noch höher als der Durchschnitt der Bevölkerung. 82 Prozent der 21- bis 24-jährigen

---

3   Diese bevölkerungsrepräsentative Jugendstudie führte INRA Deutschland für die Hans-Seidel-Stiftung von Oktober bis Dezember 1995 in Bayern durch. Vgl.: Hans-Seidel-Stiftung e.V. (Hg.): Mit der Jugend Staat machen, Grünwald 1996.

sehen das Elternhaus als die entscheidende Vermittlungsinstanz für Wertvorstellungen und Grundüberzeugungen an, immerhin noch 51 Prozent von ihnen halten auch die Sozialisationsinstanzen Schule und den Kindergarten für maßgebend beteiligt.

Der Einfluß des Freundeskreises spielt dagegen eine untergeordnete Rolle. Die Jugendlichen bewerten ihn zwar auch höher als der Durchschnitt, aber mit 25 Prozent bei den 21- bis 24-jährigen und 29 Prozent bei den 16- bis 20-jährigen liegt der Einfluß des Freundeskreises doch deutlich niedriger als der des Elternhauses. Die eigene Lebenserfahrung vermittelt nach Meinung der Jugendlichen kaum Wertvorstellungen und Grundüberzeugungen; das wiederum schätzt der Durchschnitt der Bevölkerung etwas anders ein. Auch der Einfluß der Kirche wird vom Durchschnitt der Bevölkerung etwas höher eingeschätzt als von den Jugendlichen. Leider liegt keine getrennte Auswertung der männlichen und weiblichen Befragten vor.

Die Aussagen unserer Interviewpartnerinnen korrespondieren in etwa mit den Ergebnissen dieser Befragung, wobei der Einfluß von Kindergarten und Schule sowie Freunden und Bekannten weniger akzentuiert ist, der Einfluß der Kirche dagegen höher.

Die Entwicklung von politischem Interesse fällt für die Interviewpartnerinnen offenbar in die Kategorie „Wertvorstellung und Grundüberzeugung". Diese Einordnung wird sich im Zuge der weiteren Auswertung noch bestätigen.

Eine spätere, spontane, situationsbezogene Mobilisierung des politischen Interesses im Erwachsenenalter wird kaum erwähnt. Das politische Engagement ist bei der Mehrzahl der Befragten kontinuierlich gewachsen. Bereits in der Schulzeit zeigte jede Fünfte unserer Interviewpartnerinnen Interesse an gesellschaftlicher Kommunikation, was sich vor allem durch die Mitarbeit bei der Schulzeitung oder die Übernahme von Klassen- oder Schulsprecherfunktionen äußerte. Im Studium, das die Befragten mehrheitlich absolvieren, wird von jeder Vierten ein hochschulpolitisches Engagement erwähnt.

Die Interviewpartnerinnen entwickelten sich also offenbar nicht erst in ihren Führungspositionen zu Führungspersönlichkeiten, sondern brachten entscheidende Voraussetzungen dafür bereits mit.

Ein Zusammenhang zwischen der Persönlichkeitsentwicklung von Kindern und dem Erziehungsstil der Eltern findet in diversen repräsentativen Untersuchungen Bestätigung. Ein aktuelles Beispiel dafür ist die Jugendstudie, die das Bundesministerium für Familie, Senioren, Frauen und Jugend (BMFSFJ) 1994 in Auftrag gab. Die BMFSFJ-Jugendstudie stützt sich auf 5.500 Interviews mit Jugendlichen zwischen 15 und 30 Jahren, die in den Jahren 1994 und 1995 geführt wurden. Die Auswertung wurde 1997 veröffentlicht (vgl. Schmidtchen 1997).

Für die Befragung der Jugendlichen wurde der Erziehungsstil auf seine beiden wesentlichen Komponenten reduziert: auf Anforderungen (Normen) und die emotionale Unterstützung[4]. Durch Kombinationen dieser beiden Komponenten wurden dann die folgenden vier Erziehungsstile konstruiert:

– *reifer Erziehungsstil:*
 Die Eltern geben emotionalen Rückhalt und stellen deutliche Forderungen.
– *naiver Erziehungsstil:*
 Die Eltern geben emotionalen Rückhalt, ohne Forderungen zu stellen.
– *gleichgültiger Erziehungsstil:*
 Das Verhalten der Eltern ist durch einen Mangel an Forderungen und einen Mangel an emotionalem Rückhalt gekennzeichnet.
– *paradoxer Erziehungsstil:*
 Es werden Forderungen gestellt, ohne daß ein emotionaler Rückhalt geboten wird.

Die BMFSFJ-Jugendstudie unter der Federführung von Gerhard Schmidtchen kommt zu dem Ergebnis, daß ein reifer Erziehungsstil sehr viel häufiger zu Verhaltenssicherheit und sozialer Kompetenz der Kinder führt als die anderen Erziehungsstile. Dagegen scheint der paradoxe Erziehungsstil, für den sich eine negative Wirkung auf die Persönlichkeitsentwicklung der Kinder deutlich nachweisen läßt, wesentlich an der Genese selbstschädigender Verhaltensweisen bis hin zu Selbstmordphantasien beteiligt zu sein.

Schmidtchen faßt ein Ergebnis dieser Untersuchung folgendermaßen zusammen: „Je schlechter der Erziehungsstil, desto weniger lernen die Jugendlichen jene Sozialtechniken zu Hause, mit denen sie sich außerhalb des Elternhauses Ressourcen verschaffen können, also die soziale Unterstützung, die sie brauchen; sie lernen nicht, wie man sich den Zugang zu interessanten Begegnungen und Tätigkeiten eröffnet" (Schmidtchen 1997, 115).

So überrascht es nicht, daß auch die Berichte der Spitzenpolitikerinnen und Führungsfrauen mehrheitlich auf einen reifen Erziehungsstil der Eltern schließen lassen. Eine der Politikerinnen beschreibt ihre damalige Situation mit den folgenden Worten: „Ich hatte Zuspruch und Anerkennung, auch von zu Hause. Das ist nicht zu unterschätzen. Meine Meinung galt nicht unbedingt als richtig, aber mein Einsatz wurde gelobt. Mein Vater sah hier eine Fortführung seines eigenen politischen Engagements" (P4, 1). Hier setzten sich die Eltern mit ihrer Tochter auseinander und bezogen gegebenenfalls auch konträre Positionen, ohne jedoch die emotionale

---

4 Dieses Zwei-Komponenten-Modell lag bereits einer im Jahr 1971 veröffentlichten Jugendstudie zugrunde. Vgl. Hermann, Theo u.a.: Psychologie des elterlichen Erziehungsstils, Stuttgart 1971

Unterstützung in Frage zu stellen. Diese Aussage kann als typisch für die Mehrzahl der Befragten gewertet werden. Sowohl die Politikerinnen als auch die Führungsfrauen lernten bereits durch Gespräche im Elternhaus, Ideen zu artikulieren und sich argumentativ zu behaupten. Sie besaßen Eltern, die ihnen ernsthaft zuhörten und ihre Ansichten gelten ließen.

Der überaus positive Einfluß der Gesprächskultur im Elternhaus wird in vielen Interviews herausgestellt. Über die Hälfte der Befragten kommen auf diese Gespräche über gesellschaftliche und politische Themen zu sprechen und bewerten sie als Grundlage, auf der sich ihr eigenes politisches Interesse entfalten konnte. Eine Politikerin erinnert sich: „Ich war zehn oder elf, da habe ich zu Hause an mir selber gemerkt, daß mich das wahnsinnig interessiert hat, wenn meine Eltern Gäste hatten, die sich über Politik unterhielten. Das hat mein Vater sehr schnell gemerkt und hat von dem Tag an gesagt, 'die darf mit dabeisitzen'. Er hat mich nur gebeten, nicht dauernd dazwischen zu fragen, sondern mich ein bißchen zu disziplinieren und zu warten, bis die Fragen passen" (P3, 1).

Die Überlegenheit eines reifen Erziehungsstils zeigt sich laut BMFSFJ-Jugendstudie auch bei der Entwicklung von Rollenkomplexität.

Für die Ermittlung der Rollenkomplexität wurden die Jugendlichen nach verschiedenen Beziehungen (z.B. ihrer Rolle als Freundin/Freund, Tochter/Sohn, Schülerin/Schüler, usw.) gefragt und gebeten, diese zu bewerten. 62 Prozent der Kinder, die aus Familien mit einem reifen Erziehungsstil kommen, wiesen dabei auf vier oder mehr Rollen hin, die ihnen wichtig sind. Dagegen gaben aus Familien mit einem paradoxen Erziehungsstil 64 Prozent der Jugendlichen höchstens drei ihnen wichtige Rollen an.

Im Verhältnis zur Rollenvielfalt, wird in der BMFSJ-Untersuchung festgestellt, steige die Arbeitsmotivation und die Lebensfreude der Jugendlichen. Außerdem erweise sich eine ausgeprägte altruistische Orientierung ebenfalls als abhängig von der Anzahl der übernommenen und positiv entwickelten Rollen.

Ethisches Verhalten, so die Schlußfolgerung, scheint in positiven Beziehungen erlernt zu werden. Ein gutes Familienklima ermöglicht eine Rollenvielfalt, die die Handlungsfähigkeit und auch die moralische Qualität der Interaktion beeinflußt (vgl. Schmidtchen 1997).

In Bezug auf die Rollenkomplexität wurde in der BMFSFJ-Jugendstudie leider keine geschlechtsspezifische Auswertung vorgenommen. Es ist vorstellbar, daß Mädchen generell leichter Rollen übernehmen und diese auch eher positiv entwickeln können als Jungen, weil Empathie in der Sozialisation von Mädchen einen höheren Stellenwert einnimmt. Eventuell liegen dann auch ihre altruistischen Orientierungen deutlich höher als die der Jungen. Ein solches Potential wäre für die Entwicklung von pädagogischen Konzepten zur politischen von Mädchen durchaus interessant.

Aufgrund der fehlenden geschlechtsspezifischen Aufschlüsselung ist der genannten Jugendstudie leider nicht zu entnehmen, ob Töchter und Söhne in gleicher Anzahl in den Genuß eines reifen Erziehungsstils kommen oder ob eine geschlechtsspezifische Selektion bei der Anwendung von Erziehungsstilen vorliegt. Offen bleibt auch die Frage, inwieweit die Kinder selbst Einfluß auf den Erziehungsstil der Eltern nehmen[5]. Zwischen den Elternteilen wird ebenfalls nicht differenziert.

In den Interviews unserer Studie berichten die meisten Politikerinnen von intakten, konventionellen Familienverhältnissen, nur in einem Fall wird die Scheidung der Eltern erwähnt. Die Situation, daß sich der Erziehungsstil der beiden Elternteile grundsätzlich von einander unterschied, wird nicht beschrieben. Von einem gespannten Verhältnis zu den Eltern in der Jugendphase spricht nur jede zehnte Interviewpartnerin. Auch von radikalen selbstschädigenden Verhaltensweisen in dieser Phase ist in den Interviews nicht die Rede. Diese Angaben lassen ebenfalls auf einen reifen Erziehungsstil der Eltern schließen.

„Familien mit der Fähigkeit und dem Mut zur Erziehung entlassen nicht nur aktive, sondern auch moralisch motivierte Kinder in die Gesellschaft. Sie wirken dort weiter als Anreger und attraktive Vorbilder. Dies ist der Multiplikatoreffekt der Familien", faßt der Autor der BMFSFJ-Jugendstudie seine Ergebnisse zum Thema Erziehungsstile zusammen (Schmidtchen 1997, 122).

Die interviewten Spitzenpolitikerinnen und Führungsfrauen scheinen zum großen Teil durch den Erziehungsstil und auch durch das Vorbild ihrer Eltern auf die Übernahme von gesellschaftlicher Verantwortung vorbereitet worden zu sein.

Eine Spitzenpolitikerin, die ihre Ausgangslage für eine berufliche Karriere rückblickend als miserabel bewertet, schätzt den Einfluß der Familie dennoch sehr hoch ein, wenn sie sagt: „*Ein Mädchen, eine Frau, die aus einem Elternhaus kommt, wo sie akzeptiert worden ist, wo sie nicht immer gedeckelt worden ist, das ist eine günstige Voraussetzung"* (P23, 23).

---

5 Diese Frage stellt sich vor allem für die Vertreter des Symbolischen Interaktionismus, für die sich der Sozialisationsprozeß im Rahmen von Kommunikation und Interaktion vollzieht, als Prozeß des Lernens von Symbolen und Rollen. Auch Schmidtchens Investitionstheorie des Wertewandel führt direkt zu dieser Frage, weil Orientierungen und Grundeinstellungen hier als dynamische, selbstveränderliche Variable gesehen werden.

Neben dem Erziehungsstil der Eltern spielt nach den Ergebnissen unserer Studie auch die Bildungsherkunft eine Rolle bei der Qualifizierung für Spitzenpositionen. In der Mehrzahl waren die Interviewpartnerinnen Akademikerinnen und stammten aus Elternhäusern, in denen ein oder beide Elternteile ebenfalls über einen akademischen Abschluß verfügten. Nur wenige der Befragten schafften den Sprung in die Führungsposition ohne diese Voraussetzung, wie eine der jüngeren Politikerinnen, deren Eltern beide ungelernte Arbeiter waren. Auf den Aspekt der sozialen Herkunft wird im nächsten Abschnitt näher eingegangen.

Soziales und kulturelles Kapital des Elternhauses

Für die Entwicklung ihres politischen Interesses bewerten es die Interviewpartnerinnen unserer Studie rückblickend als eine wichtige Förderung, gemeinsam mit den Eltern Nachrichten gehört zu haben oder früh an verschiedene Zeitungen herangekommen zu sein. Der gleiche Informationsstand trug innerhalb der Familien zu einem qualifizierten Gedankenaustausch bei. Eine der politischen Führungsfrauen beschreibt die Situation in ihrer Familie folgendermaßen: *„Meine Familie war politisch sehr engagiert, mein Vater war allerdings sehr konservativ. Politik hat in unserem Leben eine große Rolle gespielt. Wir hörten immer Nachrichten, wir hörten politische Sendungen, wir hatten immer zwei Zeitungen, mindestens, und eine Morgenzeitung, und es wurde bei uns viel diskutiert"* (F28, 1-2). Die politischen Vorzeichen, unter denen die Eltern diskutieren, wurden in diesem Fall nicht übernommen. Die Qualifikation, sich politisch zu informieren und zu artikulieren, kann offenbar im Elternhaus erworben werden, ohne daß die politischen Inhalte zwangsläufig daran gebunden bleiben. Die erlernten Techniken scheinen auf eigenständige politische Positionen übertragbar zu sein.

Hinweise auf die den Kindern schon zur Verfügung stehenden Informationsmaterialien, auf das 'kulturelle Kapital', sind in einer Reihe von Interviews zu finden.

Pierre Bourdieu verwendete in den 70er Jahren, in Anlehnung an die Ökonomen der Humankapital-Schule (vgl. Becker 1964), zur Beschreibung der sozialen Lage von Individuen und gesellschaftlichen Gruppen den Begriff des Kapitals. Neben der herkömmlichen ökonomischen Bedeutung entdeckte er bei einer Analyse der Sozialstruktur Frankreichs Ströme von kulturellem und sozialem Kapital, die sich stabilisierend und systembewahrend auf die gesellschaftlichen Verhältnisse auswirkten (vgl. Bourdieu 1983, 185-195). Dabei existiert das kulturelle Kapital nach Bourdieu in drei Formen:

- in verinnerlichtem Zustand, in Form von Bildung;
- in objektiviertem Zustand, in Form von kulturellen Gütern, Büchern, Lexika;

– in institutionalisiertem Zustand, etwa in Form von akademischen Titeln.

Als soziales Kapital bezeichnet Bourdieu die Ressourcen, die auf der Zugehörigkeit zu einer Gruppe beruhen, beispielsweise das Geflecht von bestehenden, mobilisierbaren Beziehungen, das Benehmen oder die Sprechweise.

Die Bedeutung des sozialen Kapitals zeigt sich nach Bourdieu vor allem dort, wo Personen mit vergleichbaren ökonomischen und kulturellen Voraussetzungen unterschiedliche „Erträge" erzielen, „und zwar je nach dem, inwieweit sie in der Lage sind, das Kapital einer mehr oder weniger institutionalisierten und kapitalkräftigen Gruppe (Familie, Ehemalige einer 'Elite'-Schule, vornehmer Club, Adel usw.) stellvertretend für sich zu mobilisieren" (Bourdieu 1983, 191).

Bourdieus Arbeiten fußen auf der französischen Sozialstruktur der 70er Jahre, doch auch Schmidtchen kommt in der bereits zitierten, erheblich aktuelleren BMFSFJ-Jugendstudie zu der Einschätzung, daß Familien über ein soziales Kapital verfügen, das die Eltern durch eine kompetente Erziehung mit einem reifen Erziehungsstil an ihre Kinder weitergeben, sozusagen vererben (Schmidtchen 1997, 112-122). Er verweist bei der Verwendung des Begriffs 'soziales Kapital' allerdings nicht auf Bourdieu, sondern auf den Amerikaner Robert D. Putnam (vgl. Putnam 1995) und verwendet die wörtliche Übersetzung von „social capital". Nach Putnam entsteht das soziale Kapital einer Gesellschaft in traditionellen Familienstrukturen. Putnam stellt eine Korrelation zwischen dem gesellschaftlichen Engagement der BürgerInnen und ihrem Vertrauen in das soziale System fest. Dabei dient ihm der Organisationsgrad, die Mitgliedschaft in Vereinen und Verbänden als Indikator für das Eingebundensein in das gesellschaftliche System. Vertrauen auf der einen und gesellschaftliches Engagement auf der anderen Seite, betrachtet Putnam, bildlich gesprochen, als kommunizierende Röhren, an denen der aktuelle Stand des sozialen Kapitals einer Gesellschaft abgelesen werden kann.

Dieser Argumentation zufolge, der wir uns anschließen, kommt dem „sozialen Kapital" bei der Entfaltung von politischem Interesse große Bedeutung zu.

Das „kulturelle Kapital" dagegen kommt offenbar dann maßgebend zum Tragen, wenn es um die Besetzung von Führungspositionen geht.

Wie schon erwähnt, fällt bei der Auswertung unserer Interviews der hohe Anteil der politisch aktiven Eltern auf, von dem rund ein Drittel der Befragten berichtet. In weiteren Interviews ist von sozialen oder kirchlichen Aktivitäten im Elternhaus die Rede. Somit ist eine aktive Teilnahme am gesellschaftlichen Leben knapp der Hälfte aller Befragten bereits im Elternhaus vorgelebt worden. Die andere Hälfte der Interviewpartnerinnen äußert sich nicht zu diesem Thema. Lediglich in einem Interview betont eine Politikerin ausdrücklich, aus einem gänzlich unpolitischen Elternhaus zu stammen (P20, 9).

Offenbar fällt dem sozialen und kulturellen Kapital des Elternhauses eine Schlüsselrolle für die Motivation zur Übernahme von politischer Führungsverantwortung zu, zumal eine entsprechende Förderstruktur im Bildungssystem der Bundesrepublik nicht existiert.

Die Berichte über die Elternhäuser, über die liebevolle Förderung durch beide Elternteile, lassen zudem die Schlußfolgerung zu, daß es nicht individueller Leidensdruck ist, der ein langfristiges politisches Interesse und Engagement befördert. In diesem Fall wäre ein verstärktes politisches Engagement gerade von den Frauen anzunehmen gewesen, die sich früh benachteiligt fühlten oder aus diskriminierten oder sozial schwachen Familien stammen. Angesichts der Zusammensetzung der Berufsparlamente in der Bundesrepublik war so ein Ergebnis allerdings nicht zu erwarten: Die VolksvertreterInnen, zu 78 % waren es 1994 Männer, kommen nach eigener Einschätzung aus der Mittelschicht des Volkes, mit leichter Tendenz zu besseren Kreisen (vgl. Patzelt 1996).

Wenn in den Interviews unserer Studie vom Elternhaus die Rede ist, wird in fast allen Fällen mit einigen Sätzen auf die Person der Mutter und des Vaters eingegangen. Dabei fällt auf, daß den Elternteilen verschiedene Rolleri zugeschrieben werden.

Die Väter waren es, an denen sich die Töchter orientierten. Der überwiegenden Zahl der Interviewpartnerinnen ist lebhaft in Erinnerung, daß sie durch ihre Väter konkret bei der Entwicklung politischen Interesses ermutigt wurden. Die Väter repräsentierten als Männer die Macht und die Öffentlichkeit; und die Anerkennung durch diese Väter erfüllt gerade die älteren Interviewpartnerinnen bis heute mit Stolz.

Den Müttern ist nach Einschätzung unserer Interviewpartnerinnen in erster Linie die Erziehung zu bestimmten Werten zu verdanken, die im späteren Berufsleben bedeutsam wurden. Die Mütter drängten auch eher als die Väter auf eine qualifizierte Berufsausbildung ihrer Töchter.

Etwa jede zweite Interviewpartnerin stellt fest, daß sie in ihrer persönlichen Haltung und auch in der beruflichen Entwicklung durch die Mutter beeinflußt wurde.

Die Mütter lehrten, Verantwortung zu übernehmen. Sie vermittelten ihren Töchtern die Schlüsselqualifikationen, die rückblickend als entscheidend für die Bereitschaft zur Übernahme von Führungsverantwortung bewertet werden.

Sowohl die generelle Lebenshaltung der Mütter als auch deren soziales Engagement fordern den Töchtern Respekt ab. Die Härten, die das Leben der Mütter noch kennzeichneten, blieben den Töchtern weitgehend erspart. Eine Politikerin erzählt über ihre Mutter: *„Sie hat als Kind einer Kriegerwitwe wirklich Armut und Hunger erlebt und immer eine wahnsinnige Angst, daß ihre vier Töchter hungern könnten. Sie wollte, daß wir unbedingt auf eigenen Beinen stehen und hat auch sehr mit ihrem Schwiegervater kämpfen müssen, damit wir eine anständige Ausbildung bekommen. Das hat sie alles durchgesetzt"* (P3, 1). Die Mütter drängten auf qualifizierte Ausbildungen, weil ihnen nicht zuletzt die Kriegserfahrungen vor Augen geführt hatten, wie wichtig die berufliche Unabhängigkeit für Frauen ist. Auch wenn das Geld knapp war, ließen sie sich von diesem Ziel nicht abbringen.

Viele der Mütter bedauerten es, daß sie ihren beruflichen Werdegang aufgrund der gesellschaftlichen Gegebenheiten nicht so frei gestalten konnten, wie es ihren Talenten entsprochen hätte. *„Meine Mutter hatte Medizin studiert, nach dem Krieg abgebrochen und war dann Hausfrau. Aber eigentlich auch jemand, die für ihre Töchter formulierte, macht nicht so'n Weg. Also, nicht, daß sie jetzt unzufrieden war, aber es war für sie klar, daß sie es eigentlich lieber auch anders gemacht hätte, daß es durch die Umstände nicht ging. Und das macht, glaube ich, viel aus"* (P5, 9). Von den Töchtern wurde nun erwartet, daß sie die Chancen nutzten, die sich ihnen boten. Eine der Interviewpartnerinnen übersprang zwei Klassen und bestand mit gerade 17 Jahren ihr Abitur. Die Erklärung dafür sieht sie nicht in einer herausragenden Begabung. *„Meine Mutter war sehr ehrgeizig"*, lautet ihr Kommentar (F26, 4).

Die Mütter zeigten sich stark, intelligent und offenbar wenig beeindruckt von den herrschenden Vorstellungen über Weiblichkeit. Sie wünschten sich für ihre Töchter mehr als nur eine Mutter- und Familienfrau-Karriere und vermittelten ihnen die Werte, die sie dafür für erforderlich hielten. Das waren in erster Linie preußische und christliche Tugenden. Von keiner Mutter wird berichtet, daß sie ein eher fatalistisches Weltbild besaß. Sie hielten die individuelle Einflußnahme auf die Welt offenbar für wichtig und auch für notwendig. Damit standen sie zwischen materialistischen und postmaterialistischen Werten: Leistung, Ordnung, Fleiß, Disziplin schienen ihnen unerläßlich, aber eben nicht um Besitz und Ordnung willen, sondern zur verantwortungsvollen Mitgestaltung und damit auch zur Selbstverwirklichung.

In einigen Fällen wird bei der Sozialisationsinstanz Elternhaus nur die Mutter erwähnt und der Vater nicht. Die Gründe dafür sind in den Fällen, wo die Mütter früh verwitwet oder geschieden waren, naheliegend. Ein Haushalt ohne Vater sorgte aber offenbar nicht zwangsläufig für eine frühe Wahrnehmung geschlechtsspezifischer Benachteiligungen, im Gegenteil. Eine der Interviewpartnerin, die ohne Vater aufwuchs, berichtet, daß sie erst sehr spät „Frauenbewußtsein" entwickelte. Ihre Familie, erinnert sie sich, ging selbstverständlich nicht zu der Ärztin am Ort, sondern nahm den Weg in die nächste Stadt auf sich, um sich dort von einem Arzt behandeln zu lassen (F29, 2/3). Unter dem Aspekt der Prinzipientreue ist auch dieses Beispiel ein Beleg für die Unerschütterlichkeit, mit der die Mütter trotz Unbequemlichkeiten zu den von ihnen als richtig erachteten Wertvorstellungen standen. Unter dem Aspekt der Wertschätzung von Frauen steht es als trauriger Beleg dafür, daß die Anerkennung der Kompetenz von Frauen auch durch Frauen erst erkämpft werden mußte.

Vereinzelt existiert auch die Konstellation, daß die familiären Auseinandersetzungen und Diskussionen trotz anwesender Väter mehr über die Mütter liefen, weil sie die identitätsstiftenden Persönlichkeiten für das Politikverständnis ihrer Kinder waren. Eine ehemalige Landespolitikerin stellt das folgendermaßen dar: *„Meine Mutter hat sich als links begriffen, aber eine sehr kritische Haltung gegenüber der DDR gehabt. Ich habe politische Ereignisse dadurch schon als Kind sehr intensiv erlebt"* (P2, 1). Hier hat die Mutter ihre Tochter an den politischen Zweifeln und Auseinandersetzungen teilnehmen lassen, obwohl eine nicht konforme Sichtweise für sie selbst, aber auch für das Kind Schwierigkeiten bringen konnte. Andererseits stellten diese Gespräche eine Nähe zwischen den beiden her, durch die sich die Tochter aufgewertet und anerkannt fühlte. Sie wurde darin bestärkt, sich eine eigenständige Meinung zu bilden. Diese Qualifikation hätte sich zunächst nicht entfalten können, wenn die Mutter die Kommunikation mit ihrer Tochter zum Thema Politik aus berechtigten Befürchtungen heraus eingestellt hätte.

In allen Fällen sprechen die Interviewpartnerinnen heute mit Respekt und Anerkennung über die Leistungen ihrer Mütter. Sie distanzieren sich nicht von der fordernden Erziehung oder gar von der Mutter selbst.

Allerdings werden die Mütter nur in wenigen Fällen speziell mit der Entwicklung des politischen Interesses in Verbindung gebracht.

Von jeder zweiten der befragten Spitzenpolitikerinnen und Führungsfrauen wird die Unterstützung und Förderung durch den Vater als ausschlaggebend für ihr frühes Interesse am politischen Geschehen benannt.

Dabei zieht sich die Erwähnung des positiven väterlichen Einflusses ohne besondere Auffälligkeiten durch alle Generationen (26 - 74 Jahre), durch alle Parteien und zeigt auch keine regionalen Besonderheiten.

Die Töchter wurden von ihren Vätern früh als Gesprächspartnerinnen im Kreis der politisch interessierten Erwachsenen akzeptiert. Eine bündnisgrüne Spitzenpolitikerin erinnert sich, von klein auf in die politischen Gedankengänge ihres Vaters eingeweiht worden zu sein: *„Ich komme aus einem sozialdemokratischen Elternhaus, und mein Vater war gewerkschaftlich aktiv und auf der Betriebsratsebene. Ich bin von Kindesbeinen an mit Fragen sozialer Gerechtigkeit groß geworden und Verteilung und so. Das war sicher wichtig für die Politisierung und ausschlaggebend"*

(P12, 1). Die Tochter lernt, daß die Welt nicht so funktioniert, wie ihr Vater das für richtig hält und daß er etwas dagegen unternimmt. Er teilt seine Probleme, indem er mit ihr darüber spricht. Darin liegt für ein Kind, wie für jeden Menschen, eine große Anerkennung.

Es ist naheliegend, daß das gute Verhältnis zwischen Vätern und Töchtern auch von den Müttern getragen und unterstützt wurde. Gegen den Willen der Mütter wäre es vermutlich schwer herzustellen gewesen. Konflikte dieser Art werden auch in keinem der Interviews benannt.

Nur in ganz wenigen Fällen wird eine Abgrenzung vom Vater deutlich ausgesprochen, und in diesen Fällen sind es politische Themen, die Vater und Tochter trennen. Eine sozialdemokratische Landespolitikerin berichtet: *„Mein Vater war in der NSDAP gewesen, und da gab es heftige Diskussionen zwischen uns allen. Er ist sehr früh gestorben, inzwischen hat man fast ein schlechtes Gewissen, daß wir ihn zu hart angegangen haben, wenn man das eigene Leben dann durchguckt, aber da gab es viele Auseinandersetzungen, auch Schuldzuweisungen an die Generation, insbesondere meinem Vater gegenüber, meiner Mutter eigentlich nicht"* (P1, 2).

Auch im negativen Sinne repräsentiert der Vater also die Öffentlichkeit. Die Mutter wird von den Schuldzuweisungen an ihre Generation wie selbstverständlich ausgenommen.

Die ansonsten einhellige Begeisterung für die Väter macht deutlich, daß sie ihren Töchtern Rückendeckung gaben und ihnen mit Liebe und Respekt begegneten. Das ist ungewöhnlich genug, es ist die private Seite; der väterliche Anteil an der Erziehung der Kinder.

Darüber hinaus scheint die Betonung der väterlichen Unterstützung gelegentlich auch eine gesellschaftliche Komponente zu haben. Mehrfach wird ausdrücklich darauf hingewiesen, daß die Väter vorbildliche Bürger gewesen sind. Einige Interviewpartnerinnen bezeichnen sich mit Stolz als „Vatertöchter", teilweise wird der Vater auch direkt als Vorbild benannt. Es entsteht vereinzelt der Eindruck, erst der Vater legitimiere den Auftritt in der Öffentlichkeit.

Möglicherweise wird in diesen Fällen mehr mitgeteilt als die tatsächliche Beziehung zum Vater. Vor dem Hintergrund feministischer Literatur läßt sich die überschwengliche Anerkennung einer starken Vaterfigur auch als eine kulturell tief verwurzelte Mißachtung von sogenannten weiblichen Werten und Eigenschaften interpretieren (vgl. Meyer 1994, 73). Diese Mißachtung müßte sich natürlich auch gegen die Mißachtenden selbst richten, wenn diese nicht, das ist ein psychologischer Trick, so fern von allen anderen normalen Frauen wären. In diese Richtung weisen die Selbstdarstellungen einiger Interviewpartnerinnen, die darauf beharren, untypische

Frauen zu sein, Ausnahmeerscheinungen und keinesfalls repräsentativ für ihr Geschlecht.

Über die Ergebnisse unserer Studie hinausgehend, ist zu diesem Thema noch anzumerken, daß eventuell gerade eine strahlende Vaterfigur, bei der es sich selbstverständlich nicht um den leiblichen Vater handeln muß, starke und exponierte Frauen davor bewahrt, ihre eigene Weiblichkeit in Frage stellen zu müssen. Die Ikone eines überlegenen und noch stärkeren Mannes zum Anlehnen und Unterordnen rettet hier das dichotomische Weltbild.

Das könnte generell eine unbewußte Motivation exponierter Frauen dafür sein, die Rolle ihrer Väter stark zu betonen. Falls es so wäre, handelte es sich um einen geschickten Schachzug der Psyche: Denn ein Infragestellen der weiblichen Identität würde gerade diese Frauen unnötig schwächen. Als „Vatertöchter" hingegen können sie ohne solche Anfechtungen Stärke beweisen und Machtbestrebungen ausleben, denn das Bild der Vaterfigur wächst mit. Es läßt sich problemlos höher hängen, wenn die Gefahr besteht, es zu überflügeln. Damit ist eine Stabilität gesichert, die sich im Alltag der bestehenden Strukturen sicherlich als hilfreich erweist. Ob sie sich auf die Dauer gesehen auch zum Umbau bestehender Strukturen nutzen läßt, bleibt abzuwarten.

Geschlechtsspezifische Aspekte in der Erziehung

Den hemmenden Einfluß einer klassischen Mädchenerziehung haben nur wenige der Interviewpartnerinnen am eigenen Leib erfahren, beziehungsweise als Handicap benannt. *„Ich weiß nicht, ob die jungen Frauen das heute noch haben"*, resümiert eine von ihnen, *„ich bin ganz eindeutig nicht von meiner Erziehung her darauf vorbereitet, ganz vorne zu stehen ... daß man bescheiden sein soll, zum Beispiel, das habe ich mitgekriegt und daß man auch sich selbst immer überprüfen muß"* (P18, 7).

Eine andere exponierte und konflikterprobte Politikerin beschreibt ihre Situation, die sie als typisch für viele Frauen einschätzt, mit den folgenden Worten: *„Ich war ein sehr braves Mädchen und bin darauf getrimmt, auch heute noch, möglichst im Konsens zu leben. Es bedeutet für mich jedesmal wieder einen Kraftaufwand, eine Situation durch Konflikt zu lösen. Das ist durch die Erziehung begründet. Das kann man nur mit einer außenstehenden Person aufarbeiten"* (P8, 9). Sie tat es mit Hilfe eines Coaches und bewertet diese professionelle Unterstützung rückblickend als ausgesprochen hilfreich: *„Es hat mir klar gemacht, daß dieser Widerstreit zwischen dem kleinen Mädchen und der erwachsenen Frau in mir ziemlich stark ist. Während das kleine Mädchen sehr konservativ und sehr verharrend ist, bin ich als er-*

wachsene Frau progressiv. Dieser eigene Konflikt ist schwer in Einklang zu bringen" (P6, 9).

In dieser Deutlichkeit wird sonst in kaum einem Interview auf die Erfahrung der Behinderung durch geschlechtsspezifische Sozialisation hingewiesen.

Gemessen am Trend der Zeit haben die Eltern der heutigen Spitzenpolitikerinnen überwiegend generationsuntypische Erziehungsstile praktiziert und Wert darauf gelegt, ihren Töchtern ohne Rücksicht auf das Geschlecht Zugang zur höheren Bildung zu verschaffen. Eine Politikerin, Jahrgang 1949, berichtet: *„Ich komme aus einem Elternhaus, das spielt sicherlich eine Rolle, mit einem Vater, der auch die Töchter ganz selbstverständlich anerkannt hat. Es gab überhaupt keine Diskussionen, daß wir auch Abitur machten, aber auch, daß ich mit Latein anfing"* (P5, 9).

Vor allem für die Geburtsjahrgänge bis in die Mitte der 40er Jahre stehen diese und vergleichbare Erfahrungen im Elternhaus ganz klar im Widerspruch zu den geschlechtsspezifischen Erfahrungen der Mehrzahl der Mädchen und Frauen in der Bundesrepublik.

Die Soziologieprofessorin Helge Pross veröffentlichte 1969 eine Untersuchung über die Bildungschancen von Mädchen. Zunächst stellte sie fest, daß in den meisten bis dahin vorliegenden soziologischen Untersuchungen nicht zwischen männlichen und weiblichen Befragten unterschieden wurde, was angesichts der so unterschiedlichen Ausgangssituation von Jungen und Mädchen völlig unverständlich sei: „Sie verfahren, als ob es im Bildungswesen keine sozial bedingten und sozial relevanten Geschlechtsunterschiede gäbe: als wäre die Gleichheit der Bildungschancen entweder nicht wünschenswert oder schon erreicht" (Pross, 1969, 7).

Ende der 60er Jahre werden für die Mädchen aller Schichten kurze Ausbildungen bevorzugt, weil die Berufszeit für sie als Übergangszeit zur Ehe angesehen wird. Dem „weiblichen Wesen" entsprechend werden außerdem vorrangig erzieherische, pflegerische und dienende Berufstätigkeiten aufgenommen. Auch bei den Studentinnen in der Bundesrepublik zeigt sich dieser Trend sehr deutlich: Mitte der 60er Jahre steht dem Frauenanteil von 24 % (DDR: 25 %) an wissenschaftlichen Hochschulen ein Frauenanteil von 63 % (DDR: 43 %) an pädagogischen Hochschulen gegenüber (vgl. Pross 1969, 66-67). „Je höher der Rang, desto seltener die Frauen", stellt Helge Pross für beide deutsche Staaten fest (Pross 1969, 70). Diese Beobachtung ist auch 30 Jahre später von leider noch ungebrochener Aktualität.

Die Interviewpartnerinnen bekamen diese Ausgangslage kaum zu spüren. Schon früh ermöglichte ihnen die Ermutigung durch das Elternhaus den Entwurf großer Pläne: *„ Wenn wir die spinnertsten Ideen hatten, wenn wir gesagt haben 'Ich will Bundeskanzler werden' oder so, gab es nie irgendwelche abschmetternden Bemer-*

kungen. Sie sagten dann, 'Gut, dann mußt du ein bißchen Mathe machen', oder so. Ich übertreibe jetzt etwas, aber es war eine sehr motivierende Erziehung" (P3, 1).

Politische Abgrenzung vom Elternhaus

Nur jede fünfte Politikerin berichtet, daß sich ihre politische Grundüberzeugung deutlich von derjenigen ihrer Eltern unterscheidet.

Dabei sind die Töchter in allen Fällen im politischen Spektrum links von ihren Eltern angesiedelt. Das Phänomen der linken Eltern mit konservativen Kindern, das in erster Linie die von den 68er Jahren geprägte Elterngeneration aus dem Westen der Republik trifft, ist nicht vertreten. Ein Grund dafür liegt vermutlich in der Auswahl der Interviewpartnerinnen, die als berufserfahrene Führungsfrauen über Strategien zur erfolgreichen Teilnahme am öffentlichen Leben Auskunft gaben und dementsprechend nur in Ausnahmefällen jünger waren als 30 Jahre.

Die Mehrzahl der interviewten Politikerinnen berichtet von einem konstruktiven Umgang mit den politischen Grundhaltungen, die ihnen durch die Eltern vermittelt wurden.

Die politische Abgrenzung vom Elternhaus vollzog sich überraschend konfliktarm. Berichte von heftigen Auseinandersetzungen stellen die Ausnahme dar. Eventuell erklärt sich das durch die vielfach erwähnte generelle Diskussionsfreudigkeit in den Familien. Wo viel mit einander gesprochen wird, lassen sich vermutlich auch Konflikte früh verbalisieren und bearbeiten. Zudem entwickelten die Töchter ein von den Eltern mehrheitlich gern gesehenes oder doch zumindest akzeptiertes politisches Engagement. Vor dem Hintergrund des tiefgreifenden Wertewandels, der die westdeutsche Gesellschaft Ende der 60er Jahre erfaßte, bleibt die Abwesenheit von Generationskonflikten dennoch bemerkenswert.

Es stellt sich die Frage, inwieweit hier auch eine geschlechtsspezifische Komponente zum Tragen kommt. Eventuell haben Mädchen, die in ihrer Pubertät oft spürbar an Selbstvertrauen verlieren (vgl. Seeling 1991 in: Flaake 1991, 137 und Debold u.a. 1994, 35), bereits genug zu kämpfen und verzichten gerne auf weitere Schauplätze. Karin Flaake führt die Selbstvertrauensverluste adoleszenter Mädchen auf die Bedeutung gesellschaftlicher Weiblichkeitsnormen zurück. Demnach erleben viele Mädchen die körperlichen Veränderungen weniger als positive Erweiterungen ihrer persönlichen und gesellschaftlichen Erfahrungswelt, sondern als problematische Verschlechterung und Einschränkung ihrer nach außen gerichteten Energien. „Kulturelle Definitionen der körperlichen Weiblichkeit prägen die Entwicklungen und das Selbstbild der jungen Frauen auf eine Weise, die es ihnen in dieser Phase schwer macht, die Basis zu erwerben für ein von äußeren - insbesondere männlichen

- Bestätigungen relativ unabhängiges Selbstbewußtsein" (Flaake 1991, 138). Vielleicht liegt dann gerade in dieser Zeit in einem konfliktarmen Verhältnis zu den Eltern eine Kraftquelle.

Die vollendet scheinende Harmonie im folgenden Zitat stellt dennoch nicht den Regelfall dar: *„Für mich war es selbstverständlich, in die Partei einzutreten"*, sagt eine junge Politikerin mit sozialdemokratischer Familientradition, *„mein Vater ist ja mit in der Fraktion. ... Ich habe einen, der mir in jedem Fall loyal zur Seite steht"* (P17, 1). Von Aktivitäten in exakt der gleichen Partei wie die Eltern berichten nur wenige der Interviewpartnerinnen. Als im Sinne der politischen Kultur des Elternhauses aktiv sieht sich allerdings eine erhebliche Anzahl, darunter auch bündnisgrüne Politikerinnen, die aus einem sozialdemokratischen Elternhaus stammen. Die Auseinandersetzung mit Fragen sozialer Gerechtigkeit eint die Familien hier auch über Parteigrenzen hinweg.

Interviewpartnerinnen aus allen Generationen (26-74 Jahre) und auch aus allen Parteien stellten fest, daß sie die politischen Wertsetzungen ihrer Eltern im Großen und Ganzen immer noch teilen.

Abgrenzung und Profilierung gegen die Eltern stand ganz offensichtlich nicht im Vordergrund bei der Suche nach einer eigenständigen politischen Identität.

Der Einfluß schulischer Erfahrungen

Auch Lehrerinnen und Lehrer förderten das politische Interesse und Engagement der Interviewpartnerinnen. Davon berichtet knapp ein Viertel aller Befragten. Doch nur jede sechste Politikerin räumt dem Einfluß durch die Schule einen ähnlich hohen Stellenwert ein wie dem Einfluß durch das Elternhaus.

Die positive Bedeutung der Lehrer wird von einer der jüngeren Politikerinnen besonders anschaulich beschrieben: *„Ich hatte schon Interessen, die aus meinem Elternhaus heraus, ohne daß ich denen das vorwerfen würde, nicht befriedigt werden konnten. Also, ich hatte schon den Impuls, meinen Radius zu erweitern. Über Lehrer, sagen wir mal Sozialkunde, Geschichte und so weiter, bin ich für diese Fragestellungen interessiert worden"* (P13, 2).

Einzelnen Lehrern gelang es hier offenbar, entscheidend an der Entwicklung des politischen Interesses mitzuwirken.

Auch wenn Konflikte das familiäre Klima belasteten, scheinen die Kontakte zu Lehrern an Bedeutung zu gewinnen. In diese Richtung weist das folgende Zitat: *„Da hatte ich auch ziemlich Komplexe mit meinem Vater ... Wer mir sehr viel gegeben hatte, war damals mein Geschichtslehrer, ich kann mich nicht mal mehr an* *den Namen erinnern. Aber der hat sehr überzeugend argumentiert, und ich muß sagen, der hat auch bei mir so den nachhaltigen Effekt erzielt. Dann hatte ich auch sehr viel politisch engagierte Leute um mich"* (P8, 1). An anderer Stelle berichtet eine ehemalige Klosterschülerin von einer beeindruckenden Lehrerin, einer Nonne, die ihr noch viele Jahre später als Vorbild in Erinnerung ist.

Die insgesamt recht geringe Bedeutung, die die Interviewpartnerinnen dem Einfluß der Schule für die Entwicklung ihres politischen Interesses zumessen, erklärt sich nur zum Teil dadurch, daß die Mehrzahl der Interviewpartnerinnen bereits durch den Einfluß der Eltern für politische Fragestellungen interessiert worden war. Denn offenbar kann es engagierten Lehrerinnen und Lehrern durchaus gelingen, Potentiale zu entdecken und zu fördern, die im Elternhaus nicht erkannt werden, und in Krisensituationen konstruktiv und stabilisierend einzugreifen.

Fachliche Aspekte des Unterrichts sind kaum in Erinnerung geblieben. Nur eine Politikerin erwähnt ausdrücklich den Unterricht, der die Entfaltung ihres politischen Interesses unterstützte. Sie berichtet: *„In der Schule hat uns mein Deutschlehrer unterschiedliche Parteiversammlungen angucken und unter ganz bestimmten Aspekten darüber berichten lassen. Ich halte es für ganz wichtig, so etwas zu einem sehr frühem Zeitpunkt zu machen"* (P6, 1).

In lebhafter Erinnerung geblieben ist auch die Mitarbeit in den Gremien der Schülerselbstverwaltung. Etliche Interviewpartnerinnen verweisen auf Funktionen wie Klassensprecherin oder Schulsprecherin als Beleg für frühes politisches Engagement. Die Schule bietet sich als erstes Lernfeld für demokratische Kommunikationsstrukturen geradezu an. Die Schulen wären daher gut beraten, wenn sie ihren SchülerInnen auch wirkliche Entscheidungsbefugnisse einräumten, weil das Erarbeiten von Kompromissen auf langen Sitzungen auch Früchte tragen sollte.

Auch auf die Mitarbeit in der Redaktion der Schulzeitung wird hingewiesen. Die „Pressefreiheit" wurde in der Auseinandersetzung mit der Schulleitung erprobt. Es erfordert Mut, in einer Schulzeitung die eigene Meinung der Kritik der LehrerInnen und der MitschülerInnen preiszugeben. Andererseits lockt die Anerkennung der anderen, wenn ein Beitrag besonders gut gelingt. Dieses Ausloten von Arbeitsaufwand und Anerkennung, das Erleben der Meinungsführungsposition oder des Minderheitenstatus fördert die Entwicklung kommunikativer Kompetenz.

Vereinzelt handelten sich die heutigen Spitzenpolitikerinnen bereits während der Schulzeit wegen nicht konformer politischer oder gesellschaftlicher Ansichten Ärger ein. Solche Auseinandersetzungen förderten jedoch ebenfalls die Politisierung. Als Beispiel dafür steht die Erinnerung an die Lehrerin einer katholischen Klosterschule:

„Da ich mich sehr politisch interessierte, habe ich auch immer politische Aufsätze geschrieben. ... Ich hatte eine Deutschlehrerin, die völlig apolitisch war und die das auch störte, weil sie das dann immer beurteilen mußte ... Jedenfalls machte sie mir klar, daß das unweiblich sei. Und in so einer jugendlichen Trotzreaktion habe ich mich also immer stärker darein versteift" (P11, 2).

Das Erproben der eigenen Definitionsmacht ist ein typischer Konflikt im schulischen Alter. Die Schülerin erkennt, daß sie im Recht ist und setzt sich gegen die Lehrerin durch, der sie sich bereits intellektuell überlegen weiß. Die hierarchisch überlegene Lehrerin steht für das Bild der apolitischen, angepaßten Frau, das für die Schülerin keine Perspektive darstellt. Konflikte dieser Art sind sicher nicht angenehm für die Lehrenden, für die SchülerInnen dagegen bieten sie eine Möglichkeit, für's Leben zu lernen: Mit welchen Strategien gelingt es, die eigene Position durchzusetzen? In dem Beispiel handelt es sich um eine Art informelles Konflikttraining. Speziell für Schülerinnen wären formale Angebote auf dem Gebiet des Konflikttrainings eine wichtige Bereicherung. Sich behaupten und zu widersprechen, dieses Verhalten wird im koedukativen Alltag immer noch eher den Jungen zugestanden als den Mädchen. Von daher ist es vielleicht kein Zufall, daß sich das erwähnte Beispiel in einer Mädchenschule ereignete.

Gut ein Drittel aller Interviewpartnerinnen besuchte für einige Jahre oder die ganze Schulzeit hindurch eine Mädchenschule. Da sich die koedukative Erziehung in der alten Bundesrepublik erst in den 60er Jahre durchgesetzt hat, spielt hierbei auch das Alter der Interviewpartnerinnen eine maßgebliche Rolle. In pädagogischen Kreisen wird die grundsätzliche Beibehaltung der Koedukation zur Zeit nicht ernsthaft in Frage gestellt. Doch es herrscht Konsens darüber, daß für Mädchen ergänzende geschlechtsgetrennte Angebote sinnvoll sind. Mädchen kommen im koedukativen Unterricht erwiesenermaßen zu kurz, sie erhalten weniger Aufmerksamkeit und weniger Redezeit. Die hohe Anzahl der weiblichen Lehrkräfte kann das nicht verhindern, denn Lehrerinnen ohne entsprechende Schulung erliegen ebenso wie Lehrer der Versuchung, in Konfliktsituationen von den Mädchen geschlechtsspezifisches Verhalten zu fordern: Artig und ruhig zu warten, bis sie an der Reihe sind, zu helfen und kooperativ zu sein.

Eine pädagogische Schlußfolgerung wäre, im Rahmen des Schulunterrichts speziell mit Mädchen an Vortrag und freier Rede zu arbeiten, oder auch ein gezieltes Debattentraining anzubieten. Die Möglichkeiten des fächerübergreifenden Unterrichts ließen sich auch für Medientrainings nutzen. Die Schulung von Redeverhalten in Konfliktsituationen sollte ebenfalls zur Ausbildung gehören. Hier bietet sich als Methode das Rollenspiel an, eventuell mit Videoaufzeichnung und anschließender Auswertung.

Für die Mitgestaltung von demokratischen Prozessen ist die Bedeutung der rhetorischen Fähigkeiten kaum zu überschätzen. Es ist daher kaum nachvollziehbar, weshalb in demokratischen Bildungssystemen nicht mehr Wert auf die Artikulationsfähigkeit von Kindern und Jugendlichen gelegt wird und entsprechende Talente gezielt gefördert werden.

Resümee

Bei den Interviewpartnerinnen spielte das soziale und kulturelle Kapital des Elternhauses offenbar eine Schlüsselrolle für die frühe Entwicklung von politischem Interesse, zumal keine entsprechenden Fördermöglichkeiten im Bildungssystem der Bundesrepublik verankert waren und sind. Speziell die Einflußnahme des Vaters wurde als maßgeblich für das frühe Politikinteresse gewertet.

Das Interesse an politischen Fragestellungen entwickelte sich bei den Befragten überwiegend früh und wuchs kontinuierlich. Die Antworten der Interviewpartnerinnen deuteten darauf hin, daß eine eigene Stellungnahme zum Themenkomplex Gesellschaft und Politik zu haben für sie eine grundlegende Wertvorstellung darstellt. Über eine späte Entstehung des politischen Interesses erst im Erwachsenenalter, beispielsweise anläßlich aktueller politischer Ereignisse, wurde nicht berichtet.

Soweit berichtet, zeichneten sich die Eltern der heutigen Spitzenpolitikerinnen und Führungsfrauen durch eine Erziehung aus, die den Töchtern emotionalen Rückhalt gab, aber auch konkrete ethische und intellektuelle Forderungen an sie stellte.

Zudem lehrte die Gesprächskultur in den Elternhäusern die Töchter früh, eigene Gedankengänge zu artikulieren und sich argumentativ zu behaupten. Dabei spielte auch der Zugriff auf Medien eine entscheidende Rolle.

Mit geschlechtsspezifisch begründeten Zurücksetzungen wurden die Interviewpartnerinnen unserer Studie im familiären Umfeld kaum konfrontiert. Außerdem wurde ihnen mehrheitlich bereits durch die Eltern politisches oder gesellschaftliches Engagement vorgelebt.

Offenbar ist für die Entwicklung von frühem politischen Interesse die positive Stärkung wichtig: Gleichberechtigte Diskussionen, Erfahrung von gegenseitiger Wertschätzung, eine starke und gesicherte Position innerhalb der (traditionellen) Familienstrukturen.

Dem Einfluß der Schule messen die Interviewpartnerinnen in erster Linie auf dem Gebiet des sozialen Lernens Bedeutung zu. Erwähnung fanden hier die Gremien der Schülerselbstverwaltung, insbesondere die Übernahme von Sprecherfunktionen und die redaktionelle Mitarbeit an Schulzeitungen. Offenbar bietet sich die Schule als erstes Lernfeld demokratischer Kommunikationsstrukturen an, wenn es gelingt, den SchülerInnen wirklich Entscheidungsbefugnisse einzuräumen.

Fachliche Aspekte des Unterrichts, die zur Entwicklung von politischem Interesse und Engagement beitrugen, wurden kaum erinnert. Dagegen fanden Lehrer und Lehrerinnen als positive Bezugspersonen Erwähnung, vor allem, wenn Defizite im Elternhaus lagen.

Die pädagogischen Fragestellungen, die sich daraus ergeben, lauten:

- Wie ist kulturelles und vor allem soziales Kapital aufzubauen, wenn die Elternhäuser nichts davon zu „vererben" haben? Ist es improvisierbar, und läßt es sich in den derzeit bestehenden Strukturen des Bildungssystems entwickeln?

- Wird das vorhandene Potential der tendenziell für demokratisches Engagement zu gewinnenden Kinder und Jugendlichen in ausreichendem Maße genutzt, oder bedarf es hier von pädagogischer Seite einer positiven Verstärkung, speziell unter dem Aspekt der Teilhabe an gesellschaftlicher Macht von bisher unterrepräsentierten Gruppen wie jungen Frauen?

Aspekte der politischen Sozialisation

Als Sozialisation wird der Prozeß bezeichnet, in dem der Mensch in die ihn umgebende Kultur und Gesellschaft hineinwächst und über den er/sie sich zu einem gesellschaftlich handlungsfähigen Subjekt entwickelt. Dabei liegt das grundlegende Problem der Sozialisationsforschung in der angemessenen Bewertung des Einflusses von personaler Autonomie einerseits und sozialer Determiniertheit einer Person anderseits (vgl. Peukert 1995, 280).

Der Prozeß der Sozialisation dauert nach vorherrschender Auffassung in der Sozialisationsforschung das ganze Leben hindurch an. Trotz dieser angenommenen lebenslangen Beeinflußbarkeit wird die Persönlichkeit insbesondere durch Erfahrungen in jungen Jahren geprägt.

Gut zwei Drittel der interviewten Politikerinnen stellen ihr Elternhaus als die entscheidende Sozialisationsinstanz für ihre erfolgreiche berufliche Entwicklung dar. Über das Umfeld der Familie und den sozialen Kontext, in dem die Interviewpartnerinnen aufwuchsen, wird erheblich weniger gesprochen als über das Familienleben selbst. Die eher beiläufigen Bemerkungen, in denen auf das Umfeld hingewiesen wird, lassen überwiegend ein gut ausgeprägtes Selbstbewußtsein der jungen Mädchen, ein frühes Eintreten für eigenständige Positionen und durchaus einen gewissen Spaß am Widerstand erkennen. Generelle sozialisationsbedingte Einschränkungen für Mädchen und Frauen werden erkannt, aber daß diese auch die eigene Person betreffen können, wird offenbar erst verhältnismäßig spät und in erster Linie in der beruflichen Auseinandersetzung erfahren. Die als selbstverständlich vorausgesetzte Perspektive der Gleichberechtigung eckt an traditionellen gesellschaftlichen Kommunikations- und Sozialstrukturen an.

Ehe im folgenden Kapitel Aspekte der außerfamilialen Sozialisationserfahrung der befragten Politikerinnen als junge Frauen analysiert werden, soll zunächst ein theoretischer Exkurs über das Phänomen der „sozialen Schließung" und die Dynamik des Wertewandels die besondere Situation klären helfen, in der sich junge Frauen mit Führungsambitionen im letzen Drittel des 20. Jahrhunderts befanden (vgl. Weber 1964, 260).

Strategien sozialer Schließung und die Dynamik des Wertewandels

Wie im ersten Kapitel dargelegt, trägt das soziale Kapital der Familien im Sinne von Pierre Bourdieu dazu bei, daß die Kinder gesellschaftlich engagierter Eltern in einem bestimmten politischen Klima aufwachsen, das offenbar die Entwicklung von eigenen Aktivitäten anregt und unterstützt.

Dieses Klima wird eventuell durch zwei Strategien der „sozialen Schließung" noch befördert.

Unter „sozialer Schließung" ist nach Max Weber der Prozeß zu verstehen, durch den eine soziale Gemeinschaft Vorteile zu maximieren versucht, indem sie den Zugang zu Privilegien und Erfolgschancen auf einen bestimmten Kreis von Auserwählten einschränkt. Der englische Soziologe Frank Parkin setzt hier an und beschreibt folgende Strategien sozialer Schließung (vgl. Parkin 1983):

– Die Ausschließungsstrategien, die dadurch gekennzeichnet sind, daß eine soziale Gruppe den Versuch unternimmt, ihre Privilegien durch die Unterordnung einer anderen Gruppe zu erhalten oder zu vermehren, d.h. eine andere Gruppe oder Schicht als unter der eigenen stehend auszugrenzen. Das traditionelle Kastensystem und die Schichtung ethnischer Gruppen in den USA dienen als Beispiele für diese Art von Schließungsmuster, das Parkin als die *dominante Schließungsform* bezeichnet.

– Dagegen sind die *solidaristischen Schließungsstrategien* als Reaktion der ausgegrenzten Gruppen zu verstehen, die ihrerseits nicht in der Lage sind, durch die Anwendung von Ausschließungstechniken Ressourcen für sich in Anspruch zu nehmen.

Der entscheidende Unterschied zwischen den beiden Schließungsmodi besteht darin, „daß Ausschließungstechniken politischen Druck sozusagen nach unten richten, indem Gruppenvorteile auf Kosten von andern erlangt werden, die mit Erfolg als untergeordnet definiert werden können. Strategien des Solidarismus dagegen richten politischen Druck nach oben, denn mit ihren Ansprüchen bedrohen sie den Ressourcenanteil der privilegierten Schichten" (Parkin 1983, 125).

Die erstgenannte Strategie der Ausschließung stabilisiert also die bestehende Ordnung, während die solidaristische Schließungsstrategie eine Herausforderung an das gegebene Verteilungssystem darstellt.

Frank Parkin bezieht sich in der Analyse der Schließungsstrategien auf Bürgertum und Arbeiterschaft; dieses Denkmodell läßt sich aber auch auf die aktuelle Situation exponierter Politikerinnen übertragen: Überwiegend akademisch gebildet, kommen sie in der Regel aus gesellschaftlichen Schichten, die Ausgrenzungsstrategien zum Erhalt von Privilegien traditionell erfolgreich anwenden.

Als Frauen gehören dieselben Politikerinnen aber zu einer gesellschaftlichen Gruppe, die sich in erster Linie durch eine solidaristische Schließungsstrategie Gehör verschafft. Die Politikerinnen fordern in ihrer Rolle als Frauen das gegebene Verteilungssystem heraus, als Vertreterinnen ihrer Schicht hingegen gehören sie zu einer Gruppe, die am Erhalt der bestehenden Strukturen interessiert ist.

Parkin sieht die gleichzeitige Anwendung beider Schließungsstrategien durch ein und dieselbe Gruppe zwar durchaus als den Regelfall an, doch er geht davon aus, daß diese Gruppe nur ein Ziel verfolgt, nämlich den Stand der eigenen Gruppe und deren Anteil an den Ressourcen zu verbessern.

Für Politikerinnen dagegen stellt die aktive Teilnahme an beiden Gruppen einen Zwiespalt dar, weil deren jeweilige Ziele schwer miteinander in Einklang zu bringen sind. Die gleichzeitige Zuordnung zu beiden Gruppen erfordert außerdem ein ständiges intellektuelles „switchen" zur Bestimmung des eigenen Standortes. Das bindet Kapazitäten und stellt zudem eine ständige Quelle für Auseinandersetzungen und Mißverständnisse dar. Hier schließt die Frage an, wie solche kulturell gewachsenen Konstellationen beeinflußbar sind.

Gerhard Schmidtchen wies 1997 darauf hin, daß die bisherigen Theorien zur Dynamik des Wertewandels diesem Phänomen nicht gerecht werden. Nach seinen Beobachtungen sind es nicht ausschließlich Erlebnisse der Jugendphase, die Wertorientierungen prägen. Größer als der biographische Einfluß ist nach seiner Auffassung die Gegenwartsbeurteilung, auch das Leiden an der Gegenwart, und die Erwartung, mit welcher Orientierung, mit welchem Wissen, mit welchen Ressourcen man sich in Zukunft wird behaupten können. „Ertragsphantasien spielen für die

Richtung des Wertewandels eine größere Rolle als Traditionen", schreibt Schmidtchen und entwickelt die „Investitionstheorie des Wertewandels". Demnach muß sich ein Zielkonsens an der folgenden Ertragsregel messen lassen: Lohnen sich die zu erbringenden Anpassungsleistungen?

Die „Investitionstheorie des Wertewandels" läßt sich auch auf die Entwicklung des Geschlechterverhältnisses in der Bundesrepublik übertragen: Mitmachen oder nicht, war die Entscheidung, die die erwachsenen Frauen in den 70er Jahren zu treffen hatten. Sie entschieden sich massenhaft für eine Aufkündigung der bestehenden Wertvorstellungen. Die Machtverhältnisse änderten sich, sie wurden zugunsten der Frauen korrigiert. Die neuen Wertvorstellungen nahmen Einfluß auf Institutionen, die sich verändernden Verhältnisse schufen neue Möglichkeiten. Gleichzeitig hatten die engagierten Frauen aber den Kampf gegen die alten Wertvorstellungen auch in ihren eigenen Köpfen auszufechten. Die auf den alten Werten beharrenden Frauen dagegen gerieten zunehmend in Konflikt mit den neuen Anforderungen ihrer Umgebung.

Unveränderte Wertvorstellungen überlebten auch in einer Reihe von Männerköpfen. Je weiter ihre Karrieren in den 70er Jahren bereits fortgeschritten waren, um so weniger Anlaß gab es für sie, ihre Werte zu revidieren. Im Gegensatz zu den gleichaltrigen Frauen hatten sie wenig Anpassungsleistungen zu erbringen. Sie teilten auch den Zielkonsens einer paritätischen Beteiligung der Frauen an gesellschaftlicher Macht in der Regel nicht. „Die Männer haben (...) eine Rhetorik der Gleichheit eingeübt, ohne ihren Worten Taten folgen zu lassen", resümierte Ulrich Beck Mitte der 80er Jahre (Beck 1986, 162).

Ist die „Investitionstheorie des Wertewandels" ein geeignetes Instrumentarium, um Beharrlichkeit auf der einen und raschen Wandel auf der anderen Seite zu fassen? Gerade die Veränderungen der Wertmaßstäbe in den letzten dreißig Jahre sind nicht erklärbar, wenn die Entwicklung der Wertvorstellungen als bis zum Eintritt ins Erwachsenenalter abgeschlossen gedacht wird, anderseits ist die bleibende Prägung durch Elternhaus und Schule offensichtlich und wird auch durch die Auswertung der vorliegenden qualitativen Studie bestätigt.

Die Erfahrung geschlechtsspezifischer Einschränkungen

Die geschlechtsspezifischen Sozialisationserfahrungen der Interviewpartnerinnen aus den Geburtsjahrgängen 1922 - 1970 stellen sich aus verständlichen Gründen sehr unterschiedlich dar.

Doch obwohl in den Elternhäusern wenig Erfahrung mit geschlechtsspezifisch bedingten Zurücksetzungen vorlag, hat die geschlechtsspezifische Sozialisation auch bei den Interviewpartnerinnen unserer Studie vielfältige Spuren hinterlassen. Dabei stellt sich das Verhältnis zu Männern im allgemeinen, vermutlich auch aufgrund der positiven familiären Erfahrungen, als ausgesprochen wenig belastet dar. Die Väter und die Ehemänner, Brüder und Mentoren bekommen in den Interviews viel Lob zugesprochen. Auf ihren Karrierewegen entdecken die Führungsfrauen und Politikerinnen nahezu ausnahmslos den Einfluß und die Unterstützung auch durch Männer.

Negative geschlechtsspezifische Erfahrungen zeigen sich in erster Linie, wenn die Interviewpartnerinnen von ihrem Arbeitsalltag und Erfahrungen mit Kollegen berichten. Selbst anerkannte Fachfrauen werden im beruflichen Zusammenhang stets daran erinnert, daß sie „nur" Frauen sind und mit einer entsprechenden Erwartungshaltung behandelt: *„Ich werde als Frau nicht immer ernst genommen, gerade auf meinem Fachgebiet Wirtschaft. Meine fachliche Qualifikation wird einfach nicht vorausgesetzt. Das äußert sich beispielsweise in Belehrungen von Männern, die weniger kompetent sind als ich. Ich muß auf meine Kompetenzen hinweisen und auf deren Anerkennung bestehen. Grundsätzlich behaupten auch die Männer, daß die Frauen ebenbürtig und genauso gut sind. Aber bereits im nächsten Satz artikulieren sie dann die Angst vor der Quote und den vielen unqualifizierten blöden Weibern"* (P4, 4).

In der Mehrzahl der Interviews messen sich die Politikerinnen an ihren männlichen Kollegen und grenzen sich von bestimmten, als männlich bewerteten Umgangsformen ab. Der eigene Umgang mit politischen Problemen wird generell als besser fundiert und als der Sachlage angemessener bewertet.

Die Kritik der Interviewpartnerinnen an den parteiinternen Kommunikationsstrukturen trägt ebenfalls deutlich geschlechtsspezifische Züge. Eine junge Bundestagsabgeordnete stellt das folgendermaßen dar: *„Wir haben aber auch unsere Machos, sowohl auf der Partei- als auch auf der Fraktionsebene. Da wird man gewählt, aber was völlig fehlt ist eine Struktur oder ein Unterbau, der das dann auch stützt. Die Kollegin auf der Parteiebene hat die gleichen Probleme, da gibt es auch eine Kommunikation drüber, daß zu wenig Kooperation da ist, daß die Männer alleine entscheiden, daß sie nicht kooperieren wollen, daß wir es immer sind, die ein Gespräch suchen über Fragen ... Also diese ganzen Alleingänge und so. Es geht gar nicht um politische Fragen, sondern einfach die Art und Weise"* (P12, 6).

Vor allem die jüngeren Mandatsträgerinnen beschweren sich über die unzeitgemäßen geschlechtsspezifischen Rollenerwartungen, die ihre männlichen, überwiegend älteren Kollegen an sie herantragen. Sie nehmen die Ungleichbehandlung der Geschlechter im politischen Alltag ebenso empfindsam wahr wie die älteren Interviewpartnerinnen. Unabhängig von der Generationszugehörigkeit stellen alle Befragten fest, daß im Bereich der Politik nach wie vor vielfältige Barrieren gegen eine gleichberechtigte Beteiligung von Frauen bestehen. (Dieser Aspekt wird im Beitrag von Helga Lukoschat ausführlich dargelegt.)

Als Beispiel für diskriminierende Erfahrungen findet auch die Medienberichterstattung mehrfach Erwähnung. *„Was bin ich in den ersten Wochen meines Amtes oft gefragt worden, wie schaffen sie das mit ihrer Familie?"* stöhnt eine der Politikerinnen (P5, 18). Dabei waren ihre vier Kinder bereits erwachsen. Ihr Kollege dagegen, der gerade zum vierten Male Vater geworden war, bekam diese Frage von Journalisten nie zu hören. Erlebnissen dieser Art wird zunächst keine Bedeutung beigemessen, doch in der Summe zehren die individuell zu bewältigenden Diskriminierungserfahrungen am Energiereservoir der Politikerinnen.

Eine unserer Interviewpartnerinnen teilt aus ihrer politischen Erfahrung folgende geschlechtsspezifische Beobachtung mit: *„Das ist für viele Frauen eine unglaubliche Hürde, damit zu leben, daß es Leute gibt, die sie bekämpfen. Das ist mir auch schwergefallen. Es gibt Leute, die mich aufgrund meiner Tätigkeit bekämpfen. Ich brauche meine Energie nicht mit Versuchen zu verschwenden, diese Leute zu versöhnen. Es wird mir nicht gelingen. Ich kann zivil damit umgehen und auch sie zu einem entsprechenden Umgang locken. Frauen neigen eher dazu, everybody's darling sein zu wollen. Männer dagegen fühlen sich in ihrem Selbstwertgefühl durch Gegner und Feinde bestätigt. Sie brauchen das für ihren Kick. Bei Frauen gibt es keinen Kick, sondern meistens Angst"* (P2, 6).

Die Psychologin Nancy Chodorow führt geschlechtsspezifische Reaktionen dieser Art auf die unterschiedlichen Identifikationsprozesse zurück, die Jungen und Mädchen in traditionellen familiären Strukturen durchlaufen (vgl. Chodorow 1985). Die in der Erziehungsverantwortung stehende Mutter bietet der Tochter die Möglichkeit zur persönlichen Identifikation, die durch weitere Frauen im Umfeld des Mädchens noch verstärkt wird. Der Identifikationsprozeß und das Rollenlernen der Jungen gestalten sich dagegen weniger in der direkten Beziehungen zum Vater oder zu anderen Männern, sondern eher durch die Distanzierung vom Weiblichen und von der Gefühlsbindung zur Mutter. „Das grundlegende weibliche Selbstgefühl ist Weltverbundenheit, das grundlegende männliche Selbstgefühl ist Separatheit" (Chodorow 1995, 220). Die Auswirkungen dieser geschlechtstypisch unterschiedlichen Beziehungserfahrungen ziehen sich offenbar bis ins Berufsleben hinein und zeigen sich auch bei InhaberInnen von Führungspositionen in der Präferenz von Führungsstilen: „Es kann vermutet werden, daß Frauen einen auf Erhaltung und Kontinuität von Beziehungen ausgerichteten Führungsstil bevorzugen, während Männer bei ihrer Form der Führung eher auf die Wahrung ihrer Ich-Grenzen bedacht sind" (Borst 1997, 25).

Sozialisationsbedingte geschlechtsspezifische Unterschiede könnten eventuell konstruktiv und in sich ergänzender Weise nebeneinander existieren, wenn die historische Entwicklung das Weibliche nicht zwangsläufig zum Zweitrangigen stempelte. Birgit Meyer sieht es in diesem Zusammenhang als eine wichtige Aufgabe an, den „heimlichen Lehrplan der Höherbewertung des männlichen Geschlechts und der Ablehnung der eigenen Weiblichkeit außer Kraft" zu setzen (Meyer 1994, 71).

Daß dieser heimliche Lehrplan durchaus noch funktioniert, wird in einer Reihe von Interviews unter verschiedenen Fragestellungen angedeutet, hier ein Beispiel aus dem Geburtsjahrgang 1945: *„Frauen, auch in der Politik, auch in anderen Ämtern, waren für mich, ja, wie wir sagten: Mannweiber. Also das war ganz stark ... Ja, also lange Zeit die Angst, selber so zu sein"* (F29, 4).

Nach diesem Schema wird noch heute die männliche Welt vor der Konfrontation mit weiblicher Sachkompetenz geschützt - von den Frauen selbst, wie Martina Ritter diagnostiziert (vgl. Ritter 1993, nach Meyer 1994, 71).

Gitta Mühlen Achs führt das komplizierte Verhältnis von Männern zu Frauen mit Macht und auch der Frauen zur Macht selbst unter anderem auf die Körpersprache zurück. Gerade die Elemente, die als typisch weiblich gelten, interpretiert sie verhaltensbiologisch als Unterwerfungsgesten, wie beispielsweise ein nicht inhaltlich motiviertes Dauerlächeln, ein gesenkter Blick, oder der schief gelegte Kopf. Ein machtvolles Gebaren dagegen braucht typisch männliche Elemente, wie einen breiten Stand, aggressive und abgrenzende Gestik, einen unverwandten Blick und eine laute, tiefe Stimme. Haltsuchendes Unterhaken und bewunderndes Aufblicken passen nicht zu dem Bild einer kompetenten Fachfrau (vgl. Mühlen Achs 1997, 11ff).

Vielleicht bedingen diese körpersprachlichen Elemente, daß Frauen in Machtpositionen auf Männer und auch auf Frauen plötzlich weniger weiblich wirken als zuvor. Von dieser Erfahrung berichtet eine Spitzenpolitikerin: *„In dem Moment, wo du eine Stufe nach oben gerückt bist innerhalb der Partei und Vorgesetzte von vorherigen Kollegen bist, ... das werde ich auch mein Leben nicht vergessen, in dem Moment bin ich als Frau in Frage gestellt worden. Ein Kollege, mit dem ich bis dahin auf der Flirtebene gut zurechtgekommen war, der sagte dann plötzlich, ich hätte meinen ganzen Charme verloren ... Das ist läppisch, aber ich habe es eben nicht vergessen."* (P3, 11)

Ähnlich demotivierende Angriffe auf die weibliche Identität und damit auf die gesamte Persönlichkeit, bleiben offenbar den wenigsten Frauen mit Führungsverantwortung erspart. Ganz im Gegensatz zu ihren männlichen Kollegen: Für Männer ist ein Aufstieg in der Hierarchie stets gesellschaftlich akzeptiert und mit einem Zuwachs an Männlichkeit, Anerkennung und Wertschätzung verbunden und wirkt sich daher motivierend und persönlichkeitsstabilisierend aus.

Der Einfluß der Wende

Für die Interviewpartnerinnen, die in der DDR aufwuchsen, stellte der Fall der Mauer aus verständlichen Gründen ein stärker einschneidendes politisches Ereignis dar als für die Gesprächspartnerinnen aus der alten Bundesrepublik.

„*Die Entwicklung, die ich genommen habe, ist ausschließlich durch die Wende geprägt gewesen*", stellt eine ostdeutsche Landespolitikerin fest. „*Mein politisches Interesse zur DDR-Zeit war, bedingt durch die Verhältnisse, schlichtweg gleich null*" (P9, 1). Die gleich anschließenden Sätze bestätigen, daß ihr politisches Bewußtsein dennoch sehr ausgeprägt war: „*Die Nischengesellschaft, wie sie so schön heißt, die bewirkte, daß man in den Bereichen, wo Veränderungen oder Gestaltungen möglich war, da waren wir aktiv. Und das war in der Politik nicht. Und deswegen begrenzte sich politisches Denken und Handeln ausschließlich auf die persönliche Sphäre. Also selbst nicht in die Pioniere oder in die FDJ zu gehen und die Kinder nicht in die Pioniere oder die FDJ zu schicken, war die politische Aktivität, in der wir uns erschöpft haben, wenn Sie so wollen*" (P9, 1-2).

Eine andere, erheblich jüngere Politikerin fühlte sich in ihrem politisches Interesse durch die staatliche Erziehung in der DDR durchaus motiviert. „*Also für mich zumindest war es in der DDR eine Selbstverständlichkeit, sich für Politik und gesellschaftliche Prozesse zu interessieren, das hat auch etwas mit Ausbildung, mit Erziehung zu tun*", stellt sie fest (P14, 1). Als Kind aus einer sozial schwachen Familie wurde sie durch das Erziehungssystem der DDR besonders gefördert und erkennt diese Förderung auch nach der Wende als einen Gewinn für sich an.

Auffällig ist, daß die Erwähnung des Elternhauses oder des Einfluß durch den Vater den Politikerinnen aus der DDR deutlich seltener in den Sinn kommt als ihren Kolleginnen aus der alten Bundesrepublik. Dies hat möglicherweise damit zu tun, daß ihr Politikbegriff ein anderer zu sein scheint. Die Assoziationskette führt für die Interviewpartnerinnen, die in der DDR aufwuchsen, vom Begriff der Politik direkt zu Staat und Partei. Zum anderen wurde im Gesellschaftssystem des real existierenden Sozialismus erheblich offensiver Einfluß auf die soziale Stellung des Einzelnen genommen. Karrieren wurden gezielter gefördert oder unterbunden als das in demokratischen Strukturen möglich ist. So gesehen spielte das Elternhaus für die politisch-berufliche Entwicklung auch faktisch eine geringere Rolle.

Für die Interviewpartnerinnen, die in der DDR aufwuchsen, stand der gesellschaftliche Umbruch durch die Wende am Anfang ihrer derzeitigen Situation als Politikerin. Die Dynamik der Wendeereignisse und die Perspektive, neue gesellschaftliche Verhältnisse mitgestalten zu können, motivierten ihr politisches Interesse und Engagement.

Einige der ostdeutschen Interviewpartnerinnen waren zu DDR-Zeiten bereits in Kirchengemeinden aktiv, dem „*einzig legalen Raum jenseits staatlicher Öffentlichkeit*" (P2, 1). Eine ehemalige Landespolitikerin beschreibt den Einfluß der Kirche auf ihre politische Entwicklung folgendermaßen: „*Dann wurde mir klar, daß die Leute in den gesellschaftlichen Raum weitertrugen, was sie im kirchlichen Kontext kennenlernten. Als ich diese Dimension begriff, wurden meine Motivation und meine Arbeit allmählich immer politischer*" (P2, 1). Sie erlebte, wie schnell der öffentliche Austausch über Sachthemen an Grenzen stieß und begegnete dieser Einengung mit Widerstand.

Vorbilder auf dem Weg zum politischen Engagement

Die Bedeutung von Vorbildern gerade für engagierte junge Menschen findet in der aktuellen Shell-Jugendstudie Bestätigung. Während im Durchschnitt nur ein Fünftel der Jugendlichen angibt, ein Vorbild zu besitzen, sind es bei den im weiten Sinne politisch engagierten Jugendlichen ein Drittel. Für diese Jugendlichen kommen in hohem Maße „auch die Eltern, Politiker oder andere Persönlichkeiten des öffentlichen Lebens als Vorbilder in Frage" (Jugendwerk der Deutschen Shell, 1997, 377). Leider wurde die Frage nach den Vorbildern nicht geschlechtsspezifisch ausgewertet, so daß der Studie keine Informationen darüber zu entnehmen sind, ob Mädchen und Jungen gleichermaßen Vorbilder benennen.

Von den Interviewpartnerinnen unserer Studie geht nur gut die Hälfte auf die Frage nach einem Vorbild überhaupt ein. „*Ich möchte ich sein, aber ich schätze natürlich andere Leute und glaube nicht, daß ich die Allergrößte und Allerbeste bin*", faßt eine Spitzenpolitikerin ihr Unverständnis über die Frage nach einem Vorbild zusammen (P16, 2). „*Mein Ziel ist eher die Sacharbeit*", kommentiert eine andere (P6, 1). Aber es gibt auch sehr konkrete Aussagen zum Thema Vorbilder. Eine Interviewpartnerin teilt mit: „*Vorbild: Vater. Unternehmer, sehr konsequent, sehr herzlich, sehr nett ...*" Auch hier dominieren also wieder die Väter.

Nur in jedem sechsten Interview werden politisch erfolgreiche Frauen erinnert, die am Anfang der Karriere als Leitbilder fungierten und emotionale Stärkung gaben. Die Bewunderung richtete sich aber nicht nur auf deren berufliche Leistungen, sondern auch auf deren Fähigkeit, Berufs- und Familienleben miteinander in Einklang zu bringen.

„*Ich habe mich mit einigen Leuten identifiziert, aber nicht als ganze Personen, sondern nur mit bestimmten Dingen, die sie taten. Ich nahm sie mir als Vorbild, bis ich meine eigene Position gefunden hatte. Darunter waren auch Frauen*", beschreibt eine Landespolitikerin und erinnert sich dann: *„Eine Pastorin hat mich sehr stark angeregt und immer wieder ermutigt"* (P2, 1).

Die persönlich bekannten Vorbilder scheinen sehr konkret mit der eigenen Lebenssituation verknüpft zu sein. Es werden keine Menschen aus völlig anderen Bereichen benannt, wie Sportlerinnen oder Musikerinnen. Außerdem sind die Vorbilder eindeutig hierarchisch überlegen, ob in der Familie, in der Ausbildung oder im Berufsleben. Interessant ist, daß als persönlich bekannte Vorbilder, abgesehen vom Vater, ausschließlich Frauen benannt werden.

Das pragmatische Benutzen von Vorbildern, um sich zu orientieren und zu positionieren, ist für die jüngeren Frauen unter den Interviewpartnerinnen erheblich leichter gewesen als für die Älteren. Für letztere waren kaum weibliche Vorbilder in Sichtweite. Eine Politikerin bemerkt, daß sie als Jugendliche im öffentlichen Leben keine Vorbilder entdecken konnte, obwohl sie noch weiß, daß sie danach gesucht hat (F30). Eine andere Interviewpartnerin, Jahrgang 1944, erinnert sich mit Entsetzen an die Riege der älteren, ehrwürdigen Damen, mit denen sie als junges Mädchen gar nichts anfangen konnte. Sie fand dann aber ein passendes Vorbild in der Jugendorganisation ihrer Partei (P11).

Die Situation hat sich heute offenbar entspannt. Eine der jüngeren Politikerinnen benennt als Vorbilder auf ihrem Weg zur Berufspolitikerin zwei ihr persönlich bekannte Frauen in hohen politischen Ämtern. *„Also, ich hab' eigentlich an beiden dasselbe bewundert"*, berichtet sie, *„nämlich es ging mir nicht darum, daß die sich im Fernsehen besonders telegen darstellen können, sondern beides Frauentypen, die sehr konsequent, auch unter Inkaufnahme von Schwierigkeiten, ihre Linie vertreten haben"* (P10, 12).

Die Auswertung unserer repräsentativen Umfrage unter bundesdeutschen Politikerinnen (vgl. den Beitrag von Helga Foster in diesem Buch) ergab, daß die Älteren unter den Befragten eher weibliche Vorbilder benennen als die Jüngeren. Vor dem Hintergrund, daß gerade die Älteren nur mit Mühe weibliche Vorbilder entdecken konnten, ist das verwunderlich. Eventuell bleibt jedoch gerade die mühsame Suche besser in Erinnerung als die leichte Auswahl innerhalb eines großen Angebots, das auch wechselnde Orientierung erlaubt. Es könnte aber auch sein, daß ein weibliches Vorbild gehabt zu haben sich insgesamt positiv auf die Karriere von Frauen auswirkt. Bei unseren Interviews kamen durchweg höherrangige Politikerinnen zu Wort.

Die weiblichen Vorbilder, die Mädchen und jungen Frauen in deren Umfeld zur Verfügung stehen, dienen auch zur Anregungen der Modifikation von traditionellen Rollenbildern. Die Präsentation beeindruckender Frauen in Spitzenpositionen kann daher auch für Mädchen und deren Motivation zu gesellschaftlichem und politischem Engagement von Bedeutung sein, ohne daß eine Entscheidung für ein benennbares Vorbild deutlich wird. Eine unserer Interviewpartnerinnen teilt mit: *"Heute gibt es für mich jede Menge Vorbilder. Also alles Frauen, die sich engagieren, die sich artikulieren können, die sagen können, was sie wollen, wie sie es wollen und die bereit sind, dort mindestens punktuell zusammenzuarbeiten. Da kann ich keine einzelne mehr benennen, das sind unheimlich viele"* (P15, 1-2).

Weniger konkret mit der Entwicklung der eigenen Identität sind die Vorbilder verbunden, die im Sinne von vorbildlichen Persönlichkeiten Erwähnung finden. Neben Menschen aus dem persönlichen Umfeld benennen mehrere Interviewpartnerinnen zusätzlich Personen des öffentlichen Lebens, in erster Linie Schriftstellerinnen, wie Christa Wolf, George Sand oder Simone de Beauvoir, aber auch Polit-Ikonen wie Rosa Luxemburg und Rudi Dutschke. Die Publikationen von Sozialwissenschaftlerinnen und Feministinnen übten ebenfalls einen starken Einfluß aus. Hier werden Helge Pross, Alice Schwarzer und Sybille Plogstedt genannt. Einmal findet ein Vorbild unter den Naturwissenschaftlerinnen Erwähnung, nämlich Marie Curie. Natürlich fehlen auch die Namen der beeindruckenden Persönlichkeiten aus der eigenen politischen Partei hier nicht. Willy Brandt wird mehrfach erwähnt, Louise Schroeder, Konrad Adenauer und Richard von Weizsäcker.

Die Bedeutung von Vorbildern zeigt, wie wichtig es ist, Frauen als Vorbilder in vielfältiger Weise zu präsentieren, sei es im politischen oder auch im im weiteren Sinne öffentlichen Raum. In der Medienlandschaft, auch in der Dokumentation und Berichterstattung, werden Frauen immer noch weniger Ernst genommen als Männer, wie das niederländische NOS Gender Portrayal Department in einer auch auf den deutschen Sprachraum übertragbaren Studie feststellte (vgl. Kuippers 1997). Beispielsweise werden im Fernsehen bei Umfragen Eheleute oder Paare im Bild gezeigt, wenn der Mann redet. Wenn die Frau antwortet, ist sie dagegen allein im Bild zu sehen. Schweigende Männer an der Seite einer Frau werden kaum ins Bild gesetzt, vermutlich weil sie auch im übertragenen Sinne nicht ins Bild passen.

Resümee

Das traditionelle bürgerliche Frauenbild ist in den letzten Jahrzehnten gründlich revidiert worden, ohne daß kulturell gewachsene Werthaltungen und Strukturen ihre Wirkung verloren haben. Diese Situation birgt gerade für Frauen mit Führungsambitionen zahlreiche innere und äußere Konfliktsituationen, die eine gleichberechtigte Beteiligung an demokratischen Prozessen erschweren.

Die Interviewpartnerinnen berichten über Diskriminierungstendenzen im Arbeitsalltag, die vor allem durch die Kommunikationsstrukturen ihrer Parteien und die Medienberichterstattung bedingt sind.

Für die Mandatsträgerinnen, die in der DDR aufwuchsen, stand die Wende am Anfang ihrer politischen Karriere, eine Förderung durch das Elternhaus im Hinblick auf die Entwicklung von politischem Interesse wird nicht benannt. Die Vergangenheit unter dem SED-Regime wird unter dem Aspekt der Förderung von politischem Engagement sehr unterschiedlich bewertet.

Weibliche Vorbilder auf dem Weg zum politischen Engagement wurden insgesamt von jeder zweiten Interviewpartnerinnen erwähnt. Diese Vorbilder waren überwiegend ältere und persönlich bekannte Frauen, die sehr konkret mit der Lebenssituation der Interviewpartnerinnen verbunden waren.

Weibliche Vorbilder, die Mädchen und jungen Frauen zur Verfügung stehen, liefern Anregungen für die Modifikation von traditionellen Rollenbildern und sind daher auch für die Motivation für gesellschaftliches und politisches Engagement von Bedeutung.

Erste Schritte in die aktive politische Arbeit

In diesem Kapitel werden die Konstellationen nachgezeichnet, die dazu beitrugen, daß dem überwiegend früh entdeckten und geförderten politischen Interesse der befragten Politikerinnen und Führungsfrauen tatsächlich konkrete Schritt in die aktive politische Arbeit folgten.

Die Themen, an denen sich das politische Engagement entzündete

Das politische Engagement ist bei der Mehrzahl der befragten Politikerinnen sehr kontinuierlich gewachsen. Bereits in der Schulzeit zeigt jede Fünfte von ihnen Interesse an gesellschaftlicher Kommunikation, was sich vor allem durch die Mitarbeit bei der Schulzeitung oder die Übernahme von Klassen- oder Schulsprecherfunktionen äußerte.

Im Studium, das die Befragten mehrheitlich absolvieren, wird von jeder Vierten ein hochschulpolitisches Engagement erwähnt. Hier reicht das Spektrum der Aktivitäten von der evangelischen Studentengemeinde bis zur Trotzkistischen Gruppe, von der Mitarbeit im AStA (Allgemeiner Studentenausschuß) bis zur Mitgliedschaft im SDS (Sozialistischer Deutscher Studentenbund).

Von knapp einem Viertel aller Befragten wird auf das Engagement in der Kirchengemeinde hingewiesen. Von besonderer Bedeutung waren diese Kontakte innerhalb der Kirchengemeinde für die Politikerinnen aus den fünf neuen Ländern. Eine Brandenburgerin stellt das folgendermaßen dar: *„Ich habe mich zu DDR-Zeiten in einem Kontext befunden, in dem bestimmte Fähigkeiten und Fertigkeiten trainiert wurden, die im politischen Feld sehr nützlich sind. Dialog, Umgang mit Konflikten, Informationsbeschaffung und Zugang zu bestimmten Informationen, das waren Dinge, die uns privilegiert haben. Wenigstens im Binnenbereich hatten wir Erfahrung mit demokratischen Strukturen und Umgangsformen. Das war nicht DDR-typisch. Das ist eine Erklärung dafür, daß im Osten relativ viele Leute aus der Kirche in die Politik gegangen sind"* (P2, 2).

Ein Fünftel aller Interviewpartnerinnen waren bereits in jungen Jahren in den Jugendorganisationen ihrer späteren Parteien aktiv. Oft wurden zwei, gelegentlich sogar drei Aktivitätsbereiche miteinander kombiniert, also beispielsweise politisches Engagement in der Schule und in der Jugendorganisation einer Partei, oder Engagement in der Kirche und gleichzeitig in studentischen Zusammenhängen.

Insgesamt engagierte sich über die Hälfte aller Befragten bereits vor dem Eintritt ins Berufsleben, sei es in der Schule, im Studium, in der Kirche oder in der Jugendorganisation einer Partei. In dieser Gruppe der früh Engagierten gibt es, ebenso wie bei den anderen Befragten, kein Beispiel für einen späteren politischen Richtungswechsel. Die Interviewpartnerinnen halten ausnahmslos und trotz einer Vielzahl unerfreulicher Erfahrungen ihren Parteien die Treue.

Von den Politikerinnen aus dem Westteil der Bundesrepublik wird darüber hinaus vom politischen Engagement in der Kinderladenbewegung, der Anti-Atomkraft-Bewegung und verschiedenen Bürgerinitiativen berichtet, deren Arbeitsschwerpunkte in der Regel in ökologischen Zusammenhängen lagen. Diese themenbezogenen politischen Bewegungen markierten den Einstieg in die Politik für diejenigen, deren konkretes politisches Engagement sich erst im Erwachsenenalter Bahn brach.

Bevor die Entscheidung für eine Karriere als Berufspolitikerin fiel, lernte die Mehrzahl der interviewten Politikerinnen die politische Basisarbeit kennen. Sie arbeiteten sich durch den *„mühsamen Filz"* (F27) der Kommunalpolitik und eigneten sich die politischen Spielregeln nach und nach an. Nur jeder sechsten Politikerin blieb dieser Weg erspart und sie gelangte als Quereinsteigerin gleich in eine machtvolle Position.

Zu Beginn ihrer Karriere befaßten sich die Interviewpartnerinnen bereits mit sehr unterschiedlichen Themengebieten, doch es gibt einen massiven Schwerpunkt im Bereich Frauenpolitik, den fast die Hälfte der Politikerinnen als eines ihrer Schwerpunkte benennt. Dabei ist zu berücksichtigen, daß die Interviewpartnerinnen bereits in der Phase des Einstiegs in die aktive Politik in der Regel mehrere Themenschwerpunkte vertraten.

In einigen Interviews wird betont, daß Frauenpolitik als Querschnittsbereich betrieben wird. Befragt nach ihren inhaltlichen Schwerpunkten antwortet eine Staatssekretärin: *„Frauenpolitik. Von Anfang bis Ende Frauenpolitik. Und da zählt alles dazu, Verkehrspolitik, Umweltpolitik, Wohnungspolitik, Arbeitspolitik, Sozialpolitik und so weiter und so ist alles"* (P15, 2).

Andere, die mit Frauenpolitik zunächst nichts zu tun haben, nehmen diesen Schwerpunkt später in ihre politischen Aktivitäten auf. Eine dieser „Spätinteressierten" ist sich durchaus bewußt, daß Engagement in Frauenfragen in ihrer Partei karriereschädigend ist. Sie berichtet von einem häufig gehörten und gut gemeinten Ratschlag von Parteikollegen: *„Mach' doch was Ordentliches, mach' doch nicht Frauenfragen. Du kannst doch auch was anderes"* (P11, 5). Sie ist nicht die einzige Spitzenpolitikerin, die bestätigt, daß Frauenpolitik nicht gerade ein hohes Ansehen genießt: *„Ich wollte auf keinen Fall die frauenpolitische Tante der Partei werden, wegen der besonderen Diskriminierung, der man dabei ausgesetzt ist, und das war an sich für mich vorgesehen. Es gab wochenlange Versuche, mich zu überzeugen, da rein zu gehen, aber ich habe es einfach nicht gemacht. Ich mache das jetzt zusätzlich, wie jede andere Frau auch"* (P19, 10).

Mit den Schwerpunkten Kinder, Jugend, Familie und Bildung befassen sich ebenfalls viele der Interviewpartnerinnen. In einem dieser vier Bereiche liegt das Interesse von fast jeder zweiten Befragten beim Einstieg in die politische Arbeit. Von einem späten Interesse für diese Fachgebiete, einer nachträglichen Qualifikation im Laufe der politischen Karriere, wird nicht berichtet. Immerhin noch knapp ein Drittel der Interviewpartnerinnen nennt als ersten Themenbereich die Ressorts Arbeit, Gesundheit und Soziales. Ebenfalls ein Drittel ist in den Bereichen Kommunalpolitik, Bauen, Stadtentwicklung, Verkehr und Umweltschutz beheimatet. Hier könnte man vermuten, daß der hohe Frauenanteil der Fraktion von Bündnis 90 / Die Grünen zum Tragen käme. Das trifft für die qualitative Studie allerdings nicht zu. Die in diesen Bereichen aktiven Politikerinnen gehören überwiegend anderen Fraktionen an. Überraschend ist auch, daß kaum eine der Politikerinnen ihren Einstieg in die Politik über das Thema Kultur oder Medien fand.

Weiterhin ergibt sich ein eher vertrautes Bild. Der innenpolitische Bereich lockte nur wenige der Befragten auf den politischen Karriereweg, gleich schwach besetzt ist der Themenschwerpunkt Wirtschaft / Finanzen. Hier interessierte und qualifizierte sich im Laufe ihrer politischen Arbeit aber immerhin jede zehnte der Befragten nachträglich. Auf spätes Interesse stießen auch die Bereiche Außenpolitik, Europapolitik und Entwicklungspolitik.

Eine qualitative Studie kann hier natürlich keinen repräsentativen Anspruch erheben. Interessant ist aber, daß der Einstieg über die frauentypischen Ressorts zu einer Anzahl beeindruckender politischer Karrieren führte. Der Rückhalt in einem Fachgebiet wird in mehreren Interviews als wichtige Basis bezeichnet. Es ist zunächst vermutlich zweitrangig, in welchem Ressort dieses Fachgebiet angesiedelt ist. Als Fachfrauen, als Kennerinnen eines Fachgebietes, lernen die Neueinsteigerinnen im Idealfall die Regeln des politischen Geschäftes kennen. Dann kann die inhaltliche Weiterqualifikation ansetzen. Eine völlige inhaltliche Neuorientierung bleibt bei den interviewten Politikerinnen die Ausnahme; in der Regel wird ein Schwerpunkt zum Fachgebiet ausgebaut und auf dieser Grundlage werden dann weitere Ressorts erschlossen.

Offenbar fordern konkrete, alltagsbezogene Themen das politische Engagement von Frauen zunächst besonders heraus. Hinter diesem starken Interesse verbirgt sich neben der kulturbedingten besonderen weiblichen Neigung möglicherweise auch ein Mangel an Selbstvertrauen im öffentlichen Raum. In den basisnahen Ressorts zeigen sich die Konsequenzen von politischen Entscheidungen schneller und ein politisches Scheitern kann hier besonders schlecht überspielt werden. Das kommt AnfängerInnen in der Politik vermutlich entgegen. Der „Was-der-kann-kann-ich-auch-Effekt" stellt sich ein und beflügelt die politischen Ambitionen. Mit gewachsenem Zutrauen in die eigene politische Kompetenz werden dann auch die prestigeträchtigeren Ressorts ins Visier genommen.

Die positive Grundausstattung

Die Interviewpartnerinnen wurden gebeten, rückblickend ihre besonderen Fähigkeiten und Stärken für die Übernahme eines politischen Amtes zu benennen.[6]

Im Schnitt fielen den Befragten sechs Aspekte zu dieser positiven Grundausstattung ein, wobei die Spanne von zwei Nennungen bis zu zwölf Nennungen reichte.

Vier von fünf Politikerinnen betonen bei der rückblickenden Beurteilung der eigenen Fähigkeiten und Stärken für die Übernahme von politischen Ämtern vor allem ihre kommunikative Kompetenz, die sie facettenreich schildern. Es ist die Rede von rhetorischer Stärke, von der Lust am öffentlichen Auftritt; von der Fähigkeit, zu motivieren und zu begeistern; vom Talent im Umgang mit Menschen; von Ein-

---

6   Zu diesem Aspekt bietet auch der Artikel von Ulla Weber weiterführende Informationen.

fühlungsvermögen und Respekt vor anderen. Auch ein gewisses Maß an Aggressivität, an Ruppigkeit und damit an Durchsetzungsvermögen wird als Stärke gesehen; ebenso wie die Fähigkeit, über Provokation etwas zu verdeutlichen oder mit Leuten umgehen zu können, die einen nicht mögen und mit diesen ein sachliches Arbeitsverhältnis herzustellen.

Eine Oberbürgermeisterin beschreibt ihre kommunikative Stärke mit den folgenden Worten: *„Also ich glaube, daß ich ein ausgeprägtes Bewußtsein für Menschen habe, für Ungerechtigkeiten, für Probleme, die Menschen haben, daß ich lösungsorientiert bin. Ich bin keine Bürokratin, ich orientiere mich an Lösungen. Für mich sind auch nicht Sitzungen das Entscheidende, sondern die Problemlösungen. Ich habe sicher eine gute Auffassungsgabe, ich kann gut zuhören. Ja, ich kann gut Menschen in der Arbeit zusammenführen, ist ja auch nicht unwichtig in so einem Amt. Ich kann viele Arbeiten nicht mehr selbst machen, das heißt, meine Aufgabe besteht darin, andere zu motivieren. Ich kann aber auch danken, ich kann jemanden anrufen in dem Amt. Das hat es auch noch nie gegeben hier, daß ich, wenn etwas gut vorbereitet war, einfach den Hörer nehme und den Sachbearbeiter anrufe und mich bedanke"* (P5, 6-7).

Die Interviewpartnerinnen sehen als persönliche Stärke unter anderem ein positives Verhältnis zur Macht, Optimismus, Spaß an der Arbeit und humorvolle Distanz. Eine der jüngeren Politikerinnen berichtet: *„Ich habe sicherlich auch ein ganz gutes Gefühl oder einen ganz guten Instinkt für Macht, in dem Sinne, wo läuft was, und wer hat eigentlich welche Interessen? Was steckt hinter den Wünschen und Interessen, die geäußert werden? Oder welcher Ehrgeiz? Ich glaube, da habe ich einen ganz guten Instinkt für, was da so eigentlich abgeht. Das ist sicherlich nicht unwichtig in dem Geschäft"* (P12, 5).

Ein besonderes Gewicht liegt auch auf der Fähigkeit, schwierige Situationen zu durchstehen. Hier verrät bereits die Wortwahl eine intensive Erfahrung mit unerfreulichen Umständen: Kraft aus Niederlagen ziehen; viel einstecken können, Durchhaltevermögen zeigen; Frustrationsresistenz besitzen; etwas beginnen, obwohl es aussichtslos ist; einen langen Atem besitzen; verlieren können; Zähigkeit beweisen; etwas wegstecken können; Gegenwind ertragen; hartnäckig, belastbar und loyal sein; Disziplin wahren; akzeptieren, daß man Bestandteil eines großen Getriebes ist; Kontinuität und Ausdauer zeigen; bohren an dicken Brettern; sich Rückhalt organisieren, in der Lage sein, gegen Widerstände anzugehen.

Diese Stärken, die ja erst in Konfliktsituationen entdeckt werden und zum Tragen kommen, weisen darauf hin, daß die Befragten trotz der vielen günstigen Fügungen und glücklichen Zufälle, die sie auf ihren Karrierewegen entdecken, mehr als einmal Anlaß gehabt hätten, sich aus dem rauhen politischen Alltag zurückzuziehen.

Nur rund die Hälfte aller Befragten erwähnt auch fachliche Aspekte als besondere Fähigkeit oder Stärke, die zur Übernahme eines politischen Amtes qualifizieren.

Zu den benannten fachlichen Kompetenzen zählen gute Sachkenntnisse und intellektuelle Fähigkeiten, sachbezogene Arbeit, Konzeptentwicklung und Prognosefähigkeit, Berufserfahrung. Die Unterordnung des fachlichen Aspektes unter kommunikative oder persönliche Stärken beschreibt eine Spitzenpolitikerin besonders drastisch: *„Am Anfang hatte ich die Illusion, die alle haben: Ich habe an die Kraft der Argumente geglaubt. Mit den Jahren lernt man, daß Argumente in den wenigsten Fällen zählen, Emotionen zählen. Die Leute, die Emotionen wecken können, haben es leichter"* (P6, 5).

Eine andere Interviewpartnerin ordnet den fachlichen Aspekt folgendermaßen ein: *„Ich kann sehr sachorientiert arbeiten, aber der Film für das, was gerade in der Gruppe passiert, läuft immer mit. Dieses Breitband-Erleben ist ja für viele Frauen typisch, und das ist in der Politik eine hohe Qualifikation"* (P2, 4).

Spezielle Stärken werden rückblickend auch in der Situation als Anfängerin entdeckt: Unvoreingenommen und unerschrocken wäre man damals auf die Dinge zugegangen, erinnern sich die Befragten, neugierig und voll Phantasie, mit Leistungswillen, Engagement und fröhlicher Unbefangenheit.

Motivation und Gründe für das parteipolitische Engagement

Knapp zwei Drittel aller Befragten geben an, aus eher idealistischen Gründen in die aktive politische Arbeit eingestiegen zu sein. Sie wollten die Welt ein Stück bewegen und hatten als Utopie eine gerechte und solidarische Gesellschaft vor Augen. Die aktive Mitgestaltung der politischen Verhältnisse wurde unter diesem Aspekt schlicht als eine Notwendigkeit angesehen. *„Es war so die Vorstellung, daß eigentlich jede und jeder die Chance haben muß, ein Leben in Würde zu führen und am Leben der Gemeinschaft teilzuhaben"*, formuliert eine Sozialdemokratin aus dem Jahrgang 1940 (P20, 5). Eine der jungen Politikerinnen faßt ihre Motivation folgendermaßen zusammen: *„Die Hauptmotivation, diese Gesellschaft ist ungerecht, und Menschenrechte werden nicht beachtet, und Frauen kommen nicht zum Zuge, Friedensbewegung etc., das ist schon immer noch die Hauptmotivation. Da muß man doch was tun. Da möchte ich halt dran mitarbeiten, für eine andere Gesellschaft. Das klingt abstrakt, das ist aber inhaltlich eine ganz wichtige, richtige Motivation, immer noch"* (P12, 7).

Von der konkreten Mitarbeit in einer Partei versprechen sich die Befragten mehr Handlungsfähigkeit und die Möglichkeit, Einfluß zu nehmen. Nur jede fünfte Interviewpartnerin setzt bei ihrer Begründung für das politische Engagement erst auf dieser konkreten Ebene an. Ihnen geht es ganz gezielt darum, sich politische Handlungsspielräume zu erschießen. Eine Politikerin schildert das folgendermaßen: *„Im wesentlichen hat mein Studium mich veranlaßt, tatsächlich Kontakt mit einer Partei aufzunehmen. Denn Landschaftsplanung funktioniert nicht ohne politische Rückendeckung. Das war der eigentliche Anlaß"* (P6, 1). Eine andere Interviewpartnerin berichtet, in die Partei eingetreten zu sein, um dort die Europapolitik mitzugestalten. Sie wolle von sich sagen können, das, was in ihrer Macht stünde, habe sie probiert, berichtet sie. Sehr konkret in ihren Begründungen sind vor allem die in Führungspositionen gewählten Frauen, die keine Berufspolitikerinnen sind.

Die Beobachtung der Diskriminierung von Frauen in der Gesellschaft war für die Aufnahme des parteipolitischen Engagements bei etwa einem Drittel der Befragten mit ausschlaggebend. Frauen sollten endlich selbstbestimmt leben können und Berufstätigkeit und Kindererziehung vereinbaren können, lautete die Forderung.

Auch unter den jüngeren Politikerinnen ist das Thema Gleichberechtigung nach wie vor aktuell. Diese Feststellung scheint nicht nur auf den kleinen Kreis der jungen Interviewpartnerinnen zuzutreffen. In einem ZEIT-Artikel zum Thema SPD-Nachwuchs wird berichtet, daß der Bundesvorsitzenden der Jungsozialisten von ihrem Herausforderer vorgeworfen wird, sie reduziere alles auf die beiden Hauptwidersprüche, also Arbeit und Kapital und Männer und Frauen, sonst gäbe es für sie nur Nebenwidersprüche. Ihre Gegenrede wird leider nicht zitiert, aber die Zeitung berichtet, daß der Kritiker in der diesem Disput folgenden Kampfabstimmung unterlag (vgl. DIE ZEIT vom 16. Mai 1997, Seite 5).

Wut und Aggression trieben eine der jüngeren Interviewpartnerinnen in die aktive politische Arbeit, verbunden mit *„Lust an der Provokation"* (P13, 3). Die *„Clique der mittelalterlichen grauen Herren"*, die die politische Verantwortung auf ihren Schultern trugen, ging der damals Jugendlichen *„ganz gewaltig auf den Kieker. Mich hat es beleidigt, meinen Intellekt, auch als 16jährige schon, immer diese Standardreden zu hören ... Das war also neben all dem anderen, was ich bisher erzählt habe, auch noch ein Impuls zu sagen, jetzt machen wir mal hier was anderes"* (P13, 4). Sie engagierte sich bei den Jungsozialisten.

Eine Politikerin aus dem Jahrgang 1944 berichtet über ihr Motiv für den Eintritt in die Partei: *„Die Wut. Ehrlich mal, ich bin losgegangen, weil ich zornig war. Und der Zorn kommt manchmal schon noch hoch, daß ich sage, also wenn ich wieder auf die Welt komme, komm' ich ganz bestimmt nicht als Frau auf die Welt"* (P7, 12). Sie tritt in die CDU ein, weil das die Voraussetzung für die Mitarbeit in einem Gremium ist, von dem sie sich den Anstoß zu gesellschaftlichen Veränderungen erhofft.

Aus Trotz trat eine der Interviewpartnerinnen in jungen Jahren in die CSU ein. Es paßte ihr nicht, daß Politik als Männersache galt und politisches Engagement als unweiblich abgetan wurde. Sie erinnert sich, überall die jüngste und die einzige Frau gewesen zu sein. Mit Frauenfragen hat sie damals *„überhaupt nichts am Hut"* (P11, 3), was sich aufgrund einschlägiger Erfahrungen später gründlich änderte.

Ausgerechnet wegen des Rentenrechts fand eine liberale Politikerin als junge Frau zur Parteiarbeit. Ihre Mutter fürchtete sich vor Armut im Alter, die durch die fehlende Berufstätigkeit auch eine reale Bedrohung darstellte. Die Tochter empfand es als schreiende Ungerechtigkeit, daß ihre von morgens bis abends schuftende Mutter, die fünf Kinder großzog, keinen Anspruch auf soziale Absicherung im Alter haben sollte. Aus den Reihen der FDP trat damals Lieselotte Funke mit der Forderung an die Öffentlichkeit, Kindererziehungszeiten im Rentenrecht anzuerkennen. Das war für die Befragte der konkrete Anlaß zum Parteieintritt und zum Einstieg in die Sozialpolitik.

Diese emotionalen Triebfedern für ein parteipolitisches Engagement, angestoßen durch negative Erlebnisse oder Ereignisse, können nicht darüber hinwegtäuschen, daß tendenziell bei allen Interviewpartnerinnen eine positive Motivation hinter der kontinuierlichen politischen Arbeit steckt. Eine destruktive Oppositionshaltung könnte vermutlich auch nicht die Kräfte freisetzen, die für die Amtsführung in einer Spitzenfunktion notwendig sind.

Bei den Interviewpartnerinnen, die erst sehr spät in politische Spitzenpositionen gingen oder berufen wurden, ist die Motivation für das politische Engagement erwartungsgemäß deutlicher durch das Berufsleben geprägt. In der Beschreibung einer ehemaligen Journalistin wird dies besonders deutlich: *„Und es gibt ja nun keine schönere Herausforderung als eine Materie, die Sie immer von der einen Seite kommentierend und erläuternd behandelt haben, nun auch von der anderen Seite, nämlich mitgestaltend, mitbestimmen zu dürfen"* (F25, 15). Die „Späteinsteigerinnen" sind etwas abgeklärter, doch nicht weniger ideell motiviert. Sie wolle mit ihrem gesellschaftlichen Engagement etwas verändern, stellt eine konservative Politikerin fest, wobei sie das Bindeglied zwischen Erkenntnis und Veränderung besonders interessiere (P21, 20).

Die Interviewpartnerinnen aus allen politischen Parteien empfinden eine persönliche Verantwortung für die Gesellschaft, in der sie leben. Die Möglichkeit zur Einflußnahme ist für sie zugleich Chance und Verpflichtung, auch gegenüber den kommenden Generationen. Diese weite Perspektive trägt sicher dazu bei, auch in Krisensituationen immer wieder eine positive Motivation aufbauen zu können und Kräfte zu regenerieren. Die intensive Arbeit, die bis an die Grenzen der physischen und psychischen Belastbarkeit führt, ist nicht in erster Linie einem persönlichen Ziel gewidmet, sondern im weiten Sinne dem Erhalt und dem Ausbau der Demokratie. In diesem Punkt sind sich die interviewten Politikerinnen auch über Parteigrenzen hinweg einig, wie die beiden folgenden Zitate zeigen. *„Die Demokratie hat überhaupt keine Chance, wenn die Menschen sich nicht in ihr engagieren",* stellt eine konservative Politikerin fest (P21, 20), und ihre Kollegin aus dem sozialdemokratischen Spektrum ergänzt: *„Wenn wir überhaupt dafür sorgen wollen, daß politisch in der Gesellschaft etwas verändert werden kann, dann müssen wir dafür sorgen, daß die Menschen auch mitdenken können"* (P22, 4).

Nur jede achte Interviewpartnerin bezeichnet sich mit Blick auf ihre anfängliche Motivation heute als desillusioniert. Doch auch als Grund dieser Desillusionierung wird kein einzelner, konkreter Sachverhalt benannt, sondern es handelt sich allgemeiner um die Enttäuschung über die fehlende Perspektive für die Lösung drängender sozialer Probleme. Die Befragten halten sich bei Laune, indem sie die Macht ihrer Ämter nutzen und konkret Handlungsspielräume ausschöpfen. Das täuscht leider nicht darüber hinweg, daß angesichts der leeren öffentlichen Kassen viel Kraft benötigt wird, um allein einer Verschlechterung der Verhältnisse entgegenzuwirken. Eine Politikerin faßt die Situation zusammen: *„Die Kunst besteht darin, die Spannung zu ertragen zwischen dem Gewünschten und dem Erreichten, ohne der Verlockung zu erliegen, sich immer am Machbaren oder nur an Visionen zu orientieren"* (P2, 5).

Förderung und Beratung in der Anfangszeit

Knapp zwei Drittel der Befragten haben am Anfang ihrer Karriere Unterstützung durch die Familie, insbesondere durch ihre Ehemänner und Lebensgefährten, und durch den engen Freundeskreis erfahren.

Diese frühe Unterstützung, die in der Mehrzahl der Fälle bis zum heutigen Tag Bestand hat, wird als ausschlaggebend für die persönliche Stärkung angesehen, die gerade für Anfängerinnen auf dem politischen Parkett von hoher Bedeutung ist.

„Es gibt ja so einen Spruch, der heißt: 'Es gibt nur so wenig Managerinnen, weil die alle keine Ehefrau haben.' Da ist ganz viel dran," vermutet eine der Führungsfrauen (F24, 13). Für knapp ein Viertel der Interviewpartnerinnen gilt dieser Spruch in abgewandelter Form: Sie sind als Frauen in Führungspositionen zu finden, weil ihnen die Ehemänner den Rücken freihalten.

Eine weitere Form der Unterstützung im persönlichen Umfeld beschreibt eine Politikerin treffend mit dem Wort „Privatrat". Damit sind die Familie und die

FreundInnen gemeint, die sie als ihre InformantInnen und informellen BeraterInnen ansieht.

Die Stärkung und Regeneration durch den privaten Bereich wird auch durchaus kritisch reflektiert, wie das folgende Zitat einer jungen Spitzenpolitikerin zeigt: *„Trotzdem bin ich der Meinung, man muß das sichtbar machen auch, was man teilweise an Verletzungen hat. Man muß das deswegen auch machen, damit auch andere Frauen die Chance haben, einzugreifen und sich zu solidarisieren, oder auch andere Männer. Wenn man das immer nur runterschluckt ... ist das schlecht. Oder es wird im privaten Bereich aufgearbeitet. Also man hat ja seine Freunde, denen erzählt man das, die bedauern einen, und dann fühlt man sich wieder fit für die Welt"* (P13, 26).

Eine besondere Form der Förderung in Parteizusammenhängen ist offenbar der informelle Zusammenschluß von Leuten in der gleichen Situation. Diese selbstorganisierte Stärkung nach dem Schema von Selbsthilfegruppen wird für die Anfangszeit von mehreren Interviewpartnerinnen als sehr positiv erinnert. Immerhin fühlt sich fast die Hälfte aller Befragten auf informellem Wege in der eigenen Partei durch solche und ähnliche Zusammenschlüsse unterstützt. Eine entscheidende Rolle spielen beim Aufbau dieser Kontakte auch die Jugendorganisationen der Parteien. Mit zunehmender Führungsverantwortung wird es allerdings immer schwerer, noch genug Leute in vergleichbaren Situation überhaupt aufzutreiben, zumal es sich bei diesen Zusammenschlüssen fast ausschließlich um reine Frauengruppen handelt. Beispielsweise ist ein bundesweites informelles Zusammentreffen aller Landesministerinnen einer Partei schwer vorstellbar, weil der öffentliche Erwartungsdruck seine intendierte Funktion vermutlich bereits im Keime ersticken würde. Doch solange die Einsamkeit der höchsten Höhen der Hierarchie noch nicht ganz erreicht ist, hilft der Austausch über gemeinsame Problemlagen, diese besser in den Griff zu bekommen und das Gefühl des persönlichen Versagens in Konfliktsituationen zu relativieren.

Jung sein und Frau sein werde in ihrer Fraktion als ein Handicap wahrgenommen, stellt eine junge Bundestagsabgeordnete fest (P12). Diese Wahrnehmung teilt sie mit Kolleginnen, und die Gespräche darüber geben den jungen Frauen untereinander einen Halt, den sie dringend brauchen. Denn obwohl jede Partei sich gerne mit jungen Leuten und auch ganz speziell mit Frauen schmückt, endet das Interesse offenbar, sobald die Statistik stimmt. *„Ob wir das schaffen oder nicht, interessiert die Partei nicht, sage ich mal ganz brutal. Und entweder man schafft es oder man schafft es nicht. Wenn man es nicht schafft, war man selber Schuld. Ich finde diesen Anspruch immer noch richtig, aber ich glaube, dauerhaft muß man sich schon überlegen, wenn man Frauen da so reinschubst und das auch wirklich will, politisch, wie stützt man die? Und das gibt es nicht"* (P12, 6).

Auch andere Politikerinnen monieren zu wenig Unterstützung aus ihren Fraktionen, speziell in Konfliktsituationen. Sie fühlen sich auf die menschlichen Enttäuschungen, die sie in der politischen Arbeit erleben, nicht gut genug vorbereitet, teilweise sogar in ihren Stärken systematisch torpediert.

Gerade weil in den bestehenden Strukturen die Phase des Einstiegs in die Politik mit Härten und Verunsicherungen verbunden ist, spielen MentorInnen eine wichtige Rolle.

Gut ein Viertel der Interviewpartnerinnen wurde durch MentorInnen unterstützt. Doch auch von ihnen wurde darauf hingewiesen, daß sie sich von ihren ParteikollegInnen generell mehr Ermutigung gewünscht hätten. Hinzu kommt, daß die informelle Förderung durch eine ältere Person aus der eigenen Partei natürlich auch zu Konflikten führen kann, wenn das Verhältnis zu persönlich wird oder die politischen Ansichten mit fortschreitender Kompetenz des Schützlings zu divergieren beginnen. Es wäre positiv, wenn MentorInnen leichter zu finden wären, aber auch leichter zu wechseln; wenn MentorInnen also in die offizielle Struktur der Nachwuchsförderung eingebunden werden könnten. Das Bedürfnis, in der Partei nicht nur in Bezug auf bestimmte Projekte, sondern auch als Person Unterstützung zu finden, wird von etlichen Politikerinnen artikuliert.

Um die fehlende Unterstützung durch die Parteien auszugleichen, griffen einige der Interviewpartnerinnen auf die Möglichkeit der professionellen Beratung und Unterstützung zurück.

Eine besondere Hürde stellten die bestehenden, beziehungsweise die nicht bestehenden Förderstrukturen für politische Neueinsteigerinnen aus den fünf neuen Ländern dar. Sie wurden als „Doppelquote" - Frau und Osten - zwar zeitweise von allen Parteien sehr umworben, aber Problemlösungskompetenz wurde ihnen noch weniger zugestanden als den Kolleginnen aus der alten Bundesrepublik. Eine brandenburgische Politikerin stellt fest: *„Wenn X* (ein Parteikollege in der gleichen Funktion wie die Befragte, B.) *sich beispielsweise über Leipzig oder Rostock äußerte, war das für alle Journalisten etwas ganz normales. Wenn ich etwas über Hamburg oder Saarbrücken sagte, haben mich die Journalisten angesehen, als würde ich in einer fremden Wohnung die Schränke verschieben"* (P2, 5).

Unter fachlichen Aspekten scheint der Einstieg in die Politik den Interviewpartnerinnen wenig Probleme bereitet zu haben. Gezielte Angebote zur fachlichen Vorbereitung auf das Amt, beispielsweise durch die parteinahen Stiftungen, wurden kaum genutzt. Fachliche Aspekte, soweit sie nicht im Rahmen der Ausbildung erworben wurden, und vor allem auch das Wissen über politische Strategien erlernten die Politikerinnen überwiegend erst, als sie bereits in der politischen Verantwortung standen. Dabei konnten sie zum Teil auf die Gremienerfahrungen aus der Schul- und

Studienzeit zurückgreifen, auch die langjährige Mitarbeit in den Jugendorganisationen der Parteien erleichterte den Einstieg. Kritisch erwähnt wurde, daß sich die Politikerinnen das erforderliche „Handwerkszeug" für die politische Arbeit überwiegend als „Einzelkämpferinnen" aneignen mußten. Eine Bundestagsabgeordnete schildert das folgendermaßen: *„Das ist aber alles sehr schwierig, weil jeder hier natürlich jeder für sich - einer gegen alle ist. Das Abgeordnetendasein ist auch schon so angelegt. Das ist jetzt gar kein persönlicher Vorwurf. Ich finde es schwer. Man müßte es mal beraten"* (P12, 7).

Die Bedeutung der Berufswahl für die politische Karriere

In der Regel absolvierten die Politikerinnen und die Führungsfrauen direkt nach der Schule ein Studium. Die Ausbildung auf dem zweiten Bildungsweg stellt eine Ausnahme dar, ebenso wie die Lehre mit anschließendem Studium. Jede sechste Interviewpartnerin studierte trotz bestandenen Abiturs nicht, sondern ging in die Lehre. Ohne formalen Berufsabschluß ist lediglich jede zehnte der Befragten.

Erfahrungen aus dem Arbeitsleben liegen in einer Vielzahl von Branchen vor. Diese unterschiedlichen Berufserfahrungen werden auch für die Ausübung des politischen Mandats als wertvoll angesehen. Eine der Akademikerinnen betont ausdrücklich, daß sie es nicht gut fände, wenn die politische Laufbahn ausschließlich UniversitätsabsolventInnen vorbehalten bliebe, weil die verschiedenen beruflichen Hintergründe die Politik beleben (P4). Mit dieser Einschätzung steht sie nicht allein: *„Ich würde sagen, die Ausbildung ist völlig wurscht!"*, kommentiert eine Ministerin auf Landesebene, *„ich werde nicht bezahlt für das Fachwissen, sondern ich werde bezahlt für die Politik!"* (P20, 10, 15).

Diese Sichtweise leisten sich vor allem die gut ausgebildeten Politikerinnen. Dagegen erinnert sich eine ehemalige Landesministerin ohne Hochschulabschluß noch gut daran, ihre Wissenslücken im Kreis der akademisch gebildeten KollegInnen gelegentlich als peinlich empfunden zu haben.

Eine der jungen Landesvorsitzenden sieht es als generellen Mangel an, daß Politik mit ihren enormen Auswirkungen auf die Menschen ohne „*Befähigungsnachweis"* betrieben werden darf (P14, 5). Anderseits wäre so ein „Befähigungsnachweis" ein Ausschlußkriterium, das in der Demokratie bewußt nicht verankert wurde, um einem möglichst großen Personenkreis den Zugang zu politischen Ämtern offenzuhalten.

Von einer ehrgeizigen und gezielten Karriereplanung berichtet kaum eine der Interviewpartnerinnen. Der Weg in die Führungsposition wirkt rückblickend betrachtet zwar nicht selten gradlinig und planvoll, doch als Berufseinsteigerinnen lag der Mehrzahl der Interviewpartnerinnen eine konsequente Karriereplanung offenbar fern. Lediglich eine Politikerin entschied sich bereits während des Studiums, ihr berufliches und ihr politisches Engagement zu verbinden. Sie begründet dies mit der erforderlichen politischen Rückendeckung, die sie für die Umsetzung ihrer fachlichen Kenntnisse benötigt (P6). Ähnlich gezielte Überlegungen sind in kaum einem der Interviews zu finden. Dennoch vertreten zwei Drittel der Interviewpartnerinnen die Auffassung, daß ihre Berufsausbildung für die Ausübung des Wahlamts von Nutzen ist. Die Berufsausbildung wird sowohl unter methodischen als auch unter inhaltlichen Aspekten als hilfreich eingeschätzt.

Eine Politikerin, die Volkswirtschaft und Wirtschaftspädagogik studierte und sich heute in erster Linie mit Wirtschaftspolitik befaßt, schätzt ihr Studium als Basis für die inhaltliche Qualifikation als ganz entscheidend ein. Außerdem erwarb sie im Studium auch das *„analytische Rüstzeug"*, um sich Informationen schnell zu erschließen (P4, 1). Diese Aussage ist typisch für die Mehrzahl der Befragten. Die wissenschaftliche Arbeit wird in einer Reihe von Interviews als *„hervorragende Vorbereitung für die Politik"* dargestellt (P21, 7). *„Was übrig geblieben ist, ist die Neugier und die Kenntnis darüber, wie man sich ein Gebiet erschließt"*, urteilt eine Bundestagsabgeordnete über ihr Studium.

Ebenso positiv werden auch Erfahrungen aus vorhergegangener Berufstätigkeit beurteilt. Eine Landespolitikerin, die Pharmazie studierte, kann inhaltlich zwar nicht mehr viel mit dem im Studium erworbenen Wissen arbeiten, aber die Erfahrungen aus dem Berufsalltag, vor allem die Leitungserfahrung, kommen ihr in der jetzigen Position zu Gute. *„Das meine ich schon, wenn man im Beruf ein Stück hochgeklettert ist, hat man ja auch gelernt, sich in gewisser Weise durchzusetzen"*, bemerkt sie (P1, 4). Auch die ehemalige Versicherungsfachfrau profitiert von einst erlernten *„Verkaufsstrategien"* (P15), und die Juristin betrachtet ihr Jurastudium als ideale Ausbildung für eine politische Laufbahn (P12). Die Systemanalytikerin schätzt ihre Fähigkeit, systematisch zu denken, und die Sozialarbeiterin möchte ihre im Berufsleben erworbene soziale Kompetenz nicht missen (P16; F30).

Die Berufswahl selbst scheint für die politische Karriere nicht ausschlaggebend zu sein. Offenbar birgt jede Berufsausbildung, und vor allem die Berufserfahrung in leitender Position, einen verwertbaren Bezug zur Amtsausübung in politischen Positionen.

Resümee

Das politische Engagement ist, ebenso wie das politische Interesse, bei der Mehrzahl der befragten Politikerinnen und Führungsfrauen sehr kontinuierlich entwickelt worden. Über die Hälfte aller Befragten engagierte sich vor dem Eintritt ins Berufsleben gesellschaftlich oder politisch, sei es in der Schule, im Studium, in der Kirche oder in der Jugendorganisation einer Partei. Die erst später aktiv gewordenen Interviewpartnerinnen wurden überwiegend durch die Wende oder durch politische und soziale Bewegungen zur aktiven Teilnahme am politischen Geschehen motiviert. Das politische Engagement wurde in erster Linie durch allgemeine, übergreifende politische und soziale Fragestellungen motiviert, parteispezifische Überlegungen fanden kaum Erwähnung. Von der konkreten Mitarbeit in einer Partei versprachen sich die Interviewpartnerinnen mehr Handlungsspielraum.

Die Mehrzahl der Politikerinnen lernte die politische Basisarbeit kennen, bevor sie sich zu einer Karriere als Berufspolitikerin entschloß. Der Einstieg in die Politik über die angestammten Frauenressorts führte zu einer Anzahl beeindruckender politischer Karrieren. Die typische Frauenressorts bieten offenbar eine gute Ausgangsposition, um den Radius des politischen Handelns auch auf andere Politikbereiche auszudehnen.

Knapp zwei Drittel der Befragten haben am Anfang ihrer Karriere Ermutigung durch die Familie, insbesondere durch ihre Ehemänner und Lebensgefährten und den engen Freundeskreis erfahren. Dagegen boten die Parteien ihrem weiblichen Nachwuchs wenig Unterstützung, sofern sich die Politikerinnen nicht selbst informelle parteiinterne Gesprächskreise organisierten. Auch MentorInnen sind nicht in die offizielle Struktur der parteiinternen Nachwuchsförderung eingebunden. Von den Interviewpartnerinnen konnte jede vierte auf die Unterstützung durch einen Mentor/eine Mentorin verweisen. Es wäre positiv, wenn MentorInnen für die Neueinsteigerinnen in der Politik leichter zu finden wären, aber auch leichter zu wechseln.

Die Politikerinnen und Führungsfrauen kommen aus den unterschiedlichsten Berufssparten und planten ihre Berufswahl in der Regel nicht unter dem Aspekt der politischen Karriere. Offenbar scheint die Berufswahl für die politische Karriere auch nicht ausschlaggebend zu sein. Sehr verschiedene Ausbildungen und Studiengänge wurden von den Befragten als gewinnbringend für die politische Tätigkeit eingestuft.

Das Interesse an politischen und gesellschaftlichen Fragestellungen kann offenbar bereits im Kindesalter geweckt werden. Dabei spielt das Familienklima eine entscheidende Rolle, solange keine entsprechenden Förderungsmöglichkeiten im Bildungssystem verankert sind.

Das politische Engagement der interviewten Politikerinnen deutete sich früh an und wuchs kontinuierlich. Über die Hälfte der Befragten engagierte sich bereits in der Schule, in studentischen Gremien oder in der Jugendorganisation einer Partei.

Von knapp einem Viertel der Befragten wird auch die Mitarbeit im Rahmen kirchlicher Aktivitäten erwähnt. Die Mehrzahl der interviewten Spitzenpolitikerinnen und Führungskräfte sammelte somit bereits im Jugendalter Erfahrung mit demokratischen Strukturen. Über die Entstehung des politischen Interesses erst im Erwachsenenalter, beispielsweise anläßlich aktueller politischer Ereignisse, wird nicht berichtet.

Die Bereitschaft zu politischem Engagement stellt sich offenbar als eine grundsätzliche Werteinstellung dar, die bereits im jugendlichen Alter erworben werden kann, wenn Möglichkeiten zur Mitgestaltung geboten werden.

Bei den Interviewpartnerinnen standen die ersten Schritte in die aktive politische Arbeit offenbar nicht in Opposition zum Elternhaus und den dort vermittelten Werten. Selbst bei unterschiedlicher Parteizugehörigkeit wurden von den Befragten die ideellen Gemeinsamkeiten mit den Eltern betont.

Das politische Engagement wurde in erster Linie durch allgemeine, übergreifende politische und soziale Fragestellungen motiviert, parteispezifische Überlegungen fanden kaum Erwähnung.

Zwei Drittel der befragten Spitzenpolitikerinnen lernten die politische Basisarbeit kennen, bevor sie ein Mandat erhielten. Die Mitarbeit in Bürgerinitiativen und das Engagement in lokalen Initiativen wurden genannt, sowie ehrenamtliche politische Arbeit auf kommunaler Ebene.

Als Triebfeder für die kontinuierliche politische Arbeit werden über Parteiinteressen hinausgehende, meist allgemeinpolitische Ideale benannt. Trotz vieler Kritikpunkte an bestehenden Strukturen läßt sich die politische Motivation der Politikerinnen zusammenfassend eher als „Pro-" denn als „Contra-Engagement" bezeichnen.

Die ersten politischen Themenfelder der interviewten Politikerinnen zeigten bereits ein breitgefächertes Interesse, allerdings mit deutlicher Schwerpunktsetzung in der Frauenpolitik. Es folgten die Bereiche Soziales und Kinder- und Jugendpolitik.

Im weiteren Verlauf der Karriere wurden zunehmend andere Politikressorts erschlossen, in erster Linie Wirtschaft und Finanzen. Die hohe Motivation, in frauentypischen Ressorts konkret an der Lösung von Alltagsproblemen mitzuarbeiten, half dabei, das Handwerkszeug der politischen Tätigkeit zu erschließen.

Das Engagement in angestammten Frauenressorts erweist sich nicht zwangsläufig als Sackgasse. Es ist offenbar eine gute Ausgangsposition, um den Radius des politischen Handelns auch auf andere Politikbereiche auszudehnen.

Die geschlechtsspezifischen Sozialisationserfahrungen der Interviewpartnerinnen aus den Geburtsjahrgängen 1922 - 1970 stellen sich aus verständlichen Gründen sehr unterschiedlich dar. Gemessen an den Standards der jeweiligen Zeit hatten die befragten Spitzenpolitikerinnen im familiären Kontext jedoch insgesamt verhältnismäßig wenig unter geschlechtsspezifischer Benachteiligungen zu leiden.

Die jüngeren Politikerinnen erlebten das Problem z.T. erstmals durch entsprechende Reaktionen und Anforderungen (z.b. von Kollegen und von Medienvertretern) im politischen Umfeld.

Unabhängig von der Generationszugehörigkeit stellten jedoch alle Befragten fest, daß im Bereich der Politik nach wie vor vielfältige Barrieren gegen eine gleichberechtigte Beteiligung von Frauen bestehen.

Geschlechtsspezifische Benachteiligungen und sozialisationsbedingte Schwierigkeiten, über die auch die schon als Mädchen starken Führungsfrauen berichten, machen sich überwiegend erst nach der Pubertät bemerkbar und betreffen insbesondere die folgenden Verhaltensbereiche:

- offenes Konkurrenzverhalten
- öffentlichkeitswirksame Selbstdarstellung
- zielgerichteter persönlicher Ehrgeiz
- frontale Konfliktbewältigung

Die entscheidende Rolle, die eine frühe Prägung offenbar für die Bereitschaft zur Übernahme von politischer Führungsverantwortung spielt, wirft die Frage auf, wie die Fördermöglichkeiten für Mädchen und junge Frauen aus Gründen der chancengleichen Beteiligung an politischen Gestaltungsmöglichkeiten verbessert werden können. Generell sollte der frühen Förderung von kommunikativen Talenten und sozial verantwortlichen Charakteren mehr Gewicht beigemessen werden, wenn sich bestätigt, daß die Motivation zum politischen Engagement speziell bei Mädchen bereits lange vor Erreichen der Volljährigkeit erworben wird.

Dabei sind für die Ermutigung zur aktiven Mitgestaltung demokratischer Prozesse durchaus weitere Instanzen vorstellbar - neben dem Elternhaus und den Jugendorganisationen der politischen Parteien.

Ulla Weber

Handlungskompetenzen für Frauen in der Politik

Während es in dem Abschnitt über „familiäre und politische Sozialisation von Frauen in der Politik" um die Bedingungen ging, die (jungen) Frauen den Eintritt in die Politik erleichtern, befaßt sich das nun folgende Kapitel damit, wie es gelingen kann, Frauen nach ihrem Eintritt in die Politik darin zu unterstützen, sich dort auch zu behaupten, politische Macht zu erhalten und in politische Führungspositionen zu gelangen. Eine Voraussetzung, damit Frauen politischen Einfluß erhalten und politische Karriere machen, ist, daß sie sich die Handlungskompetenzen aneignen, die ihnen in ihren verschiedenen politischen Tätigkeitsfeldern Durchsetzung verschaffen. In diesem Zusammenhang konzentriert sich dieses Kapitel auf zwei Fragestellungen:

1. Welche Anforderungen werden an eine Politikerin gestellt und über welche Kompetenzen muß sie verfügen, um diesen Anforderungen gerecht zu werden?
2. Was können Qualifizierungsangebote an dieser Stelle leisten? Welche Inhalte müssen sie haben, um Frauen darin zu unterstützen, sich die notwendigen Fähigkeiten und Kompetenzen anzueignen?

Um Antworten auf diese umfassenden Fragen zu erhalten, näherten wir uns dem Themenbereich in den Interviews von verschiedenen Seiten:

Wir fragten die Politikerinnen auf der persönlichen Ebene sowohl nach ihren efolgbringenden Durchsetzungsstrategien als auch nach den Defiziten und den eigenen Schwächen, die sie am Anfang ihrer Laufbahn als Mängel empfunden haben.

Weiterhin baten wir sie auf einer allgemeinen Ebene, die Fähigkeiten anzugeben, die eine Frau ihrer Meinung nach für eine politische Führungsposition mitbringen sollte.

Zuletzt forderten wir sie auf, uns eigene Vorschläge für Trainingsangebote zu machen, die Frauen den Eintritt in die Politik und den politischen Alltag erleichtern könnten. In diesem Zusammenhang sprachen wir auch über ihre eigenen Erfahrungen mit professionellen und parteiinternen Trainings- und Weiterbildungsmaßnahmen.

Im folgenden Kapitel werden die aus diesen drei Fragebereichen resultierenden Ergebnisse als Grundlage für die Entwicklung von Qualifizierungsangeboten für Frauen, die gegenwärtig und zukünftig führende Positionen in der Politik besetzen, dargestellt.

Anforderungen in verschiedenen politischen Handlungsfeldern

Karriereplanung

Unsere Interviewpartnerinnen äußerten nahezu übereinstimmend, daß sie in den Anfangsjahren ihrer politischen Tätigkeit dringend Unterstützung benötigt hätten, um sich in dem ihnen sehr fremden politischen Alltag zurechtzufinden und sich die für die Ausübung ihrer Ämter notwendigen Kompetenzen und Fähigkeiten anzueignen. Kaum eine der von uns befragten Politikerinnen konnte rückblickend berichten, diese Unterstützung, z.B. durch erfahrene KollegInnen, erhalten zu haben. Auch fanden die Interviewpartnerinnen keine Qualifizierungsangebote ihrer Parteien oder derer Stiftungen vor, die auf ihre Bedürfnisse zugeschnitten gewesen wären. Nach ihren Berichten existierten und existieren auf der kommunalpolitischen Ebene einige, wenn auch nicht hinreichende Angebote, die für die politische Arbeit hilfreich sind. Es gab und gibt nach ihrer Einschätzung aber keine Qualifizierungsangebote, die auf die Anforderungen auf den höheren politischen Ebenen zugeschnitten sind.[7]

Insofern sahen sich unsere Interviewpartnerinnen bei der Bewältigung der zahlreichen neuen Anforderungen größtenteils vollkommen auf sich allein gestellt. Sie bezeichneten die Hilfen, die sie bei ihrem Eintritt in die Politik in Anspruch nehmen konnten, sowohl auf der fachlichen als vor allem auch auf der strategischen Ebene als *„ausgesprochen bescheiden"* (P16, 17).

Die von uns befragten Politikerinnen waren sich einig, daß die mangelnde Unterstützung für junge Frauen eine entscheidende Barriere darstellt, politische Karriere zu machen. Auch hinsichtlich ihrer eigenen Karrierewege mußten sie feststellen, daß die *„fehlende Grundhilfe"* (P10, 29) in den Anfangsjahren ihrer Laufbahn sie viel Zeit und Energie gekostet hat, die sie sinnvoller anders hätten einsetzen können. Die Tatsache, daß sie sich die notwendigen Kenntnisse und Fähigkeiten größtenteils *„learning-by-doing"* (P19, 7) und *„autodidaktisch"* (P14, 4) erwerben mußten, war *„mit einer ganzen Reihe von Mißerfolgen, Scheitern, Rückfällen"* (P19, 7) verbunden.

Ein Thema, bei dem die von uns befragten Politikerinnen zurückschauend dringend Anleitung und Beratung gewünscht hätten, ist ihre eigene Karriereplanung. Gerade angesichts der mangelnden Unterstützung beim Eintritt in die Politik ist es

---

7 Etwas anders sieht es in Sachen „Führungskräftetraining für Frauen" in der Wirtschaft aus. Auf die Tatsache, „daß Frauen in den oberen Führungsetagen gar nicht, in den mittleren kaum und in den unteren Führungsbereichen nur geringfügig über dem üblichen Anteil von 3 % vertreten sind" (Deters 1995, 220), reagieren inzwischen einige Unternehmen mit unternehmensinternen Weiterbildungsprogrammen speziell für Frauen.

natürlich wichtig, sich selber um die eigenen beruflichen Perspektiven zu kümmern. Fast alle unsere Interviewpartnerinnen beschrieben aber rückblickend, daß sie zwar immer großes Engagement für die Sache gehabt, ihrer persönlichen Karriere aber sehr wenig Aufmerksamkeit geschenkt hätten. Sie berichteten, daß sie ihre politische Laufbahn nicht geplant hätten und mehr oder weniger unerwartet und ungewollt in ihre heutige Position geraten seien. *„Ich war hoffnungslos desinteressiert an meiner beruflichen, politischen Entwicklung. Ich habe immer nur von Hölzchen auf Stöckchen gedacht. Als ich die Kreistagsarbeit begonnen habe, bin ich im Traum nicht auf die Idee gekommen, daß ich eines Tages im Bundestag sitzen würde, geschweige denn eine noch höhere Funktion haben könnte. Eine systematische Karriereberatung zu Beginn meiner Laufbahn hätte mir viel geholfen. Ich hätte bestimmt Fehler vermeiden können, die mich so viele Jahre gekostet haben"* (P3, 15).

Unsere Interviewpartnerinnen registrierten dieses Verhaltensmuster nicht nur bei sich persönlich, sondern äußerten die Ansicht, daß Frauen ihrem persönlichen Erfolg allgemein wenig Beachtung zu teil werden lassen, während Männer sich anders - persönlich ehrgeiziger - verhalten. *„Frauen möchten Verbindungen knüpfen und für eine Gemeinschaft arbeiten. Es ist ihnen dabei egal, welche Position sie haben. Frauen leisten viel Arbeit, ohne dafür - wie die Männer - bestimmte Positionen für sich zu beanspruchen, deshalb machen sie keine Karriere"* (P6, 10).

Eine solche Haltung ist sicherlich teils der typisch weiblichen Sozialisation geschuldet, welche Frauen nahelegt, sich nicht um sich selbst, sondern für andere zu sorgen und teils aber auch dem gesellschaftlichen Ideal, daß eine PolitikerIn nie an sich selbst, sondern stets an das Allgemeinwohl denkt. Die Erfahrung hat unsere Gesprächspartnerinnen gelehrt, daß es sich hier um eine für den politischen und gesellschaftlichen Erfolg sehr hinderliche Einstellung handelt. Sie betonten nachdrücklich, daß persönlicher Ehrgeiz, Zielstrebigkeit und der Wunsch nach Macht und Einfluß Voraussetzungen für eine politische Karriere sind. *„Frauen müssen vor allen Dingen motiviert werden, Karriere zu machen. Man muß ihnen zeigen, daß das schließlich auch Spaß macht und daß 'Macht haben' ja nicht nur heißt, anderen zu sagen, was sie tun sollen, sondern daß man die Möglichkeit hat, durchzusetzen, was man für richtig hält. Frauen muß immer wieder eingetrichtert werden, daß sie jede Möglichkeit ergreifen müssen, sich zu qualifizieren und in eine höhere Position zu kommen"* (P1, 13).

Ein wichtiger Gesichtspunkt ist in diesem Zusammenhang auch der Befund, daß die von uns befragten Politikerinnen, die ja nun wirklich Karriere gemacht haben, sich wegen der Nicht-Planung ihrer Karriere auch ihrer Eigenleistung an diesem Erfolg nicht bewußt sind. In den Beschreibungen ihrer Karrieren tritt der eigene Anteil meist hinter den Faktoren „Glück" oder „Zufall" in den Hintergrund. Wenn man sich der eigenen Fähigkeiten und Strategien nicht bewußt ist, sind diese auch nicht so leicht wiederhol- und im Bedarfsfall einsetzbar. Eine zu „bescheidene" Haltung sich selbst gegenüber wirkt also auch in dieser Hinsicht karrierehemmend.

Auch für die Förderung des weiblichen politischen Nachwuchses ist es wichtig, deutlich herauszustellen, daß die Frauen, die in unserer Gesellschaft politische Karriere machen konnten, diese Karriere nicht allein aufgrund von Glück und Zufall gemacht haben, sondern vor allem aufgrund ihrer Leistungen. Damit politische Führungsfrauen für junge Frauen und angehende Politikerinnen Vorbildfunktionen erfüllen können, muß nicht nur deutlich werden, daß sie über die für ihre Ämter erforderlichen Fähigkeiten und Kompetenzen verfügen, sondern auch, daß es notwendig und vor allem auch möglich ist, sich diese anzueignen. Die Vorstellung, daß eine politische Karriere auf Glück oder Zufall begründet ist, läßt dagegen entweder annehmen, daß besondere Qualifikationen dabei keine entscheidende Rolle spielen, oder, daß es sich bei Politikerinnen um Naturtalente handelt mit Begabungen, deren Erwerb nicht in der Macht der Einzelnen liegt.

Daß es die „geborene Politikerin" nicht gibt und daß die für die Politik notwendigen Handlungskompetenzen erlernbar sind, bestätigten alle der von uns befragten Politikerinnen mit Überzeugung. *„Es gibt für mich keine angeborenen Fähigkeiten. Die Behauptung, daß Politikerinnen genau wie Führungspersönlichkeiten, bestimmte Fähigkeiten mitbringen müssen, glaube ich nicht. Nach meinem Dafürhalten müssen sie vor allem dazulernen wollen. Das finde ich eine der wichtigsten Fähigkeiten"* (P10, 34). Sie betonten, daß es bei der Aneignung politischer Kompetenzen und Fähigkeiten in der Politik wie in jedem anderen Feld vor allem auf die Lernbereitschaft und Lernfähigkeit der einzelnen Frauen ankommt. Die einzige Einschränkung, die einige unserer Interviewpartnerinnen hinsichtlich der Erlernbarkeit des Politikmachens formulierten, bezog sich auf den Zeitpunkt bzw. das Lebensalter, in dem die Fähigkeiten und Kenntnisse erworben werden. *„Sie können im Alter von 25 Jahren niemanden mehr total verändern"* (P5, 19). In diesem Zusammenhang wurden wir im besonderen auf die speziellen Schwierigkeiten bei der Aneignung öffentlicher Verhaltensweisen hingewiesen, die Frauen aufgrund ihrer auf den Privatraum zugeschnittenen Sozialisation haben. *„Man kann alles trainieren. Natürlich sind einige von ihrer Sozialisation her benachteiligt. Wenn Mädchen so sozialisiert worden sind, daß sie sich immer anpassen, dann muß ich ganz ehrlich sagen, da bin ich auch schon oft verzweifelt"* (P23, 23). Die Möglichkeiten, Mädchen schon in ihrem frühen Jugendalter für die politische Teilhabe zu stärken, wurde bereits im vorigen Kapitel diskutiert.

Um zu erfahren, welche Karrierewege es sind, die für Frauen die Chance vergrößern, in eine politische Machtposition zu gelangen, befragten wir die „Spitzenpolitikerinnen" nach den Kompetenzen und Voraussetzungen, die sie sich vor ihrem Eintritt in die Politik erwerben konnten. Wir fragten sie nach ihren Studieninhalten und Studienabschlüssen, ihren Berufsabschlüssen und Berufstätigkeiten, nach ihren Erfahrungen mit Weiterbildungsangeboten und professionellen Trainingsangeboten und nach dem Wert ihrer Ausbildung und ihrer Vorerfahrungen für ihre politische Arbeit.

Der Nutzen einer wissenschaftlichen Ausbildung für die Politik

Innerhalb der feministischen Diskussion über die Gründe für die mangelnde Präsenz von Frauen in der Politik werden u.a. fachspezifische Kompetenzdefizite angeführt, die infolge von frauentypischen Ausbildungs- und Berufsinhalten entstehen. „Aufgrund der Vorbildung und der fehlenden Berufstätigkeit oder der Einseitigkeit in der Berufstätigkeit fehlen Frauen wichtige Voraussetzungen für den Querschnittsbereich Finanzen, die Wirtschaftspolitik und die Stadtentwicklungspolitik. Auch in den Naturwissenschaften haben Frauen in der Regel schulische Bildungsdefizite. Dadurch fehlen ihnen wichtige Informationen, die beispielsweise für die Umweltpolitik für Bedeutung wären. Diese Defizite sind nicht nur bei der Kandidatenaufstellung relevant, sondern auch nach erfolgreicher Wahl bei den Ausschußbesetzungen" (Naßmacher 1994, 57). Diese Analyse mag für eine bestimmte Altersgruppe von Politikerinnen durchaus zutreffen. Unter Berücksichtigung auch der jüngeren Generation politisch tätiger Frauen stellt sich die Situation laut Birgit Meyers Studie über baden-württembergische Parlamentarierinnen jedoch bereits anders dar. Im Gegensatz zu den Politikerinnen der Nachkriegszeit, die größtenteils in einem „Fürsorgerinnen-Beruf" ausgebildet worden waren, haben die heute politisch tätigen Frauen mehrheitlich ein „frauenuntypisches" Studium abgeschlossen (Meyer, 1995).

In den Interviews versuchten wir, dem Zusammenhang zwischen Ausbildung und politischer Karriere näher zu kommen. Was haben die von uns befragten Politikerinnen und Führungsfrauen, die aufgrund ihrer exponierten bzw. führenden Positionen als Interviewpartnerinnen ausgewählt worden sind - die es quasi „geschafft" haben - an Ausbildung erfahren? Wie beurteilen sie den Wert ihrer Ausbildung für ihre heutige Tätigkeit? Welche Kenntnisse und Fähigkeiten hätten sie sich im Rückblick für ihre politische Arbeit aneignen sollen? Zu welcher Ausbildung würden sie im Rückblick jungen Frauen raten, die politisch arbeiten wollen?

Schon die quantitative Untersuchung hat ergeben, daß die in der Politik tätigen Frauen ein überdurchschnittlich hohes Bildungsniveau haben. Die von uns befragten Politikerinnen übertreffen dieses Ergebnis noch. Fast alle haben das Abitur gemacht und verfügen über einen Hochschulabschluß. Ein abgeschlossenes Studium scheint für Frauen sozusagen eine Voraussetzung für ein politisches Führungsamt zu sein. Promoviert oder sogar habilitiert sind nur einige wenige unserer Interviewpartnerinnen. Das fachliche Spektrum der Abschlüsse unserer Interviewpartnerinnen ist breit, ein „typischer Studiengang" läßt sich nicht ausmachen, die von uns befragten Frauen haben gesellschafts- und geisteswissenschaftliche, natur- und humanwissenschaftliche, ökonomische, rechtswissenschaftliche oder mathematische Studienabschlüsse. Allerdings hat es den Anschein, daß der Hochschulabschluß als Qualifikation auf einer anderen Ebene als der fachlichen eine Rolle spielt, denn die auf der Universität erworbenen Fachkenntnisse wurden fast einstimmig als für die politische Tätigkeit unbedeutend bewertet.[8]

Nur einige wenige der von uns befragten Frauen arbeiten heute in einem Ressort oder an politischen Schwerpunkten, die sich mit den fachlichen Inhalten ihres Studienfaches decken, und können so von den im Studium erworbenen fachlichen Informationen profitieren. Selten erscheint die Studienwahl so ideal wie im Fall einer Politikerin, die berichtete, daß gerade ihre Studienfachwahl für ihre politische Karriere wichtig war, da sie mit ihren Studieninhalten „Stadtentwicklung" und „Umweltschutz" als damalige „Randthemen" zu einer Zeit zur Politik kam, als diese zu zentralen Themen avancierten, die ExpertInnen aber noch fehlten. *„Mit der zunehmenden Bedeutung von Stadtentwicklung und Umweltschutz in der Gesellschaft sind solche Leute wie ich hochgeschwemmt worden, ohne daß sie etwas dafür tun mußten. Ich mußte mich nicht zwanzigmal vor einem Kreisvorsitzenden verneigen, wie das die übliche Art ist, mit der man Karriere macht"* (P6, 3).

Dieser Erfahrung entspricht auch der Ratschlag, den eine Politikerin, wie sie uns berichtete, ihren jüngeren Mitarbeiterinnen gibt. *„Es ist gut, sich für unbeliebte Felder zu qualifizieren, da es dort nicht so viel Konkurrenz gibt. Selbst wenn die Frau nicht in diesem Bereich bleiben möchte, hat sie später mit einer gewissen Erfahrung im Rücken, auch in anderen Bereichen bessere Chancen, interessante Positionen zu besetzen"* (P23, 26).

Außerdem wiesen die Politikerinnen darauf hin, daß immer noch sehr wenige Frauen in den „harten" Ressorts - Finanzen, Wirtschaft, Innen- und Außenpolitik - tätig sind. Viele betonten, wie wichtig es ist, daß sich der weibliche Nachwuchs in seiner Fachwahl auf diese entscheidenden Ressorts konzentriert. *„Ich finde es richtig, wenn Frauen sich verstärkt auf die 'harten' Ressorts konzentrieren, weil in diesen Ressorts die Macht ausgehandelt wird. Das kann ich nur unterstützen, auch wenn es nicht mein Weg war"* (P2, 6). Darüber, wie entscheidend die Besetzung auch „harter" Ressorts für die Stärkung von Frauen in der Politik ist, wird weiter unten in dem Kapitel „Eroberung neuer Themenfelder" ausführlich berichtet.

---

8   Im Grunde ist das keine besondere Aussage. Daß die in der Universität erworbenen Kenntnisse wenig mit den Anforderungen und Erfahrungen im Berufsleben zu tun haben, wird man wohl von den meisten Berufsanfängerinnen zu hören bekommen.

Unabhängig davon, in welchem Ressort sie tätig sind, beurteilten die wenigen Frauen, die sich in ihrem Studium rechtswissenschaftliche Kenntnisse im weiteren Sinne erworben haben, diese Qualifikation als von großem Nutzen für ihre politische Tätigkeit. *„Mein Studium war ideal für mich. Ich habe zwei Rechtsfächer - Öffentliches Recht und Arbeitsrecht - im Examen gehabt und zwei sozialwissenschaftliche im engeren Sinn, und zwar Politikwissenschaft und Sozialpsychologie. Das war die richtige Ausstattung, damit ich von Anfang an immer alle Gesetze selber kontrollieren konnte und mir nicht von den Juristen etwas vormachen lassen mußte. Ich habe wirklich eine ideale Ausbildung für die Politik"* (P23, 2).

Viele unserer Interviewpartnerinnen betonten, daß die im Studium erworbenen wissenschaftlichen Denkweisen ihnen bei ihrer heutigen Tätigkeit von Nutzen sind. *„Mein sozialwissenschaftliches Studium hat mir sehr geholfen, Dinge zu Ende denken zu können, denn in diesem Studium lernt man, übergreifend zu denken, Brücken zu schlagen und Auswirkungen abzuschätzen. Das alles muß man in einer führenden Position natürlich auch können"* (F24, 5). Es sind vor allem die Sozial- und Gesellschaftswissenschaften, die in dieser Hinsicht von den von uns befragten Frauen als sehr gewinnbringend beurteilt wurden. Exemplarisch steht die Einschätzung einer Politikerin, die sich nach dem Studium im wissenschaftlichen Bereich weiterhin qualifiziert hat und dort auch berufstätig war. *„Die Wissenschaft ist eine hervorragende Vorbereitung auf die Politik ... Zumal ich aus einer Tätigkeit kam, die politikwissenschaftliche und sozialwissenschaftliche Analysen miteinander verbunden hat"* (P21, 7).

Ebenso wie die wissenschaftliche Denk- und Arbeitsweise wurden die erworbenen Methoden der Informationsaneignung für die politische Arbeit als nützlich bewertet. *„Das Studium war als Basis für die inhaltliche Qualifikation ganz entscheidend, denn ich habe hier das analytische Rüstzeug erworben, um mir Informationen zu erschließen"* (P4, 1). Allerdings wird sich an anderer Stelle zeigen, daß die wissenschaftliche Aneignungsstrategie des Literaturstudiums für das politische Geschäft mit seinem hohen Zeitdruck nicht als das effektivste Handwerkszeug beurteilt wird. Nur eine einzige Politikerin berichtete uns, daß sie sich schon im Studium anderer Wege der Informationsgewinnung bediente als dem Gang in die Bibliothek. *„Was aus meiner Universitätszeit übriggeblieben ist, sind die Neugier und die Kenntnis darüber, wie man sich ein Gebiet erschließt, daß es dafür viele Wege gibt. Zuerst kann man sich z.B. durch das Lesen bestimmter Fachzeitschriften erstmal über die jeweiligen Fachleute informieren, die sich mit bestimmten Themen auseinandersetzen. Dann kann man diese Leute auch alle anrufen. Sie sind gar nicht so weit weg, wie man glaubt, sondern sie freuen sich, wenn sie merken, es reagiert jemand auf das, was sie geschrieben haben"* (P18, 3).

Während also ein fachlicher Nutzen der verschiedenen universitären Ausbildungsgänge wenigstens teilweise gegeben ist, erklärten unsere Interviewpartnerinnen übereinstimmend, daß sie durch ihr Studium in keiner Weise auf die speziellen Anforderungen einer Führungsposition vorbereitet worden sind. *„Ein großer Teil der politischen Arbeit hat natürlich mit Kommunikation zu tun, die kann man nicht im Studium und aus Büchern lernen. Hier ist die Auseinandersetzung mit anderen entscheidend"* (P4, 1).

Die Qualifikationen, die unseren Interviewpartnerinnen während ihres Studiums nicht nahegebracht worden sind und die zu Beginn ihrer politischen Karriere viele schmerzlich vermißten, sind unterschiedlichen Bereichen zuzuordnen. Die verschiedenen politischen Handlungsfelder, in denen uns in den Interviews Qualifizierungsbedarf signalisiert wurde, sind neben der systematischen Karriereplanung:

- Zeitmanagement, Arbeitsorganisation und Arbeitstechniken,
- Politisches Fachwissen, dazu gehören u.a. Kenntnisse des politischen Verhaltenscodexes und verwaltungstechnisches Grundwissen,
- Durchsetzungsstrategien und -techniken für den politischen Raum,
- Öffentlichkeitsarbeit, für die u.a. das Wissen um die Strukturen der Medien und die Fähigkeit zur öffentlichen Rede benötigt werden, und
- Personalführung, wie der Umgang mit MitarbeiterInnen und die Auswahl der geeigneten MitarbeiterInnen.

Ebenso wenig konnten die Politikerinnen persönlichkeitsbildende und -stärkende Erfahrungen und Techniken aus ihrem Studium gewinnen.

Viele der von uns befragten Frauen waren vor Beginn ihrer politischen Laufbahn in den sozialen Bewegungen, der Frauenbewegung, in den Parteijugendorganisationen oder in der Hochschulpolitik engagiert. Dort konnten sie einige der vorher aufgeführten Kenntnisse sammeln, die ihnen das Hochschulstudium nicht geboten hatte. So berichtete uns eine Politikerin, daß sie ihre ersten Erfahrungen mit politischen Diskussionen und Debatten in der Anti-Atomkraft-Bewegung machte: *„Es gab damals ein richtig breites Bildungsangebot in der Anti-AKW-Bewegung, wo man über ökologische Fragen aufgeklärt wurde, über die debattiert und diskutiert wurde"* (P18, 1).

Für Politikerinnen aus der ehemaligen DDR hat hier vor allem die Kirche eine entscheidende Rolle gespielt. (Siehe oben, Kapitel 3.1.. 48ff.)

Mindestens ebenso entscheidend für die Aneignung verschiedener strategischer Kompetenzen wie frühe politische Aktivitäten ist eine der politischen Arbeit vorausgegangene Berufstätigkeit. Über drei Viertel der von uns interviewten Frauen war vor dem Beginn der politischen Laufbahn berufstätig. Die Berufsfelder waren ebenso vielfältig wie das Spektrum der gewählten Studienfächer. Die meisten Politikerinnen berichteten, daß sie sich verschiedene Führungs- und Organisationsfähigkeiten schon in ihrem Berufsleben aneignen konnten. Besonders gilt das natürlich, wenn sie dort schon führende Positionen inne hatten, was auf die meisten unserer Interviewpartnerinnen zutrifft. Einige von Ihnen haben im Rahmen ihrer Berufstätigkeit auch schon verschiedene Weiterbildungsangebote für Führungspositionen wahrgenommen.

Manche unserer Interviewpartnerinnen sahen in ihrer vorhergehenden Berufstätigkeit insofern ein beruhigendes Moment, als sie somit über eine gewisse ökonomische Unabhängigkeit vom politischen Erfolg verfügen. Im Falle der Nicht-Wiederwahl oder Nicht-Wiedernominierung besteht die Möglichkeit, wieder in den Beruf zurückzugehen. Allerdings ist dabei sicher zu bedenken, daß häufig die „politische Professionalisierung ... mit einer gleichzeitigen Deprofessionalisierung im Zivilberuf verbunden" (Borchert, Golsch 1995, 621) ist.

Als weiterer Aspekt zum Bereich „Karriereplanung" sei noch die „Mutterschaft" erwähnt, da mehrere Politikerinnen mit Nachdruck darauf hinwiesen, daß ihnen die Kompetenzen, die sie sich durch die Kindererziehung aneignen konnten und mußten, wesentlich für ihre politische Arbeit nützen. Über Zweidrittel unserer Gesprächspartnerinnen haben Kinder, die meisten sogar mehr als zwei, die inzwischen zumeist erwachsen sind, aber zu Beginn ihrer politischen Karriere klein waren. Als Fähigkeiten, die sich die Frauen in ihrer Funktion als Mütter erwerben konnten, wurden vor allem der gekonnte Umgang mit Menschen, Organisationsfähigkeiten, das Wissen um die Bedürfnisse und Interessen der Bevölkerung, und Konfliktfähigkeit genannt. Die Behauptung einer besonderen Eignung von Müttern für politische und andere Führungspositionen wird in der feministischen Diskussion teilweise sehr kritisch betrachtet, da „weibliche Verhaltensmuster Frauen in der politischen Öffentlichkeit nicht gerade reüssieren lassen. 'Private' Verhaltensweisen lassen sich nicht einfach 'veröffentlichen', sie sind keine automatischen Garanten weder für Freiheit noch Gleichheit noch Differenz, sondern können im Gegenteil zur weiteren Marginalisierung von Frauen führen" (Sauer 1994, 117).

Sicher gilt es in der Frage, ob die durch Mutterschaft und Familienarbeit erworbenen Fähigkeiten bei der Ausübung eines politischen Amtes unterstützend wirken, zu differenzieren zwischen bestimmten im familiären Raum eingeübten Umgangs- und Verhaltensweisen und einer gewissen Fähigkeit zur effektiven Arbeits- und Zeitorganisation, die sich „doppelt belastete" Frauen gezwungenermaßen aneignen müssen. Letztere Managementfähigkeiten gehören auf jeden Fall in den Anforderungskatalog, dem eine Politikerin gerecht werden muß.

Abgesehen von solchen Überlegungen bleiben natürlich die Schwierigkeiten, die sich in unserer Gesellschaft für die Einzelne aus der Doppelrolle ergeben, und der Einschnitt, den die Mutterschaft für eine „systematische Karriereplanung" bedeutet. Damit es Frauen gelingt, *„während die Kinder klein sind, den Fuß in der Tür zu behalten"* (F25, 28), müssen ihre „außerpolitischen" Lebensumstände außerordentlich günstig sein.

Erfahrungen mit Qualifizierungsmaßnahmen und Trainingsangeboten

Die von uns befragten Politikerinnen haben im Laufe ihrer politischen Tätigkeit nur sehr wenige parteiinterne oder professionelle Qualifizierungsangebote wahrgenommen. Zwar haben sie in den Anfangsjahren ihrer Laufbahn fast alle einen oder oft mehrere Rhetorikkurse besucht, über den Besuch anderer Qualifizierungsmaßnahmen wurde uns aber nur vereinzelt berichtet. Eine der Interviewpartnerinnen äußerte sich sehr positiv über verschiedene Seminare, in denen sie sich notwendiges „politisches Fachwissen" wie die Kenntnis über die Funktionsmechanismen politischer Gremien, Antragswissen, Institutionenkunde usf. aneignen konnte und die von ihrer Partei bzw. deren Stiftung angeboten wurden. *„Als ich noch nicht hauptberuflich Politik machte und noch Zeit hatte, habe ich an verschiedenen Verfahrensseminaren teilgenommen. Wir haben dort zum Beispiel Planspiele gemacht, mit Titeln wie 'Wie setze ich meinen Kreisvorsitzenden ab?' Das hat Spaß gemacht und war nützlich"* (P11, 16f). Eine andere Politikerin berichtete uns, daß ein parteiinternes Seminar zum Finanz- und Haushaltsrecht für ihre politische Arbeit sehr nützlich war (vgl. P17, 7). Als ebenfalls sehr gewinnbringend für ihre politische Tätigkeit, beurteilte die kleine Zahl der Interviewpartnerinnen, die - meist noch im Rahmen ihrer vorhergehenden Berufstätigkeit - an einem Konflikttraining teilgenommen hat, die dort erworbenen Fähigkeiten. Außerdem positiv beurteilt wurde ein parteiinternes Seminar, das sich speziell an Frauen wandte und Durchsetzungsstrategien im politischen Alltag vermittelte (vgl. P11, 9).

Die Auskünfte unserer Interviewpartnerinnen über ihre Erfahrungen mit Qualifizierungsmaßnahmen sind jedoch von so geringer Zahl, daß daraus kaum etwas über den Nutzen und die Qualität solcher Angebote geschlossen werden kann. Die Tatsache, daß diese Art der Unterstützung so selten wahrgenommen wird, ist augenfällig.

Selten schlug uns in den Interviews die prinzipielle Ablehnung von Fortbildungen und Trainings entgegen, wie im Falle einer Politikerin, die äußerte, daß sie aus Überzeugung keinen Rhetorikkurs wahrgenommen hat, da sie sich nicht „uniformieren" lassen möchte: *„Ich bin nicht ein einziges Mal in einem Rhetorikseminar gewesen. Ich bin auch nicht bereit, dort hinzugehen, weil ich denke, daß ein Rheto-*

rikseminar einen uniformiert. Da bleibt dann nichts mehr Unverwechselbares und das möchte ich mir eigentlich ein Stück weit erhalten. Ich bin nicht bereit, mich in irgendwelche Formen gießen zu lassen"* (P7, 3). Auch wenn in diesem Fall kein Urteil, sondern ein Vorurteil geäußert wird, da die Politikerin, wie sie selbst sagt, schließlich gar nicht über Erfahrungen mit Rhetorikkursen verfügt, ist die Befürchtung, die Teilnehmerin würde in den Kursen „uniformiert" werden, im Hinblick auf die Konzeption von Qualifizierungsangeboten im Kopf zu behalten. Für die hier zitierte Politikerin sind auf jeden Fall nur Trainingsangebote attraktiv, die dicht an der Persönlichkeit der Teilnehmerin ansetzen und ihr nicht abstrakte rhetorische Regeln vermitteln, sondern sie vor allem darin unterstützen, die Eigenheiten und die Besonderheiten ihrer Person für den Ausbau ihrer rhetorischen Fähigkeiten zu nutzen.

Insgesamt beruht die Tatsache, daß unsere Interviewpartnerinnen nur vereinzelt an Trainings teilgenommen haben, ebenso wenig darauf, daß sie grundsätzliche Vorbehalte gegen solche Maßnahmen hätten, noch darauf, daß sie keine Unterstützung benötigt oder gewünscht hätten, sondern darin, daß die Erfahrungen, die sie mit Trainings gemacht haben, sie nicht befriedigt haben. Viele der Interviewpartnerinnen hatten in den Anfangsjahren ihrer politischen Tätigkeit vor allem auf der strategischen Ebene durchaus Interesse an einer Weiterqualifizierung. Sie mußten aber die Erfahrung machen, daß die ihnen zur Verfügung stehenden Angebote zu wenig auf ihre Bedürfnisse zugeschnitten waren, so daß es sich ihrer Einschätzung nach für sie nicht gelohnt hat, sie zu besuchen: *„Es gibt Kurse zu Durchsetzungsstrategien. Aber ich habe die Erfahrung gemacht, daß diese dann auf berufliche Dinge oder Beziehungsprobleme ausgerichtet sind"* (P6, 4).

Anscheinend sind es andere Kompetenzen, als die, die in diesen Kursen vermittelt werden, die eine Politikerin benötigt, um den Anforderungen ihrer Arbeit gerecht zu werden. Dieser Sachverhalt zeigt sich sehr deutlich in den Kommentaren, die die Interviewpartnerinnen über die von ihnen frequentierten Rhetorikkursen gaben. Nur sehr wenige äußerten, daß die in den Trainings erworbenen Fähigkeiten ihnen entscheidend bei der Ausübung ihrer Ämter geholfen hat. *„Ich habe zwei, drei Rhetorikkurse mitgemacht. Die dort erworbenen Kenntnisse halte ich für ganz entscheidend"* (P19, 3). Viel öfter wurde uns über den Mißerfolg des Trainings berichtet: *„Ich habe zwei Rhetorikkurse besucht. ... Ich gehe auch heute noch von keinem Rednerpult runter, ohne zu denken, ich hätte es besser machen können"* (F26, 24).

Die meisten unserer Interviewpartnerinnen kritisierten an den von ihnen besuchten Rhetorikseminaren, daß sie sich dort zwar das Wissen darum aneignen konnten, wie eine gut vorbereitete Rede auszusehen hat, ihnen aber nicht das rhetorische Handwerkszeug vermittelt wurde, das sie benötigen, um sich auch spontan und unvorbereitet in einer Angelegenheit zu äußern. Gerade letztere Fähigkeit beschrieben die Interviewpartnerin aber als eine der wichtigsten Kompetenzen für eine Politikerin *„Der Rhetorikkurs hat mir geholfen, Reden zu strukturieren und vorzubereiten, aber ausschlaggebend für weitere Qualifizierung ist zweifellos die Praxis"* (P4, 2). Der Hinweis auf die Laborsituation des Kurses im Vergleich zur völlig anders gearteten Praxis fiel öfter. *„Die beste rhetorische Vorbereitung hilft eben nichts, wenn Sie in einer Runde stehen, wo Fragen an Sie gestellt werden, da müssen Sie nach bestem Wissen und Gewissen antworten. Da hilft Ihnen kein Rhetorikkurs"* (P7, 11).

Die Erfahrung, daß die Lernziele der Trainingsangebote zu erreichen, noch lange nicht bedeutet, auch im politischen Alltag erfolgreich zu agieren, teilte auch eine Politikerin, die ihre Schwierigkeiten im Umgang mit den Medien bewältigen wollte und ein „Medientraining" besucht hat: *„Ich habe dann später an einem Medientraining teilgenommen. Komischerweise haben die KursleiterInnen dabei festgestellt, daß ich für Fernsehauftritte sehr gut geeignet bin. Ich habe dort jedenfalls keine Fehler gemacht. Trotzdem habe ich an Fernsehauftritten immer noch keinen Spaß, sondern damit immer noch große Schwierigkeiten"* (P23, 11).

Die Enttäuschungen, die viele der Interviewpartnerinnen erlebt haben, als sie sich in den Anfangsjahren ihrer Laufbahn entschlossen hatten, ihre Defizite und Schwachstellen aktiv durch den Besuch von Weiterbildungsseminaren zu beseitigen, führten dazu, daß die meisten von ihnen den Nutzen solcher Veranstaltungen nicht sehr hoch einschätzen und nicht mehr bereit sind, an weiteren Trainings teilzunehmen. *„Ich bin einmal zu einem parteiinternen Wochenendseminar für BundestagskandidatInnen gefahren. Als ich wieder nach Hause fuhr, dachte ich mir, daß ich dort wirklich überhaupt nichts Neues erfahren habe. Dieses Seminar war wirklich für die Katz. Ich habe dann auch nie wieder eine solche Veranstaltung besucht"* (P19, 3).

Das Desinteresse an weiteren Versuchen, sich durch Trainingsangebote zu qualifizieren, wird zusätzlich dadurch verstärkt, daß die Politikerinnen, je weiter sie auf der politischen Karriereleiter steigen, immer stärker unter dem im politischen Alltag üblichen Zeitmangel leiden. Mehrere der Interviewpartnerinnen äußerten, daß sie auch völlig ungeachtet des möglichen Nutzens von Trainings, generell nicht mehr bereit sind, ihre knappe Zeit in Fortbildungen zu investieren. *„Effektive Schulungen sind sehr zeitintensiv und bedeuten auch eine ganze Menge zusätzliche Arbeit. Ich halte Schulungen für wichtig, aber sie kosten wirklich viel Zeit und die habe ich im Moment nicht"* (P17, 16).

Da die Politikerinnen ihren Bedarf an Unterstützung für ihre politische Arbeit nicht durch das vorhandene Angebot an Qualifizierungsmaßnahmen gedeckt sahen, organisierten oder organisieren sich mehrere von ihnen - einzeln oder in Kleinstgruppen – individuelle, externe Unterstützung durch Coaching oder Supervision. Die Arbeit mit einem Coach oder einer SupervisorIn wurde von allen, die sich dieser Unterstützungsmöglichkeit bedient haben oder bedienen, als sehr sinnvoll erachtet. Die Vorteile einer ganz auf die eigene Person und die individuellen Probleme zugeschnittenen Beratung liegen gerade auch im Hinblick auf die vorher gehörte Kritik an anderen Trainingsangeboten auf der Hand. Die Politikerinnen sind weder gezwungen, sich aus einem standardisierten, oft nicht auf ihre Bedürfnisstruktur zugeschnittenen Seminarangebot die für sie sinnvollen Elemente herauszufischen, noch müssen sie befürchten „uniformiert" zu werden, da das Training ausschließlich an ihrer Person ausgerichtet ist. Als positiver Nebenaspekt läßt sich so wahrscheinlich auch das „Zeitproblem" besser in den Griff kriegen, da nicht nur das Trainingsprogramm auf die jeweilige Persönlichkeit zugeschnitten, sondern ebenso die Sitzungstermine mit dem persönlichen Terminkalender der Politikerin abgestimmt werden kann.

Coaching bietet den Politikerinnen darüber hinaus noch eine weitere, sehr grundlegende Dimension der Qualifizierung. Die Politikerinnen unterstreichen in ihren Berichten über ihre positiven Erfahrungen mit dieser Form des Trainings die persönlichkeitsstärkende Wirkung, die das Coaching für sie hat. „*Um durchzuhalten, ohne krank zu werden, habe ich mir die Supervision durch eine Frau organisiert. Das war nicht nur auf die Arbeit fokussiert, sondern auch darauf, mich persönlich und allgemein zu stabilisieren*" (P2, 5).

Mehrfach wurden wir in den Interviews darauf hingewiesen, daß der persönliche Rückhalt, den das Coaching leistet, und die Möglichkeiten der Persönlichkeitsentwicklung, die sich den Politikerinnen durch die Arbeit mit einem Coach erschließen, vor allem an den Punkten bewähren, an denen die Politikerinnen sich Schwierigkeiten mit den Anforderungen ihrer Arbeit aufgrund ihrer weiblichen Sozialisation diagnostizieren. „*Die Unterstützung durch den Coach war sehr hilfreich für mich. Ich habe gelernt, mich auf meine Einschätzung zu verlassen. Ich habe gelernt, daß ich mich nicht zu entschuldigen brauche, wenn ich ausraste. Ich habe gelernt, mich nicht schlecht zu fühlen, wenn mir jemand zu nahe getreten ist, sondern im Recht bin, wenn ich ihn zurückweise. Ich habe alle diese Mechanismen gelernt, die uns aus der Mädchenerziehung fremd sind*" (P6, 10).

Die Betonung der persönlichkeitsstärkenden Funktion des Coachings zeigt den großen Bedarf, den die Interviewpartnerinnen an dieser Stelle zu Beginn und auch noch im Laufe ihrer Karrieren empfunden haben. Qualifizierungsangebote, die auf die Bedürfnisse von Frauen in der Politik zugeschnitten sind, sollten diesen Aspekt beachten und den Teilnehmerinnen die Möglichkeit bieten, auch auf der persönlichkeitsfördernden Ebene an sich zu arbeiten.

Zeitmanagement, Arbeitsorganisation, Arbeitstechniken

Die politische Arbeit gehört zu den Tätigkeiten mit sehr hohem Zeitaufwand. *„Als Politikerin muß man akzeptieren, daß man im Durchschnitt mindestens einen Zwölf-Stunden-Tag hat, und an manchen Tagen halt auch eine Achtzehn-Stunden-Tag, und es gibt auch manchmal Tage, da schläft man gar nicht, und es geht"* (P16, 21). Je höher die politische Ebene ist, auf der eine Politikerin tätig ist, desto mehr wird ihr ohnehin ausgefüllter Arbeitstag durch abendliche Verpflichtungen verlängert. Oft sehen sich die Politikerinnen auch gezwungen oder halten es wenigstens für politisch günstig, ihre Anwesenheit bei Veranstaltungen und Zusammenkünften nicht nur auf den offiziellen Teil zu beschränken, sondern auch darüber hinaus präsent zu sein. *„Die Menschen, mit denen du zu tun hast, sind alles ehrenamtlich für die Partei arbeitende Leute. Sie investieren ihre Freizeit in die Partei. Du mußt mit ihnen anders umgehen, als mit Angestellten eines Betriebs. Du mußt ihr Engagement würdigen. Sie spüren ganz genau, ob du nur deine Terminliste abhakst oder ob du nach einem Termin gerne mit ihnen einen trinken gehst oder ob du das nur sechs Wochen vor der Listenaufstellung tust"* (P3, 14). Der informelle Kontakt zur Basis ist auch für die Gewinnung von Informationen wichtig. Eine unserer Interviewpartnerinnen, die im Kulturbereich tätig ist, berichtete, daß es für ihre politische Arbeit unerläßlich ist, ihr „Fachwissen" auf abendlichen bzw. nächtlichen Veranstaltungen zu erweitern: *„Ich verbringe dort nicht nur die Pflichtabende bis 22 Uhr, sondern ich bleibe immer auch länger und kriege an so einem Abend aus denjenigen, die ein paar Gläser Wein getrunken haben, unendlich viel raus. Das ist eine ganz wichtige Basis. So höre ich dann zum Beispiel von einem Schauspieler, wie die Stimmung im Haus wirklich ist"* (P22, 7f). Ein solcher Dauereinsatz für die Politik geht zwangsläufig auf Kosten des Privatlebens. *„Das Privatleben ist auf groteske Weise fragmentarisiert, weil ich mich nur nach Mitternacht oder an den Wochenenden verabreden kann. Und auch dann denke ich noch, daß ich eigentlich eher etwas anderes tun müßte. Es fällt mir richtig schwer, mir private Zeit zu nehmen"* (P22, 18). Für FreundInnen, Familie und andere Interessen bleibt den Politikerinnen kaum Zeit. Im günstigsten Fall verschränken sich politisches und privates Leben, zum Beispiel bei dem Besuch öffentlicher Veranstaltungen nach „Feierabend".

Fast alle unserer Interviewpartnerinnen thematisierten die hohe zeitliche Belastung in ihrem Beruf als Problem. Als eine der Voraussetzungen, die eine Politikerin mitbringen muß, wurde dementsprechend die *„Bereitschaft, viel Zeit zu investieren"* (P17, 7), genannt. Häufig sahen die Frauen diese Bereitschaft bei sich nicht in genügendem Maße gegeben und wiesen mit schlechtem Gewissen darauf hin.

Angesichts des permanenten Zeitmangels kommt der Organisation von Arbeit und Arbeitszeit große Bedeutung zu. *„Eine Politikerin muß ihr Zeitbudget im Griff haben. Das ist fast wichtiger, als daß sie gut reden kann oder sich gut präsentieren kann"* (P23, 22). Viele unserer Interviewpartnerinnen empfinden ihre Arbeits- und Zeitorganisation als ungenügend und gaben an, daß sie in diesem Punkt eigentlich effektiver vorgehen müßten. *„Ich bin nicht gut organisiert, bis auf den heutigen Tag nicht. Wenn ich meine Zeitorganisation besser im Griff hätte, wäre vieles leichter"* (P4, 4). Dementsprechend häufig wurden uns in den Interviews als Inhalte notwendiger Qualifizierungsmaßnahmen für Politikerinnen Zeitmanagement, Arbeitsorganisation und damit verbunden die Aneignung effektiver Arbeitstechniken genannt. Wir befragten die Politikerinnen nach den Punkten, an denen es ihrer Erfahrung nach möglich und nötig ist, sich Verhaltensweisen anzueignen, die zu einer effektiven Arbeitsweise und einer effektiven Nutzung der Arbeitszeit führen.

Prioritäten setzen

Auch bei einer noch so großen individuellen Arbeitskapazität kann in einer bestimmten Zeit nur ein bestimmtes Arbeitsvolumen bewältigt werden. Angesichts der Fülle von Aufgaben und Betätigungsfeldern im Rahmen einer politischen Tätigkeit sind die Politikerinnen gezwungen, Prioritäten in der Wichtigkeit ihrer Aufgaben zu setzen. Die *„Fähigkeit, Nebensächliches nebensächlich zu behandeln"* (P3, 7) ist daher eine wesentliche Qualifikation im politischen Alltag. Viele unserer Interviewpartnerinnen beschrieben, daß es ihnen schwer fällt, sich mit ihrer Arbeitskraft auf das Wesentliche zu konzentrieren bzw. überhaupt das Wesentliche aus der Menge der an sie gestellten Aufgaben und Anforderungen herauszufiltern. *„Ich schaffe es nicht, zu sagen, das und das sind meine Punkte und den Rest lasse ich beiseite. Mir fällt täglich etwas neues auf, das bearbeitet werden muß, aber die Kapazitäten sind begrenzt. Ich glaube, das ist auch ein typisches Frauenproblem"* (P15, 11).

Vielfach problematisierten unsere Interviewpartnerinnen nicht die Unmenge der verschiedenen von ihnen zu bewältigenden Aufgaben, sondern folgerten daraus in Akzeptanz der Situation, daß eine Politikerin eben vor allem *„Fleiß, Fleiß und noch mal Fleiß"* (F25, 24) braucht und gerade die *„Bereitschaft, eine breite Palette an Arbeit und Aufgaben zu übernehmen"* (P17, 7), eine gute Politikerin auszeichnet. Andersherum beschrieb uns eine Politikerin ihre *„Faulheit"*, die sie als Einschränkung ihrer Eignung für die Politik betrachtet: *„Ich bin nicht schrecklich fleißig. Ohne Herausforderung hätte ich keine Probleme damit, wochenlang faul zu sein. Ich bin kein Workaholic"* (P2, 4).

Auch Disziplin wurde in diesem Zusammenhang als notwendige Eigenschaft einer Politikerin angeführt. *„Ich habe eine gewisse Strenge mit mir. Wenn ich etwas übertragen bekommen habe, dann fühle ich mich dafür so verantwortlich, daß ich es auch gut zu Ende führen muß und nicht einfach mittendrin das Handtuch schmeißen kann"* (P18, 13).

Die Schwierigkeiten mit der Prioritätensetzung können leicht dazu führen, daß die Arbeitsbelastung im politischen Alltag unverhältnismäßig wird und das Arbeitsvolumen nicht mehr bewältigbar ist. *„In der politischen Arbeit muß man Prioritäten setzen können, ansonsten verfällt man ganz schnell der Selbstausbeutung"* (P16, 17). Die Gefahr liegt außerdem nicht nur in der Selbstausbeutung aufgrund der eigenen Vorstellungen, von dem, was geleistet werden muß. Die Politikerinnen mußten auch lernen, sich der Fülle von Außenanforderungen zu erwehren. *„Wichtig ist es, Aufgaben und Positionen, die man nicht wird erfüllen können, abzulehnen"* (P2, 4). Zumal die Beschäftigung mit Nebensächlichem oder einfach mit zu vielen Feldern die politische Karriere nicht unbedingt fördern muß. So beschrieb uns eine Politikerin, daß sie ihre Überfrachtung mit allen möglichen Angelegenheiten durch ihre KollegInnen als Strategie empfand, sie als politische Konkurrenz auszuschalten: *„Man darf sich nicht eindecken lassen mit Peanuts. Das ist nämlich auch eine Strategie derjenigen, die dich weg haben wollen. Wenn sie dich auf der politischen Ebene nicht kriegen können, versuchen sie es auf der Alltagsebene, indem sie jede Kleinigkeit an dich herantragen ... Anfangs haben meine Kollegen mich systematisch torpediert, indem sie mich mit Kleinkram zudeckten. Sie haben damit meine Kapazitäten so blockiert, daß ich keine Möglichkeit hatte, meine Stärken zu entwickeln"* (P3, 7f.).

Aneignung von Fachwissen

„Ich habe jeden Tag etwas neues auf dem Tisch liegen, daß ich mir aneignen muß" (P5, 3). Für viele unserer Interviewpartnerinnen stellt die Notwendigkeit, sich fachlich permanent auf dem Laufenden zu halten, und der große Zeitaufwand, der sich damit verbindet, ein bislang nur unzureichend gelöstes Problem dar. *„Was ich besser können müßte, wäre schneller und gründlicher neue Sachverhalte durchzuarbeiten"* (F30, 9).

Mit der schnellen Aneignung passiven Wissens ist es meist nicht getan. Die gewonnenen Informationen müssen - gewöhnlich in kürzester Zeit - so aufbereitet werden, daß sie vermittelbar und politisch sinnvoll einsetzbar sind. Politikerinnen stehen unter dem *„Zwang, heute was zu lesen und eigentlich heute abend dazu schon eine mehr oder weniger kluge Rede halten zu müssen, einen Artikel zu schreiben oder den Sachverhalt zu bewerten"* (P14, 4). Eine weitere Anforderung, die einigen der Frauen Schwierigkeiten bereitet, ist in diesem Zusammenhang auch die Verwaltung und Archivierung von Informationen: *„Ich muß ganz ehrlich sagen, daß ich mit der Speicherung von Wissen immer ein bißchen ein Problem habe. Ich arbeite mich relativ schnell ein, aber ich vergesse auch manches"* (P23, 3).

Nur ein Bruchteil unserer Interviewpartnerinnen sieht die *„Tatsache, daß sie sich viel Wissen allein in der Praxis und ohne Unterstützung aneignen muß"* (P19, 2), so gelassen und unproblematisch, wie es uns eine Politikerin beschrieb: *„Die Aneignung bestimmter Kenntnisse ist eigentlich nie ein Problem für mich gewesen. Ich habe sowieso das Gefühl, daß Frauen, die sich in der Politik engagieren, in der Regel ein bißchen schneller im Kopf sind als die Durchschnittsmänner in der Politik. Und das führt eben auch dazu, daß sie flexibler sind, mehr 'learning-by-doing' machen, und vor allen Dingen eben auch einfach durch Zuhören lernen, was andere reden, einfach mitnehmen und weiterverwenden. So habe ich das zumindestens gemacht und so sehe ich das auch bei den meisten Kolleginnen"* (P19, 2).

Tatsächlich sind es aber die wenigsten unserer Interviewpartnerinnen, denen es gelingt, einfach zuzuhören, was andere reden, die Informationen mitzunehmen und das Wissen dann weiterzuverwenden. Für die meisten der Politikerinnen stellt die Aneignung von Fachwissen eine Aufgabe im Rahmen ihrer politischen Tätigkeit dar, der sie einen Platz und ein relativ hohes Zeitvolumen einräumen müssen.

Die gängige Methode der Politikerinnen, sich Wissen anzueignen, ist *„Lesen, Lesen, Lesen"* (F30, 5). Die Frauen beschrieben, daß sie sich ihrem perfektionistischen Bedürfnis entsprechend am liebsten *„flächendeckend"* (P3, 4) informieren würden, dies aber auf jeden Fall sehr umfassend und grundlegend tun. Typisch ist der Bericht einer Politikerin aus den Anfangsjahren ihrer Laufbahn, in denen sie sich mit der Notwendigkeit konfrontiert sah, sich mit Wirtschaftspolitik zu befassen: *„Ich habe mir ein großes Buch über Volkswirtschaftslehre besorgt, und habe erst einmal angefangen, mir bestimmte Kreisläufe zu erarbeiten"* (P10, 31). In Ermangelung „freier Arbeitsstunden" für diese zeitaufwendige Methode der Informationsgewinnung müssen die Politikerinnen ihre *„Ferien"* (P3, 4) oder die Stunden nach „Feierabend" für die Lektüre nutzen: *„Ich habe wie wild gearbeitet, um mich in die fachlichen Kenntnisse einzuarbeiten. Ich habe nachts gelesen"* (P21, 8f).

Unsere Interviewpartnerinnen beschrieben, daß sie gründliche Einarbeitung in ein Thema und fundierte Fachkenntnisse benötigen, um sich ihrer politischen Entscheidungen sicher zu sein. Gleichzeitig stellten sie uns den daraus erwachsenden hohen Arbeitsaufwand aufgrund der Geschwindigkeit, mit der politische Informationen veralten, als kontraproduktiv dar. *„Ich habe einen großen Fehler. Ich versuche immer, mir erst einmal Massen von Material zu besorgen. Ich glaube, das machen viele Frauen. Ich lese mich lieber erst einmal durch Berge durch. Dann habe ich* *das Gefühl, ich schwimme nicht mehr so"* (P3, 4). Obwohl diese Politikerin ihre Vorgehensweise selbst als zu perfektionistisch bezeichnete, hat sie sich mit dem Verfahren arrangiert, indem sie die Kunst des Querlesens perfektioniert hat, anstatt andere Informationskanäle zu nutzen. *"Ich habe neulich irgendwo gelesen, das sei ganz typisch für Frauen, und ich mache mir auch kein schlechtes Gewissen mehr deshalb. Letztlich habe ich hinterher den besseren Überblick, auch wenn das in der ersten Phase stressiger ist"* (P3, 4).

Interessant ist, daß keine der Politikerinnen uns über die Nutzung anderer Medien als Bücher oder Fachzeitschriften berichtet. Schließlich wäre es einen Versuch wert, ob sich aktuellste Informationen zu bestimmten Themen in entsprechenden Datenbanken und digitalen Netzen abrufen lassen. Vorstellbar wäre auch, daß sich auditive Medien zur Wissensaneignung zum Beispiel auf Dienstfahrten nutzen lassen.

Nicht alle Politikerinnen, die angaben, ihre Informationen hauptsächlich aus der Literatur zu beziehen, befassen sich allerdings auch mit der Literaturrecherche oder der Zusammenstellung ihrer Lektüre. Auf der politischen Ebene, auf der unsere Interviewpartnerinnen tätig sind, stehen ihnen häufig MitarbeiterInnen zur Verfügung, die ihnen diese zeitraubende Vorarbeit abnehmen. *"Wenn ich mich in ein Thema einarbeiten muß, lasse ich mir das entsprechende Material von meinem Mitarbeiter zusammenstellen. Ich lasse mir die Informationen aus wichtigen Büchern und aus Debatten in Zeitschriften gewissermaßen 'zusammenschneiden' und gucke mir das hinterher an"* (P18, 4). Allerdings empfinden es viele Politikerinnen als unangenehm, auf diese Weise nur selektiv, nicht umfassend informiert zu sein. Mehrmals fiel in den Interviews der Hinweis darauf, daß diese Vorgehensweise großes Vertrauen in die Gründlichkeit, Seriosität und Qualifikation der jeweiligen MitarbeiterInnen voraussetzt. Eine Politikerin erzählte uns, daß ihr Unbehagen, die Materialauswahl zu delegieren, teilweise dazu führt, daß sie die Auswahl hinterher noch einmal überprüft, die Arbeit also doppelt gemacht wird. Um sich auf die Zuarbeit von anderen zu verlassen, braucht sie das Wissen, daß es sich um Menschen handelt, die absolut solide und ordentlich arbeiten. Sie hat auch tatsächlich die Erfahrung gemacht, daß ihre MitarbeiterInnen solider arbeiten, wenn sie wissen, daß sie sich im Thema auskennt, sie ihr also nichts vormachen können (vgl. P1, 5).

Häufiger praktizieren die Politikerinnen eine Kombination aus „Zuarbeit" und „Lesen" in umgekehrter Reihenfolge. Die durch Lektüre gewonnenen Informationen werden hinterher in Gesprächen mit MitarbeiterInnen und ExpertInnen nachbereitet und erweitert, vor allem, wenn es darum geht, Grundwissen konzeptionell weiter zu nutzen. *"Ich habe immer, egal, was ich gemacht habe, ein Netz von Kollegen gehabt, mit denen man gut neue Ideen gemeinsam entwickeln konnte"* (P3, 3). In den seltensten Fällen handelt es sich bei solchen Besprechungen allerdings um fest installierte Gesprächskreise. Die Gelegenheiten zur Diskussion wurden uns eher als vereinzelt und sporadisch beschrieben, obwohl solche Auseinandersetzungen einstimmig als wünschenswert und überaus befruchtend beschrieben wurden.

Vielfach spielt hier neben dem Zeitmangel, dem Fehlen einer solchen politischen Kultur oder geeigneter GesprächspartnerInnen oft auch mangelhafte personelle und ökonomischen Ausstattung eine Rolle. So berichtete uns eine Landesfraktionsvorsitzende, daß ihr keine persönliche MitarbeiterIn zugeordnet ist, die ihr speziell zuarbeitet oder sie unterstützt (vgl. P14, 13). Der Zwang, sich Informationen ausschließlich aus Eigenleistung zu verschaffen, liegt keineswegs immer an dem „weiblichen" Perfektionismus oder der Unfähigkeit, sich auf die Zuarbeit anderer zu verlassen. *„Ich träume immer von jemandem, der für mich liest und mir das sozusagen in Chipform überreicht"* (F30, 6). Häufig behelfen sich die Politikerinnen angesichts der schlechten Ausstattung ihrer Ämter mit dem Rückgriff auf informelle und externe Kontakte. *„Wenn ich denke, daß die Informationen, die ich aus der Verwaltung bekommen kann, nicht ausreichend sind, dann überlege ich mir, mit wem ich extern noch einmal über die Frage sprechen kann. Es gibt da einige Leute, die habe ich irgendwann bei Tagungen kennengelernt oder sie sind mir auf Konferenzen aufgefallen, von denen ich weiß, sie sind in bestimmten Feldern viel besser zu Hause als ich. Ich ziehe dann deren Sachverstand heran. Dabei bin ich eigentlich immer auf offene Ohren gestoßen"* (P1, 5).

Höchst selten ist die Beratung und die Zuarbeit durch ExpertInnen das hauptsächliche Element für die Wissensaneignung. *„Ich habe einen Kreis von WissenschaftlerInnen, den ich zusammenrufe, wenn ich inhaltlichen Diskussionsbedarf habe. Mit diesen Fachleuten diskutiere ich die jeweilige Angelegenheit dann vier, fünf Stunden. Sie informieren mich in kürzester Zeit. Im Dialog lassen sich Inhalte natürlich viel intensiver aneignen, als wenn ich mir das alles anlesen müßte Auf diese Art habe ich viele Sachen, die ich auf Parteitagen durchgesetzt habe, im Vorfeld für mich abgesichert"* (P23, 4f). Obwohl es sich hier um ein gelungenes Arrangement zu handeln scheint, von dem anscheinend alle Beteiligten profitieren, da sie sich diesen Zusammentreffen ansonsten wahrscheinlich verweigern würden, formulierte die betreffende Politikerin Skrupel, ihre BeraterInnen mit ihrer Vorgehensweise zu „benutzen": *„Ich habe diese ForscherInnen schon für viele Anliegen benutzt. Aber sie wußten ja immer, daß ich sie benutze. Ich habe das nie getan, ohne daß sie gewußt hätten, wofür ich sie benutze. Insofern habe ich nicht einfach abgeschöpft"* (P23, 5).

Politisches Fachwissen

Fachkompetenz

Nach Einschätzung vieler unserer Interviewpartnerinnen ist ihre überdurchschnittliche ressortspezifische Qualifikation eine notwendige Bedingung für Frauen, die politische Karriere machen wollen. *„Eine Politikerin muß in der Sache kompetent sein. Das gilt für Frauen und für Männer, aber für Frauen noch einmal ganz besonders. Ein Mann kann sich eher mal Inkompetenz leisten"* (P1, 12). In den Interviews wurden wir mehrfach darauf hingewiesen, daß viele der männlichen Politiker dieses Privileg auch gründlich auskosten. Die Politikerinnen äußerten ihr Unbehagen darüber, daß eine „überdurchschnittliche Qualifikation" in der Politik insofern nicht viel heißen müsse: *„In der Politik maßt man sich an, zu allem etwas sagen zu können, auch wenn man überhaupt keine Ahnung hat. Obwohl politische Entscheidungen Auswirkungen auf das Leben so vieler Menschen haben, handelt es sich bei der Politik um ein Berufsfeld, in das man ohne Befähigungsnachweis einsteigen kann"* (P14, 5). Nur sehr wenige der von uns befragten Frauen schließen daraus, daß Fachkenntnisse ja gar nicht den zentralen Stellenwert unter den notwendigen Kompetenzen einer Politikerin einnehmen, wie es eine unserer Gesprächspartnerinnen beschrieb. *„Ich werde ja nicht bezahlt für das Fachwissen, ich werde ja bezahlt für die Politik! Die Experten sind fachlich immer besser als ich, aber ich muß das Wissen dann zusammenbinden, eben Politik daraus machen"* (P20, 15).

Die allermeisten Politikerinnen halten sehr gute fachliche Kenntnisse für ganz entscheidend, um eine politische Funktion auszuführen, und entbinden sich keineswegs von dem Anspruch, auf ihrem Gebiet Sachkompetenz zu beweisen. Sie grenzen sich deutlich von dem von ihnen als niedrig beurteilten fachlichen Niveau im politischen Alltag ab. Sie sprachen hier nicht nur für sich persönlich, sondern betonten nachdrücklich, daß Politikerinnen gewöhnlich fachspezifisch höher qualifiziert sind als ihre männlichen Kollegen. *„Die fachlichen Voraussetzungen sind bei allen Frauen im Übermaß vorhanden, jedenfalls wesentlich besser als bei vielen Kollegen. Ich kenne keine einzige Frau, die derart dümmlich oder banal arbeitet, wie ich das oft bei männlichen Kollegen sehe"* (P6, 8).

Scheinbar sind es also keineswegs die ressortspezifischen Fachkenntnisse, an denen es den Politikerinnen mangelt. Bei dem Bildungsbedarf auf der sozusagen inhaltlichen Ebene, den unsere Interviewpartnerinnen für Frauen in der Politik sehen, handelt es sich vielmehr um ressortübergreifendes Wissen, das benötigt wird, um Fachkenntnisse im politischen Raum entsprechend den dort vorfindbaren Regeln und Strukturen in die Praxis umzusetzen und politisch durchzusetzen.

Finanz- und Haushaltstechnisches Fachwissen, Rechtswissenschaftliche Kenntnisse

Die in den Interviews am häufigsten genannten „inhaltlichen" Wissenslücken betreffen den finanz- und haushaltstechnischen Bereich und die rechtswissenschaftliche Materie. *„In der Politik ist es auf jeden Fall ein Manko, keine betriebswirtschaftliche Ausbildung und keine rechtswissenschaftlichen Kenntnisse zu haben. Mein eigenes Defizit an diesem Punkt hat mich schon so weit gebracht, daß ich mir überlegt habe, daß geisteswissenschaftliche Studiengänge überhaupt nicht absolviert werden dürften, ohne daß auch ein betriebswirtschaftlicher Grundkurs und eine Basisvorlesung in Jura besucht wird"* (P22, 14). Mit steigender politischer Ebene wachsen auch die finanztechnischen und rechtswissenschaftlichen Kenntnisse, über die eine Politikerin verfügen muß. Um nicht nur vorliegende Haushaltspläne oder gesetzliche Regelungen verstehen zu können, sondern um weitergehend auch in der Lage zu sein, haushaltstechnische Entscheidungen zu fällen, muß das Wissen über die Inhalte von Grund- und Basiskursen hinausgehen. *„Eins ist völlig klar: Wer sich anschickt, Politik auf der Landesebene oder noch weiter oben zu machen, muß haushaltstechnisch nicht nur bewandert sein, sondern sich so gut auskennen, daß er oder sie darüber hinaus etwas Eigenes einbringen kann, Alternativen entwickeln kann"* (P14, 17).

Gleich auf welchem Niveau sich Bildungsangebote in den Bereichen Haushaltstechnik, Finanzpolitik oder Rechtswissenschaft bewegen, dürfen hier nicht nur die Fakten Kursinhalt sein. Ein wesentlicher Punkt, mit dem die von uns befragten Frauen zu Beginn ihrer politischen Tätigkeit Schwierigkeiten hatten, ist der Sprachcode, in dem Gesetzestexte und Haushaltsvorlagen abgefaßt sind und abgefaßt werden müssen. *„Die Kenntnisse, die speziell mein Ressort mir abverlangte, haben mir auch zu Beginn meiner Laufbahn keine Probleme bereitet. Ich kannte mich ja aus. Hier lag für mich kein Streßfaktor. Der eigentliche Streß entstand dadurch, daß ich weder die juristische noch die haushaltstechnische Sprache beherrsche"* (P22, 6).

Mehrere unserer Interviewpartnerinnen formulierten extreme Abneigung gegen den Zwang, sich mit den sprachlichen Besonderheiten rechtswissenschaftlicher und haushaltstechnischer Texte zu befassen. *„Mit der Terminologie habe ich noch heute meine Schwierigkeiten. Sie interessiert mich eigentlich auch nicht. Mich interessieren Menschen, nicht Gesetzestexte oder Prinzipien. Deswegen kann ich mir Paragraphen nur sehr schwer merken"* (P9, 4).

Wie entscheidend das Wissen um die *„Sprachverschlüsselungen und Kompliziertheiten der politischen Sprache"* (P21, 9) aber ist, um im politischen Alltag nicht übergangen zu werden, zeigt der Bericht einer Politikerin über eine ihrer ersten

Besprechungen mit einem ihrer Referenten: *"Ich bat einen Referenten mir ein bestimmtes Gesetz zu erklären. Er redete und redete und je länger er redete, desto weniger verstand ich. Dann sagte ich ihm, er solle mir das doch mal so erklären, daß auch ein Nicht-Experte die Angelegenheit versteht. Und so langsam konnten wir uns dann verständigen. Die Gesetzessprache ist unwahrscheinlich kompliziert. Das Aneignen dieser Sprache ist ein ganz wichtiger Punkt. Mit wissenschaftlichen Texten umgehen zu können, heißt noch lange nicht, Gesetzestexte verstehen zu können"* (P21, 9).

Kenntnis der formalen Strukturen und Hierarchien, Institutionenkunde, Verwaltungstechnik, Verfahrensfragen

Ebenso notwendig für die politische Durchsetzung wie Kenntnisse der rechtswissenschaftlichen und der haushaltstechnischen Materie ist das Wissen um die formalen Strukturen des politischen Apparats und um die verwaltungstechnischen Abläufe. Viele unserer Interviewpartnerinnen berichteten, daß das Nichtwissen um die üblichen Kanäle und Verwaltungswege und die Unkenntnis der institutionellen Hierarchien, ihnen zu Beginn ihrer Laufbahn die Arbeit sehr erschwert haben. *"Ich hätte es als sehr nützlich empfunden, wenn ich besser über das politische Handwerkszeug unterrichtet gewesen wäre, wenn ich mehr über die organisationsbedingten Möglichkeiten der Unterstützung im Bundestag gewußt hätte, wenn ich z.B. gewußt hätte, was man sich von MitarbeiterInnen eines Ministeriums gefallen lassen muß und was nicht, wenn ich gewußt hätte, wo man welche Informationen bekommt usw."* (P18, 9).

Viele der von uns befragten Frauen beschrieben, daß sie das Wissen um die Strukturen, Hierarchien und Verwaltungsabläufe in den politischen Institutionen anfänglich als nicht so ausschlaggebend für die politische Durchsetzung betrachtet haben, wie das tatsächlich der Fall ist. *"Was für mich zu Beginn meiner politischen Tätigkeit sehr notwendig gewesen wäre, wären Einführungen in Geschäftsordnungen und andere technische Fragen, denn sie sind wirklich weichenstellend für den politischen Inhalt. Ich habe früher viel zu stark an die Durchsetzungskraft von Inhalten geglaubt und den anderen Mechanismen viel zu wenig Beachtung geschenkt. Ich habe einfach nicht gesehen, wie wichtig sie sind"* (P11, 16). Hinzu kommt, daß viele Politikerinnen gegenüber dem Erwerb des „politischen Handwerkszeugs" zu Beginn ihrer Laufbahn Widerstände gespürt haben. *"Angelegenheiten wie Geschäftsordnung oder das alles interessierten mich überhaupt nicht. Ich habe mir das nur mit knirschenden Zähnen angeeignet. Ich beherrsche vieles bis auf den heutigen Tag noch nicht richtig. Ich finde das todlangweilig und das ist einer meiner Mängel"* (P3, 8).

Der richtige Einsatz der formalen politischen Wege und Instanzen ist eine Voraussetzung zur Durchsetzung, zum Machterwerb und zum Machterhalt im politischen Alltag. *„Frauen müssen trainieren auf die Formalien zu achten. Sie neigen dazu, diese Dinge nicht so wichtig zu nehmen. Sie müssen sehen, daß über diese 'Formalien' Machtansprüche und Hierarchien geregelt werden. Über diese Wege kann einem ganz schnell Autorität abgegraben werden"* (P1, 13).

Kenntnis der informellen Strukturen und Hierarchien: Politik im Patriarchat

Mindestens ebenso entscheidend wie das Wissen um die institutionellen Strukturen, aber ungleich schwieriger zu erwerben, ist die Kenntnis der informellen Strukturen, Regeln und Hierarchien des politischen Alltags. Nur mit diesen grundlegenden Informationen ist es möglich, den eigenen Handlungsspielraum, die persönlichen Handlungsmöglichkeiten und -notwendigkeiten zu erkennen und Strategien zur politischen Durchsetzung zu entwickeln. So kann „Bündnispolitik" als Mittel zur Durchsetzung, wie es in dem Kapitel „Durchsetzungsstrategien und -techniken für den politischen Raum" beschrieben wird, selbstverständlich nur auf Grundlage des Wissens um die richtigen BündnispartnerInnen und darum, *„wo man Unterstützung erhalten könnte"* (P20, 43), erfolgreich sein. *„Es kommt entscheidend darauf an, daß du die Strukturen erkennst. Die Fach- und Sachkenntnisse kannst du dir schon selbst erarbeiten, wichtiger und schwieriger ist, daß du die informellen Strukturen sehr schnell erkennst und die richtigen Leute zusammensetzt, also Bündnisse aufbaust"* (P3, 2). Fast alle unsere Interviewpartnerinnen berichteten, daß sie sich das Wissen um die informellen Gegebenheiten im politischen Alltag sehr mühsam aneignen mußten. *„Das Schwierigste am politischen Geschäft war, den Handlungsspielraum zu erkennen und sich in den Strukturen zurechtzufinden, zu wissen, wem man womit auf die Zehen tritt und wen man wo einbeziehen muß"* (P1, 4).

Natürlich handelt es sich bei diesen Informationen zu einem großen Teil um „aktuelles Wissen" über die aktuell wichtigen Ereignisse und Personen, das sich, wenn die Politikerinnen keine Anleitung und Unterstützung finden, vor allem durch eine gute Beobachtungsgabe erschließt. Es existiert aber auch ein nicht unbedeutendes Quantum an kontinuierlichen informellen Regeln, Strukturen und Hierarchien, das durchaus von erfahreneren Politikerinnen an Neueinsteigerinnen weitergegeben werden könnte. Hierzu gehört z.B. das Wissen um die Verfaßtheit der politischen Verwaltung und die große Bedeutung, die sie bei der Umsetzung politischer Entscheidung spielt: *„Was mir unter anderem fehlte, war das Wissen darum, daß die Administration, die notwendig ist, auch ein riesiges Bollwerk sein kann. Sie stellt das Kontinuum gegenüber innovativen Entscheidungsprozessen dar und* *erwartet, daß der Minister oder die Ministerin denken, was immer schon gedacht wurde"* (P21, 7f).

Eine andere unserer Interviewpartnerinnen berichtete über Schwierigkeiten die sie zu Beginn ihrer Laufbahn aufgrund ihrer Unerfahrenheit mit den gängigen Formen und Verhaltensregeln im Bereich der Informationspolitik haben: *„Ich kannte mich nicht damit aus, wie die Information der Öffentlichkeit normalerweise abläuft. Ich war wohl auch etwas naiv. Jedenfalls habe ich einmal einer Zeitung sämtliche Rahmendaten eines meiner Konzepte geliefert, bevor ich das Konzept überhaupt in der Fraktion vorgestellt hatte. Als das dann auch noch in der Presse sehr negativ beurteilt wurde, bekam ich großen Ärger von meiner Fraktion"* (P10, 19). Mehrere unserer Interviewpartnerinnen sprachen darüber, daß sie auf die Tatsache, daß es strategisch nicht immer günstig und oft auch nicht erwünscht ist, alle verfügbaren Informationen öffentlich zu machen, nicht vorbereitet waren. Die Spielregeln der „richtigen" Informationspolitik mußten sie sich zu Beginn ihrer Laufbahn erst mühsam erwerben. *„Was mir fehlte, waren Kenntnisse darüber, wie politische Entscheidungsprozesse laufen, das Wissen um den gesamten Verhaltenskodex oder der Kodex politischen Verhaltens. Was darf man überhaupt sagen, was nicht? Mir fehlten die Scheren im Kopf. Mir fehlten die Strategien, das Wissen darum, daß man nichts ausspricht, bevor man nicht eine Hausmacht hinter sich gebracht hat"* (P21, 7).

Ein Punkt, auf den angehende Politikerinnen bei ihrem Eintritt in die Politik unbedingt vorbereitet sein sollten, sind die patriarchalen Strukturen des politischen Alltags. Mehrere Politikerinnen wiesen uns in den Interviews nachdrücklich darauf hin, daß sie zu Beginn ihrer Laufbahn kostbare Zeit damit verbracht haben, frauendiskriminierende Muster zu erkennen und sich Gegenstrategien anzueignen. Um Anfängerinnen in der Politik diese Erfahrungen zu ersparen, hielten die Politikerinnen es für sinnvoll, Informations- und Strategieseminare „Zur Situation von Frauen in der Politik" anzubieten. *„Ich denke, man muß Frauen speziell informieren über die patriarchalen Strukturen, über die eigene Sozialisation, was mit Frauen und Mädchen und also mit ihnen selber geschieht. Es muß ein kritischer Blick auf die Gesellschaft vermittelt werden, vor allem auch das Wissen darum, daß genau dasselbe auf die eine oder andere Weise allen Frauen passiert, und daß jede ihre eigene Strategie entwickelt, um damit umzugehen ... Das muß uns allen vermittelt werden, damit wir dann auch Strategien dagegen entwickeln können"* (P15, 19).

Um solche und andere Basisinformationen sinnvoll verwenden zu können, müssen sie mit einer gewissen Kombinationsgabe gepaart sein, die es ermöglicht, bekannte Strukturen mit aktuellen Gegebenheiten zu verknüpfen. Unsere Interviewpartnerinnen beschrieben in verschiedenen Zusammenhängen und unter verschiedenen Gesichtspunkten, wie entscheidend *„analytische Schärfe"* (P3, 13) und

„*analytische Fähigkeiten*" (P4, 5) sind, um in der jeweiligen Situation angemessen zu handeln. „*Was ich im Beruf eher instinktiv gemacht habe, mußte ich im politischen Geschäft ganz mühsam lernen: Wann der richtige Zeitpunkt für welchen Schritt der Aktion da ist*" (P19, 6). Eine Spitzenpolitikerin auf Bundesebene beschrieb uns, wie hilfreich ihre im Laufe der Zeit erworbene „*Prognosefähigkeit*" (P21, 16) für ihre politische Arbeit ist: „*Mir hat immer geholfen, daß ich ein gewisses Gespür - ich nenne das bewußt nicht Intuition - dafür habe, was alles passieren kann. Ich habe immer Szenarien entwickelt und mich den unterschiedlichen Möglichkeiten gedanklich gestellt*" (P21, 15f).

Durchsetzungsstrategien für den politischen Raum

Neben den allgemeinen Konkurrenzkämpfen um führende politische Positionen sind Frauen durch Behinderungen, Barrieren und Angriffe aufgrund ihrer Geschlechtszugehörigkeit belastet (vgl. Schaeffer-Hegel u.a. 1995, Schwarting 1995, Brückner 1994, Wülffing 1994 u.a.). Sie müssen demnach im politischen Geschäft doppelte Durchsetzungsfähigkeit beweisen. Diese Erfahrung teilen auch die von uns befragten Politikerinnen, worüber Helga Lukoschat weiter unten im Kapitel „Als Frau in der Politik - Behinderungen und Barrieren" ausführlich berichten wird. Wir befragten die Politikerinnen, welche Durchsetzungsstrategien sie als Antwort auf Behinderungen und Schwierigkeiten von „außen" entwickelt haben, und wie es den Frauen gelingt, sich im politischen Alltag zu behaupten.

Sehr überdacht und kompakt schilderte uns eine Spitzenpolitikerin auf Bundesebene, wie sie vorgeht, um mit einem Anliegen erfolgreich zu sein: „*Wenn ich mich in einer Angelegenheit durchsetzen will, handle ich eigentlich immer nach der gleichen Methode: Zuerst geht es darum, Öffentlichkeit für mein Anliegen herzustellen und mir wenigstens in einer kleinen Gruppe innerhalb der Partei schon Zustimmung zu sichern. Zweitens suche ich mir, wenn es geht, vorab Verbündete im gegnerischen Lager, zum Beispiel spreche ich schon mal mit dem Hauptverhandlungsführer der Gegenseite über die Möglichkeiten und Grenzen einer Einigung. Der dritte Schritt ist, daß ich mir genau überlege, was die GegnerInnen an Argumenten ins Feld führen werden, damit ich sie möglichst schon im Vorfeld entkräften kann und vor allem auch damit sie mich nicht auf dem falschen Fuß erwischen können. Ich fahre eine ganz offensive Diskussionsstrategie. Man darf sich nicht einschüchtern lassen und muß immer am Ball bleiben*" (P19, 4). Diese Beschreibung der verschiedenen Schritte zur politischen Durchsetzung enthält im wesentlichen die Verhaltenstechniken und Handlungsstrategien, die, wenngleich nicht derart gebündelt, auch von unseren anderen Interviewpartnerinnen als zentral geschildert wurden und auf die nachfolgend im Einzelnen eingegangen wird.

Hartnäckigkeit und Sturheit

Einstimmig berichteten die von uns befragten Frauen, daß sie ohne die ihnen eigene Beharrlichkeit, Zähigkeit und Sturheit keine Chance gehabt hätten, sich trotz der Anfangsschwierigkeiten im politischen Geschäft zu behaupten, und daß Standfestigkeit, Durchhaltevermögen und Hartnäckigkeit unerläßlich für eine politische Karriere sind. *„Wenn ich zu der Überzeugung gekommen bin, daß etwas gemacht werden muß, dann bin ich bereit, Kompromisse zu machen, ich bin auch bereit, im Zickzack zu gehen, aber ich weiß, wo ich hin will"* (P20, 22). Angesichts der Tatsache, daß sich vor allem innovative Anliegen im politischen Alltag, schon aufgrund der oft sehr großen Kluft zwischen den eigenen Zielen und dem realen politischen Handlungsspielraum, meist nur sehr langsam und auf Umwegen durchsetzen lassen, wäre es für die Politikerinnen verhängnisvoll, aus aktuellen Niederlagen die Konsequenz zu ziehen, daß das jeweilige Ziel auch langfristig aufgegeben werden muß. *„Je aussichtsloser etwas ist, desto mehr sage ich, ich werde ja schon noch erfahren, ob die Angelegenheit wirklich so aussichtslos ist, aber versuchen will ich es dennoch. Und ich versuche, aus Niederlagen neue Kräfte zu ziehen. Das gelingt vor allem, wenn ich zwar mit einem Anliegen gescheitert bin, aber immer noch überzeugt davon bin"* (P21, 16f).

Daß die politische Tätigkeit vor allem ein „starkes langsames Bohren von harten Brettern" (Weber 1992, 82) bedeutet und daß männliche Politiker sich dementsprechend verhalten, ist gesellschaftlich allgemein akzeptiert. Frauen bringen Verhaltensweisen wie Sturheit, Standfestigkeit und Durchhaltevermögen dagegen keineswegs immer Anerkennung ein. Auch entschiedenes, selbstbewußtes Verhalten von Frauen wird nicht immer positiv bewertet. Barkhausen und Niemann-Geiger beschreiben, daß Politikerinnen „auch heute, sowohl von männlichen Kollegen als auch von der Öffentlichkeit, eine spezifische Erwartungshaltung entgegenschlägt: Politikerinnen sollen Wärme, Fürsorglichkeit, Einfühlungsvermögen ausstrahlen" (1994, 116). Selbstbewußtsein und Durchsetzungsfähigkeit dagegen werden eher negativ angemerkt: „Durchsetzungsvermögen, das Politikerinnen genauso brauchen wie Politiker, wird ihnen zum einen nicht zugestanden, zum anderen gilt es nach wie vor für eine Frau nicht als erstrebenswerte Tugend" (ebd., 117).

Eben diese Erfahrung mußte auch eine der von uns befragten Politikerinnen anläßlich ihrer Verabschiedung aus einer vorsitzenden Position machen. Ein Kollege schrieb über sie, daß sie von *„nervtötender Beharrlichkeit"* (P23, 10) wäre. Auch wenn unsere Gesprächspartnerin diese Beschreibung ihrer Person als *„nicht sehr schmeichelhaft"* (ebd.) empfand, ist sie trotzdem von der Richtigkeit und der Notwendigkeit ihrer Vorgehensweise überzeugt: *„Die meisten Leute passen sich in ihren Ansichten eben an, wenn sie merken, sie werden nicht akzeptiert. Sie versuchen* *es ganz vielleicht ein Jahr später noch mal mit demselben Anliegen. Das ist natürlich bequem, das würde ich ja auch gerne machen. ... Wenn ich was durchsetzen will, dann gehe ich da ran. Dann bleibe ich da dran. Und dann lasse ich es auch zu Konflikten kommen"* (ebd.).

Dreistigkeit und Härte

Als ebenso ungewöhnlich werden bei Frauen Verhaltensweisen wie Dreistigkeit, Skrupellosigkeit, Härte und Rücksichtslosigkeit wahrgenommen. *„Fragen Sie mal meine Parteifreunde, weshalb sie mich nicht leiden können. Das hat zum einen damit zu tun, daß sie Angst vor meinen Qualitäten haben, aber zum anderen natürlich damit, daß ich ruppig werde"* (P19, 6). Fernab der Frage, ob es prinzipiell erstrebenswert ist, sich rücksichtslos oder ruppig zu verhalten, handelt es sich hier um Verhaltenstechniken, die unsere Interviewpartnerinnen als unentbehrlich für die Durchsetzung in der Politik bezeichnen. *„Man muß es auch verstehen, die Kollegen das Fürchten zu lehren"* (P20, 41).

Sehr viele der von uns befragten Politikerinnen nennen *„mangelnde Dreistigkeit"* als eine ihrer großen Probleme zu Beginn ihrer politischen Laufbahn. Abgesehen von dem die KollegInnen einschüchternden Verhalten fassen sie unter „Dreistigkeit" auch die Fähigkeit, Unsicherheiten zu verbergen und sich trotz Wissenslücken in bestimmten Fragen zu exponieren. Darin, daß das Eingeständnis eigener Unsicherheit und Unwissenheit den Verlust jeglicher Durchsetzungschancen bedeutet, sind sich die Politikerinnen einig. *„Am Anfang hat man gar keine Wahl. Ich habe mir gesagt, daß ich da jetzt durch muß und die anderen schon schreien werden, wenn ich etwas falsch mache. Wenn man Unsicherheit zeigt, dann ist man unten durch"* (P1, 4f).

Nach Schilderungen einiger unserer Interviewpartnerinnen darf man in der Politik nicht nur nicht die eigenen Unsicherheiten offenlegen, sondern muß darüber hinaus andere schonungslos in ihren Unsicherheiten treffen. *„Ich weiß ganz genau, wenn ich etwas durchsetzen will, muß ich einen von den Führungsmenschen bei seinen Schwächen packen. Ich muß das in einer Frage tun, bei der ich mir sicher bin, daß ich die öffentliche Unterstützung habe"* (P19, 11). Scheinbar ist es für eine Politikerin durchaus von Vorteil, sich eine bedingte Skrupellosigkeit anzueignen. Auch wenn es *„natürlich eine ganze Menge Menschen (gibt), die erstmal irritiert sind, wenn eine junge Frau in einer dreisten und bestimmten Art und Weise redet, argumentiert und auftritt, da von Frauen doch eher mehr Zurückhaltung erwartet wird"* (P10, 27). Schließlich ist aber der erste Schritt zum Umdenken die Irritation.

Dickes Fell

„In der Politik muß man ziemlich viel einstecken können. Wenn ich das vorher gewußt hätte, hätte ich vielleicht die Finger davon gelassen" (P18, 6). Angesichts der im politischen Alltag üblichen offensichtlich sehr rüden Umgangsformen ist es logisch, daß die Politikerinnen nicht nur austeilen, sondern auch einstecken können müssen. *„Man muß Gegenwind aushalten können, und es gibt eine Menge Gegenwind. Das habe ich selbst erfahren und es ist für mich sehr erschreckend gewesen"* (P6, 8).

Nach Einschätzung unserer Gesprächspartnerinnen sind Frauen in der Politik in ganz besonderer Weise Angriffen *„unter der Gürtellinie"* (P3, 7) ausgesetzt. *„Beim Eintritt in die Politik muß eine Frau wissen, was an Konkurrenz auf sie zukommt. Die meisten unterschätzen die Angriffe, die nicht etwa auf der fachlichen Ebene, sondern auf der persönlichen Ebene erfolgen"* (P6, 9). Oftmals richten sich die Anfeindungen nicht „nur" gegen die jeweilige Politikerin als Person, sondern betreffen auch ihre *„persönlichen und privaten Umstände"* (P19, 7).

Die Politikerinnen beschrieben, daß sie versuchen, *„persönliche Angriffe nicht persönlich zu nehmen"* (P3, 7). So berichtete uns eine Politikerin, daß sie sich irgendwann klar gemacht hat, daß diese Art des Umgangs nicht speziell an ihre Person gebunden ist. *„Das ist eben so im politischen Geschäft, daß da viel auf der persönlichen Ebene läuft. Die Partei ist ein Verein wie jeder andere"* (P17, 14).

Sich in dieser Form abzugrenzen, gelingt den meisten Frauen nur unter großen Schwierigkeiten. Repräsentativ ist das Statement einer Politikerin über ihre Probleme, die persönlichen Angriffe im politischen Alltag zu verkraften. *„Ich lasse die Dinge oft noch zu sehr an mich heran. Mich treffen Anwürfe oder Falschdarstellungen. Das ist ein Punkt, den muß man sich abgewöhnen. In einem politischen Amt erfährt man täglich Anwürfe, Mißverständnisse, Unterstellungen"* (P5, 7).

Fast alle unsere Interviewpartnerinnen klagten über ihre eigene mangelnde Gelassenheit gegenüber solchen Anwürfen und Unterstellungen. *„Ich bin oft furchtbar aufgeregt. Ich bin bis heute nicht cool. Ich müßte viel cooler sein"* (P23, 11). Ein Mittel, eine gewisse Coolness zu erringen, ist es, persönliche Angriffe mit einer „humorvollen Distanz" (P16, 16) zu nehmen. *„Man darf nicht verbiestert werden, sondern muß die Leute im Gegenzug auf die Schippe nehmen können. Man muß Leute, die einem schräg kommen, halt noch ein bißchen schräger kommen"* (ebd.).

Allerdings warnten einige der von uns befragten Politikerinnen auch davor, sich zu viel gefallen zu lassen und die eigenen Grenzen nicht deutlich genug zu markieren. *„Man muß einiges an Zoten und Angriffen wegstecken können als Frau. Andererseits darf man sich auch nicht alles an persönlichen Beleidigungen gefallen las-*

sen. Den Umgang mit solchen Angriffen mußte ich mir sehr mühselig erwerben" (P13, 26). Einige Politikerinnen schilderten, daß es ihnen zwar oft nicht gelingt, sofort in der jeweiligen Situation angemessen zu reagieren, daß sie aber die Möglichkeit nutzen, die Personen, von denen sie sich nicht korrekt behandelt fühlen, im Nachhinein und unter Ausschluß der Öffentlichkeit zur Rede zu stellen. *„Es gibt bestimmte Umgangsformen, die man nicht zulassen darf. Ich habe mich Gott sei Dank immer gewehrt. Wenn für mich auf eine Art oder Weise der Umgang einer Person mit mir nicht erträglich ist, gehe ich am selben Tag und sofort zu dieser Person und stelle klar, daß ich das kein zweites Mal mitmache"* (P22, 23).

Obwohl die Frauen anscheinend im Laufe der Zeit verschiedene Strategien der Verteidigung gegenüber persönlichen Angriffen entwickeln konnten, drückten viele ihr Unbehagen darüber aus, *„daß Sie nicht so sein dürfen, wie Sie eigentlich sind. Als Politikerin braucht man ein dickes Fell. Das ist aber eigentlich schade"* (P7, 15). Die meisten Politikerinnen beschrieben, daß sie sich, anders als sie das bei ihren männlichen Kollegen sehen, auf jeden Fall eine gewisse Offenheit gegenüber Kritik bewahren möchten. *„Ich möchte auch nicht so werden wie manche Politiker, bei denen nichts mehr ankommt. Anwürfe können ja auch berechtigte Kritik beinhalten. Das ist ein schmaler Grad, einerseits aufzupassen, daß mich Kritik nicht so trifft, daß ich nicht mehr arbeitsfähig bin, andererseits nicht so stur und abgeschottet zu werden, daß bei mir nicht mehr ankommt, was berechtigt sein könnte"* (P5, 7). Die Frauen befürchten, daß mit sinkender Sensibilität für sich selbst auch Empfindlichkeit und das Einfühlungsvermögen gegenüber anderen Menschen und Lebenslagen niedriger werden. *„Mir ist in all den Jahren keine dicke Haut gewachsen. Natürlich trifft mich manches nicht mehr ganz so stark, schon weil ich die Bedeutung und die Konsequenzen von Kritik mittlerweile besser einschätzen kann, aber die dicke Haut ist mir nicht gewachsen. Ich weiß auch gar nicht, ob ich Frauen empfehlen soll, sich eine wachsen zu lassen, weil das ganz große Nachteile hat. Die sensible Wahrnehmung geht verloren, menschliche Schicksale bleiben ihnen fern, und das möchte ich nicht verlieren"* (P21, 21f).

Bündnispolitik: Überzeugungskraft und Kommunikationsarbeit

„Bündnispolitik", die von allen unseren Interviewpartnerinnen als das wichtigste Durchsetzungsmittel in der Politik genannt wird, bezeichnet das Gewinnen von Verbündeten vor den entscheidenden Sitzungen, Abstimmungen und Gesprächen. Höchst selten finden bei offiziellen Zusammenkünften tatsächlich noch echte Auseinandersetzungen in einer politischen Frage statt. Meistens geht es nur noch darum, längst getroffene Entscheidungen nach bestimmten Regeln und Formen zu formalisieren.

Unsere Interviewpartnerinnen investieren einen Großteil ihrer Zeit und ihrer Energie in persönliche Gespräche mit KollegInnen und EntscheidungsträgerInnen, um diese vor den offiziell ausschlaggebenden Terminen von ihren politischen Zielen zu überzeugen. Während die Frauen im Hinblick auf öffentliche Auftritte insgesamt eher über ihre mangelnde Durchschlagskraft klagten, bescheinigten sich fast alle der von uns befragten Politikerinnen eine ihnen eigene besondere Überzeugungskraft, die sie als wichtige persönliche Stärke für das politische Geschäft und als ihren entscheidenden Vorteil bei der erfolgreichen Durchsetzung ihrer Anliegen werteten. *„Ich besitze eine ganze Menge an Überzeugungskraft, behaupten zumindest meine Kollegen. Meine Argumente haben Durchschlagskraft und ich habe eine relativ breite Palette an Wissen"* (P10, 24).

Eine Voraussetzung, um KontrahentInnen und potentielle Verbündete für die eigenen Anliegen zu gewinnen, ist die oben angesprochene „sensible Wahrnehmung" des Gegenübers. Denn es ist deutlich nicht die Strategie der Politikerinnen, der GesprächspartnerIn die eigene Ansicht nur einfach laut genug entgegenzuhalten und sie so zu überreden. Unsere Interviewpartnerinnen bemühen sich, ihr Gegenüber wirklich zu überzeugen, wozu es nötig ist, *„die Leute da abzuholen, wo sie sind"* (P9, 13) und an die Erfahrungen der zu überzeugenden Personen anzuknüpfen. Die Frauen beschrieben uns, wie entscheidend es für die erfolgreiche Kommunikation ist, auf die Menschen, mit und zu denen sie sprechen, ganz persönlich und individuell einzugehen und sie und ihre Argumente ernstzunehmen. *„Ich habe beim Reden eine gewisse Art von Persönlichkeitsbezug, Natürlichkeit oder Charisma, wie immer man das nennen mag. Ich rede mit den Leuten, nicht über oder gegen sie. Meine Gespräche entwickeln sich je nach dem, wie die Gesichter der Leute sind. Nicht vom Inhalt her, der Inhalt ist relativ fest vorkonzeptioniert. Aber wie ich rede, das hängt von den Gesichtern der Leute ab"* (P10, 24).

Es ist nicht nur wichtig, die eigenen Anliegen inhaltlich *„mit Themen zu verbinden, daß sie auch für andere interessant sind"* (P3, 5) und so zu präsentieren, daß andere sie mit ihren Interessen verknüpfen können, sondern auch, auf der gedanklichen und der sprachlichen Ebene auf die Menschen einzugehen. *„Das einzige, was wirklich zählt, ist die Leute persönlich zu bearbeiten. Man muß ihnen die Argumente erläutern und den Sachverhalt auf einen einfachen Nenner bringen. Das ist etwas, was man lernen muß, woran man arbeiten muß: Etwas einfach zu verkaufen"* (P6, 3).

Vor allem kommt es darauf an, wem man etwas „verkauft". Es gibt zwei besonders wichtige Anlaufstellen für die „persönliche Überzeugungsarbeit": offensichtliche GegnerInnen des eigenen Anliegens und in die in der Hierarchie des jeweiligen Gremiums institutionell und informell entscheidungsmächtigen Personen.

Eine von unseren Interviewpartnerinnen wirkungsvoll betriebene strategische Vorgehensweise ist die Überzeugungsarbeit an ausgewählten schwankenden GegnerInnen: *„Ich suche mir von der Gegenseite diejenigen heraus, die schwanken, und versuche, sie auf meine Seite zu ziehen"* (P10, 22). Damit ein solches Gespräch nicht von Anfang an zum Scheitern verurteilt ist, ist es günstig, es nicht als Streitgespräch zu beginnen, sondern zunächst durchaus positiv auf die Argumentation der Gegenseite einzugehen und sie dann trotzdem zu widerlegen bzw. den eigenen Schluß als „gemeinsamen" daraus zu ziehen. *„Ich sage nicht sofort 'nein' zu dem, was die anderen sagen, sondern gehe auf ihre Bedürfnisse ein, stimme sogar zu. Zum Beispiel sage ich 'Ihr habt recht, wir müssen sparen', mache dann aber klar, daß ihre Sparpolitik langfristig kostspieliger ist als meine Vorschläge"* (P20, 37).

Zusätzlich zu den notwendigen Verhandlungen mit den GegnerInnen in einer konkreten Frage gilt es generell, die Personen zu überzeugen, deren Ansicht in der entsprechenden Institution - formal oder informell - viel Gewicht für politische Entscheidungen haben. Ein nicht unwesentlicher Aspekt bei der Überlegung, wer persönlich angesprochen werden muß, ist natürlich auch, ob überhaupt auch Chancen bestehen, diejenige oder denjenigen für die eigenen Ziele zu gewinnen. *„Man muß gezielt sehen, wo die bedeutungsvollsten aber natürlich auch die schwächsten Stellen im Kabinett sind. Und die Personen muß man sich dann vornehmen, individuell und immer, immer wieder, persönlich. Das ist meine Erfahrung, das ist es, was letztlich wirklich eine Rolle spielt"* (P9, 12). Selbst wenn es schon absehbar ist, daß es nicht gelingen wird, das Gegenüber von der eigenen Position zu überzeugen, kann ein Gespräch unter vier Augen immerhin noch als Puffer vor einer zu harten Konfrontation wirken. *„Ich rufe die entsprechenden Leute an und sage 'Hör mal, ich möchte das und das durchsetzen. Ich weiß Du bist dagegen, ich will mit Dir reden'. Oder ich rufe jemanden an, von dem ich weiß er ist eine GegnerIn in der Sache und sage 'Du bist anderer Meinung, kannst Du mir mal Deine Position erklären'. Das mache ich auch, wenn ich weiß, daß die Leute eigentlich nicht zu überzeugen sind, denn ich weiß ganz genau, man kämpft nicht mehr so hart gegen Leute, mit denen man vorher sozusagen näher geredet hat"* (P23, 7f).

Mehrere unserer Gesprächspartnerinnen beschrieben, daß sie nach dem taktischen Abwägen, welche Personen unter diesen Gesichtspunkten die am besten geeignete Angriffsfläche darstellen, auf die ausgewählten Personen möglichst direkt und informell zugehen. Es ist keineswegs selten, daß sie ihre GesprächspartnerInnen *„persönlich zu Hause"* (P9, 12) und *„mit einer Flasche Wein"* (P18, 5) aufsuchen. Von Nutzen für diese Strategie ist dabei natürlich, *„wenn man sonst mit den Leuten ganz freundschaftlich verkehrt. Ich sage dann 'Mensch, wir sind doch sonst in allen Fragen einig, warum denn nicht da'"* (P23, 8). Mehrere Politikerinnen beschrieben uns, wie wichtig der gute, kontinuierliche Kontakt zu ihren KollegInnen nicht nur für die angenehme Arbeitsatmosphäre, sondern vor allem auch für die politische Unterstützung ist. Voraussetzung dafür ist natürlich, *„daß man nicht nur dann zu den Kollegen hingeht, wenn man was will"* (P10, 23).

Eine Politikerin erzählte uns, daß sie immer, wenn sie in einen neuen Zusammenhang kommt, es zuerst ganz bewußt verfolgt, sich mit den in der jeweiligen Hierarchie wichtigen Leuten gut zu stellen und auch persönliche Kontakte aufzubauen. *„Ich kam neu in das Kabinett und ich kannte praktisch niemanden. Ich habe gleich auf der ersten Sitzung den Minister, der im Sitzungssaal neben mir saß, angetippt, und ihn gefragt, ob wir uns nicht duzen wollen, da wir ja nun die nächsten vier Jahre hier immer nebeneinander sitzen. Ich habe das ganz bewußt gemacht, da ich von seiner Erscheinung her dachte, daß ihm das sicher gefällt, und ich dachte mir, daß ich mich mit dem gut stellen muß"* (P18, 5). Der so hergestellte Kontakt nutzte der Politikerin auch tatsächlich bei einer späteren Gelegenheit. Im Interview formulierte sie Vorbehalte gegen ihre eigene Vorgehensweise und fragte sich, ob es sich um „vielleicht etwas zweifelhafte Strategien (handelt). Aber ich glaube, man braucht solche Strategien. Ich war immer wieder erfolgreich mit Verhaltensweisen, die man vielleicht als freundliche weibliche Listen bezeichnen kann" (ebd.). Was unsere Interviewpartnerin hier mit „weiblichen Listen" benennt, ist letztlich eine Kombination aus kommunikativer Kompetenz und der Kenntnis der den politischen Apparat bestimmenden Hierarchien und Strukturen.

Zu bemerken ist noch, daß die Tatsache, daß die Politikerinnen ihre Überzeugungskraft auf einer „persönlichen" Ebene einsetzen, nicht heißt, daß dieses Vorgehen nur im Alleingang praktiziert werden kann. Eine Politikerin berichtete uns, daß sie diese Strategie auch schon gemeinsam mit anderen Frauen und systematisch organisiert angewandt hat: *„Wir haben die Frauen im Bundesvorstand ganz genau auf die jeweiligen Abteilungen und einzelnen Personen verteilt und in regelmäßigen Abständen geguckt, wie die Reaktionen auf unser Anliegen bei wem waren, wo man noch mal nachhaken muß, wer besonders hartnäckig war"* (P23, 9).

Kompromißfähigkeit und der Umgang mit dem realen politischen Handlungsspielraum

Trotz aller Überzeugungsarbeit im Vorfeld sind die Politikerinnen natürlich oft gezwungen, wenn nicht Niederlagen hinsichtlich ihrer Anliegen einzustecken, so doch wenigstens Kompromisse einzugehen. Unsere Interviewpartnerinnen beschrieben, daß sie sich vor entscheidenden Sitzungen genau überlegen, was sie, von ihren eigenen Vorstellungen werden durchsetzen können, den möglichen Kompromiß also schon prognostizieren. *„Es geht darum, sich vor einer Sitzung klar zu machen, was* *eigentlich die Argumente und Grenzen der Gegenseite sind, was damit das Ziel dieses Gesprächs sein kann. Man geht nicht so enttäuscht aus der Sitzung raus, weil man die andere Seite unbedingt überzeugen wollte, obwohl es vielleicht gar nicht geht, weil die Interessenlagen zu unterschiedlich sind"* (P17, 11).

Viele der von uns befragten Politikerinnen berichteten uns, daß es ihnen vor allem zu Beginn ihrer Laufbahn nicht gelang, über die große Kluft zwischen ihren eigenen Politikvorstellungen und ihrem realen politischen Handlungsspielraum nicht enttäuscht zu sein. Die Folge war die ständige Frustration über die eigenen vermeintlich nur mäßigen Erfolge. *„Ich habe am Anfang immer gedacht, ich habe verloren, wenn ich nicht hundertprozentig erreicht habe, was ich wollte. Inzwischen habe ich gelernt, auch mit dem erreichbaren Kompromiß zu leben, und zu sagen, o.k., mehr geht zur Zeit nicht, und auch die Strategie schon darauf auszurichten"* (P1, 8).

Mehrere Politikerinnen wiesen uns zudem ausdrücklich darauf hin, daß „mit einem Kompromiß zu leben" nicht nur heißt, ihn einzugehen, sondern ihn hinterher auch überzeugt nach außen zu vertreten, eine Anforderung, die den Frauen besonders schwer zu fallen scheint. *„Das Umgehen mit vertretbaren Kompromissen lerne ich viel zu langsam. Ich kann mich nach wie vor nicht damit abfinden, einen Kompromiß - ich nenne das für mich einen faulen Kompromiß - zu vertreten, um ein anderes Ziel zu erreichen. Dabei kommt man in der Politik ohne diese Gratwanderungen nicht aus"* (P21, 18f).

Das Unbehagen gegenüber der Notwendigkeit, Kompromisse zu schließen, mit ihnen zu arbeiten und sie zu vertreten, wird zusätzlich durch die Befürchtung verstärkt, daß die eigenen Ziele sich langfristig den realpolitischen Gegebenheiten angleichen und innovative und radikale politische Inhalte irgendwann ganz verloren gehen. *„Die Kunst besteht darin, die Spannung zu ertragen zwischen dem Gewünschten und dem Erreichten, ohne der Verlockung zu erliegen, sich immer am Machbaren oder nur an Visionen zu orientieren. Ich möchte nicht auf eine Seite rutschen. Ich bin realpolitisch und pragmatisch, aber so denke ich nicht und so fühle ich auch nicht"* (P2, 5; siehe auch oben. 55).

Einige unserer Interviewpartnerinnen registrieren bei sich inzwischen ein Stück *„professionelle Deformation: Die Frage, ob etwas überhaupt durchsetzbar scheint, spielt bei mir inzwischen eine viel größere Rolle"* (P21, 20). Sehr bestimmt beschrieb uns eine Landesministerin, daß sie nicht bereit sei, sich in dieser Weise „deformieren" zu lassen. Politik machen heiße für sie vor allem, gegen die gewohnten Bahnen zu arbeiten, Risiken einzugehen und Unmöglichkeiten nicht zu akzeptieren: *„Alle sagen Ihnen, das geht nicht. Und dann sage ich 'Ich will nicht wissen, daß es* *nicht geht, sondern ich will wissen, wie es geht, und nun wollen wir mal überlegen"* (P9, 14f).

Verschiedene Politikerinnen hielten eine professionelle Unterstützung in Form von *„Supervision oder Training"* (P21, 19) für eine Möglichkeit, um „das Bewußtsein für die Abweichungen zwischen Kompromiß und eigentlichen Zielen zu behalten" (ebd.) und die Balance zwischen Anpassung und Eigensinn zu erlangen.

Konfliktfähigkeit und der Umgang mit Konkurrenz

Fast alle unserer Interviewpartnerinnen nannten „Konfliktfähigkeit" als eine Voraussetzung für die politische Arbeit und beschreiben sich selbst als zu konfliktscheu und zu harmoniebedürftig für die Politik. Angesichts der oben beschriebenen relativ harten Umgangsformen im politischen Alltag ist es aber auch nicht verwunderlich, daß die Frauen es lieber vermeiden, sich potentielle GegnerInnen zu schaffen. Allerdings beschrieben viele Politikerinnen, daß sie unabhängig von der speziellen Situation, eine grundsätzliche Abneigung gegen Auseinandersetzungen und Unstimmigkeiten empfinden, die sie meist auf ihre typische Mädchenerziehung zurückführen. *„Ich war ein sehr braves Mädchen und bin darauf getrimmt worden, möglichst im Konsens zu leben. Das wirkt auch heute noch nach. Es bedeutet für mich jedesmal wieder einen Kraftaufwand, eine Situation durch einen Konflikt zu lösen"* (P6, 10).

Daß Frauen durch Konflikte oft viel stärker betroffen und sich leichter persönlich verletzt fühlen als ihre männlichen Kollegen, führt nach Einschätzung einiger unserer Interviewpartnerinnen häufig zu unangemessen heftigen und langanhaltenden Reaktionen auf Kritik. *„Es fällt Männern viel leichter, Kritik auszusprechen und hinterher wieder auf eine normale Ebene zurückzukommen. Bei Frauen kommt es schnell zu abgrundtiefen Verletzungen und dann folgt die Rache und Intrigen usw. Männer können Kritik auch leichter abwehren, finden sie ungerecht und kontern. Das ist leichter mit Männern. Aber wenn eine verletzt ist und höflich den Raum verläßt und dann heimlich hinterher von irgendwoher zurückschlägt, das sind Kämpfe, die man nicht gut austragen kann"* (P22, 29). Eine Politikerin erinnerte sich, daß ihre Angst vor Konflikten sie zu Beginn ihrer Laufbahn oft dazu verleitete, Konflikte selber - quasi in Vorausnahme ihrer notwendigen Verteidigung - zu provozieren. *„Zu Anfang war ich auch manchmal furchtbar aggressiv vor lauter Angst"* (P23, 11).

Eine unserer Gesprächspartnerinnen beschrieb uns, daß sie zwar durchaus in der Lage sei, politische Kämpfe auszufechten, auf der persönlichen Ebene aber leicht zu blockieren sei, da sie im direkten Kontakt ihre Konfliktfähigkeit verliere. *„Auf der* *politischen Ebene habe ich überhaupt keine Probleme, jemandem meine Meinung zu sagen. Wenn ich aber jetzt mit derselben Person ein persönliches Gespräch habe und die mir erzählt, wie schwer sie es hat usw., dann habe ich auf einmal wieder Skrupel, wenn mir jemand so direkt gegenüber sitzt"* (P13, 17). Wie schon vorher von einer Politikerin als günstig für ihre Strategie der Überzeugungsarbeit bemerkt wurde, ist es nach einem solchen persönlichen Gespräch sehr viel schwieriger, in politischen Streitfragen weiterhin hart zu bleiben.

Daß die von uns befragten Frauen mit der Zeit lernen mußten und gelernt haben, in einer Angelegenheit nicht angesichts eines drohenden Konflikts klein beizugeben, heißt keineswegs, daß sie sich durch solche Situationen nicht immer noch sehr belastet fühlen. *„Ungeachtet dessen, daß ich konfliktfähig und konfliktbereit bin, leide ich immer ganz enorm an Konflikten"* (P15, 9). In den Interviews wurden wir mehrmals darauf hingewiesen, daß der Umgang mit Konflikten zu den Feldern gehört, in denen Bildungsbedarf für Politikerinnen besteht, und daß entsprechende Angebote nicht nur für Neueinsteigerinnen sinnvoll und hilfreich wären. *„Das wäre für Politikerinnen eine wichtige Bildungsmaßnahme: Wie kann ich mit Konflikten und Kritik umgehen?"* (P22, 29).

Als spezielles Problem in diesem Zusammenhang schilderten unsere Interviewpartnerinnen den Umgang mit Konflikten, die nicht sachbezogen sind, sondern die aus der Konkurrenz mit KollegInnen entstehen. Fast alle der von uns befragten Frauen beschrieben uns rückblickend, daß sie auf das Ausmaß und die Härte der Konkurrenzhaftigkeit im politischen Alltag, gerade auch gegenüber neuen KollegInnen, nicht vorbereitet waren. Vor allem die Politikerinnen aus der ehemaligen DDR berichteten über ihre anfänglichen Schwierigkeiten mit der mangelnden Solidarität unter KollegInnen. *„Ich habe am Anfang ein Stück genereller Solidarität vermißt. Wenn auf meiner vorherigen Arbeitsstelle Kollegen neu waren, dann haben die anderen immer ein Stück fürsorglich für sie mitgedacht und gesagt 'Mensch, paß mal auf, der ist so und der ist so.' Hier (im bundesrepublikanischen politischen Alltag) mußte man vorsichtig sein. Es hat mir kaum mal irgend jemand einen Wink gegeben, als ich neu war in dem Geschäft. Vielleicht lag es auch an mir, ich will das jetzt nicht auf die anderen schieben. Aber in der Politik gibt es harte Konkurrenzen ... Diese wirklich starken Einzelkämpfergeschichten, das hat mich erstmal schon etwas schockiert"* (P1, 9).

Viele unserer Interviewpartnerinnen sprachen darüber, daß sie retrospektiv viel *„zu vertrauensselig"* (P19, 10) gegenüber KollegInnen waren und zunächst *„manche Intrigen gar nicht mitgekriegt"* (P13, 13) haben. Das zu große Vertrauen in die Absichten anderer und die geringe Obacht gegenüber Intrigen und Hinterhältigkeiten kann, wie uns eine unserer Gesprächspartnerinnen schilderte, im schlimmsten Fall dazu führen, daß die Frauen Komplizinnen von Manipulationen werden, ohne es selber zu registrieren: *"Ich habe mich benutzen lassen, um andere Frauen aus ihren Posten rauszuheben. Das habe ich nicht bemerkt. Das ärgert mich im Nachhinein und das kann ich nicht wieder gut machen"* (P11, 15). Die Blindheit gegenüber Konkurrenz und Intrigen und das Fehlen einer *"Rivalitätskultur"* (P22, 29) wurde von den meisten der Politikerinnen als frauentypisches Defizit erklärt. *"Das in der Politik übliche Wettkampfspiel wird von Frauen nicht gelernt, dabei ist es erlernbar ... Das müssen Frauen lernen. Um in Konkurrenzsituationen zu bestehen, dafür ist die Mädchenerziehung einfach schlecht. Immer lieb sein und aufpassen, daß man geliebt wird, daß ist wirklich keine gute Voraussetzung für solche Jobs"* (ebd.).

In den Interviews wurden uns zwei Lösungsstrategien im Umgang mit Konkurrenzsituationen geliefert. Die erste besteht darin, die konkurrierende Person direkt auf ihr Verhalten anzusprechen. *"Womit ich anfangs Schwierigkeiten hatte, umzugehen, waren Intrigen, damit habe ich mich sehr schwer getan. Da tun sich ja manche im politischen Feld mit Begeisterung hervor. Ich habe mittlerweile festgestellt, daß es eine sehr beruhigende Wirkung hat, wenn man die Leute frontal anspricht"* (P10, 25). Eine andere Methode ist es, konkurrenzvollem und intrigantem Verhalten mit einer gewissen Ignoranz und Gelassenheit zu begegnen. *"Es gibt Leute, die mich aufgrund meiner Tätigkeit bekämpfen. Ich brauche meine Energie nicht mit Versuchen zu verschwenden, diese Leute zu versöhnen. Es wird mir nicht gelingen. Ich kann zivil damit umgehen und auch sie zu einem entsprechenden Umgang locken"* (P2, 6; siehe auch oben, 41). Der Existenz von GegnerInnen und KonkurrentInnen gleichmütig zu begegnen und sie als gewissermaßen unvermeidlich und nicht persönlich zu nehmen, bedarf der Erkenntnis, daß es in diesen Fällen weniger um die eigene Person als vielmehr um die Position geht, die man inne hat, und daß diese spezielle Art des Konflikts sowieso nicht durch „immer lieb sein und aufpassen" zu lösen ist.

Öffentlichkeitsarbeit

Das Feld „Öffentlichkeit" läßt sich grob in zwei unterschiedliche Bereiche trennen: die Medienöffentlichkeit und der direkte Kontakt zur politischen Öffentlichkeit auf Versammlungen und Veranstaltungen. Sie verlangen zum Teil verschiedenartige Kenntnisse und Fähigkeiten, teilweise decken sie sich in ihren Anforderungen. Beim direkten Kontakt muß nochmals nach Größe, Bildungsniveau, Sprachcode etc. Des gegenüber unterschieden werden. Es braucht andere Präsentationsstrategien, ob man zum Beispiel eine Wahlkampfrede vor einem disparaten Publikum hält oder ob man versucht, sich bei einer Gruppe von Fachleuten Unterstützung für ein politisches Anliegen zu organisieren.

Die enorme Bedeutung der richtigen Marketingstrategie für die erfolgreiche Verbreitung eines jeden materiellen oder ideellen Produkts ist in der Wirtschaft unbestritten. Auch bei der Gewinnung politischer Zustimmung spielt geschickte Öffentlichkeitsarbeit im Sinne nicht mehr nur von Information, sondern von Werbung eine immer größere Rolle. „Politische Kommunikation ist heute zu einem entscheidenden Leistungsbereich der Politik geworden, Medienpräsenz eine der wichtigsten 'Machtprämien'. Die weitere Ausdifferenzierung des Informations- und Kommunikationssektors verstärkt den Zwang zu öffentlichen 'Legitimation durch Information' und 'Kommunikation'. Timing, Themen und Bilder der Berichterstattung zu beeinflussen wird ein wesentliches politisches Leistungsmerkmal, die Professionalisierung politischer Öffentlichkeitsarbeit auf allen Ebenen und bei allen politischen Akteuren zur entscheidenden politischen Ressource. Politikmarketing und Kommunikationsmanagement - bei Parteien und Verbänden ist dies schon zur Selbstverständlichkeit geworden" (Leder 1995, 448).

Die Beobachtung der großen Bedeutung einer gelungenen Präsentation der eigenen Anliegen und der eigenen Person wurde von unseren Interviewpartnerinnen durchaus geteilt. So beschrieb uns eine Politikerin, die vor ihrer politischen Tätigkeit als Verkaufsleiterin in einem großen Wirtschaftsunternehmen arbeitete, daß die dort erworbenen Verkaufs- und Marketingstrategien ihre wesentliche Qualifikation für die Politik darstellen. „*Ich habe in meiner vorherigen Berufstätigkeit bestimmte Verkaufsstrategien gelernt. Ich kann Menschen überzeugen, Menschen dahin führen, wo ich sie haben möchte - eben mein Thema öffentlich 'verkaufen'. Das ist das beste Rüstzeug für den politischen Job*" (P15, 3).

Ebenso wie in unserer quantitativen Untersuchung, in der 59 % der Befragten „Öffentlichkeit für eigene Anliegen herstellen" als eines ihrer am häufigsten angewandten politischen Mittel zur Durchsetzung angaben, nennen viele der von uns befragten Politikerinnen die „Öffentlichkeit nutzen" oder „Druck durch Öffentlichkeit herstellen" als eine ihrer wichtigsten und wirkungsvollsten Durchsetzungsstrategien im politischen Alltag. „*Die Durchsetzung innovativer Anliegen schaffe ich nicht mit den Mitteln der sozusagen ressortbezogenen Politik. Ich muß immer schauen, wo ich mir die Unterstützung suche. Und die finde ich nur in der Öffentlichkeit, insbesondere brauche ich dazu eine hohe Fachlichkeit und die Medien*" (P21, 11f).

Vor allen Dingen wird das Herstellen von Öffentlichkeit als wirksame Strategie gegen Durchsetzungsschwierigkeiten in der eigenen Partei eingesetzt: „*Manchmal versuche ich, in meiner Partei Einfluß zu nehmen, indem ich ein Thema an die Öffentlichkeit bringe. Dadurch kannst du erzwingen, daß handelnde Personen in deiner eigenen Partei, sich in eine bestimmte Richtung bewegen, weil sie öffentlich angegriffen werden. Du mußt Öffentlichkeit herstellen, das Problem massiv ange-*

hen, ohne die Person, die sich bewegen soll, selber anzugreifen und dadurch den öffentlichen Druck so stark machen, daß sie von ihren eigenen Leuten bekniet wird, sich anders zu verhalten" (P3, 13).

Das richtige Einsetzen der Öffentlichkeit ist offenbar ein ganz entscheidendes politisches Instrument. Um so dramatischer ist die Tatsache, daß Schwierigkeiten im Umgang mit der Öffentlichkeit zu Beginn der politischen Laufbahn, aber durchaus auch noch während des Verlaufs der politischen Tätigkeit eines der in den Interviews am häufigsten genannten Defizite sind. Vielfach ist dieses Problem schon der mangelnden Ausstattung für diesen Bereich geschuldet. Wir sprachen mit Politikerinnen, die Spitzenpositionen auf Landesebene innehaben, denen aber für die Öffentlichkeitsarbeit keine einzige MitarbeiterIn zugeordnet ist. Das bedeutet im Klartext, daß die jeweilige Politikerin Kontakte mit der (Medien-)Öffentlichkeit entweder selbst organisiert oder es angesichts der sowieso oft beklagten Arbeitsüberlastung eben läßt. *„Mein Amt ist so angelegt, daß ich keine Pressesprecherin habe. Ich sage mir, die eigentliche politische Arbeit ist wichtiger, als jeden Tag in der Presse zu erscheinen. Das mag vielleicht ein Fehler sein"* (P7, 13).

Weiterhin hat nur ein Bruchteil unserer Interviewpartnerinnen die Möglichkeiten und nutzt diese auch, sich für diese Aufgaben wenigstens zeitweise, zum Beispiel für die Dauer einer bestimmten politischen Kampagne, professionelle Unterstützung heranzuholen. Eine Politikerin berichtete, daß sie die Beauftragung einer ihr empfohlenen professionellen Werbeagentur für ihren Wahlkampf nur gegen größte Widerstände in ihrer Fraktion durchsetzen konnte: *„Ich mußte das im Landesvorstand regelrecht durchboxen, daß die Agentur den Auftrag bekam. Da schlug mir so viel Eifersucht entgegen. Obwohl es die einzige erfolgversprechende Strategie zu sein schien, wollte keiner einen personenbezogenen Wahlkampf. Sie wollten keinen 'Personenkult', hieß es"* (P3, 6).

Obwohl es sich bei der Öffentlichkeitsarbeit um einen anerkannt wichtigen Bereich handelt, sind die Politikerinnen hier vielfach völlig auf sich selbst gestellt. Dementsprechend oft äußerten unsere Interviewpartnerinnen diesbezüglichen Trainingsbedarf. Die Vorschläge für Qualifizierungsmaßnahmen berührten ganz verschiedene Bereiche. Als Seminartitel genannt wurden unter anderem „Öffentlichkeitsarbeit", „Erstellen von Pressemitteilungen", „eigene Präsentation", „öffentliche Rede", „Umgang mit der Öffentlichkeit", „Wie geht man mit dem ständigen öffentlichen Druck um?", „Wie konstruiert man die eigene öffentliche Person?", „Medienkompetenz", „Präsentation von Inhalten in den Medien".

In den Gesprächen wurden wir immer wieder darauf hingewiesen, wie bedeutend die Unterstützung durch externe Kräfte für die Durchsetzung eines politischen Anliegens ist. Diese Strategie tritt noch einmal besonders in den Vordergrund, wenn es sich um innovative, zum Beispiel frauenpolitische Anliegen handelt: *„Ich kann nichts umsetzen von diesem widerspenstigen Thema Frauenpolitik, wenn es mir nicht gelingt, die Basis dafür zu mobilisieren und in den Strukturen Verbündete zu finden, d.h. in der Frauenforschung, der Frauenförderung, bei Frauenbeauftragten, in den Gewerkschaften. Das ist die einzige Strategie, mit der man meines Erachtens Frauenpolitik überhaupt betreiben kann. Immer, wenn es irgendwo klemmt, muß ich die Basis mobilisieren. das ist mein Job, denn hierzulande kommt keine Basis von alleine"* (P15, 6).

Die *„Mobilisierung der Basis"* (P9, 14) bedeutet auf der politischen Ebene, auf der die von uns befragten Frauen agieren, weniger das Bad in der Menge als vielmehr *„gute Kontakte zu den entsprechenden Fachleuten und gesellschaftlichen Interessengruppen, um dort inhaltliche und politische Unterstützung für ein Anliegen zu bekommen"* (P23, 6). Neben dem Überblick über die verschiedenen Organisationen, Institutionen und Initiativen braucht es hierfür auch die Fähigkeit, mit Menschen verschiedenster Gesellschaftskreise zu kommunizieren. Einige unserer Interviewpartnerinnen äußerten in dieser Richtung Qualifizierungswünsche: *„Es gibt sicherlich sehr viele Dinge, die man viel mehr üben und trainieren sollte. Ich würde mir zum Beispiel wünschen, daß ich besser mit einem Gewerkschafter diskutieren könnte"* (F24, 6).

Umgang mit den Medien

„Eine Politikerin muß Zugang zu den Medien haben, was unwahrscheinlich schwierig ist" (P15, 18). Ein routinierter Zugang fehlt den meisten unserer Interviewpartnerinnen. *„Mir wird immer vorgeworfen, daß ich keine Öffentlichkeitsarbeit mache und so selten in der Presse bin. Aber machen Sie mal Politik für die Presse, wenn sich die Presse nicht dafür interessiert"* (P7, 12).

Die Schwierigkeiten, mit den eigenen politischen Anliegen Aufmerksamkeit in der Presse zu erlangen, gewissermaßen Themen zu setzen, liegen oft in der diskriminierenden Umgangsweise der Medien mit exponierten Frauen. *„Ein riesiges Handikap ist, daß ich nicht in der Hand habe, nach welchen Mustern hier das politische und journalistische Geschäft funktioniert. Die Raster sind einfach. Bonn fördert Machos. Das ist einfach so"* (P12, 6).

Zum Anderen verfügen die Politikerinnen scheinbar weder über die entsprechenden Kontakte noch über die notwendigen Strategien, um die Medienöffentlichkeit und die dort geltenden Strukturen, Kanäle und Funktionsmechanismen für ihre Zwecke zu nutzen. Mehrere der von uns befragten Politikerinnen schilderten, daß sie mühsam lernen mußten, die „richtige" Information an die „richtige" Stelle zu leiten, vor allem die Informationen nur wohldosiert und geeignet aufbereitet an die Öffentlichkeit zu geben. *„Anfangs habe ich zu offen mit den Journalisten geredet. Wann ich mit wem worüber reden konnte, damit hatte ich deutlich Schwierigkeiten. Ich hatte keine Erfahrung und konnte mich auch nicht daran gewöhnen, daß ich nicht in der Lage war, meine Wahrheit zu vermitteln"* (P10, 26).

Diese „Wahrheit" ist sicher auch insofern schwer vermittelbar, als daß der politische Alltag selten mit den Highlights dienen kann, die die Art der medialen Berichterstattung in unserer Gesellschaft fordert. Dietrich Leder erwähnt dieses Problem mit dem Hinweis auf die „'Innenseite' politischen Handelns, die sich vielfach ... der medialen Daueraufmerksamkeit entzieht: Gremienarbeit, Expertentum, Sachkomplexität und Fachkompetenz, komplizierte Verfahrensabläufe, die geschäftige, vielfach unterschätzte und für das Funktionieren eines Gemeinwesens aber doch so lebensnotwendige Alltagsroutine ... Dies kommt im medialen und vor allem im Fernsehbild von Politik nicht oder kaum vor, läßt sich schwer darstellen, attraktiv inszenieren, spannend symbolisch verdichten" (Leder 1995, 451).

Es scheint zunächst einleuchtend, daß über die politische Alltagsroutine nicht oder nur schwer attraktiv in den Medien berichtet werden kann. Allerdings sind es sicher auch nicht die Gremienarbeit und detaillierte Verfahrensabläufe über die LeserInnen und die ZuschauerInnen in erster Linie informiert werden möchten, sondern die Ergebnisse dieser alltäglichen Arbeit von PolitikerInnen. Eine interessante Berichterstattung über politische Entscheidungen und deren Bedeutung für die Bevölkerung ist aber durchaus vorstellbar, zum Beispiel in Form von zielgruppenorientierten Informationen über die Konsequenzen von politischen Beschlüssen und gesetzlichen Neuregelungen. Verständliche Berichte, die sich z.B. an den Fragestellungen orientieren, was die Änderung eines Steuerparagraphen oder das Bildungsprogramm einer Partei für Frauen bedeutet, was im Gegensatz dazu für Männer, für Verdienende, für Nichtverdienende usf., wären bestimmt von Interesse für viele Menschen, sind in den bundesdeutschen Medien aber nur sehr selten anzutreffen. An dieser Stelle sind langfristig nicht allein die Politikerinnen gefragt, sich bestehende Muster der Berichterstattung für ihre Zwecke optimal anzueignen. Es wäre wünschenswert, wenn auch von Seiten der JournalistInnen als den entsprechenden ExpertInnen neue Vorschläge und Konzepte für die politische Berichterstattung in den Medien entwickelt werden würden.

Angesichts der großen Bedeutung der Medien für die politische Durchschlagkraft und die Meinungsbildung, aufgrund derer Schlagworte wie „Fernsehdemokratie" und „Mediengesellschaft" geprägt wurden, ist der professionelle Umgang mit der Medienöffentlichkeit sozusagen ein Qualifizierungsmuß für die politische Arbeit. Der sich aus unseren Interviews abzeichnende Qualifizierungsbedarf umfaßt dabei sowohl Kenntnisse über den internen Aufbau der Medienlandschaft als auch über die geeignete Art der Aufarbeitung und Weiterleitung von Informationen.

Die wenigsten unserer Interviewpartnerinnen sprechen gern vor einem großen Publikum. Viele berichten von der enttäuschenden Erfahrung, daß in der Öffentlichkeit weniger überzeugende Argumente gefragt sind, sondern vielmehr ein eindrucksvolles Auftreten. *„Mir fällt es schwer, einen Saal mit 500 Leuten derart zu emotionalisieren, wie das viele große Politiker können, die das ganz charismatisch und bewußt machen. Ich habe diese Anlage offensichtlich nicht. Es fällt mir sehr schwer, sie mir zu erarbeiten"* (P6, 5). Die Schwierigkeiten bei öffentlichen Auftritten zu brillieren, haben die meisten der von uns befragten Politikerinnen auch im Laufe ihrer politischen Arbeit nicht abbauen können. *„Man braucht missionarische Fähigkeiten und das liegt mir nicht, das habe ich mir aneignen müssen. Und das kann ich auch heute noch nicht hundertprozentig. Ich gehe auch heute noch von keinem Rednerpult runter, ohne zu denken, ich hätte es besser machen können"* (F26, 24).

Als besonderer frauenspezifischer Qualifizierungsbedarf wurden uns in diesem Zusammenhang auch mehrfach Training in Körperpräsenz und Stimmtraining genannt, da *„Frauen schon von der Stimme und vom Körpervolumen den Männern in ihrer öffentlichen Präsenz unterlegen"* (P12, 6) seien.

Die Präsentation der eigenen Kompetenz

„Bescheidenheit ist in der Öffentlichkeit nicht angesagt. Du mußt über das Gute, was du tust, auch reden" (P1, 10).

Trotz dieser Erkenntnis beschreiben viele unserer Interviewpartnerinnen, daß genau hier ihr Problem liegt. Ihre zu große „Bescheidenheit" ist eine Barriere, die - bevor überhaupt Fehler in der öffentlichen Präsentation gemacht werden können -, schon den Schritt in die Öffentlichkeit verhindert. Als Ursache dieser behindernden Eigenschaft wir die *„typisch weibliche Sozialisation"* (P20, 23) gesehen, die Mädchen nahelegt, sich nicht öffentlich zu exponieren, sondern im Hintergrund zu bleiben. *„Diese Bescheidenheit, die Frauen ja doch sehr stark anerzogen wird, ist äußerst hinderlich in der Politik. Ich habe damit heute noch Schwierigkeiten, während meine männlichen Kollegen eigentlich immer mit einem auf sie gerichteten Scheinwerfer rumlaufen"* (P20, 23).

Die Hemmschwelle, sich in die Öffentlichkeit - und vor allem in die Medienöffentlichkeit - zu begeben, wurde von den Politikerinnen als sehr großes Defizit für die persönliche Karriere und für die Erfüllung ihres Amtes beurteilt. *„Ich bin ganz eindeutig von meiner Erziehung her nicht darauf vorbereitet und habe immer davor* *zurückgeschreckt, ganz vorne zu stehen. Ich neige z.B. dazu, wenn Anfragen für öffentliche Auftritte an mich gerichtet werden, diese an Leute weiterzuleiten, von denen ich denke, daß sie mehr Ahnung vom Thema haben. Ich habe zwar verschiedene exponierte Ämter besetzt, aber ich hätte sicher noch ganz anders rauskommen können"* (P18, 7).

Einige unserer Interviewpartnerinnen äußerten in diesem Zusammenhang sogar Zweifel an ihrer Politikfähigkeit überhaupt: *„Nach normalen Kriterien bin ich eigentlich überhaupt nicht für die Politik geeignet, denn ich hasse es, mit Journalisten umzugehen. Ich hasse es. Ich weiß, daß die meisten Politiker sich am liebsten in der Öffentlichkeit baden. Aber ich habe damit solche Schwierigkeiten. Ich muß mich richtig überwinden und mir sagen 'Du mußt jetzt mit drei Journalisten reden, du mußt jetzt sehen, daß du die Sache 'rüberkriegst"* (P23, 9).

Die spitzen Hinweise auf die Geltungssucht der männlichen Politiker, die *„immer mit einem auf sie gerichteten Scheinwerfer rumlaufen"* (P20, 23), sowie die positive Bezeichnung „Bescheidenheit", mit der vor allem auch die Angst, sich zu exponieren, gemeint ist, lassen vermuten, daß Bescheidenheit aber gleichzeitig als „sympathische" Schwäche empfunden wird, während eine zu große Gier, in den Medien präsent zu sein, als unangenehm betrachtet wird. Diese Reaktion kann sowohl als Schutzmechanismus zur Rechtfertigung für den als bedeutend registrierten Mangel als auch als ernsthafte Kritik an einer befremdlichen politischen Kultur und als Wunsch nach einer anderen Wertorientierung interpretiert werden. Auf jeden Fall wird deutlich, daß die Aneignung einer anderen Verhaltensweise an diesem Punkt nicht einfach der richtigen Bedienungsanleitung bedarf, sondern auch große innere Überwindung kostet. Dementsprechend wurde uns immer wieder vor Augen geführt, daß die Frauen eher um eine Balance zwischen „typisch männlichen" und „typisch weiblichem" Verhalten bemüht sind, als sich gänzlich der männlichen Geltungssucht anzupassen: *„Was Frauen völlig fehlt, das sind die männlichen Macht- und Präsentationstechniken. Und wenn man die nicht lernt, dann geht man unter in der Politik. Aber wenn man immer nur rumläuft und den Scheinwerfer auf sich selber richtet, das ist dann natürlich auch furchtbar. Wenn man eine Kombination aus Bescheidenheit und Angabe findet, dann ist das, glaube ich, ganz gut für die Person und ganz gut für die Politik"* (P22, 25).

Eine ähnliche Zerrissenheit zeigten unsere Interviewpartnerinnen, wenn sie über ihren für die öffentliche Präsentation zu großen Perfektionismus klagten, ein Problem, das ihnen auch an anderen Stellen im politischen Alltag oft zu schaffen macht. *„Was mich wirklich behindert hat und auch manchmal noch behindert, ist, daß ich, bevor ich mich äußere, das Gefühl haben muß, jetzt bin ich sicher in diesem Thema. Ich bin für fast alle Veranstaltungen übervorbereitet. Ich weiß das, aber es ist unheimlich schwer, das abzulegen. Und es behindert. Denn die Männer machen* *das einfach anders. Es ist schon manchmal erstaunlich, mit welcher Dreistigkeit die dann Sachen verkünden, von denen ich genau weiß, da steht nicht viel dahinter. Sie schaffen das eben auch, wenn fünfzig Journalisten vor ihnen stehen. Ich kann das nicht. Ich lasse mich in solchen Situationen auch leicht verunsichern. Das ist sicher ein Handikap, aber ich bin eben eher ein Mensch, der gründlich arbeitet. Das ist eben eine Charakterfrage"* (P12, 5).

Die Mißbilligung des als „männlich" kategorisierten Verhaltens und die eigenen Schwierigkeiten bei der Übernahme einer solchen „GeneralistInnen-Rolle" streiten sich mit der Beobachtung, daß ein solches Gebaren in der Medienöffentlichkeit durchaus Erfolg bringt, die Medien auf die Stumpfheit der Männer ebenso stumpf reagieren. *„Die Kollegen aus meinem Bereich haben manchmal viel weniger Skrupel als ich. Ich habe immer das Gefühl, ich muß die nächsten zwei, drei Fragen auch noch beantworten können. Das behindert mich in der Öffentlichkeitsarbeit. Ich kann nicht mit irgend etwas jetzt rausposaunen, ohne daß ich weiß, wie es denn eigentlich wirklich laufen soll, wie man es hinkriegt und wo die Bedenken liegen. Wenn jemand aber so herzerfrischend etwas einfach rausposaunt, dann sind die Medien meist dankbar und da wird gar nicht so genau nachgefragt"* (P1, 7).

Personalführung

Ab einer bestimmten politischen Ebene beschränkt sich das Aufgabenfeld einer Politikerin nicht nur auf die politische Arbeit im engeren Sinn. Die Politikerin ist dann auch Chefin einer mehr oder weniger großen Zahl von SachbearbeiterInnen, FachreferentInnen und SekretärInnen. Dementsprechend werden ihr auch Kenntnisse und Fähigkeiten in der Personalführung abverlangt.

Die meisten unserer Interviewpartnerinnen nannten den Umgang mit ihren MitarbeiterInnen als einen der Punkte, die ihnen zu Beginn ihrer politischen Laufbahn Schwierigkeiten bereitet haben und an denen sie sich Unterstützung und Beratung gewünscht hätten. Aus dem allgemeinen und umfassenden Feld der „Führungsqualifikationen" werden im Folgenden die Aspekte ausführlicher dargestellt, unter denen uns die Probleme mit der Personalführung am eindrücklichsten und am häufigsten geschildert wurden.

Hierarchischer Führungsstil

Wenn heutzutage in der Öffentlichkeit das Thema „Führung" diskutiert wird, dann geht es meist um die Verbreitung und die Vorzüge „kooperativer Führungsstile", „partizipativer Unternehmenskultur" oder eines „kommunikativen Betriebsmanagements". Aufgrund dieses durch die Medien vermittelten Allgemeinwissens über Personalführung könnte man als Außenstehende annehmen, daß einiges aus dieser über betriebs- und fachinterne Grenzen hinaus geführten Diskussion auch in der öffentlichen Verwaltung Eingang gefunden hat und sich auch dort wenigstens ansatzweise andere Praxen im Umgang mit MitarbeiterInnen etablieren konnten als nur ein hierarchischer Führungsstil. Die Schilderungen unserer Interviewpartnerinnen über ihre Erfahrungen mit den politischen Verwaltungen widerlegen diese Annahme. *„Die formalen Strukturen in der politischen Verwaltung sind furchtbar autoritär und bürokratisch"* (P10, 17). Die Politikerinnen beschrieben, daß ihre MitarbeiterInnen von ihnen als Chefinnen dementsprechend bestimmende und autoritäre Umgangsformen erwarten. Eine zu liberale Personalführung birgt die Gefahr, daß man als Vorgesetzte nicht ernst genommen wird und damit die eigene Verwaltung nicht mehr funktionsfähig ist. Eine Politikerin berichtete uns, daß sie zwar insgesamt um konsensuelle Beschlüsse innerhalb ihres MitarbeiterInnenstabs bemüht ist, es aber schon zur Wahrung ihrer Autorität wichtig sei, von Zeit zu Zeit deutlich auch solche Entscheidungen zu fällen und deren Umsetzung zu verlangen, die von ihren MitarbeiterInnen nicht getragen werden. *„Wenn du immer klein beigibst, dann denken die immer, sie können mit dir machen, was sie wollen. Sie brauchen dann nur zu blocken und ich mache es dann nicht. Ab und zu muß man auch mal zeigen, ich höre gerne, was ihr sagt, aber die Entscheidung liegt am Ende doch bei mir. Ich muß es verantworten"* (P1, 6).

Sich gegenüber den eigenen MitarbeiterInnen als Chefin durchzusetzen, bereitete den meisten der von uns befragten Politikerinnen zunächst und bereitet einigen auch noch gegenwärtig große Anstrengungen. *„Ich habe große Schwierigkeiten mit Auseinandersetzungen, und zwar direkten Auseinandersetzungen. Ich habe immer ganz viel Verständnis, wenn hier im Büro etwas nicht läuft. Wenn ich einfach mal ganz klar 'Nein' gesagt hätte, hätte ich mir sicher sehr viel Streß und Ärger ersparen können. Ich setze mich an bestimmten Punkten selber unter Druck, weil ich nicht in der Lage bin, an der richtigen Stelle 'Nein' zu sagen. Ich habe eine große Scheu davor, die Leute direkt, auch wenn es dringend notwendig ist, zurechtzuweisen"* (P13, 16).

Nichtautoritäre Verhaltensweisen werden nach Einschätzung der von uns befragten Politikerinnen selten positiv aufgenommen, sondern eher als Unfähigkeit zur Personalführung ausgelegt. So beschrieb uns eine Landesministerin, daß sie die Mißbilligung ihrer „mangelnden Führungsqualitäten" durch ihre MitarbeiterInnen sehr deutlich spürt. *„Ich glaube, daß die Abteilungsleiter es als Schwäche empfinden, daß ich nicht so einfach mal auf den Tisch haue"* (P22, 15). Trotzdem sieht sie sich nicht in der Lage, sich bestimmter zu gebärden. *„Das kann ich nicht, es wirkt lächerlich, wenn ich es tue. Ich beneide aber manchmal diese Betonleute, diese*

Männer, die das können" (ebd.). Auch nach Einschätzung anderer unserer Gesprächspartnerinnen handelt es sich bei den Schwierigkeiten, einen hierarchischen Führungsstil zu praktizieren, um ein frauentypisches Problem, also insofern tatsächlich um eine „Schwäche", die Frauen zur Ausübung eines exponierten politischen Amtes überwinden müssen. *„Frauen in höheren Positionen sollten in Seminare gehen, in denen sie lernen, was von Frauen in Führungspositionen erwartet wird. Sie müssen akzeptieren, daß ihnen die Rolle als Chefin zukommt. Wenn sie das nicht tun, versetzen sie damit andere in Schwierigkeiten. Führen muß man lernen und man kann es auch lernen"* (P6, 10).

Aus den Statements der von uns befragten Frauen spricht allerdings nicht nur das Unvermögen, repressiv zu führen, sondern auch das Unbehagen, anderen Menschen in der Art der „Betonleute" gegenüber zu treten. Viele der von uns befragten Politikerinnen beschrieben, daß es ihnen persönlich wesentlich angenehmer wäre, teamorientiert, kooperativ und weniger hierarchiebezogen mit ihren MitarbeiterInnen zu arbeiten. Das gelingt allerdings den wenigsten. *„Es ist wahnsinnig schwer, dennoch Zeichen zu setzen, daß man auch in diesen Strukturen anders führen kann"* (P11, 17). Den Politikerinnen scheint an dieser Stelle nicht so sehr das Wissen um nicht hierarchische Führungsstile zu fehlen, sondern vielmehr Handlungsentwürfe, wie man/frau solche Praxen in der politischen Verwaltung durchzusetzen und zu etablieren vermag, ohne daß die Vorkämpferin dabei ihre Autorität als Vorgesetzte verliert.

Arbeitsorganisation und Motivation der MitarbeiterInnen

Allerdings wurden uns in den Interviews durchaus auch über andere als autoritäre Techniken berichtet, die nach Einschätzung unserer Interviewpartnerinnen für die gelungene Personalführung von Bedeutung sind und die ihnen wesentlich mehr liegen als repressive Verhaltensweisen.

Als sehr hilfreich im Umgang mit den MitarbeiterInnen beschrieben viele der Politikerinnen das ihnen eigene gute Einfühlungsvermögen und die Aufmerksamkeit gegenüber anderen Menschen. *„Ich glaube, daß ich ein ausgeprägtes Bewußtsein für Menschen, für Ungerechtigkeiten, für Probleme habe"* (P5, 6). In diesen Zusammenhang gehört auch die Anerkennung der Leistungen der MitarbeiterInnen. Eine Politikerin beschrieb uns, daß sie die Verbindlichkeit ihrer MitarbeiterInnen ihr gegenüber unter anderem dadurch fördert, daß sie sich für gute Zuarbeit bedankt, was im politischen Alltag nach ihrer Aussage vollkommen unüblich ist.

Mehrere unserer Interviewpartnerinnen sprachen darüber, daß für das gute Funktionieren einer Verwaltung nicht nur die Beziehung zwischen Chefin und einzelner Mitarbeiterin, sondern auch das Verhältnis der MitarbeiterInnen untereinander von

Bedeutung ist. Daher müsse eine Politikerin auch über Integrationsfähigkeit verfügen. *„Ich kann gut Menschen in der Arbeit zusammenführen, das ist ja auch nicht unwichtig in so einem Amt. Ich kann viele Arbeiten nicht mehr selbst machen, das heißt, meine Aufgabe besteht darin, andere zu motivieren, miteinander zu arbeiten"* (P5, 6f). Spezielle Fähigkeiten werden einer Politikerin hier noch einmal angesichts unter den MitarbeiterInnen auftretender Konflikte abverlangt. Eine unserer Gesprächspartnerinnen beschrieb uns, daß sie sich mit der Zeit eine gewisse „Fürsorgehaltung" gegenüber ihren MitarbeiterInnen angeeignet hat, ohne die Personalführung ihrer Einschätzung nach nicht funktioniert. *„Ich habe gelernt, daß man in einer Führungsfunktion die Hälfte seiner Zeit damit zubringt, Konflikte zu lösen und sich um die Leute zu kümmern"* (P19, 5).

Einfühlungsvermögen und Fürsorgehaltung gegenüber den MitarbeiterInnen sollten aber auf keinen Fall so weit gehen, daß sie blind dafür machen, daß ein Arbeitsverhältnis aufgrund zu verschiedener Arbeitshaltungen oder -methoden nicht ergiebig ist. *„Personalführung heißt, bereit zu sein, sich auf einen Personenkreis auf der einen Seite einzustellen, auf der anderen Seite eigene Positionen, eigene Vorstellungen von Personalführung schon ein Stück weit mitzubringen, und dann versuchen, einen gemeinsamen Weg zu finden. Und auch zu lernen, daß man manchmal mit jemandem nicht zusammen arbeiten kann, und unter Umständen dann auch bereit zu sein, sich zu trennen"* (P10, 35).

Auswahl der MitarbeiterInnen

Um zu vermeiden, öfter in die Situation zu kommen, sich von einer MitarbeiterIn trennen zu müssen, ist es natürlich günstig, schon die Auswahl der MitarbeiterInnen geschickt zu treffen. Viele unserer Interviewpartnerinnen berichteten uns, daß sie bei der Personalwahl vor allem zu Beginn ihrer politischen Tätigkeit keine gute Hand hatten. Das Hauptproblem scheint zu sein, daß die Politikerinnen anfällig dafür sind, bei der Personalentscheidung Sympathie und Freundschaft schwerer wiegen zu lassen als Qualifikation. Mehrere Politikerinnen berichteten uns von schlechten Erfahrungen, die sie machen mußten, als sie sich auf MitarbeiterInnen vor allem deshalb verließen, weil diese ihnen persönlich sympathisch waren. *„Sehr wichtig ist die Wahl derjenigen, die dich beraten. Ich neige dazu, wie viele Frauen, zuerst zu gucken, wo ich Nestwärme finde. Aufgrund dieses Bedürfnisses habe ich gelegentlich nicht genug darauf geachtet, mir Freunde vom Hals zu halten. Im konkreten Fall habe ich mich dann einmal auf das Urteil eines Kollegen verlassen, das aber ein massives Fehlurteil war, wofür ich dann natürlich die volle Verantwortung zu tragen hatte"* (P3, 7f).

Die Frauen beschrieben, daß es ihnen wesentlich unangenehmer ist, Menschen zu kritisieren und zu kontrollieren, zu denen sie ein freundschaftliches Verhältnis haben, als Menschen, zu denen sie ein reines Arbeitsverhältnis pflegen. Insofern ist es bei der Auswahl der MitarbeiterInnen anscheinend nicht nur günstiger, unbeeinflußt von Sympathie oder Freundschaft zu entscheiden, sondern sogar vorteilhafter, nicht mit zu engen FreundInnen zusammenzuarbeiten. Zumal eine persönliche Beziehung es nicht nur schwerer macht, die jeweilige MitarbeiterIn zu kritisieren, sondern die Erfahrungen vieler unserer Interviewpartnerinnen zeigen, daß man auch umgekehrt von FreundInnen nicht so hart, wie es nötig und erwünscht wäre, kritisiert wird. *„Viel schwieriger als die Feinde sind die Freunde. Die stellen sich immer schützend vor dich und sagen dir nie, wo eine Sache wirklich anfängt, schief zu gehen, weil sie es auch selber nicht sehen. Sie haben immer im Kopf, was du toll machst"* (P3, 8).

Die Aussagen der von uns befragten Politikerinnen zeigen, daß es ihnen zwar eigentlich angenehmer ist, mit Menschen zu arbeiten, die ihnen sympathisch sind oder die ihnen vielleicht sogar nahe stehen, sich aber daraus Probleme im Umgang mit diesen als MitarbeiterInnen ergeben. Im Hinblick auf zu entwickelnde Bildungsmaßnahmen stellt sich an dieser Stelle die Frage, ob es tatsächlich wünschenswert ist, Frauen einfach dazu zu raten, keine MitarbeiterInnen einzustellen, die ihnen persönlich sympathisch sind oder zu denen schon freundschaftliche Verbindungen bestehen. Durchaus vorstellbar wäre es auch, sich Techniken und Verhaltensweisen anzueignen, die auch innerhalb eines persönlichen Verhältnisses Kritik und Kontrolle an Fachkompetenz und Arbeitsengagement ermöglichen.

Eine andere Frage aus dem Bereich MitarbeiterInnenauswahl, in der unsere Interviewpartnerinnen mehrfach Beratungsbedarf formuliert haben, betrifft die Stellenverteilung, die angesichts oft geringer Personalmittel und hoher Arbeitsbelastung von großer Bedeutung ist. *„Wie verteilst du die knappen Ressourcen, die du hast? Du hast ein bestimmtes Budget, daß du in Mitarbeit investieren kannst. Wie verteilst du das? Ist es sinnvoller, das Geld in einen hochqualifizierten Assistenten zu investieren, der dir pausenlos irgendwelche Vorlagen schreibt, oder machst du lieber zwei Töpfe für Sekretärinnen? Das ist eine Frage, die kannst du nur mit guter Beratung entscheiden. Ich habe da viele Fehler gemacht"* (P3, 15).

Moderation und Sitzungsleitung

Das Aufgabenfeld „Moderation und Sitzungsleitung" ragt über den Rahmen der „Personalführung" hinaus in den Bereich der Führungsqualitäten im weiteren Sinne, da Politikerinnen nicht nur Versammlungen im Kreis ihrer eigenen MitarbeiterInnen leiten müssen. Das Thema „Versammlungsleitung" wurde in den Interviews längst nicht so häufig angesprochen, wie die in diesem Kapitel zuerst aufgeführten Punkte. Es wird hier trotzdem explizit behandelt, da uns in diesem Zusammenhang eine für die meisten Handlungsanforderungen, die der politische Alltag an Frauen stellt, typische Problematik deutlich benannt und vor allem von einer Landesministerin sehr anschaulich geschildert wurde: *„Ich würde gerne lernen, eine Versammlung insofern systematisch zu leiten, daß ich nicht unbedingt alle Leute einfach reden lasse. Ich lasse bei mir immer alle durcheinander reden, weil ich die Art und Weise, wie normalerweise Sitzungen geleitet werden, sowas von widerlich finde: Es gibt das Thema und dann kommen sofort zehn, fünfzehn Wortmeldungen. Die Leute wissen noch gar nicht, was sie sagen werden oder ob, wenn sie dran sind, nicht schon längst gesagt wurde, was sie sagen wollten. Ich könnte verrückt werden. Verstehen Sie? Spätestens bei Nummer sieben denken Sie, das ist doch völliger Hirnriß. Außerdem, wenn ich dann selber mal was dagegen sagen will, dann bin ich bei Position fünfundzwanzig dran, und da weiß ich doch schon selber nicht mehr, was eigentlich gesagt wurde und warum ich mich gemeldet habe"* (P9, 32f).

Die Politikerinnen treffen im politischen Alltag auf Praxen und Formen, die ihnen mißfallen und die sie persönlich im Grunde nicht vertreten können. Sie sind aber vielfach gezwungen, sich diese zur Durchsetzung ihrer Anliegen anzueignen, da ihnen teilweise die Vorstellung anderer Verhaltensweisen und Regeln fehlen, teilweise auch nur die Handlungsentwürfe, ihre Vorstellungen zu etablieren. Exemplarisch für dieses Problem steht die Bemühung unserer Gesprächspartnerin, entgegen der gängigen Praxis eine andere Art der Moderation einzuführen. Sie versucht, auf den Versammlungen, die sie leitet, eine spontane Form der Sitzungsführung einzurichten, die es ermöglicht, daß die TeilnehmerInnen aufeinander Bezug nehmen und ein wirkliches Gespräch entsteht. Bei ihr wird *„normalerweise immer durcheinander geredet"* (P9, 33). Allerdings entsteht so leicht Unzufriedenheit unter jenen TeilnehmerInnen, die sich ohne RednerInnenliste mit ihren Beiträgen nicht durchsetzen können. Es gelingt nicht, *„Chaos und Struktur gleichzeitig zu haben, das ist eben nicht so einfach"* (ebd.).

Selbstkonzept und Problembewältigung

Die Interviewpartnerinnen nannten zahlreiche fachliche und vor allem strategische Kompetenzen, über die eine Frau in einer politischen Führungsposition verfügen muß, um sich in ihren verschiedenen Handlungsfeldern durchzusetzen. Aus den Berichten der Politikerinnen ging deutlich hervor, daß den meisten von ihnen die Aneignung vieler dieser Kompetenzen zunächst große Mühe bereitet hat. Nach Einschätzung der Interviewpartnerinnen haben ihre männlichen Kollegen in der Regel sehr viel weniger Probleme, sich im politischen Alltag zurechtzufinden und sich durchzusetzen. Die besonderen Schwierigkeiten, unter denen die Politikerinnen in den Anfangsjahren ihrer Laufbahn gelitten haben, führten sie nicht nur darauf zurück, daß sie aufgrund ihrer weiblichen Sozialisation nicht die Fähigkeiten in die Politik mitbrachten, die ihnen in dem an männlichen Interessen orientierten politischen Apparat zur Durchsetzung ihrer Person abverlangt wurden. Die meisten Politikerinnen machten darüber hinaus sehr deutlich, daß an sie auch andere – härtere – Anforderungen gestellt wurden als an Politiker. Erstens waren die Politikerinnen dem Widerspruch ausgesetzt, daß sie sich zwar einerseits männlich konnotierter Verhaltensweisen bedienen mußten, um politischen Erfolg zu haben. Gleichzeitig wurde ihnen als Frauen daraufhin ihre „Weiblichkeit" abgesprochen. Zweitens hatten die Interviewpartnerinnen bestimmte Verhaltenstechniken nicht nur nicht geübt, sie hielten es auch nicht für erstrebenswert, sich bestimmter Umgangsformen zu bedienen. Zur Aneignung vieler Durchsetzungstechniken mußten sie daher gegen ihre eigenen Vorstellung von Politikgestaltung handeln.

Hinzu kommt, daß für Politikerinnen fast keine kollektiven Bewältigungsformen ihrer anfänglichen Schwierigkeiten existieren. Für Politiker funktioniert die männerbündische Kultur des politischen Apparats quasi als „Vermittlungsform" (Kreisky 1992, 59) oder „Verarbeitungsform" (Schwarting 1995, 86) für die mit der politischen Arbeit verbundenen Belastungen. Für Politikerinnen bestehen kaum Integrationsmöglichkeiten in diese Kultur, die sie in ähnlicher Weise entlasten können. Sie müssen sich individuell und auf sich allein gestellt im politischen Alltag zurecht finden.

Auch die von uns befragten Führungsfrauen mußten sich jeweils eigene Verarbeitungsformen schaffen, um ihre Schwierigkeiten und Widersprüche im politischen Alltag zu bewältigen. Sie haben im Laufe der Zeit unterschiedliche Erklärungsmuster, Verarbeitungsweisen und Handlungsentwürfe entwickelt, die es ihnen - mit unterschiedlichem Erfolg - ermöglichen, mit den inneren und äußeren Widersprüchen, die sie in ihrer politischen Arbeit begleiten, umzugehen. Drei „Typen" von solchen Arrangements werden in den folgenden Abschnitten dargestellt.

Die defizitäre Wahrnehmung der eigenen Leistung

Von Karriereplanung über Arbeitsorganisation, Durchsetzungsstrategien, Verfahrensfragen und Öffentlichkeitsarbeit bis hin zur Personalführung - in allen Bereichen beschrieben unsere Interviewpartnerinnen eigene Defizite und Schwächen, und dies nicht nur rückblickend für den Beginn ihrer politischen Laufbahn, sondern vielfach auch noch auf die Gegenwart und ihre aktuelle Tätigkeit bezogen. Die Frage drängt sich förmlich auf, welche Fähigkeiten und Stärken die Frauen denn vorweisen konnten, um ihre gegenwärtigen Ämter zu erhalten und sich in ihnen zu behaupten.

Schließlich handelt es sich bei den von uns befragten Politikerinnen wahrhaftig nicht um Frauen, die beruflich gescheitert sind, sondern sie gehören zu dem geringen Prozentsatz von Frauen in unserer Gesellschaft, denen es gelungen ist, in eine öffentliche Führungsposition zu gelangen.

Unsere Gesprächspartnerinnen müßten eigentlich stolz auf ihre Karriere sein und - vor allem angesichts der vielen Schwierigkeiten, die sie während ihrer Laufbahn meist ohne Unterstützung bewältigt haben - ihren Eigenanteil an dieser Leistung herausstreichen. Statt dessen sahen wir uns in den Interviews immer wieder mit Äußerungen konfrontiert, die den Zweifel an der eigenen Fähigkeit und an der Berechtigung ausdrückten, ein politisches Amt auszuführen. Die Frauen erwähnten, meist im Nebensatz, daß sie unter Umständen „*für diese Position eben nicht geeignet*" (P9, 18) oder „*eigentlich überhaupt nicht für die Politik geeignet*" (P23, 9) seien. Eine Politikerin berichtete uns, daß sie ständig ein „*Hochstaplergefühl*" (P2, 4) mit sich herumträgt, da sie den Eindruck hat, den fachlichen Anforderungen ihres Jobs nicht gewachsen zu sein, quasi zu bluffen. (ebd.).

Es ist aber kaum vorstellbar, daß die Qualifikation der von uns befragten Politikerinnen eben vor allem darin besteht, ihre Unzulänglichkeiten zwecks Sicherung ihrer Posten geschickt zu verbergen. Noch weniger anzunehmen ist, daß die Frauen auch von anderen als unfähig beurteilt werden und ihre Ämter quasi aus Freundlichkeit ausüben dürfen.

Der scheinbare Widerspruch zwischen den beschriebenen Defiziten und den Anforderungen der politischen Positionen ist wohl eher der Tatsache geschuldet, daß es sich bei den Informationen, die wir aus den Interviews gewinnen konnten, ausschließlich um die subjektiven Erfahrungen und Einschätzungen unserer Gesprächspartnerinnen handelt. Anscheinend besteht ein großer Unterschied zwischen der tatsächlichen Qualifikation unserer Interviewpartnerinnen und ihrer diesbezüglichen vielleicht zu negativen Selbstwahrnehmung - ein Sachverhalt, der den von uns befragten Politikerinnen übrigens durchaus bewußt ist und den viele von ihnen in den Interviews als frauentypisches Phänomen thematisierten. „*Wir Frauen sind nicht dazu erzogen worden, uns unsere Erfolge positiv in Rechnung zu stellen. Wir sehen immer das, was klein geredet wird und verdrängen die eigenen Erfolge*" (P15, 10).

Nach Einschätzung unserer Interviewpartnerinnen haben ihre männlichen Kollegen ein anderes Verhältnis zu ihren Fähigkeiten und einen anderen Umgang mit ihren Schwächen. Diese geschlechtstypische Differenz beschrieb uns unter anderem eine Frau am Beispiel des rhetorischen Könnens. „*Ich habe festgestellt, daß viele*

Frauen das Gefühl haben, sie könnten nicht reden. Männer haben dieses Gefühl nicht, obwohl sie es nicht können" (P16, 25).[9]

Nach Ansicht der hier zitierten Politikerin ist es deshalb nicht in erster Linie rhetorisches Handwerkszeug, das den Politikerinnen als Unterstützung mit auf den Weg gegeben werden müßte. Sie plädiert dafür, daß Frauen zuallererst an ihrem mangelnden Selbstvertrauen als einem grundlegenden Defizit arbeiten müßten. *„Ich habe auch Angst vor dem Reden gehabt. Ich halte aber nicht so viel von den üblichen Rhetorikseminaren, denn es ist vielmehr das Selbstvertrauen, das den Frauen fehlt und das sie sich aneignen müssen, um die Angst vor dem Reden zu verlieren"* (ebd.).

Daß Frauen in politischen Führungspositionen vor allem Selbstvertrauen brauchen und die meisten Politikerinnen es sich erst mühsam antrainieren mußten, äußerten alle unsere Interviewpartnerinnen. Zumal Politikerinnen nicht nur selbst dazu neigen, sich zu wenig zuzutrauen, sondern auch von der Öffentlichkeit und von ihren KollegInnen *„immer kritischer betrachtet (werden) als Männer"* (P7, 18) und schneller, leichter und öfter Zweifel an ihren Fähigkeiten geltend gemacht werden. *„In der Politik gilt nichts anderes als im normalen Berufsleben, eine Frau muß mindestens doppelt so gut sein wie ein Mann im gleichen Job, damit sie auch nur einen Bruchteil der Anerkennung bekommt, die sie braucht, um den Job zu bestehen"* (P15, 18).

Die sehr kritische Wahrnehmung von außen erschwert die selbstbewußte Ausführung der politischen Tätigkeit und unterstützt die defizitäre Selbstwahrnehmung der Politikerinnen. Allerdings ist der kritische Umgang mit den eigenen Schwächen auf keinen Fall nur negativ zu sehen. Die Politikerinnen formulierten ihre Aussagen nicht in dem Sinne, daß Frauen ebenso fähig sind wie Männer, sondern sie weisen darauf hin, daß Männer ebenso unfähig sind wie Frauen. Feststellungen, wie die, daß Männer auch nicht über rhetorische Fähigkeiten verfügen, oder der Satz *„Ein Mann kann sich eher mal Inkompetenz leisten"* (P1, 12), machen deutlich, daß nach Einschätzung unserer Interviewpartnerinnen Politikerinnen und Politiker Kompetenzdefizite haben, nur daß Politiker sich dadurch nicht erschüttern lassen.

---

9 Daß männliche Politiker weniger Zweifel an ihre rhetorischen Fähigkeiten haben, bestätigt auch eine Befragung unter bundesdeutschen Abgeordneten von Werner J. Patzelt. Patzelt ermittelt, daß 68 % der Bundes- und Landtagsabgeordneten sich für „rednerisch begabt" halten (1994, 466). Leider hat Patzelt seine Ergebnisse nicht geschlechtsspezifisch aufgeschlüsselt. Da seine Untersuchungsgruppe aber zu 78 % aus Männern besteht, kann aus seinen Ergebnissen wohl eher auf die männliche Version des „Gesamtbild(es) des durchschnittlichen deutschen Landtags- und Bundestagsabgeordneten" (ebd., 463) geschlossen werden.

Daß Männer sich „in der Regel sehr viel mehr zutrauen als Frauen, ja daß sie sogar ihre eigenen Fähigkeiten häufig überschätzen" beschreibt auch Hiltrud Naßmacher (1994, 57). Da Frauen sich ihrer Schwächen sehr viel deutlicher bewußt seien als Männer, seien sie auch viel eher bereit, an Kompetenzdefiziten zu arbeiten und würden Fortbildungsangebote wesentlich stärker frequentieren als ihre männlichen Kollegen (vgl. ebd.). In dem „typisch weiblichen" Umgang mit den eigenen Fehlern, in der Lernbereitschaft von Frauen könnte also durchaus eine Chance für eine positive Veränderung der Politik liegen.

Bei der Konzeption von Unterstützungsangeboten für Politikerinnen sollte es dementsprechend nicht alleine um die Förderung eines positiven Selbstbildes und um die Entwicklung von Selbstvertrauen gehen. Im Mittelpunkt von Trainingsangeboten müßte eher Hilfen und Leitlinien zur Selbsteinschätzung stehen. In diese Richtung weist auch die Schilderung einer Politikerin, darüber, daß, je weiter sie in der politischen Hierarchie aufsteigt, es ihr immer schwerer fällt, ihre eigenen Leistungen zu bewerten. *„Je weiter ich mich nach oben bewegt habe, desto weniger direkte Erfolge kann ich nachweisen. Weil ich meinen Einfluß nicht genau einschätzen kann. Ich kann nur ungefähr sagen, ich habe da was aufgehalten und dort was umgelenkt"* (P13, 10). Unsicherheiten über den Wert der eigenen Arbeit und die eigene Qualifikation könnten durch die Vermittlung einer sensiblen und differenzierten Wahrnehmung der eigenen Stärken und Schwächen und eines anderen Umgangs mit ihnen gemindert werden.

Der Bezug auf „weibliches" Politikverständnis

Die Feststellung, daß eine Frau „mindestens doppelt so gut" wie ein Mann sein muß, um sich in einer politischen Führungsposition zu behaupten, erfährt noch einmal besondere Bedeutung in Verbindung mit der Frage, was in diesem Fall eigentlich „gut" heißt. Bei allen Bestrebungen, sich die gegenwärtig in der Politik zur Durchsetzung notwendigen Verhaltensweisen und Fähigkeiten anzueignen, gilt es doch gleichzeitig, im Hinterkopf zu behalten, daß sich natürlich auch die Qualitätsmaßstäbe im politischen Alltag, „in diesen Runden, wo in der Regel Männer sitzen" (P7, 18), an männlich-patriarchal geprägten Normen und Werten orientieren. Die Berichte vieler unserer Interviewpartnerinnen machen immer wieder deutlich, daß sich ihre Vorstellungen über „gute" Politikgestaltung in verschiedenen Bereichen von den gängigen Praxen im politischen Alltag häufig sehr unterscheiden. Sie bezeichneten die in der Politik übliche Form, sich gegenüber den Medien zu präsentieren, als Symptom männlicher Geltungssucht und kritisierten die Substanzlosigkeit der meisten öffentlichen Statements ihrer männlichen Kollegen. Sie erklärten, daß sie den bürokratischen und hierarchischen Führungsstil ihrer Kollegen persönlich ablehnen. Sie beschrieben uns, daß ihnen die von Konkurrenz geprägten Umgangsformen im politischen Alltag zuwider sind.

Eine nicht geringe Zahl der Interviewpartnerinnen erklärte sich ihre Ablehnung zahlreicher Momente der politischen Kultur damit, daß sie als Frauen ein „weibliches" Politikverständnis haben, das von dem „männlichen" Politikverständnis, an dem der politische Apparat orientiert ist, nicht nur verschieden, sondern auch vielfach mit ihm unvereinbar ist. Sie beschrieben uns ihre Vorbehalte und Probleme nicht als punktuelle Schwierigkeiten, sondern führten sie auf die grundsätzliche Differenz zwischen „weiblichen" und „männlichen" Vorstellungen von Politikgestaltung zurück.

Ungeachtet dessen, ob es sich bei der Zuordnung der unterschiedlichen Verhaltensweisen und Vorstellungen zu den Kategorien „männlich" und „weiblich" um eine schlüssige Analyse handelt, wird deutlich, daß selbst einige der von uns befragten Führungsfrauen, die sich im politischen Alltag durchaus durchsetzen konnten und können, die „Fremdheit der Politik" (Schöler-Macher 1994) so fundamental empfinden, daß sie ihre eigene Perspektive durchgängig als andersartig und sich selbst prinzipiell als die „Andere" erleben.

Weiterhin interessieren hier vor allem die Konsequenzen, die der Bezug auf das „weibliche Politikverständnis" für die politische Handlungsfähigkeit unserer Interviewpartnerinnen hat. Auf jeden Fall hat dieses Erklärungsmuster eine deutliche Entlastungsfunktion: Die eigene Zustimmung zu dem „Anderen" dient oft zur Entschuldigung für nicht geübte oder nicht gekonnte Praktiken. Schließlich handelt es sich um Verhaltensweisen, deren Aneignung die jeweilige Politikerin auch gar nicht für wünschenswert hält. Die Möglichkeit, eigene Vorstellungen als „weiblich" zu denken, funktioniert darüber hinaus als Unterstützung und Begründung für eigenständiges, unübliches, im politischen Alltag innovatives Verhalten. Wesentlich ist dabei nicht nur die Idee, daß die politischen Formen und Handlungsweisen, die Frauen im Gegensatz zu Männern bevorzugen, die moralisch „besseren" - kooperativeren, faireren, sympathischeren – sind. Sie werden von vielen der Interviewpartnerinnen auch als im Interesse der Sache effektiver als das „männliche" Verhalten empfunden. Ein Beispiel dafür ist die von unseren Interviewpartnerinnen als frauentypisch beschriebene höhere Sachorientierung verglichen mit der Prestigesucht und Karrieregier, die sie ihren männlichen Kollegen bescheinigen.

Gleichzeitig stellt die Zustimmung zu einem „weiblichen" Politikverständnis aber auch eine Belastung für die Politikerinnen dar: Sie hindert die Frauen daran, den im politischen Alltag gängigen Qualitätsmaßstäben so weit zuzustimmen, daß sie sich bestimmte Formen und Verhaltensweisen unbelastet aneignen können. Hinzu kommt, daß es den Politikerinnen nur in den seltensten Momenten gelingt, sich diesen Qualitätsmaßstäben zu entziehen, denn in der Regel zieht die Nichtbeachtung des politischen Verhaltenscodexes politische Mißerfolge nach sich. Der Bezug auf ein „weibliches" Politikverständnis hat für die politische Handlungsfähigkeit der Frauen also widersprüchliche Folgen und ist nicht immer eine befriedigende Verarbeitungsform für das Unbehagen, daß die Frauen im politischen Alltag empfinden.

Ein Beispiel für diesen „Doppelcharakter", den der Bezug auf ihr „weibliches" Politikverständnis hat, ist der folgende Bericht einer unserer Interviewpartnerinnen. Sie beschrieb uns, daß sie anders als es unter ihren männlichen Kollegen üblich ist, immer noch politikferne Aufgaben und Interessen neben ihrem politischen Amt verfolgt. Das führt allerdings dazu, daß sie ständig von der Sorge begleitet ist, in ihrer politischen Tätigkeit nicht genug zu leisten. *„Ich bin immer gern Politikerin gewesen, auch heute noch, aber ich wollte auch immer gern noch ein Stück das andere Leben packen. Und deshalb hatte ich immer das Gefühl, daß ich nur auf einem Bein Politik mache"* (P18, 7). Den Anspruch, auch noch außerhalb des politischen Apparats zu leben, nur negativ zu bewerten, ist zumindest zwiespältig. Schließlich führt die häufig mangelnde Anbindung von PolitikerInnen an das Alltagsleben unter anderem dazu, daß sie politische Entscheidungen über Lebensbereiche treffen, die sie gar nicht oder nur sehr schlecht kennen. Trotzdem die Ferne der Politik zu ihrem Klientel inzwischen ein oft und allgemein beklagter Mißstand ist und der engere Kontakt zur „Basis" hier vielleicht Abhilfe schaffen könnte, orientiert sich die hier zitierte Politikerin in ihrer Selbstwahrnehmung an dem im politischen Alltag gängigen Muster, nach dem einer PolitikerIn eben keine Zeit für etwas anderes als ihr politisches Amt bleibt. Unserer Gesprächspartnerin gelingt es nicht, ihre Probleme, verschiedene Lebens- und Aufgabenbereiche miteinander zu verbinden, als Indiz für den Veränderungsbedarf der politischen Kultur zu werten. Sie betrachtet ihre Entscheidung, ihre Zeit und Energie auf verschiedene Bereiche zu verteilen, zwar für sich persönlich als angemessen, akzeptiert aber gleichzeitig, daß es sich allgemein betrachtet um einen persönlichen Mangel ihrerseits handelt.

Wesentlich ist in diesem Zusammenhang, daß der Bezug auf „Weiblichkeit" gegenüber dem männerdominierten politischen Apparat eine Außenseiterposition ist, die schon aufgrund der Tatsache, daß Frauen besonders auf den höheren politischen Ebenen eine Minderheit sind, schwer eine machtvolle Position werden kann. Als Einzelne gewinnen Politikerinnen nur selten Definitionsmacht über die Normen und Werte, die im politischen Alltag gelten. Daher wäre es für den politischen Erfolg einer Politikerin hilfreich, sich mit anderen Politikerinnen über ihre Kritik am politischen Apparat und ihre Vorstellungen von Politikgestaltung zu verständigen. Wie unterstützend für die eigene politische Arbeit der Austausch mit Kolleginnen sein kann, zeigen die Berichte der Berliner Senatorinnen über ihr wöchentliches „Hexenfrühstück", auf dem sie sich vor allem auch über ihre Probleme im politischen Alltag berieten (Weber 1995). Da sich der Kontakt mit Kolleginnen schon aufgrund der geringen Zahl von Frauen auf den höheren politischen Ebenen nicht automatisch ergibt, müssen Gelegenheiten für den Austausch unter Politikerinnen organisiert werden. Im Rahmen von Angeboten, die Frauen in der Politik unterstützen und stärken können, sollte es daher die Möglichkeit geben, Erfahrungen auszutauschen und Schwierigkeiten mit der politischen Arbeit gemeinsam zu besprechen.

Die Konstruktion einer öffentlichen Person

Eine Technik, um die mit der politischen Arbeit verbundenen Widersprüche zu bewältigen, ist die Trennung zwischen der eigenen Person und der politischen Funktion in der Selbstwahrnehmung einer Politikerin. Unsere Interviewpartnerinnen verdeutlichten uns an verschiedenen Beispielen, daß diese Trennung für ihre politische Arbeit von grundlegender Bedeutung ist.

Eine unserer jüngeren Gesprächspartnerinnen schilderte uns, daß ihre politische Karriere fast ein jähes Ende gefunden hätte, da sie eine Entscheidung ihrer Partei aufgrund ihrer persönlichen Haltung nicht mittragen konnte. *„Ich war kurz vor dem Austritt ... Ich habe damals mehrere Wochen lang meine Ämter niedergelegt"* (P13, 22). Inzwischen ist sie nicht mehr bereit, ihre persönliche Karriere von den Entscheidungen ihrer Partei abhängig zu machen. *„Wenn ich von Anfang an merke, es gibt nicht genügend Träger für ein Projekt, dann habe ich früher versucht, immer alles zu retten, ich habe mich persönlich da reingehangen und aufgeopfert. Das würde ich, glaube ich, heute nicht mehr so machen. Das habe ich gelernt, daß eine Sache sich in gewisser Weise auch selber tragen muß"* (P13, 21).

Ein weiterer Effekt der Trennung von Person und Funktion besteht in der größeren Analysefähigkeit durch eine bestimmte Distanz zum politischen Projekt. Eine Politikerin beschrieb uns, daß die zu große persönliche Identifikation mit einem Anliegen, den analytischen Blick auf die Sachlage beeinträchtige. Eine gewisse Abstraktion von der eigenen Person sei eine Voraussetzung, um die angemessene Strategie in einer Frage entwickeln zu können. *„Eine Politikerin muß ein Problem losgelöst von sich beurteilen können. Sie muß die Sachlage wirklich ganz streng neutral erst einmal erfassen: Was ist die tatsächliche Gefechtslage?"* (P3, 13).

Ein anderer Punkt, an dem es nötig ist, von persönlichen Vorlieben und Ressentiments abzusehen, ist der Umgang mit KollegInnen, die einem unsympathisch sind oder mit denen es Ärger gab. *„Ich habe mich am Anfang relativ schwer getan, mit Kollegen, mit denen ich auf nicht so gutem Fuß war, einfach zu reden"* (P10, 25).

Ganz egal in welchem Zusammenhang unsere Interviewpartnerinnen die notwendige Trennung zwischen eigener Person und politischer Funktion thematisierten, sprach aus den meisten ihrer Statements die Anstrengung, Distanz zu wahren und sich nicht von einem politischen Projekt oder der jeweiligen Interessengruppe vereinnahmen zu lassen. Es scheint sich um eine Anforderung im politischen Alltag zu handeln, die der persönlichen Bedürfnisstruktur vieler der von uns befragten Frauen widerspricht und die sie sich im Laufe ihrer Amtszeit erst mühsam aneignen mußten. Diese Beobachtung deckt sich mit den Erfahrungen Adrienne Goehlers aus ihrer Zeit im „Hamburger Feminat". Nach ihrer Einschätzung ist gerade die Übereinstimmung von öffentlicher Funktion und privater Person ein Merkmal eines frauenspezifischen Politikstils. Frauen abstrahierten „im politischen Diskurs weniger von sich als Person" und seien auch eher bereit, „persönlich Verantwortung für ihr Reden zu übernehmen" (Goehler 1991, 49).

Die Neigung, sich mit den politischen Anliegen persönlich zu identifizieren, läßt sich auf dem Hintergrund der frauentypischen Sozialisation und der geschlechtshierarchischen Arbeitsteilung leicht nachvollziehen. Aufgrund der Zuständigkeit von Mädchen und Frauen für den privaten Bereich in unserer Gesellschaft wird ihnen gerade nicht nahegelegt von persönlichen Bedürfnissen und konkreten Menschen - inklusive sich selbst - zu abstrahieren. Um Distanz gegenüber ihrer politischen Funktion zu gewinnen, müssen Frauen häufig lang angelernte Verhaltensweisen erkennen, überwinden und ein völlig neues Verhältnis zur eigenen Person entwickeln.

Die Schwierigkeiten, die es ihr bereitete, persönlich Abstand gegenüber ihrer politischen Funktion zu entwickeln, bewältigte eine unserer Interviewpartnerinnen dadurch, daß sie sich für ihre öffentliche Rolle ganz bewußt eine „öffentliche Person" schaffte, die sie in ihrem Selbstverständnis klar von ihrer „privaten Person" trennt. *„Wenn man in die Politik geht, muß man wissen, daß man einen Sprung macht von der Privatperson zur öffentlichen Person. Die öffentliche Person kann man so beschädigen, wie man will, wenn die private Person dahinter völlig unerkannt und integer bleiben kann. Man muß dieses Bild in der Öffentlichkeit gezielt konstruieren, wenn man Erfolg haben will"* (P6, 9). Die hier zitierte Politikerin konnte durch diesen Handlungsentwurf den Freiraum gewinnen, den sie benötigte, um politisch handlungsfähig zu sein, ohne das Gefühl zu haben, eigene Überzeugungen zu verraten oder ihre Persönlichkeit zu verlieren.

Aus den Berichten vieler unserer Interviewpartnerinnen wird ersichtlich, daß die persönliche Distanz gegenüber der eigenen politischen Position unerläßlich für die Ausübung dieses Amtes ist. Trainingsangebote sind in diesem Zusammenhang insofern gefragt, als daß sie Frauen darin unterstützen können, Handlungsentwürfe zu entwickeln, die ihnen ermöglichen, eine distanziertere Haltung gegenüber ihrer Funktion zu gewinnen.

Abschließend soll darauf hingewiesen werden, daß die Berichte unserer Interviewpartnerinnen insgesamt zeigen, daß Politikerinnen an vielen Punkten an einer Veränderung des politischen Apparats interessiert sind. Die Umsetzung ihrer Vorstellungen über andere Formen der Personalführung, der Öffentlichkeitsarbeit, der politischen Auseinandersetzung etc. scheitert also nicht daran, daß den Politikerinnen neue Konzepte für die verschiedenen Bereiche fehlen würden. Vielmehr fehlen ihnen die Strategien, diese Konzepte erfolgreich zu etablieren.

Im Hinblick auf Perspektiven der Veränderung der politischen Kultur sollten Qualifizierungsangebote daher keinesfalls nur darauf ausgerichtet sein, Politikerinnen für perfektes Funktionieren im bestehenden politischen Apparat fit zu machen. Qualifizierungsangebote für Frauen für die Politik müssen die Möglichkeit bieten, Strategien zur Etablierung innovativer Politikgestaltung zu erarbeiten. Hierzu gehören vor allem Strategien des Austausches und der Kooperation von Frauen in der Politik.

Helga Lukoschat

Austausch und Vernetzung: Maßnahmen zur Stärkung von Frauen in der Politik

„*Frauen haben mehr Mandate. Aber Frauen haben nicht mehr Macht*".

Rita Süssmuth

Wenn wir in der Bundesrepublik Deutschland von der demokratisch gebotenen, gleichberechtigten Gestaltungsmacht von Frauen auf die politischen Entscheidungen noch immer weit entfernt sind, dann ist dies, wie der Beitrag von Ulla Weber gezeigt hat, nicht allein eine Frage von Prozentzahlen. Die Einschränkung der politischen Potentiale und des Einflusses von Frauen ist vor allem damit verbunden, daß Frauen im männlich geprägten Handlungsfeld der Politik nach wie vor Prozessen der Anpassung und der Marginalisierung gewärtig sein müssen, die sowohl ihre Personen als auch ihre politischen Positionen betreffen. Insbesondere ist es Frauen in der bundesrepublikanischen Politik bisher nicht gelungen, eigenständige Kooperationssysteme außerhalb der Machtstrukturen der Parteien, die ihnen größere Einflußnahme auf die aktuellen gesellschaftlichen Entwicklungen ermöglichen würden, zu entwickeln.

Frauen in der Politik sind heute zwar eher sichtbar und doch noch lange nicht sichtbar genug. Auch aus diesem Grund hat sich in den letzten Jahren in der Öffentlichkeit eine - eher diffuse - Stimmung der Enttäuschung ausgebreitet, da angesichts hoher Erwartungen die erhofften Veränderungen kaum oder nicht spürbar genug eingetreten sind. Zwischen der erhöhten numerischen Präsenz von Frauen und ihrem sichtbaren Einfluß auf das politische Geschehen klafft eine Lücke, die die Freude über die erzielten Erfolge in der Gleichstellungspolitik erheblich zu beeinträchtigen vermag, neue Fragestellungen aufwirft und über Quotierungsregelungen hinausgehende Strategien der politischen Frauenförderung erforderlich macht.

Die Entwicklung von wirkungsvollen Konzepten und Instrumenten zur Stärkung von Frauen in der Politik wird noch dringlicher, wenn wir den Nachwuchsmangel und Mitgliederschwund der Parteien, die unter Jugendlichen grassierende Politikverdrossenheit und schließlich den auf Politiker/innen lastenden Professionalisierungsdruck in die Analyse mit einbeziehen. Politische Machtausübung muß aber nicht nur effizient und professionell organisiert sein, sondern muß auch die Qualität ihrer Entscheidungen, ihren Mut und ihre Weitsichtigkeit - kurz ihre Gemeinwohlorientierung - unter Beweis stellen, wenn sie sich nicht delegitimieren und die Akzeptanz der Bevölkerung zum parlamentarischen Parteiensystem untergraben will. Kritische Stimmen in Publizistik und Wissenschaft haben in jüngster Zeit immer wieder darauf hingewiesen, wie sehr die bundesrepublikanische Politik von parteitaktischen Erwägungen und kurzfristigen Handlungsoptionen bestimmt ist und diese Entwicklung auch für das Phänomen der Politikverdrossenheit verantwortlich zu machen ist. Alarmierend sind schließlich die Befunde zur Einstellung der jüngeren Generation zur Parteipolitik, wie sie zum Beispiel in der jüngsten Shell-Jugendstudie ermittelt wurden.

Bisher sind in den Parteien jedoch höchstens ansatzweise Konzepte entwickelt worden, wie das Ziel der gleichberechtigten Partizipation und Gestaltungsmacht von Frauen mit den Erfordernissen qualifizierter Nachwuchsförderung und aktueller demokratiepolitischer Probleme verbunden werden kann. Die Quotierung allein wird dazu sicher nicht ausreichen. Frauenförderung darf nicht isoliert von anderen gesellschafts- und demokratiepolitischen Probleme betrachtet werden und allein auf quantitative Aspekte beschränkt werden. Anderenfalls läuft sie Gefahr, nicht nur ihre Ziele zu verfehlen, sondern auch gegenteilige Effekte hervorzurufen. Dann mag zwar der 50-Prozent-Anteil von Frauen in näherer oder weiterer Ferne erreicht sein. Verbindet sich diese Repräsentanz aber nicht mit einem gestiegenen Einfluß von Frauen auch auf die politischen Themensetzungen und Entscheidungsprozesse, könnten sich bestehende Vorurteilsstrukturen über die mangelnde Politikfähigkeit von Frauen noch verstärken.

Schließlich stellt sich die Frage, ob unter dem gängigen Label der „Frauenförderung" die demokratiepolitische Brisanz der Frage, wie junge Frauen für die Parteipolitik gewonnen und für Führungsaufgaben qualifiziert werden können, und wie die Gestaltungsmacht von Frauen auf die Politik gestärkt werden kann, gegenwärtig nicht eher de-thematisiert als ins öffentliche Bewußtsein gehoben wird. Im öffentlichen Verständnis von Frauenförderung zeichnet sich nach wie vor die Tendenz ab, die Perspektive auf die „Defizite" von Frauen zu verengen, anstatt Forderungen nach Verhaltensveränderungen, die vor allem an Männer zu stellen sind, sowie die politischen und gesellschaftlichen Strukturen, die Diskriminierung bewirken, ins Zentrum zu rücken. In diesem Untersuchungsteil wird deshalb, da es vor allem um Prozesse der Stärkung und Ermächtigung von Frauen in der Politik geht, vorwiegend der unser Anliegen präzise bezeichnende Begriff des „Empowerment" verwendet.[10] Handlungsfähigkeit und Einfluß basieren auch im politischen Raum auf

---

10 Der Begriff des Empowerment, der ursprünglich aus der entwicklungspolitischen Diskussion stammt, wird inzwischen auch in der Sozialarbeit verwendet und „bezeichnet dort eine klientenzentrierte Vorgehensweise und institutionelle Unterstützung der 'Selbstverfügungskräfte des Subjekts' in der Alltagsarbeit" (Metz-Göckel 1994, 32). Empowerment ist aber auch zu

persönlicher Kompetenz und professionellen Qualifikationen, entscheidend ist jedoch hier die Fähigkeit, Machtzentren zu erschaffen und zu erhalten. In Anlehnung an den intransitiven Machtbegriff von Hannah Arendt verstehen wir Macht als Resultat eines politischen Prozesses, in dem der oder die Einzelne von einer Gruppe von Menschen ermächtigt wird, in ihrem Namen zu sprechen und zu handeln. Machtzentren erwachsen aus dem Zusammenschluß und dem gemeinsamen Handeln politischer Akteure (Arendt 1970, Schaeffer-Hegel 1996, 169). Für unseren Kontext bedeutet dies, daß der Stärkung der Kooperations- und Bündnisfähigkeit von Frauen eine Schlüsselstellung zukommt.

Mein Beitrag konzentriert sich unter dieser Fragestellung auf drei Schwerpunkte:

Erstens: Zunächst werde ich auf die Behinderungen und die Schwierigkeiten eingehen, mit denen Frauen auf dem Weg in die Politik und insbesondere auf dem Weg zu Entscheidungs- und Führungspositionen konfrontiert sind. Es interessieren die spezifischen Barrieren, die inneren wie äußeren Blockaden, die Politikerinnen an der Entfaltung ihrer Potentiale behindern. Es stehen hier weniger die Frauen strukturell benachteiligenden Organisationsformen, Funktionsweisen und Aufstiegsmuster der Parteien im Vordergrund, auch wenn diese nicht ausgeblendet werden, als vielmehr die Störfaktoren in der Zusammenarbeit von Politikerinnen, ein Komplex, zu dem es bisher kaum empirisch fundierte Untersuchungen gibt.

Die Beschreibung der Behinderungen und Barrieren hat vor allem die Funktion, skizzierend zu verdeutlichen, wo aus der Sicht von Frauen in Führungspositionen heute die kritischen Punkte für Frauen in der Politik zu verorten und wo mögliche Ansatzpunkte für gezielte Unterstützungsmaßnahmen durch die Parteien und Träger der politischen Bildungsarbeit und auch durch Frauenverbände und -netzwerke sinnvoll sind.

Zweitens: Es wäre verfehlt, Politikerinnen - zumal in Führungspositionen - als ohnmächtige Opfer vorgefundener Strukturen zu beschreiben. In Anlehnung an den Forschungsansatz von Bärbel Schöler-Macher ist davon auszugehen, daß Politikerinnen als handelnde Subjekte ihrerseits Interaktionsprozesse im politischen Raum zu beeinflussen und zu verändern vermögen: „Wie alle Menschen, die ein soziales in bestimmter Weise vorstrukturiertes Feld neu betreten, die dort gültigen Handlungsanforderungen bewältigen müssen, so sind auch Frauen, wenn sie in die Politik gehen, mit bestimmten Handlungsaufgaben konfrontiert, mit denen sie sich aktiv handelnd auseinandersetzen. Für diese Auseinandersetzung entwerfen die Politikerinnen individuelle Lösungen, die als individuelle Antworten auf das allgemeine

---

einem wichtigen Begriff der internationalen Frauenpolitik anvanciert, siehe u.a. die Ergebnisse der 4. Weltfrauenkonferenz in Peking.

Strukturproblem verstanden werden können, 'als Frau' (und somit unabhängig von anderen Merkmalen sozialer Differenzierung) mit spezifischen Problemen in der Politik zurecht kommen zu müssen" (Schöler-Macher 1994, 43).

Wenn im folgenden von Bewältigungsstrategien gesprochen wird, so soll damit das Ensemble an intrapersonalen Einstellungen, an Motivationsleistungen, an Reflexionsvermögen und daraus resultierenden Handlungsformen erfaßt werden, das Frauen in politischen Führungspositionen dazu befähigt, den Belastungen, Unwägbarkeiten und Ambivalenzen des politischen Alltags gewachsen zu sein. Die Ausübung politischer Führungspositionen erfaßt die Persönlichkeit in allen Aspekten und stellt eine Herausforderung an ihre intellektuellen und sozialen Fähigkeiten wie an ihre moralischen Kapazitäten gleichermaßen dar. In diesem Untersuchungsteil setzen wir uns deshalb mit der Einstellung der Interviewpartnerinnen zu Fragen der politischen Kultur und Moral auseinander. Bei der kritischen Einordnung und Beurteilung der Befunde ist dann vor allem das Spannungsverhältnis zu diskutieren, das zwischen den von den Politikerinnen erbrachten und ihnen abverlangten Anpassungsleistungen einerseits und ihren Wünschen nach Veränderungen und Verbesserungen des politischen Handlungsraumes andererseits besteht.

Unter Bewältigungsstrategien sind aber auch die privaten Arrangements von Politikerinnen zu fassen, die es ihnen ermöglichen, den hohen zeitlichen und psychischen Anforderungen in politischen Spitzenpositionen gewachsen zu sein sowie die Meisterung von Krisensituationen.

Als eine wichtige Option zur Erweiterung der Handlungsfähigkeit von Frauen in der Politik und ihrer gestalterischen Spielräume wird schließlich die Frage der Ressortwahl verstanden, ob also Politikerinnen sich nicht mehr mit den sogenannten weichen Politikfeldern wie der Frauen,- Familien-, Jugend- und Bildungspolitik zufrieden geben, die bereits angestammte „weibliches „ Terrain bilden, sondern zunehmend versuchen, „harte" Politikfelder zu besetzen.

Drittens: Hier geht es um die Formen des Austausches, der Kooperation und der Vernetzung von Frauen, die sowohl generationenübergreifende Unterstützungssysteme innerhalb der Parteien, als auch parteiübergreifende Kooperationen von Frauen wie schließlich die Zusammenarbeit von Politikerinnen mit Frauen anderer gesellschaftlicher Funktionsbereiche und der außerparlamentarischen Frauenöffentlichkeit mit einbeziehen.

Als Frau in der Politik - Behinderungen und Barrieren

Welche Behinderungen und Schwierigkeiten erlebten die von uns befragten Politikerinnen auf ihrem Werdegang in eine führende politische Position? Welche Hürden und Barrieren, seien sie innerer oder äußerer Natur, galt es für sie zu überwinden?

Wie bereit erwähnt zielt die folgende Analyse nicht in erster Linie darauf ab, zu beschreiben, ob und wie die gängigen Rekrutierungsprozesse und Aufstiegsmuster in der Politik strukturell dazu beitragen, Frauen den Einstieg wie den Aufstieg in der Politik zu erschweren. Fokus des Interesses ist vielmehr, auf welche Art und Weise die von uns befragten Politikerinnen erfolgreich mit Behinderungen umgegangen und welche Bewältigungsstrategien sie entwickelt haben oder in der Zukunft für sinnvoll halten. Die nachfolgende Darstellung der Behinderungen und Schwierigkeiten hat vor allem die Funktion, zu verdeutlichen, wo die kritischen Punkte für Frauen in der Politik zu verorten und wo mögliche Ansatzpunkte für gezielte Unterstützung, auch durch Maßnahmen der politischen Bildung, sinnvoll sind.

Politisch-institutionelle Behinderungen: die Männerdominanz der Parteien

Der überwiegende Teil der Antworten unserer Interviewpartnerinnen auf unsere Frage nach Behinderungen und Schwierigkeiten im politischen Werdegang bezogen sich auf spezifische Diskriminierungserfahrungen, die darauf zurückgeführt werden können, daß das institutionelle politische System und insbesondere das Parteiensystem der Bundesrepublik als männlich dominierter Erfahrungs- und Handlungszusammenhang beschrieben werden kann (Kreisky 1993, Schöler-Macher 1994, Schaeffer-Hegel 1995, Hoecker 1995). Mit Ausnahme einer Interviewpartnerin beschrieben alle befragten Politikerinnen unabhängig von Alter, Position und Parteizugehörigkeit Situationen, in denen sie sich als Frau diskriminiert fühlten. Die Schilderungen verdeutlichen, wie Frauen in der Politik außerdem mit spezifischen Verhaltenserwartungen und Wahrnehmungsmustern konfrontiert sind, die auf tradierten und stereotypen Weiblichkeitsvorstellungen beruhen und die nach wie vor dazu benutzt werden können, Frauen in der Politik abzuwerten und ihre Aufstiegschancen zu behindern.

Erfahrungen von Abwertung und Ungleichbehandlung

Immerhin ein Drittel der Befragten schildert diskriminierende Situationen, in denen männliche Politiker meinten, die fachliche Kompetenz ihrer Kolleginnen in Zweifel ziehen zu müssen, insbesondere dann, wenn Politikerinnen Aussagen zu frauenuntypischen Politikfelder wie Wirtschafts- oder Finanzpolitik trafen. Mehrfach wird auf die Unterschiede in den Erwartungen, die hinsichtlich der Kompetenz Frauen und Männern in der Politik entgegengebracht werden, verwiesen. Auch heute noch stehen Frauen in der Politik - so lassen sich die Befunde unserer Interviews in diesem Punkt zusammenfassen - unter einem besonderen Rechtfertigungsdruck. Sie haben immer wieder den Nachweis zu führen, daß sie, obwohl sie Frauen sind, über politische Kompetenzen und Führungsqualitäten verfügen.

In allen Interviews wird deutlich, daß Politikerinnen auf diesen hohen Leistungsdruck mit enormem Arbeitseinsatz und intensiver fachlicher Arbeit reagieren, die sie vor unqualifizierten Angriffen und Abwertungen schützen sollen. Ein typische Aussage aus unseren Interviews lautet: *„Als Frau kann man sich viel weniger Fehler leisten"* (P23, 13).

Mehrere unserer Interviewpartnerinnen bezeichnen sich selbst als Perfektionistinnen. Einerseits wird durchaus mit Stolz über die eigene Leistungsfähigkeit berichtet, andererseits ist die Strategie, sich inhaltlich bis ins Detail absichern zu wollen, auch Gegenstand selbstkritischer Reflexion. Eine Politikerin in Spitzenposition schildert sehr anschaulich ihre Erfahrung, daß es auf der Bonner Bühne nicht vorrangig auf umfassendes Fachwissen ankommt, sondern vielmehr auf die Fähigkeit, schnell zu reagieren und die eigene Meinung ins Gespräch zu bringen. Die Angst davor, sich inhaltliche Blößen geben zu können, wirkt so für Politikerinnen behindernd und oft situationsunangemessen: *„Was mich wirklich behindert hat und auch manchmal noch behindert, ist, daß ich, bevor ich mich äußere, das Gefühl haben muß, bin ich jetzt sicher in diesem Thema. Daß ich irgendwie Recherchen anstelle ... Also, ich bin übervorbereitet, auch für fast alle Veranstaltungen übervorbereitet. Sehe ich auch so. Aber es ist unglaublich schwer, das abzulegen. Ich versuche, mich da irgendwie selbst zu schulen, daß man den Anspruch nicht zu hoch hängt, sicherer wird. Aber es ist total schwer, das abzulegen und das behindert. Das machen Männer einfach anders"* (P12, 5).

Angesichts der kritischen Begutachtung, der Politikerinnen ausgesetzt sind, ist es nicht erstaunlich, daß sie mehr Skrupel als ihre männlichen Kollegen haben, „unvorbereitet" an die Öffentlichkeit zu gehen. Zugleich ist die Sicherheit und auch die gewisse Chuzpe, sich ohne tiefgründiges Expertenwissen zu Wort zu melden und sich dennoch als kompetent darstellen zu können, auch Gegenstand berechtigten

Neides und verweist deutlich auf die ungleichen Bedingungen, unter denen Frauen und Männer hierzulande Politik machen.

Medienumgang

Als einen Komplex, der Frauen in der Politik potentiell andere und größere Schwierigkeiten als Männer bereitet, sehen etwa die Hälfte der Interviewpartnerinnen den Umgang mit Medien und Öffentlichkeit an.

Insbesondere jüngere und ostdeutsche Politikerinnen kritisieren, daß sich Frauen im Vergleich zu männlichen Politikern deutlich mehr anstrengen müßten, um von den Medien wahrgenommen zu werden. Die Medienpräsenz der männlichen Meinungsführer wird von einer jungen ostdeutschen Politikerin als ein wichtiges Indiz für die Dominanz der Männern in ihrer Partei angesehen. Eine junge westdeutsche Politikerin bemerkt zu dem Medienrummel um die männlichen Platzhirsche nur lakonisch: „*Bonn fördert Machos. Das ist einfach so*" (P12, 6).

Wollen die Medien nicht zu den Frauen kommen, so wollen die Frauen aber auch nicht recht zu den Medien kommen. Mehrfach wird der Umgang mit den Medien als anstrengend und belastend beschrieben, auch wenn einige der erfahrenen Politikerinnen meinen, daß sie heute souveräner zum Beispiel mit dem Mittel der gezielten Presseinformation zur Durchsetzung politischer Ziele umgehen könnten. Eine altgediente, durchsetzungsstarke und durchaus scharfzüngige Politikerin gibt im Interview unumwunden zu, daß sie es immer noch „hassen" würde, mit Journalisten zu sprechen.

Aber auch über die Art und Weise der Medienberichterstattung sind zahlreiche Politikerinnen verärgert. Kritisiert werden klischeehafte Darstellungen, die Politikerinnen nach Äußerlichkeiten oder nach einem traditionellen weiblichen Verhaltensrepertoire beurteilen, das sie auf Eigenschaften wie Charme, Bescheidenheit, Zurückhaltung festlegt und den individuellen Kompetenzen und Besonderheiten der Politikerinnen in keiner Weise gerecht wird.

Die subjektiven Eindrücke der von uns befragten Politikerinnen werden durch jüngere Untersuchungen zur Medienberichterstattung eindringlich bestätigt. Empirische Untersuchungen haben aufgezeigt, daß über Frauen in der Politik in der Relation zu Männern nicht nur quantitativ weniger berichtet wird, sondern daß die von Stereotypen und Vorurteilen durchsetzten Darstellungsformen wesentlich dazu beitragen, Zweifel an den politischen Führungskompetenzen von Frauen zu perpetuieren (Schaeffer-Hegel/Ude 1995 und Lukoschat 1995).

Erfahrungen ostdeutscher Politikerinnen

Für die ostdeutschen Frauen, die zu den Wendezeiten 1989 aktiv in die Politik gingen und im wiedervereinigten Deutschland politische Karriere machten, ergaben sich spezifische Schwierigkeiten vor allem aus der Tatsache, daß sie gefordert waren, auf einem völlig neuen, politisch wie sozial unvertrauten Terrain erfolgreich tätig zu sein. Eine SPD-Politikerin beschreibt, in welchem Ausmaß Selbstbewußtsein und zupackender Elan erforderlich waren, um den Anfangsschwierigkeiten, über die ein Großteil der von uns interviewten ostdeutschen Politikerinnen berichtet, gewachsen zu sein: *„Wenn man aus einem völlig anderen sozialen System kommt, auch die handelnden Personen alle nicht kennt, die Spielregeln ziemlich unvertraut sind, das war eine schwierige Zeit erstmal. Weil man dann natürlich auch nur die eine Wahl hat und sagt, du mußt jetzt hier durch"* (P1, 4).

Besonders aufschlußreich zu den Problemen ostdeutscher Politikerinnen sind zwei Interviews, die auf Parallelen in den Erfahrungen von ostdeutschen PolitikerInnen und von Frauen in der Politik verweisen. Ostdeutsche Politiker und Politikerinnen stehen in besonderer Weise auf dem Prüfstand: als Repräsentanten einer ganzen Bevölkerungsgruppe haben sie die Aufgabe, Klischees und Vorurteile zu widerlegen und als Symbolfiguren den Beweis für die Politikfähigkeit „der Ossis" schlechthin zu erbringen. Vergleichbare Erfahrungen als politische Symbolfiguren machen auch Frauen in den männerdominierten Spitzenpositionen der Politik.

Das Bewußtsein der Verantwortung als Symbolfigur war für eine unserer Interviewpartnerinnen der entscheidende Ansporn, sich behaupten zu wollen und dafür allen erdenklichen Arbeitseinsatz zu bringen: *„Für mich war das am Anfang auch eine unwahrscheinliche Motivation, ranzuklotzen und zu sagen, du darfst hier nicht untergehen, weil ich wußte, da sind die anderthalb Millionen Ostberliner und ein großer Teil leidet dann mit. Am Ende kommt dann raus, die Ossis sind so doof, die sind eben demokratieunfähig. Diese Last, die trägt man immer noch mit ..."* (P1, 10).

Eine unserer Interviewpartnerinnen beschreibt auf besonders eindringliche und dichte Weise die Benachteiligungen, die sie als ostdeutsche Politikerin in Bonn erfuhr: *„Zwischen dem, was man als Frau und als Ostmensch erlebt, gibt es sehr viele Parallelen. Wenn das zusammenkommt, dann multipliziert sich das. Vor allem am Arbeitsort Bonn ist mir das immer wieder deutlich geworden. Ich war in einer Männerwelt und in einer Westwelt und beide waren mir fremd. Auch die Partei ist, trotz Quote, stärker von der Männerkultur geprägt. In der öffentlichen Wahrnehmung, die ja Maßeinheit des Erfolges ist, war ich doppelt benachteiligt: Männer haben es leichter von den Medien wahrgenommen zu werden als Frauen. Und Leute aus dem Osten haben es schwerer als Leute aus dem Westen. Wenn mein Vor-*

standskollege sich beispielsweise über Rostock oder Leipzig äußerte, war das für alle Journalisten etwas ganz normales. Wenn ich etwas über Saarbrücken oder Hamburg sagte, haben mich die Journalisten angesehen, als ob ich in einer fremden Wohnung Schränke verschiebe. Das war total frustrierend. Diese Erfahrung teile ich parteiübergreifend mit anderen Leuten aus dem Osten. Uns wird keine Problemlösungskompetenz zugestanden. Darin liegt die Gefahr, allmählich zu dem zu werden, für das man gehalten wird. Das ist die Falle " (P2, 5).

„Weiblichkeit" in der Politik

Frauen bewegen sich auf politischem Terrain buchstäblich als „Fremdkörper", als deutlich sichtbare Abweichungen vom männlichen Normalfall und müssen sich gewahr sein, daß ihre Person nicht nur nach ihren politischen Qualitäten sondern ebenso nach Kriterien von Aussehen, Sex-Appeal und „Weiblichkeit" beurteilt wird. Welche Erfahrungen haben die Politikerinnen in dieser Hinsicht gemacht? Eine Interviewpartnerin berichtet ausführlich, wie sie als junge, attraktive Frau gegenüber den älteren Frauen ihrer Partei bevorzugt wurde: *„Wenn ich kandidiert habe, mich bunt angezogen habe, beim Friseur war und keck aufgetreten bin, dann bekam ich immer sehr gute Ergebnisse gegenüber den älteren Damen, die da etwas anders aufgetreten sind. Mich haben diese häufig positiven Reaktionen, weil ich gewählt worden bin damals, dann dennoch zum Überlegen gebracht und so ab diesem Zeitpunkt, so ab 76, 77 haben ich dann angefangen, mich intensiv mit der Rolle der Frau zu beschäftigen"* (P11, 4).

Eine so persönliche Schilderung ist in unseren Interviews zwar die Ausnahme geblieben, dennoch weisen eine Reihe unserer Interviewpartnerinnen darauf hin, daß Aussehen und Attraktivität eine bedeutende Rolle in der Beurteilung von Politikerinnen spielen. Was nicht heißt, daß es attraktive Frauen besonders leicht hätten. Allzu leicht kann ihnen nach gängigen Klischees unterstellt werden, sie hätten ihren politischem Erfolge vor allem ihrem Aussehen zu verdanken, ein Beurteilungsmuster, das die Journalistin Cathrin Kahlweit in ihren Reportagen über führende Bonner Politikerinnen sehr deutlich herausgearbeitet hat (Kahlweit 1994).

Eine Interviewpartnerin erzählte, zu welchem Zeitpunkt ihrer politischen Karriere ihre Identität als Frau zum ersten Mal in Frage gestellt wurde: *„In dem Moment, wo du eine Stufe nach oben gerückt bist, zum Beispiel in der Kreistagsfraktion, das werde ich auch mein Leben nicht vergessen, in dem Moment bin ich als Frau in Frage gestellt worden. Ein Kollege, mit dem ich bis dahin auf der Flirtebene gut zurecht gekommen war, der sagte dann plötzlich, ich hätte meinen ganzen Charme verloren. Das ist mir völlig unvergeßlich. Da habe ich zum ersten Mal kapiert, daß es doch etwas anderes ist, wenn man Fraktionsvorsitzende wird. Da war ich 32, das* *fand ich dann doch ein hartes Stück. Das sind die Methoden, mit denen du dich auseinandersetzen mußt. Das ist läppisch, aber ich habe es eben nicht vergessen"* (P3, 11).

Die geschilderte Episode ist durchaus nicht „läppisch"; sie wirft im Gegenteil ein Schlaglicht auf die Mechanismen der Entwertung und der Destabilisierung, auf die Frauen, die politische oder gesellschaftliche Führungspositionen anstreben, gefaßt sein müssen. Die im kulturellen Symbolsystem verankerte und nach wie vor wirkungsmächtige Amalgierung von Herrschaftspositionen mit „Männlichkeit" führt gerade in einem so männlich codierten Bereich wie der Politik dazu, daß der Zweifel an der „Weiblichkeit" von Führungsfrauen entweder latent immer vorhanden ist oder zumindest immer dann aktualisiert werden kann, wenn es opportun erscheint. Frauen in männlich dominierten Berufs- und Handlungsfeldern sehen sich damit einer höchst kräftezehrenden Situation ausgesetzt, die in der Forschung mit dem Begriff des Double-binds beschrieben wird (Schlapeit-Beck 1991). Ihnen wird damit eine enorme psychische Leistung abverlangt - schließlich zielt der Zweifel an der sexuellen Identität darauf ab, die Person in ihrem „Kern" zu treffen und zu destabilisieren. Zugleich ist damit ein entscheidender Unterschied zur Situation von Männern in der Politik beschrieben. Wie Bärbel Schöler-Macher feststellt, zielen Angriffe auf Politiker allenfalls darauf ab, diese in ihrer Berufsidentität zu verunsichern, nicht aber, wie bei den Frauen, in ihrer Geschlechtsidentität (Schöler-Macher 1994, 96).

Erfahrungen von Isolation, Ausgrenzung und Anpassungsdruck

Die Thematik von Anpassungsdruck und Konformitätszwang wird in zahlreichen Facetten bei über der Hälfte der Interviewpartnerinnen angesprochen. Zum einen kreisen zahlreiche Aussagen um den in der Parteipolitik immer gegenwärtigen Konflikt zwischen den eigenen Überzeugungen und den Verpflichtungen gegenüber der Parteiführung wie z.B. der Notwendigkeit, sich so in den Mehrheitsverhältnissen der Partei zu verorten, daß die Erringung bzw. Wiedererringung eines Mandates oder einer Funktion gesichert ist. Welche Belastungen die persönliche Abhängigkeit von der Politik mit sich bringt, auf welche Weise sich die von uns befragten Politikerinnen mit dem Problem des Opportunismus auseinandersetzen, darauf werden wir an anderer Stelle noch einmal ausführlicher eingehen. Frauen in der Politik sind dem allgemeinen Problem jedoch noch in besonderer Weise ausgesetzt, wie die Antworten unserer Interviewpartnerinnen deutlich machen. Frauen sind in der aktiven Parteipolitik immer noch eine Minderheit, auch wenn ihr Anteil bei den Mitgliedern gewachsen ist und heute bei ca. 25 Prozent liegt, allerdings mit erheblichen

Abweichungen je nach Parteizugehörigkeit (16,71 Prozent bei der CSU und 37,4 Prozent bei Bündnis 90/Die Grünen)[11].

Die Vereinzelung von Frauen in den Spitzenämtern und die damit einhergehenden Belastungen werden von über einem Drittel unserer befragten Politikerinnen beklagt. Es fehle an Möglichkeiten des Austausches und der gegenseitigen Unterstützung, mehr als eine Politikerin gibt an, sich oft „sehr allein" zu fühlen. Gleichfalls werden fehlende Rückendeckung und mangelnde Unterstützung durch die Parteigremien beklagt. Auf Erfahrungen, nicht genügend unterstützt worden zu sein, weisen insbesondere zwei Politikerinnen hin, die eine ungewöhnlich schnelle und steile politische Karriere machten, weil sie aus unterschiedlichen Gründen für ihre Parteien besonders attraktiv waren. Während es für die eine Partei wichtig war, eine ostdeutsche Politikerin zu nominieren, war es für die andere bedeutsam, eine junge, dem linken Flügel zugerechnete Frau aufs Schild heben zu können. Beide hätten sich in der Anfangszeit in ihrem Spitzenamt mehr Zuspruch und Hilfestellung durch die Partei gewünscht.

Problematische Erfahrungen machten mehrere der befragten Frauen auch mit dem Prinzip der Seilschaften. Da Seilschaften oftmals in der Form von Männerbünden funktionieren, steht Politikerinnen der Zugang zu solchen für den Aufstieg und das „Standing" in der Partei oft so entscheidenden Zusammenschlüssen nicht ohne weiteres offen bzw. verlangt die Zugehörigkeit von ihnen ein besonders hohes Maß an Anpassung und Akzeptanz der vorgefundenen Strukturen. Eine aufstrebende Politikerin der jüngeren CDU-Frauengeneration beschloß daher, die „immer vorhandenen männlichen Seilschaften" soweit wie möglich zu ignorieren und sich für ihre politische Karriere vor allem auf ihre Fachkompetenz zu stützen. Heute ist sie zwar eine anerkannte Ressortpolitikerin, aber ob es ihr gelingen wird, eine tatsächliche Machtposition in ihrem Landesverband einzunehmen, bleibt vorerst offen. Das Dilemma ihrer Anfangsjahre beschrieb sie zutreffend selbst mit folgenden Worten: *„Da gab es entweder die Möglichkeit, sich in den Machtverbund der Männer einzusortieren oder gar nichts zu machen. Bei mir war es viele Jahre so, daß ich politisch präsent war, aber überhaupt keine Funktionen hatte"* (P6, 6).

Eine macht- und selbstbewußte Politikerin derselben Generation, die durchaus bereit war, sich „Machtverbünden" zuzuordnen und diese für die eigene Karriere zu nutzen, mußte die Erfahrung machen, daß das geforderte Maß an *„bedingungslosem Gehorsam"* (P19, 9) gegenüber der männlichen Führungsperson für sie schwer zu ertragen war: *„Immer nur, immer nur an den Lippen des Meisters hän-*

---

11 Die Mitgliederstatistiken (Stand Ende 1996) der im Bundestag vertretenen Parteien weisen 1996 folgende Anteile an weiblichen Mitgliedern auf: CSU: 16,71 Prozent; CDU: 24,9 Prozent; F.D.P : 25,02 Prozent; SPD: 28,47 Prozent; Bündnis 90/Die Grünen: 37,4 Prozent.

gen und auch über seine schmutzigsten Witze noch lachen. Ich kann es einfach nicht und es war mir, es war mir zu blöde, widerlich. Die jungen Männer, die machen das, die kennen da nichts" (P19, 9). Ihr Bestreben nach „Unabhängigkeit" habe ihr für die politische Karriere die entsprechenden Nachteile eingetragen.

Die gleiche Politikerin berichtet pointiert darüber, daß insbesondere „starke Frauen" Ausgrenzungsmanövern von Männern ausgesetzt seien. Ihrer Meinung nach besteht darin eine der wesentlichen Behinderungen, die Frauen in der Politik erfahren: „*Also ein paar Männer haben das wirklich mit großer Brutalität betrieben nach dem Motto: Ausgrenzen, absondern, isolieren, und ab einem gewissen Punkt doch sehr erfolgreich"* (P19, 7).

Vereinzelung, fehlender Rückhalt und die für Frauen eingeschränkten Möglichkeiten eigenständige Machtverbünde herzustellen, haben neben anderen Auswirkungen zur Folge, daß die Bereitschaft gefördert wird, sich an die vorgefundenen Strukturen anzupassen und sich mit keiner unliebsamen Meinung hervorzutun. Viele der befragten Politikerinnen führen beredt Klage darüber, daß Frauen auf dem Weg nach oben „abgeschliffen" werden, um mit den von Männern gesetzten Standards und Umgangsformen mithalten zu können. Kaum eine Interviewpartnerin war jedoch bereit oder in der Lage, Auskunft zu geben, inwieweit sie selbst dem Anpassungsdruck unterlegen sei. Aber die Angst davor wird in zahlreichen, oft sehr emotional gefärbten Worten angesprochen. Die Angst, persönlich von der Politik abhängig zu werden und sich „verkaufen oder verbiegen lassen zu müssen", bezieht sich bei den Interviewpartnerinnen zwar vorwiegend auf inhaltliche Fragen der politischen Position, dennoch macht bereits die Wortwahl deutlich, daß es dabei auch um die ertragbare Grenze an Gefälligkeiten geht, die den männlichen Meinungsführern in der einen oder anderen Form erbracht werden sollen, wie das oben angeführte Zitat zum bedingungslosem Gehorsam gegenüber dem politischen Meister so anschaulich darlegt.

Gemeinsam schwach - Störfaktoren in der Zusammenarbeit von Politikerinnen

Knapp die Hälfte unserer Interviewpartnerinnen steuert einen Beitrag dazu bei, auf welche Weise und aus welchen Gründen die oftmals erwünscht und für notwendig erachtete Solidarität unter Frauen beeinträchtigt wird. Da damit ein zentrales Erkenntnisinteresse unserer Untersuchung angesprochen ist, werden wir im folgenden die Aussagen vorstellen, die sich mit Fragen der Machtausübung, Solidarität und Konkurrenz unter Frauen auseinandersetzen.

Frauenorganisationen und Macht

Problematisch erscheint einer Reihe unserer Interviewpartnerinnen die innerparteiliche Zusammenarbeit und Unterstützung von Frauen, die oft nicht in dem Maße funktioniert, wie sie es selbst für wünschenswert halten. Welche Rolle spielen dabei die jeweiligen Frauenorganisationen, die in erster Linie dazu da sind, die Interessen der Parteifrauen zu vertreten? Kritik an den Frauenorganisationen äußern in unserer Untersuchung jeweils eine Politikerin aus dem konservativen sowie aus dem linken Lager.

Die eine Politikerin sieht es als politischen Mißerfolg an, daß es ihr nicht gelungen sei, den Landesverband der Frauenorganisation ihrer Partei, deren Vorsitzende sie mehrere Jahre war, zu einem wirklichen „Machtinstrument" weiterzuentwickeln. Als Grund dafür gibt sie an, daß Frauen sich auf die thematische „*Spielwiese*" (P6, 7) der Frauenpolitik abdrängen lassen, anstatt sich Gedanken zu machen, wie sie wirkungsvoll bei der Besetzung von Posten und Positionen ihre Ansprüche durchsetzen könnten. Hierin zeigt sich für sie eine grundlegende strategische Schwäche von Frauen in der Politik: „*Männer denken immer auch an ihre Person und an Funktionen, die sie bekleiden müssen, um etwas durchzusetzen. Frauen glauben, und da rechne ich mich durchaus ein, daß man nur mit der entsprechenden Arbeit und den entsprechenden Argumenten die Welt verändern kann. Ohne daran zu denken, daß man dazu Macht haben und diese auch ergreifen und nutzen muß*" (P6, 7).

Die von unserer Interviewpartnerin anschaulich geschilderte machtpolitische Abstinenz der Frauen ihres Landesverbandes verweist zugleich auf das in der Forschung vielfach thematisierte generelle Phänomen der Machtferne von Frauen. (Schaeffer-Hegel 1996, Metz-Göckel 1994) Unter den gegebenen Geschlechterverhältnissen und Sozialisationsbedingungen können die Ängste von Frauen vor öffentlicher Machtausübung darauf zurückgeführt werden, daß die Aneignung männlich codierter Verhaltensweisen auf einem fremden Terrain für viele Frauen mit der Abkehr von der mit der Mutter verbundenen Lebensweise einhergeht und als „problematisch, unerlaubt und schuldbesetzt" erlebt wird (Flaake 1993, 52).

Aber auch wenn Frauen die inneren Blockaden auflösen und zu einen differenzierten Machtverständnis gelangen, so stehen der gemeinschaftlichen Machtausübung von Frauen in der Politik weiterhin massive äußere Barrieren entgegen, die unter anderem in der Funktionsweise und Organisationsstruktur der Parteien wurzeln, die Männer traditionell begünstigen. Dazu gibt unsere Interviewpartnerin ein überzeugendes Beispiel: Wenn sich die Frauenorganisation auf Landesebene das Ziel stellen würde, mehrere Ministerposten für Frauen durchzusetzen, müßten die Frauen sich aus den Loyalitäten gegenüber den jeweiligen Kreisverbänden und ihrer meist männlichen Vorsitzenden lösen und ihre Stimmabgabe für die Nominierung gemeinsam und quer zu den vorgegebenen Parteistrukturen organisieren. Frauen müßten zugleich willens und fähig sein, den „Gegenwind" auszuhalten, der bei solch unbotmäßigen Verhalten unweigerlich auf sie zukomme. Denn die Männer in der Partei hätten kein Interesse an einer machtvollen Frauenorganisation: „*Das käme den Männern im Lager nicht so recht. Das wäre genau das, was sie nicht gebrauchen können. Eine Masse von Delegierten, die auf dem Landesparteitag eben nur für Frauen stimmt und sich nicht in die normalen Parteitagsdelegierten, die jeder Kreisfürst so hat, einordnen lassen. Das ist ganz offensichtlich nicht gewünscht, und die Frauen haben den Sprung noch nicht geschafft, das zu verstehen"* (P6, 7).

Anzumerken bleibt, daß die geschilderte Anpassung von Frauen möglicherweise nicht nur auf mangelndem Verständnis für politische Strategien beruht. Für Frauen mit politischen Ambitionen kann es tatsächlich solange problematisch sein, sich mit den überwiegend männlichen „Kreisfürsten"[12] in Konflikt zu geraten, solange für sie nicht die Sicherheit besteht, daß entsprechend machtvolle Frauenbündnisse sie aufzufangen und abzusichern vermögen. So entsteht ein Circulus vitiosus: die bestehenden Strukturen behindern die Entfaltung von machtvollen Frauenbündnissen, und die Machtlosigkeit der Frauenorganisationen verhindern, daß sich die Strukturen ändern.

Umgang mit Führungsfrauen

In unserer Untersuchung erlebten es insbesondere die Frauenpolitikerinnen als Belastung ihrer politischen Arbeit, daß die Zusammenarbeit und Unterstützung durch die Frauen der Fraktion oder Partei oft nicht in wünschenswertem Umfang gegeben ist.

So berichtet eine unsere Interviewpartnerinnen, daß die Auseinandersetzungen mit dem politischen Gegner oder den Männern in der Partei sie zwar oft „genervt", aber nicht in der Weise beeinträchtigt und mitgenommen hätte wie der Streit unter den vermeintlich gleichgesinnten Frauen: „*Schlimmer, schlimmer waren immer, muß ich ja ehrlich sagen, schlimmer war, wenn mich Frauen angegriffen haben. Das hat*

---

12 Bei der CDU waren 1996 lediglich 10 Prozent der Kreisvorsitze von Frauen besetzt. Quelle: „Handeln für die Zukunft", 8. Parteitag der CDU Deutschlands, 20.-22. Oktober 1996, Hannover. Frauenbericht des Generalsekretärs für die Umsetzung der Essener Leitsätze. Auch bei der SPD lag der Anteil von Frauen am Vorsitz von Unterbezirken/Kreisverbänden im Durchschnitt lediglich bei 11,5 Prozent. Die Berechnung beruht auf Zahlenangaben aus dem Gleichstellungsbericht der Arbeitsgemeinschaft sozialdemokratischer Frauen (ASF), Stand 29.11.1995.

mich immer richtig, da bin ich, das konnte bis zur physischen Erschöpfung und auch bis zu Magenschmerzen gehen" (P23, 13).

Für ihre politische Kompromißbereitschaft wurde sie von ihren Genossinnen in sehr heftiger, destruktiver Form angegriffen: *"Und die haben mich da zusammenkartätscht, ich hätte die Frauen verraten. Dann habe ich also mühselig erläutert, warum ich diesen Kompromiß zwar nicht für das Gelbe vom Ei, aber für das einzig im Moment Erreichbare halte. Ich weiß noch, daß hinterher übrigens noch die Männer gesagt haben, das hätten wir gar nicht gedacht, daß du derartig rangenommen wirst. Sowas ist unter Männern vollkommen unüblich. Also da kommt auch schon mal einer und sagt 'Du hast die Sache verraten', aber das hab ich in den Jahren meiner Politik ganz selten gehört. Aber bei Frauen ist das nicht etwa die Ausnahme"* (P23, 14).

Wenn politische Auseinandersetzungen die Form eines Glaubenskrieges annehmen und Politikerinnen befürchten müssen, von den Mitstreiterinnen ständig mit dem Verratsvorwurf konfrontiert und „niederkartätscht" zu werden, müssen sie dies als besondere physische und psychische Belastung erleben.

Dennoch hat diese Interviewpartnerin es verstanden, ihre Erfahrungen, die ja durchaus auch mit persönlichen Verletzungen verbunden gewesen sind, von einem distanzierten Standpunkt aus zu reflektieren und zu verarbeiten. Ihre Erklärung für die besondere „Rigidität" von Frauen ist, daß Frauen mit einer anderen Sozialisation und geringeren politischen Erfahrungen als Männer in die Politik einsteigen würden: *"Sie verlangen deswegen von der Politik Dinge, die gar nicht zu leisten sind. Also sie erwarten, sag ich jetzt mal, eben auch von den Frauen, die sie vertreten, viel zu viel. Sie denken, man muß immer präsent sein, man muß immer das Richtige sagen. Ein Fehler wird sozusagen von Frauen ganz selten wirklich erlaubt. Das macht es natürlich ein bißchen schwierig"* (P23, 14).

Die Zusammenarbeit von Frauen kann von Störfaktoren, die sich aus verschiedenen Quellen speisen, beeinträchtigt werden - sei es durch ein allzu fundamentalistisches Politikverständnis, das durch fehlende praktische Erfahrungen verstärkt wird, sei es durch eine für die Akteurinnen selbst oft kaum durchschaubare Psychodynamik. Das geschilderte Beispiel verdeutlicht, wie eine im gesellschaftlichen oder parteipolitischen Kontext relativ machtarme Gruppe von Frauen unbewußte, überdimensionierte Wünsche nach Mächtigkeit auf die Frau projiziert, die in herausgehobener Position die Gruppe vertritt. Ein vergleichbares Beispiel für den tendenziell destruktiven Umgang von Frauen in politischen Gruppierungen mit ihren Führungsfrauen findet sich in der Forschungsliteratur in der Studie über die Berliner Senatorinnen (Schaeffer-Hegel u.a. 1995). Hier mußte die grüne Frauensenatorin mit ihrem Beraterinnen-Kreis die Erfahrung machen, daß die Beraterinnen weder die politischen Handlungsspielräume realistisch einzuschätzen wußten noch fähig waren, der Senatorin die benötigte Unterstützung zu geben. Auch hier fehlte aufgrund mangelnder praktischer Erfahrung die Einsicht, daß Frauen in Machtpositionen wesentlich auf die Anerkennung und Unterstützung der Personen ihrer Umgebung angewiesen sind, und daß sich das „Niederkartätschen" für alle Beteiligten kontraproduktiv auswirkt (Lukoschat 1995, 216).

Umgang mit Konkurrenz

Als Störfaktor in der Zusammenarbeit von Frauen schildern mehrere der Interviewpartnerinnen den problematischen Umgang von Frauen mit Konkurrenz. *„Konkurrenzgeschichten, die Erfahrung habe ich gemacht, werden unter Frauen oft viel härter ausgetragen werden als unter Männern. Wir können damit aber irgendwie nicht umgehen, also nicht als Kollektiv und das führt oft dazu, daß gerade in Frauenzusammenhängen, da wird dann die Konkurrenz ganz heftig ausgetragen, da ist eher ... als daß es unterstützend ist. Es ist verrückt, aber ... ich habe den Eindruck, wir stehen uns da auch oft selbst im Weg, daß so etwas funktioniert"* (P12, 10).

Auffällig ist zunächst, daß Konkurrenz als Thema weitgehend tabuisiert wird. Konkurrenz widerspricht dem politischen Selbstideal, in dem Solidarität und Kollektivität einen hohen Stellenwert einnimmt. Damit sind die Probleme jedoch nicht bewältigt. Je mehr Konkurrenz verdrängt wird, desto weniger lassen sich befriedigende Umgangsformen mit ihr finden.

Hilfreich für die Handhabung der im politischen Raum nahezu unvermeidbaren Konkurrenz wäre sicher, Konkurrenz nicht einseitig nur mit negativen Vorzeichen zu versehen. Konkurrenz vermag in Gruppengefügen durchaus positive Entwicklungen in Gang zu setzen, wenn die Leistung und der Erfolg einzelner zum Ansporn für die anderen werden. In einem positiven Konkurrenzverständnis wird Konkurrenz als Prozeß begriffen, der Kompetenz fördert und es ermöglicht, in Verbundenheit mit anderen die eigene Individuation voranzutreiben.[13] Damit Konkurrenz in politischen Zusammenhängen positiv wirken kann, ist es allerdings erforderlich daß diejenigen, die an der Spitze stehen, sich ihrer Verantwortung für die Gruppe bewußt bleiben.

---

13 Einen guten Überblick zum Forschungsstand über Konkurrenz unter Frauen bietet der Artikel von Esther Moret 1996. Die darin zitierte Psychoanalytikerin Joyce P. Lindenbaum betrachtet Konkurrenz als funktionierendes Mittel, um Emotionen von Neid und Mißgunst zu entgiften: „Konkurrenz modifiziert den neidischen Wunsch, die andere zu verletzen, denn sie richtet diese Aggression auf die Entwicklung der gewünschten Qualitäten im eigenen Ich. Um zu konkurrieren, muß ich in mir die Qualitäten ausbilden, die ich vorher der anderen zugeschrieben habe" (Lindenbaum 1990, 140, zitiert nach: Esther Moret 1996, 57).

Ohne die Gewißheit der Gruppenmitglieder, daß langfristig alle von den Erfolgen einzelner profitieren werden, wird die positiv besetzte, „kooperative Konkurrenz" (Valerie Miner 1990) nicht möglich sein. Während Männer bei dem Seilschaftsprinzip diesbezüglich auf eine vielfach erprobte und bewährte Praxis zurückgreifen können, die selbstverständlicher Teil ihrer politischen Kultur ist, fehlt es Frauen an praktischen Vorbildern und adäquaten Formen. Funktionierende Frauen-Seilschaften konnten allein schon aufgrund des Minderheitenstatus von Frauen und der Vereinzelung von Frauen in Führungspositionen kaum ausgebildet werden.

Dazu ein weiteres Beispiel, das aufzeigt, wie sehr die Aufstiegsmuster und Führungsstrukturen der Parteien, in denen nach wie vor Männer über die politische Karriere von Frauen entscheiden, dazu beitragen, daß Konkurrenz zwischen Frauen statt kompetenzfördernder Seiten destruktive und mißgünstige Potentiale entfaltet. Eine junge, erfolgreiche Politikerin, die in jeder Hinsicht eine „Ausnahmefrau" darstellt, berichtete uns sehr ausführlich, wie ältere Parteifrauen ihr mit Zorn, mit Mißgunst und Neid begegneten, „obwohl ich ihnen doch gar nichts getan habe"(P10, 44). Allerdings stellen Frauen insbesondere in dieser Partei eine Machtminderheit dar, für die allenfalls „reservierte Posten" offenstehen. Ansprüche auf Posten erwerben sich Frauen in der Regel mit langjährigem Arbeitseinsatz; zugleich hat auch die Frauenorganisation Vorschlagsrecht. Vor diesem Hintergrund ist es nicht verwunderlich, wenn sich altgediente Politikerinnen durch den „regelwidrigen" Aufstieg einer jungen Frau herabgesetzt und ungerecht behandelt fühlen. Kommt noch hinzu, daß die junge Frau attraktiv und beliebt ist, so nimmt es nicht Wunder, wenn die Emotionen hochschlagen. Für die junge Frau sind diese Verhaltensweisen wiederum Beleg dafür, daß Solidarität unter Frauen schwer herzustellen ist. Obwohl sie auch Verständnis für die Situation und die „Bitterkeit" der älteren Frauen zeigt, überwiegt doch ihre Empörung darüber, daß an ihr Emotionen abreagiert werden, für die sie persönlich nicht verantwortlich ist.

Eine weitere Interviewpartnerin, die sich kritisch mit dem Komplex der Konkurrenz unter Frauen auseinandersetzt, ist eine jüngere Politikerin, die mangelnde Fähigkeiten im Umgang mit Konkurrenz und Kritik als spezifische Sozialisationsdefizite von Frauen charakterisiert.

„Das hängt, glaube ich, auch damit zusammen, daß dieses Wettkampf-Spiel von Frauen nicht gelernt ist. Das ist übrigens erlernbar und wäre auch ganz wichtig für Kurse: wie kann ich mit Konflikten und Kritik umgehen. Das ist etwas, das bei Männern viel leichter geht, also eine Kritik auszusprechen und dann anschließend wieder auf eine normale Ebene zu kommen. Und bei Frauen kommt es dann sehr schnell zu abgrundtiefen Verletzungen, und das kriegen Sie nie wieder hin! ... Für diesen Wettkampf, für Konkurrenzsituationen ist die Mädchenerziehung einfach schlecht. Also lieb sein und aufpassen, daß man geliebt wird, das ist nun wirklich

keine gute Voraussetzung für solche Jobs! Und die Jungs, die prügeln sich aus und vertragen sich hinterher wieder. Eine Rivalitätskultur sozusagen" (P22, 29).

Mit Blick auf die historischen Entwicklungen wird deutlich, warum Frauen keine Tradition zu einer „Rivalitätskultur" ausbilden konnten und durften. Konkurrenz im öffentlichen, politischen Raum war im 19. Jahrhundert Männern vorbehalten, während Frauen unter dem Verdikt bürgerlicher Geschlechterideologie im Ausgleich zur harten Konkurrenzwelt von Politik und Markt die harmonische Privatwelt der Familie zu pflegen hatten und sich dafür als das moralisch bessere Geschlecht fühlen durften (Schaeffer-Hegel 1996, 150).

Heute sind die Weiblichkeitsvorstellungen des 19. Jahrhunderts nicht mehr ungebrochen gültig. Wo sie fortwirken, tun sie es in einer vielfach modifizierten und den Erfordernissen des 20. Jahrhunderts jedoch noch lange nicht hinreichend angepaßten Form. So zeigen aktuelle Befunde aus der Sozialisationsforschung, daß weder Elternhaus noch Schule Mädchen und junge Frauen im gleichen Maße wie Jungen ermuntern, in Wettkampfsituationen Rivalität spielerisch zu erproben und als einen legitimen Teil ihrer Persönlichkeit zu akzeptieren (Enders-Dragässer/Fuchs 1988, Flaake 1991).

Viele unserer Interviewpartnerin nehmen explizit auf frauenspezifische Sozialisationserfahrungen bezug, die ihrer Ansicht Frauen denkbar schlecht auf die Erfordernisse professioneller Politik vorbereiten. Eine gestandene Politikerin berichtet, daß es ihr erst mit Hilfe professioneller Beratung gelungen sei, das innere „brave Mädchen" zu überwinden. Der antrainierte Wunsch „allen gefallen zu wollen", so meint eine andere Interviewpartnerin, mache es Frauen in der Politik ausgesprochen schwer, Konflikte und Kämpfe durchzustehen. Zu den am eigenen Leib erfahrenen Behinderungen aufgrund einer frauenspezifischen Sozialisation äußern sich Politikerinnen aus allen Parteien und anteilig ebenso viele ostdeutsche wie westdeutsche Frauen.

Bemerkenswertes Ergebnis der Untersuchung ist allerdings, daß entscheidende Unterschiede in der Beurteilung von Sozialisationserfahrungen zwischen den jüngeren und den älteren Politikerinnen bestehen. Keine der fünf jungen, unter 35jährigen Politikerinnen aus der Befragungsgruppe benannte Schwierigkeiten, die aus den eigenen Sozialisationserfahrungen herrühren. Dies ist der Generation der Frauen um die 50 vorbehalten. Die jüngeren Politikerinnen führen frauenspezifische Behinderungen vielmehr darauf zurück, daß sie in der Politik auf Erwartungen und Verhaltensanforderungen stoßen, die an traditionellen Weiblichkeitsvorstellungen orientiert sind und die sie im Widerspruch zu ihrem eigenem Selbstbild und zu ihrer Persönlichkeit sehen. Ihnen mangelt es nicht an Selbstvertrauen, sondern sie beklagen, daß ihnen als jungen Frauen zu wenig zugetraut wird.

Auf der *persönlichen* Ebene tragen geschlechtstypische Sozialisationserfahrungen, auf der *gesellschaftlichen* Ebene tradierte Weiblichkeitsideale und auf der *politisch-institutionellen* Ebene die an Männern orientierten Aufstiegsmuster dafür Sorge, daß für weibliche Politiker die Probleme im Umgang mit Konkurrenz erheblich größer sind als für ihre männlichen Kollegen und damit auch die Chancen für tragfähige Frauenbündnisse in der Politik beeinträchtigt werden.

Geschlechterverhältnisse auf dem Prüfstand - Familie, Kinder und der Mann an ihrer Seite

Welche persönlichen Belastungen und Behinderungen im politischen Werdegang erwuchsen den von uns befragten Politikerinnen aus Problemen der Vereinbarkeit von Politik mit Kindererziehung und Familienarbeit? Welche Bedeutung nimmt die enorme zeitliche und psychische Belastung ein, die mit der Ausübung einer politischen Spitzenposition verbunden ist? Wie wird die damit einhergehende Einschränkung des Privatlebens empfunden? Welche Unterstützung erhalten Politikerinnen von ihren Partner(innen) oder Ehemännern?

Die geschlechtsspezifische Arbeitsteilung und die gesellschaftliche Zuständigkeit von Frauen für Kindererziehung und Fürsorge- und Pflegearbeit gilt neben dem Bildungsstand und der Berufssituation als eine der sozialstrukturellen Faktoren, die für die Unterrepräsentanz von Frauen verantwortlich zu machen sind. Seit dem Bestehen der Bundesrepublik haben sich jedoch einschneidende Veränderungen ergeben: Frauen haben in Bildungsstand und in der Ausübung „politiknaher" akademischer Berufe weitgehend mit den Männern gleichgezogen (Hoecker 1995, 142). Wie sieht es mit Differenzen zwischen Frauen und Männern in der Politik bezüglich des Lebensstandes aus? Auch hier ist festzustellen, daß eine gewisse Annäherung von Frauen und Männern erreicht wurde, dennoch aber weiterhin hochsignifikante Unterschiede bestehen. Im aktuellen Bundestag sind 76,6 Prozent aller männlichen Abgeordneten verheiratet und haben Kinder, während es bei den Frauen lediglich 52 Prozent sind. Der Anteil der alleinstehenden Politikerinnen ist zwar kontinuierlich gesunken, beträgt jedoch in der aktuellen Wahlperiode immer noch 35,7 Prozent, während er bei den Männer nur 14,5 Prozent beträgt (Hoecker 1995. 141).

Noch eine weitere Veränderung im Sozialprofil der Abgeordneten ist in diesem Zusammenhang von Bedeutung: der Altersdurchschnitt der Parlamentarierinnen, der bis zur 6. Wahlperiode immer über dem der männlichen Abgeordneten lag, ist seit Mitte der 70er Jahre kontinuierlich gesunken, und liegt heute mit 46,5 Jahren sogar deutlich unter dem der Männer (50,1). Aus der „Verjüngung" der Parlamentarierinnen läßt sich ableiten, „daß das langjährige Muster eines im Vergleich zu den Männern späteren Politikeinstiegs der Frauen (...) inzwischen überholt ist" (Hoecker

1995, 141). Das heißt, daß heute politisch aktive und erfolgreiche Frauen etwa im gleichen Alter wie Männer, zwischen Mitte Zwanzig bis Mitte Dreißig, mit ihrer politischen Karriere begonnen haben, also in einem Lebensabschnitt, der mit der Familiengründungsphase zusammenfällt. Für die Generation ihrer Mütter hatte sich die Alternative Politik oder Kinder noch in größerer Schärfe gestellt: die ersten Generationen der weiblichen Abgeordneten im deutschen Bundestag waren entweder kinderlos geblieben, oder die Frauen waren erst in die Politik eingestiegen, als die Kinder bereits junge Erwachsene waren (Meyer 1994). Die heutige Generation der Politikerinnen versucht dagegen zunehmend, beides miteinander zu vereinbaren und ist nicht mehr bereit, zugunsten der politischen Karriere auf Kinder und Familie zu verzichten oder umgekehrt, worauf auch die Befunde unserer quantitativen Erhebung hinweisen. Allerdings müssen Frauen mit außergewöhnlichem Selbstvertrauen, Ehrgeiz und innerer Motivation für eine politische Karriere ausgestattet sein, um die erwartbaren Doppel- und Dreifachbelastungen tatsächlich meistern zu können. Einschränkungen und Abstriche im Privatleben sind der Preis, den nahezu alle Frauen in politischen Spitzenpositionen bezahlen müssen.

Politische Karriere und Kinder

Wie stellt sich nun die Lebenssituation der befragten Politikerinnen dar? Ein Drittel der Interviewpartnerinnen lebt ohne Partner/Partnerin. Zwei Drittel leben mit einem Partner (davon zwei mit einer Lebenspartnerin), 15 haben ein oder mehrere Kinder, die allerdings überwiegend schon erwachsen oder im fortgeschrittenen Jugendalter sind. Von unseren 5 Interviewpartnerinnen unter 35 Jahren haben zwei jeweils zwei Kinder im Kleinkind- oder Grundschulalter. Drei der Politikerinnen mit Kindern, die heute in Spitzenpositionen tätig sind, berichten, daß sie ihre politische Karriere eingeschränkt hätten bzw. erst später „richtig" eingestiegen seien. Eine Politikerin begnügte sich wegen ihrer drei Kinder viele Jahre mit der Position einer Landtagsabgeordneten, weil „*ich es anders gar nicht hätte vereinbaren können*" (P23, 6).

Von Vorbehalten des familiären Umfeldes berichtet eine SPD-Politikerin. Die konservative Familie ihres Mannes hätte mit „Unverständnis" darauf reagiert, daß sie als Mutter von 4 Kindern weiterhin als Lehrerin tätig und politisch engagiert sein wollte (P5, 8). Für die Kandidatur auf ein politisches Spitzenamt entschloß sie sich allerdings erst, als ihre Kinder bereits im Jugendalter bzw. schon volljährig waren.

Von Gewissenskonflikten und inneren Zwiespälten, den Kindern möglicherweise nicht gerecht geworden zu sein, berichtet uns nur eine einzige Politikerin. Diese hatte sich bereits in jungen Jahren scheiden lassen und ihre beiden Söhne allein großgezogen: „*Ich hatte dann doch das Gefühl, obwohl meine Kinder ja schon groß waren, als ich mit der Politik anfing, daß die mich aber noch gebraucht hät-*

ten. Und die Entwicklung eines Sohnes, des jüngeren, ist ja auch etwas schwierig verlaufen. Ich hatte mir dann doch Vorwürfe gemacht. Aber das hat nicht nur mit Politik zu tun, sondern damit, daß ich ja schon immer berufstätig war. Und obwohl ich mir sagte, du mußtest berufstätig sein, wie hättest du die Kinder sonst durchbringen sollen, habe ich damals trotzdem immer diesen Zwiespalt gehabt" (P18. 7)

Bemerkenswert ist, daß nach Ansicht der Mehrzahl der Politikerinnen Kinder und Familie dennoch keine entscheidende Barriere für die politische Karriere darstellen und in vielen Interviewpassagen der berechtigte Stolz auf diese Lebensleistung herauszuhören ist. Voraussetzung ist allerdings, daß die Politikerinnen sich auf die Unterstützung und die Akzeptanz ihre (Ehe)Partners verlassen konnten und Kinderbetreuung und Haushaltsorganisation mit Hilfe des familiären Umfeldes, insbesondere der Großeltern, und/oder mit professioneller Hilfe zufriedenstellend regelbar waren. In der großen Mehrzahl betonen unsere Interviewpartnerinnen, daß sie ohne die praktische Unterstützung und den moralischen Rückhalt ihres Mannes die politische Karriere nicht bewältigt hätten. Dennoch konnte keine der befragten Politikerinnen und nur eine einzige der Interviewpartnerinnen in einer gesellschaftlichen Führungsposition auf einen „Hausmann" zurückgreifen, der sich an ihrer Statt ausschließlich der Kindererziehung und der Haushaltsorganisation gewidmet hätte. Für männliche Politiker ist es dagegen noch immer eine Selbstverständlichkeit, sich auf eine hauptberufliche Ehefrau zu stützen und von der Verantwortung für Kinder und Haushalt weitgehend befreit zu sein. Letztlich haben Männer damit einen nicht zu unterschätzenden Startvorteil, weil sie die ungeteilte Energie in die politische Arbeit stecken können, während Frauen einen ungleich größeren Teil ihrer Zeit, ihrer Kraft und ihrer unabdingbaren Organisationstalente für die Vereinbarkeit von professioneller Politik und Kindern/Familie aufwenden müssen.

Belastungen für das Privatleben

Für ein gutes Viertel unserer Interviewpartnerinnen stellt die zeitliche Inanspruchnahme durch die Politik eine Belastung für ihr Privatleben dar. Für einige ist es besonders unbefriedigend, daß ihnen nicht genügend Zeit bleibt, die eigenen Ressourcen aufzufüllen und nicht mehr angemessen für die intellektuelle Weiterentwicklung sorgen zu können. Eine der von uns befragten Ministerinnen beschreibt dies sehr anschaulich als Verlust von „Kopfsubstanz":

Die gleiche Politikerin beschreibt ihr Privatleben als *„auf groteske Weise fragmentiert"* (P22, 18). Private Verabredungen könne sie in der Regel erst nach Mitternacht treffen und selbst die Wochenenden seien vielfach von politischen Terminen in Beschlag genommen. Es bedarf schon einer besonderen Vitalität und Widerstandskraft wie einer besonderen psychischen Disposition, um einer solchen Lebensweise gewachsen zu sein.

Politik als Zeitfresserin, die das gesamte Leben zu vereinnahmen droht? Wie läßt sich das vereinbaren mit Partnern, Liebesbeziehungen, Freundschaften? Immerhin leben ein Drittel der Politikerinnen gegenwärtig ohne Partner oder Partnerin, ein Viertel von ihnen ist geschieden. Eine Politikerin, die als alleinerziehende Mutter besondere zeitliche Belastungen zu bewältigen hatte, schildert, wie angesichts der Anforderungen der Politik kaum mehr Raum in ihrem Leben für persönliche Beziehungen blieb: *„Es ist immer wenig Platz geblieben für meine eigenen Liebesbeziehungen. Mir sind in der Politik einige in die Brüche gegangen, die sehr vielversprechend begonnen hatten. Das hat damit zutun gehabt, daß ich dann immer Termine abgesagt habe, kleine Reisen, die wir zwischendurch machen wollten, abgesagt habe usw."* (P18, 8).

Bei einer anderen Politikerin zerbrach die Ehe, weil der Ehemann mit der starken und erfolgreichen Frau an seiner Seite nicht umzugehen wußte. *„Der Vater meiner Kinder bekam irgendwann Angst vor mir. Er hat mich immer aufgebaut, solange ich ihn angehimmelt habe, fand er das alles wunderbar. Aber als ich dann gleichrangig war und ihn in einigen Teilen anfing zu überholen, da hat er das alles nicht mehr ausgehalten. Da war zu Hause unheimlicher Druck, da wurden die Kinder auch wirklich gegen mich ausgespielt. Da habe ich Schluß gemacht"* (P3, 9).

Auch die öffentliche und mediale Darstellung trägt nicht dazu bei, die Rolle des „Mannes an ihrer Seite" für Männer attraktiv zu machen, sondern verstärkt vielmals noch die Klischees und Vorurteile. Gleichviel ob die Männer als schwache und bedauernswerte Figuren dargestellt werden oder ihnen verübelt wird, wenn sie sich zu sehr für ihre Frau einsetzen, die öffentliche Bewertung der Ehen von (Spitzen)Politikerinnen bleibt problematisch. Eine unserer Interviewpartnerinnen, die unter der Art der öffentlichen Berichterstattung über ihre Scheidung und Wiedervermählung sehr zu leiden hatte, ist inzwischen der Ansicht, *„daß eigentlich eine Politikerin überhaupt nicht verheiratet sein darf. Was immer der Mann macht, es ist falsch. Er kann es also gut meinen, es wird immer verdreht. Das ist eigentlich der Punkt, wo Frauen auch am stärksten zu treffen sind"* (P19, 7).

Ehe und Partnerschaften von erfolgreichen Politikerinnen stehen nicht zuletzt deshalb auf einem besonderen Prüfstand, weil sie die traditionelle Beziehung zwischen den Geschlechtern infragestellen und dem - in der Regel - männlichen Partner Verhaltensweisen abfordern, die gesellschaftlich mit der Frauenrolle verbunden sind. Dazu gehören die Fähigkeit, hinter den Erfolgen der Partnerin zurückzustehen und unsichtbare Zuarbeit und Rückendeckung zu leisten, sowie die Bereitschaft, eigene Ansprüche an Zeit und Zuwendung der Partnerin in erheblichem Maße einzuschränken, wobei, darauf sei noch einmal hingewiesen, wesentliche Anteile der frauenspezifischen Aufgaben, wie die Zuständigkeit für die Kindererziehung, von den Partnern der interviewten Politikerinnen zumeist nicht übernommen wurden.

Wenn Frauen in politischen Spitzenpositionen keine Ausnahme bleiben und mehr Frauen für politische Positionen gewonnen werden sollen, so müssen sich nicht nur schrittweise die Strukturen des politischen Raumes verändern, sondern ebenso die Strukturen des Geschlechterverhältnisses im privaten Bereich. Vor allem wird es darum gehen, den Wandel des traditionellen Männlichkeitsbildes zu beschleunigen, der mit der kritischen Veränderung der traditionellen Frauenrolle innerhalb der letzten Dekaden nicht Schritt gehalten hat.

Handlungs- und Bewältigungsstrategien politischer Führungsfrauen

Eroberung neuer Themenfelder

Ein wichtiger Beitrag zur Erweiterung der Handlungsspielräume von Frauen in der Politik kann darin bestehen, daß Politikerinnen über ein breites Spektrum an Ressorts verfügen und so ihr Einfluß auf alle gesellschaftlichen Entscheidungsfelder gesichert wird. Qualitative Veränderungen im Interesse von Frauen können langfristig nicht in Gang gesetzt werden, ohne die Einbeziehung der zentralen Steuerungsinstrumente der Finanz-, Steuer-, Wirtschafts- und Arbeitsmarktpolitik.

Wie begründen Politikerinnen die Wahl und/oder den Wechsel ihrer inhaltlichen Schwerpunkte? Welche Erfahrungen machten sie mit verschiedenen Ressorts? Wie schätzen sie die verschiedenen Politikfelder zur Zeit ein und welche Schlußfolgerungen ziehen sie daraus für die Stärkung von Frauen in der Politik?

Zunächst soll jedoch kurz dargestellt werden, inwieweit sich das traditionelle Muster der Frauenbeteiligung in Bundes- und Landesregierungen bereits verändert hat. Seit Mitte der 80er Jahre zeichnet sich ab, daß Politikerinnen nicht mehr nur in den frauentypischen Ressorts wie der Familien-, Jugend- oder Gesundheitspolitik tätig sind. Die Tendenz zur Aufweichung der „geschlechtsspezifischen Ressortverteilung" (Cordes 1996) ist allerdings auf der Landesebene deutlich stärker ausgeprägt als auf der Bundesebene. Zugleich bestehen erhebliche Unterschiede zwischen den jeweiligen Landesregierungen. SPD-regierte bzw. rotgrün-regierte Bundesländer, insbesondere in den Stadtstaaten, weisen einen deutlich höheren Anteil an weiblichen Regierungsmitgliedern und damit auch eine breitere Ressortzuständigkeit von Frauen auf als CDU-regierte Länder auf.

1996 waren von den 47 Ministerinnen und Senatorinnen der 16 Landesregierungen der Bundesrepublik drei Finanzministerinnen, drei Justizministerinnen, 2 Ministerinnen für Bundesangelegenheiten und eine Landwirtschaftsministerin. Es gibt immerhin sechs Umwelt- und acht Arbeitsministerinnen. Dennoch bilden die Ressorts Soziales, Gesundheit, Familie, und Bildung weiterhin einen deutlichen Schwerpunkt in der Regierungstätigkeit von Frauen; ebenso die Frauen- bzw. Gleichstellungspolitik (15 Ministerinnen bzw. Staatssekretärinnen für Frauenpolitik). Auffällig ist, daß der Bereich der Innenpolitik noch ausschließlich von Männern besetzt ist; auch die Wirtschaftspolitik ist bis auf die Ausnahme der saarländischen Wirtschaftsministerin noch fest in männlicher Hand (vgl. Handbücher der Landtage).

Anders sieht es dagegen auf Bundesebene aus: von den aktuell 17 Bundesministerien werden zur Zeit nur das Umweltministerium und das Ministerium für Familie, Senioren, Jugend und Frauen von Frauen geleitet, so daß das Themenspektrum zwangsläufig eingeschränkt ist. Die bisher höchste Anzahl an weiblichen Ministern wurde in der 12. Wahlperiode (1990 bis 1994) erreicht, als erstmalig 4 Frauen in der Bundesregierung vertreten waren und auch zwei untypische Ressorts, das Justiz- und das Bauministerium, innehatten. Trotz dieses Befundes ist auch auf Bundesebene festzustellen, daß Frauen zunehmend neue Politikfelder einnehmen.[14]

Wie sieht nun die Ressortverteilung bei den Interviewpartnerinnen aus? Zu zwei Dritteln geben die befragten Politikerinnen Frauenpolitik als einen Schwerpunkt ihrer politischen Arbeit an. Drei Spitzenpolitikerinnen haben in diesem Feld Karriere gemacht, sind heute jedoch in anderen inhaltlichen Bereichen tätig oder in Positionen, die eine Generalistin erfordern. Der Anteil der frauenpolitisch Tätigen ist in unserem Untersuchungssample damit außergewöhnlich stark vertreten. Bei den weiblichen Mitgliedern der 16 Landesregierungen, die mit gewisser Berechtigung als Vergleichsgruppe für den aktuellen Stand der Ressortzuständigkeiten von Frauen in politischen Führungspositionen herangezogen werden kann, liegt der Anteil der Frauenpolitikerinnen zu Zeit bei etwa 30 Prozent.

Entgegen der häufig geäußerten Meinung, Frauenpolitik sei „karriereschädlich" konnten Politikerinnen, zumindest in den vergangenen 10 bis 15 Jahren, in Verbindung mit diesem Schwerpunkt durchaus Karriere machen. Frauenpolitik wurde im

---

14 In der 13. Wahlperiode werden folgende Ausschüsse von Frauen geleitet:- Arbeit und Sozialordnung; Familie, Senioren, Frauen und Jugend; Bildung, Wissenschaft, Forschung und Technologie; Petitionen; Fremdenverkehr und Tourismus. Bei weiteren vier Ausschüssen haben Frauen den stellvertretenden Vorsitz inne: Gesundheit; Familie, Senioren, Frauen und Jugend; wirtschaftliche Zusammenarbeit; Ernährung, Landwirtschaft und Forsten; Petitionen. Quellen: Parlamentarierinnen im Deutschen Bundestag 1949 bis 1993, 47 bis 50, zitiert nach Hoecker 1995, 156f. Für die 13. Wahlperiode nach Kürschners Volkshandbuch „Deutscher Bundestag - 13. Wahlperiode", Darmstadt 1995, 290

politisch-administrativen System als neues Ressort gleichsam hinzugefügt und eröffnete Frauen damit eine größere Anzahl von Posten und Positionen.

Ein weiterer Schwerpunkt der von uns befragten Politikerinnen liegt auf der Bildungs- und Kulturpolitik, auf Kinder-, Jugend- und Familienpolitik sowie auf der Sozialpolitik, die jeweils zu einem knappen Drittel genannt werden.

Mit jeweils drei Nennungen folgen Gesundheits- und Kommunalpolitik, mit jeweils zwei Nennungen Arbeitsmarkt, Wirtschafts-, Umweltschutz-, Innen- und Rechtspolitik (Asyl) sowie Außenpolitik.

Die Schwerpunktsetzungen und Ressortverteilungen korrespondieren durchaus mit den Ergebnissen unserer quantitativen Untersuchung. Diese hat gleichfalls eine Präferenz der Politikerinnen für „weiche" Themen wie Frauen, Familie, Gesundheit, Kultur und Bildung erbracht, weist aber zugleich eine recht beachtliche Palette an politischen Schwerpunkten der Befragten auf (Siehe oben, 285-286).

Politikerinnen machen also immer noch überwiegend auf traditionellen Feldern Karriere, aber zugleich gelingt es einer zunehmenden Anzahl von Frauen, neue Politikbereiche zu besetzen. Es zeigt sich auch, daß es auf einer ausreichend breiten Basis Nachwuchspolitikerinnen gibt, die bereit sind, sich in bislang männertypischen Feldern zu profilieren. Das bestehende Ungleichgewicht in der Ressortzuständigkeit von Frauen und Männern könnte aufgrund dieser Befunde künftig sicher ausgeglichen werden. Dies kann aber auch heißen, daß sich die Auseinandersetzung und der Umgangston zwischen Frauen und Männern in der Politik noch verschärfen wird, wenn Frauen Männern auch auf deren „angestammten", harten Politikfeldern Konkurrenz machen.

Harte contra weiche Ressorts

Mehrere der Politikerinnen geben sehr entschieden zu Protokoll, daß sich „*Frauen nicht auf thematische Spielwiesen*" (P6, 7) abdrängen lassen dürften und es die politische Durchsetzungskraft von Frauen beeinträchtige, wenn sie sich zu sehr auf die „weichen" Ressorts konzentrierten. Eine Politikerin mit dem Schwerpunkt Bildungs- und Jugendpolitik vermutet, daß eine andere fachliche Ausrichtung ihr das Standing in der Partei sicherlich erleichtert hätte. „*Ich finde es toll, wenn Frauen sich in der Stadtentwicklung oder anderen Ressorts engagieren. Ich ermutige sie auch dazu. Aber für mich war das nicht naheliegend. Ich finde es richtig, wenn Frauen sich verstärkt auf die 'harten' Themen konzentrieren, weil hier die Macht ausgehandelt wird. Das kann ich nur unterstützen. Aber es war nicht mein Weg*" (P2, 6).

Für sich selbst schließt die zitierte Politikerin einen thematischen Wechsel aus, da ihr zum Beispiel für den Bereich der Wirtschafts- oder Finanzpolitik die fachliche Kompetenz fehle und sie es im Gegensatz zu anderen Politikerin nicht mit ihrem Selbstverständnis vereinbaren könne, *„die Ressorts wie die Hemden zu wechseln"* (ebd.). Diese Aussage ist in mehrfacher Weise aufschlußreich: einmal kann sie als Hinweis dafür aufgefaßt werden, wie wichtig es angesichts der starken Fachorientierung von Politikerinnen ist, daß Frauen sich bereits durch Ausbildung, Studium und Berufstätigkeit Kompetenzen in frauenuntypischen Bereichen erwerben und sich damit mit der Sicherheit ausstatten, auch für „harte" Ressorts geeignet zu sein. Zum anderen zeigt sich, wie bereits ausgeführt, daß das Selbstverständnis als Fachpolitikerin, das die Mehrzahl unserer Interviewpartnerinnen besitzt, starke Schutz- und Sicherungsfunktion hat, jedoch nicht allein ausreichend ist, um sich in den Spitzenetagen der Politik zu behaupten. Dort spielt im Vergleich zur fachlichen Kompetenz die politische Führungsqualität eine ebenso große, wenn nicht die größere Rolle.

Schwierigkeiten mit der Rolle der Generalistin

Stärker noch als die Spitzenämter im exekutiven Bereich erfordern die Machtpositionen innerhalb der Parteien von den Akteurinnen die Bereitschaft, Interesse und Leidenschaft für die strategischen Fragen von Machterwerb und Machterhalt aufzubringen. Allen Interviewpartnerinnen, die hohe Ämter in den Bundes- oder Landesvorständen ihrer Partei einnehmen oder eingenommen haben, sind sich bewußt, daß sie in dieser Position als Generalistin gefordert sind. Aus unterschiedlichen Gründen kann die Übernahme der Generalistinnenrolle jedoch Schwierigkeiten bereiten. Eine gewitzte und durchsetzungsstarke Politikerin, die auf ihrem Gebiet der Bildungs- und der Frauenpolitik viel erreicht hat, gibt als Grund dafür, mit durchaus selbstkritischem Impuls, das uns bereits bekannte Argument des Kompetenzzweifels an: *„Also ich gehöre nicht zu den Generalistinnen. Ich muß ganz ehrlich sagen, daß ich sogar immer ein bißchen Probleme damit habe ... Also ich brauche ein ziemlich intensives Wissen, damit ich handeln kann, sonst fühle ich mich unsicher. Also ich weiß, daß es Kollegen gibt, die können die tollsten Reden halten und haben von nix 'ne Ahnung, also das kann ich nicht!"* (P23, 4).

Eine andere Politikerin, die ihre Position als Landesvorsitzende ihrer Partei aufgrund eines harten strömungspolitischen Streites, der mit allen Methoden bis hin zu Formen durchsichtiger Skandalierung ausgefochten wurde, wieder aufgeben mußte, erkennt im Rückblick als Defizit, daß sie sich zu sehr von politischen „Peanuts" und Alltagsstreitigkeiten habe gefangen nehmen lassen und sich zu wenig Raum für übergreifende Führung erobert habe. Sie ist inzwischen der Ansicht, daß ihre parteipolitischen Widersacher es bewußt darauf angelegt hätten, sie mit der Verzettelungs-Strategie kleinzubekommen.

Wenn Frauen sehr schnell in hohe Parteiämter aufsteigen - weil es z.B. aus parteiinternen Gründen günstig erscheint, der Öffentlichkeit ein junges, unverbrauchtes Gesicht zu präsentieren - können sie von der neuen Position auch schlicht überfordert sein. Eine junge ostdeutsche Politikerin schildert diese Problematik sehr anschaulich. Die größten Schwierigkeiten an der Generalistinnenrolle bereitet ihr und zwar bis hin zur physischen und psychischen Erschöpfung, daß sie ständig präsent und reaktionsbereit sein muß, zu allen Themen Stellung nehmen soll, gleichzeitig aber nur in unzureichendem Maße Unterstützung und Zuarbeit von ihrer Partei erfährt. In ihrem Fall kann man sich des Eindrucks nicht erwehren, daß eine talentierte Nachwuchspolitikerin von ihrer Partei instrumentalisiert und „verheizt" wird.

Unsere Untersuchung bietet jedoch auch Beispiele für junge Frauen, die ihre politischen Karrieren mit Geschick und Wissen um die Anforderungen von parteipolitischen Führungsämtern voranbringen. Eine junge Politikerin, die bereits erfolgreich in federführender Position im Ressort der Bildungs- und Familienpolitik tätig ist, hat sich, seitdem sie in den Landesvorstand ihrer Partei aufgerückt ist, systematisch in der Wirtschafts-, Finanz- und Steuerpolitik fortgebildet und diesen Bereich, wie sie sagt, „*Zug um Zug ausgebaut*" (P10, 30). Ihr geht es darum, langfristig die grundlegenden wirtschafts- und sozialpolitischen Linien ihrer Partei mitbestimmen zu können. Zugleich ist sie Taktikerin genug, sich zurückzuhalten und ihren Ehrgeiz zu zügeln, da sie weiß, daß sie anderenfalls sehr schnell Ärger mit den wirtschaftspolitischen Matadoren ihrer Partei bekommen könnte und die Verwirklichung ihrer politischen Ambitionen von langer Hand geplant sein muß. Dies hält sie jedoch nicht von ihrem Ziel ab, sich so etwas wie gesellschaftspolitische Richtlinienkompetenz anzueignen und langfristig entsprechende Positionen anzustreben. Das Polster an Selbstvertrauen und Selbstgewißheit, politische Führungskompetenz zu besitzen, resultiert bei ihr im übrigen nicht aus der Sicherheit, eine besonders versierte Fachpolitikerin zu sein, sondern aus ihrer familiären Sozialisation in einem Elternhaus, in dem ihr das Politikmachen hautnah vermittelt wurde.

Eine erfolgreiche Nachwuchspolitikerin aus einem anderem politischen Spektrum hat sich vergleichbar systematisch darum bemüht, parallel zu ihrem Aufstieg in der Parteihierarchie ihre inhaltlichen Kompetenzen Stück um Stück auszubauen und konnte, von ihrem ursprünglichen Feld der Ökologiepolitik ausgehend, ihr Themenspektrum inzwischen erheblich erweitern. Auch ihr geht es, wie der bereits geschilderten jungen Frau, letztlich darum, sich als Gesellschaftspolitikerin zu profilieren und die Richtung ihrer Partei streitbar mit zu bestimmen - in ihrem Fall möchte sie vor allem den Raum offen halten für linke Positionen.

Bei allen programmatisch-ideologischen Unterschieden zwischen den beiden zuletzt erwähnten jungen Frauen ist ihnen gemeinsam, daß sie politischen Biß und Gespür für machtpolitische Konstellationen mitbringen und keine Scheu vor öffentlichem Auftreten besitzen. Beide Politikerinnen erklären klipp und klar, „gut reden zu können". Eine Rede vor dem Parteitag flößt keiner der beiden Angst ein, sondern wird als Steigerung des eigenen Selbstwertgefühles erlebt und genossen.

Wie lassen sich diese Befunde unter unserer Fragestellung der Stärkung von Frauen in der Politik interpretieren? In Hinblick auf künftige bildungspolitische Maßnahmen erscheint es uns wichtig, den Blick vor allem auf die Qualifizierung von Frauen zu ressortübergreifendem Arbeiten und auf den Erwerb von Führungskompetenz zu richten. Verhaltensmuster wie Zurückhaltung und Bescheidenheit in der Öffentlichkeit, Abkapselung im Fachwissen oder die Neigung, sich um jede Kleinigkeit kümmern zu wollen, die in der einen oder anderen Form durchaus mit Erfahrungen weiblicher Sozialisation korrespondieren, haben auf das Standing in politischen Spitzenpositionen ausgesprochen negative Auswirkungen.

Ressortübergreifende Vernetzung

Kooperation und Vernetzung von Frauen kann auf der vertikalen, aufstiegsorientierten Ebene erfolgen, aber auch auf der inhaltlichen, ressortbezogenen Ebene. Aufschlußreich für die Frage nach Bedingungen und Chancen einer verstärkten fachübergreifenden Kooperation von Frauen in der Politik sind insbesondere die Aussagen der Interviewpartnerinnen zur Frauenpolitik.

Dezidierte Kritik wird insbesondere von den ostdeutschen Politikerinnen an der unzureichenden infrastrukturellen Ausstattung der frauenpolitischen Ressorts geäußert, die sich zum Beispiel darin zeigt, daß Frauenministerien oder Gleichstellungsstellen verschiedentlich kein eigenes Öffentlichkeitsreferat zugestanden wird. Das geringe politische Gewicht, das Frauenpolitik beigemessen wird, kann sich in Defiziten in der personellen und materiellen Ressourcenausstattung zeigen, es kann sich aber auch im Atmosphärischen niederschlagen, z.B. in der Art und Weise, wie Frauenpolitikerinnen ernst - bzw. nicht ernst genug genommen werden. Eine ostdeutsche CDU-Politikerin erklärt die Geringschätzung mit der mangelnden gesellschaftlichen Akzeptanz für dieses neue, ungewohnte Politikfeld: *„Eine institutionalisierte Frauenpolitik gibt es ja noch nicht so lange, als daß sie so anerkannt ist, wie sie eigentlich anerkannt sein müßte. Es wird doch immer ein bißchen belächelt"* (P7, 10)

Einen anderen Akzent setzt eine Frauenpolitikerin der bündnisgrünen Partei. Sie geht davon aus, daß institutionalisierte Frauenpolitik bislang in Form einer „Alibigeschichte" betrieben wird und daß trotz aller Verlautbarungen in Parteiprogrammen und Regierungserklärungen die Umsetzung frauenpolitischer Forderungen nicht gewollt sei.

Auf die spezifische Problematik institutionalisierter Frauenpolitik, zu der die Interviews aufschlußreiches Material beisteuern, kann im Rahmen dieser Arbeit leider nicht ausführlicher eingegangen werden. Aufschlußreich an unserem Interviewmaterial ist, daß das Verständnis von Frauenpolitik als Querschnittspolitik, die sich nicht auf ein enges Themenspektrum reduzieren läßt und deshalb in allen Ressorts bearbeitet werden muß, bei Politikerinnen aller Parteien vorfindbar ist - von der CDU bis zur PDS. Ebenso einhellig sind die Politikerinnen, die sich zu diesem Punkt äußern, der Ansicht, daß die politischen Realitäten diesem Anspruch noch nicht gerecht werden, und es in Parteien, Fraktionen oder Kabinetten mannigfaltige Widerstände gegen eine ressortübergreifende Frauenpolitik gibt.

Wichtig ist, daß die gesamtgesellschaftlich orientierte Konzeption von Frauenpolitik auf Widerhall auch bei den Politikerinnen trifft, die sich selbst nicht oder nicht mehr als Frauenpolitikerinnen verstehen. Eine liberale Politikerin, die sich immer dagegen verwahrt hat, zur „frauenpolitischen Tante" ihrer Partei abgestempelt zu werden und sich deshalb geweigert hat, das Ressort Frauenpolitik zu übernehmen, vertritt gleichwohl die Ansicht, frauenpolitische Überlegungen in ihren anderen Tätigkeitsfeldern integriert zu haben. Ein schönes Beispiel für den integrativen Ansatz gibt eine Politikerin, die jahrelang sehr profiliert frauenpolitisch gearbeitet hat und zur Zeit im außenpolitischen Bereich tätig ist: *„Aber ich muß sagen, daß mich, ohne mich besonders anstrengen zu müssen, bei der Außenpolitik wie automatisch immer Sachen interessieren, über die die Männer hinweggucken. Also, wie ist die Situation von Frauen in bestimmten Ländern, wie ist die Situation von Kindern in den Ländern, welche Entwicklungsmöglichkeiten gibt es gerade in dem Transformationsprozeß der ost- und mitteleuropäischen Staaten jeweils für Männer und Frauen? Da gucken unsere Männer oftmals gar nicht hin. Ich sehe das einfach"* (P18, 2). Die Erweiterung der Themenfelder und die Eroberung entsprechender Positionen erfüllt in mehrfacher Hinsicht sinnvolle Funktionen:

- Das Agieren von Frauen in bislang männerdominierten Arenen kann zur Aufweichung von Vorurteilsstrukturen über die Kompetenzen von Frauen beitragen und durchbricht die hierarchischen Klassifikationsschemata von männlich oder weiblich codierten Politikfelder. Voraussetzung dafür ist allerdings, daß es nicht bei einzelnen „Ausnahmefrauen" bleibt.

- Die gleichberechtigungspolitisch notwendige Strategie der Verankerung von frauen- und geschlechterpolitischen Fragestellungen auch in Ressorts wie der Wirtschafts- und Finanzpolitik, der Verkehrs- und Stadtentwicklungspolitik, wie sie in den skandinavischen Staaten unter dem Begriff des Mainstreaming gefaßt wird, kann größere Erfolge zeigen, sobald mehr Frauen parallel zu ihrem jeweiligen Fachkompetenzen über frauenpolitisches Grundwissen verfügen und bereit sind, ihr Ressort unter innovativen Gesichtspunkten zu gestalten.

– Schließlich bietet die Besetzung unterschiedlicher Ressorts Politikerinnen ein breiteres Netz an inhaltlichen Kooperationsmöglichkeiten und wechselseitiger Bezugnahme. Damit können sich die Machtpotentiale von Frauen erhöhen - nicht zuletzt deshalb, weil eigenständige Bezüge immer auch die Abhängigkeit von männlich dominierten Gruppierungen und Bezügen vermindern und damit Frauen mehr Handlungsoptionen und größere Handlungsfreiheit eröffnen.

Politische Kultur und politische Moral

Wir haben weiter oben dargestellt, inwieweit Politikerinnen gegenüber ihren männlichen Kollegen besonderen Belastungen und Behinderungen ausgesetzt sind. Dabei bestätigte sich die Annahme, daß sie als Frauen anderen Beurteilungsmustern unterliegen als ihre männlichen Kollegen, und daß sie als Symbolfiguren für die Politikfähigkeit ihres Geschlechtes oft eine überdimensionierte Kompetenz unter Beweis stellen müssen. Die Auseinandersetzung mit den geschlechterstereotypen Wahrnehmungsmustern und Verhaltenserwartungen der Medien kostet Politikerinnen zusätzliche Kraftanstrengung - wie nicht zuletzt der Balanceakt zum Thema „Weiblichkeit", der tagtäglich in Kleidung, Gestik und Auftreten erbracht sein will.

Wenn im folgenden von Bewältigungsstrategien die Rede ist, so ist damit das Ensemble an intrapersonalen Einstellungen, an Motivationsleistungen, an Reflexionsvermögen und daraus resultierenden Handlungsformen gemeint, das Frauen in politischen Führungspositionen dazu befähigt, den spezifischen Belastungen, Unwägbarkeiten und Ambivalenzen des politischen Alltags gewachsen zu sein. Es geht also nicht darum, in kritischer Perspektive die Qualität des politischen Handelns der interviewten Politikerinnen zu beurteilen oder entsprechende Beurteilungskriterien zu entwickeln. Vielmehr wird versucht, aus den Aussagen und Selbstbeschreibungen der Politikerinnen möglicherweise verallgemeinerbare Hinweise für Einstellungsmuster und Handlungsweisen herauszufiltern, die unter den gegebenen Strukturen Frauen die Bewältigung politischer Führungsaufgaben erleichtern. Bei der kritischen Einordnung und Beurteilung der Befunde ist dann vor allem das Spannungsverhältnis zu diskutieren, das zwischen den von den Frauen abverlangten und erbrachten Anpassungsleistungen einerseits und ihren Wünschen nach Veränderungen und Verbesserungen des politischen Handlungsraumes andererseits besteht.

Die Aussagen unserer Interviewpartnerinnen zu den so verstandenen Bewältigungsstrategien lassen sich im wesentlichen zu vier Themenkomplexen verdichten. Die Aussagen kreisen schwerpunktmäßig

- um Fragen „innerer Ermutigung" wie die Bewertung von Erfolg und Niederlagen und der Umgang mit Kritik
- um Fragen zur politischen Moral, wie vor allem zum Spannungsverhältnis zwischen materieller und /oder psychischer Abhängigkeit vom politischen Beruf und innerer Unabhängigkeit und Handlungsfreiheit
- um Fragen zum Umgang mit Macht und Machttechniken und um Fragen eines möglichen Unterschiedes zwischen Männern und Frauen im Umgang mit Macht
- und schließlich um Fragen zur Organisierung praktischer äußerer Unterstützung und hilfreicher Umfeldgestaltung.

Erfolgswahrnehmung

Als eine wichtige Strategie der inneren Motivierung nennt ein knappes Drittel unserer Interviewpartnerinnen die Fähigkeit, Erfolge respektive Niederlagen angemessen einschätzen zu können. Mehrere Interviewpartnerinnen berichten darüber, daß sich ihre Maßstäbe, was als politischer Erfolg zu gelten habe, angesichts der Erfahrungen begrenzter Handlungsmöglichkeiten schnell geändert hätten - vor allem angesichts von Sparvorgaben und finanziellen Engpässen der öffentlichen Hand. Bemerkenswert ist, daß die Enttäuschung über fehlende politische Gestaltungsspielräume insbesondere von unseren *ostdeutschen* Interviewpartnerinnen, und zwar parteiübergreifend, geäußert wird. Der mit so vielen Hoffnungen verbundene demokratische Aufbruch in den Jahren 1989/90 endete für unsere Interviewpartnerinnen schnell in den „Mühen der Ebene" des politischen Alltags.

Wie die innere Motivation trotz Enttäuschungen und Desillusionierungen aufgebaut werden kann, dafür gibt eine ostdeutsche Sozialpolitikerin ein sehr anschauliches Beispiel: *„Sagen wir mal so: die Brötchen, die ich gedanklich backe, sind wesentlich kleiner geworden. Es ist sozusagen, wenn sie vorher normale Brotgröße hatten, sind wir inzwischen bei den Krümeln angekommen. Also wir dachten, wir könnten viel mehr anders machen und gestalten und, und das können wir alles nicht. Es ist jetzt so, wissen Sie, das ist so die Form von Beständigkeit, die ich aus der DDR erlebt habe. Da konnten sie ja auch nicht machen, was sie wollten. Und sie haben sich die ganze Zeit gesagt, also was du machen kannst, machst du aber. Und daraus schöpfst du sozusagen auch die Kraft weiterzumachen und deine*

Erfolgserlebnisse, die Krümel Erfolgserlebnisse, sind sozusagen das, was einem weiter hilft" (P9, 21).

Als Voraussetzung für die Fähigkeit, sich noch von den bescheidensten „Krümeln" an Erfolgen motivieren zu lassen, erweist sich allerdings das Bewußtsein, in gesellschaftlicher Verantwortung und in der inneren Verpflichtung für die einmal übernommene Aufgabe zu stehen. Auf die Spezifika dieses Pflichtgefühls, das bei allen unseren Interviewpartnerinnen zum tragen kommt, werden wir an anderer Stellen noch einmal ausführlicher eingehen.

Bemerkenswert ist ferner, daß es besonders für die Frauenpolitikerinnen in unserem Untersuchungssample unabhängig von ihrer Parteizugehörigkeit von großer Bedeutung ist, Mißerfolge und Rückschläge nicht als individuelles Versagen zu interpretieren, sondern sie in den Kontext der institutionellen und gesellschaftlichen Strukturen einordnen zu können, die erfolgreiche Frauenpolitik behindern. So meint eine konservative Frauenpolitikerin: *„Ich muß mir jetzt wirklich immer sagen, du bist nicht selber dran schuld und das hast du nicht alleine zu verantworten. Das ist eben, weil auch die gesellschaftlichen Verhältnisse so sind wie sie sind. Das muß ich mir aber immer wieder ganz bewußt sagen"* (P7, 16).

Eine Kollegin aus dem bündnisgrünen Bereich erklärt die realistische Erfolgswahrnehmung ebenfalls zur wichtigen Überlebensstrategie: *„Also die Vorgehensweise ist ... mir auch ganz bewußt die kleinen Schritte und die kleinen Siege herzuzählen, und das auch mit den Frauen hier (gemeint sind die Mitarbeiterinnen, H.L.) zu machen. Weil ich denke, wir haben in diesen zwei Jahren schon unheimlich viel erreicht. Aber ich kann das Erreichte nicht messen an den Zielen, die wir uns gesteckt haben, da bleibt nix übrig. Wenn ich das Erreichte an den Widerständen messe, die uns entgegengesetzt werden, dann sind wir unglaublich, unglaublich stark. Und das uns ganz bewußt herzuzählen, das ist eine ganz wichtige Strategie"* (P15, 15-16).

Schließlich erklärt auch eine Frauenpolitikerin der SPD, daß sie bereits nach kurzer Zeit in ihrer Führungsposition ihre *„Alles-oder-Nichts-Haltung"* (P1, 8) aufgegeben habe, da diese nur zu demotivierenden Enttäuschungen geführt hätte.

Die Fähigkeit, den eigenen Handlungsspielraum realistisch einzuschätzen und so einen Maßstab zur Beurteilung der eigenen Leistungen zu entwickeln, ist sicher eine Conditio sine qua non für jegliches professionelles Handeln. Wenn die Strategie der Erfolgswahrnehmung nicht in weitere Reflexion eingebunden wird, kann sie der Komplexität politischen Handelns in einer Führungsposition allerdings kaum gerecht werden. So wichtig es ist, daß Politikerinnen entgegen der gesellschaftlich erwarteten „weiblichen Bescheidenheit" ihre Erfolge und Leistungen wahrnehmen und öffentlich kundtun, so ist dies doch nur die eine Seite der Medaille. Zur Erfolgswahrnehmung gehört auch die Fähigkeit zur Wahrnehmung von Niederlagen. Wie der Umgang mit Niederlagen aussehen kann, wie Situationen, in denen man die Sache, von der man überzeugt war, eben nicht durchsetzen konnte, produktiv bearbeitet werden können, dazu gibt es in unserer Untersuchung lediglich eine, allerdings sehr beeindruckende Aussage: *„Ich beziehe aus Niederlagen neue Kräfte. Das finde ich einen ganz wichtigen Punkt, den ich den Frauen zu vermitteln versuche. Weil - wir lernen ja in unserer Sozialisationsgeschichte, du mußt Erfolg haben. Und das 'Nicht-Erfolg-Haben', ist das Scheitern. Und für mich gilt der Satz von Thomas Becket: Einmal gescheitert, immer gescheitert, weitermachen. Das ist eine ganz tolle Stelle, weil das Scheitern ja das ist, was Menschen vermeiden sollen. Keiner kann es aber vermeiden, jeder weiß Situationen in seinem Leben, wo er gescheitert ist. Ob aufgrund persönlicher Verschuldung, weil er Fehler gemacht hat oder auch unverschuldet. Zunächst schwächen mich diese Situationen, ich bin am Boden zerstört. Und stelle aber jedesmal wieder fest, daß ich aus dem Scheitern immense innere Kräfte beziehe. Insbesondere dann, muß ich auch sagen, wenn ich das Gefühl habe, bist zwar gescheitert, aber du bist immer noch überzeugt davon"* (P21, 17).

Abhängigkeit und Selbständigkeit

Die Bereitschaft, auch mit kleinen Schritten und Erfolgen zufrieden zu sein und Kompromisse akzeptieren zu können, ist bei allen Interviewpartnerinnen sehr deutlich ausgeprägt und wird als notwendige Fähigkeit für die Ausübung einer politischen Führungsposition wahrgenommen.

Damit ergibt sich ein bemerkenswerter Unterschied zu den Ergebnissen unserer quantitativen Untersuchung. Bei der Fragestellung, welche Probleme in der Politik die größten Schwierigkeiten bereiten, nannte hier die Mehrzahl der befragten Frauen den Zwang zur Kompromißbildung als eine besondere Belastung in ihrer politischen Arbeit. Andere Belastungen, wie zum Beispiel die hohe zeitliche Inanspruchnahme durch die Politik, rangierten deutlich niedriger.

Je höher die politische Position ist, die Frauen einnehmen, desto eher verfügen sie offenbar über persönliche und politische Strategien, die ihnen den Umgang mit den ambivalenten Seiten des politischen Handelns erleichtern und ihnen möglicherweise auch ermöglichen, Skrupel und innere Widerstände zu besänftigen. Der Sinn für und das Einverständnis mit dem politisch Machbaren hat so nicht nur positive Seiten: wird das Zurückstecken der ursprünglichen Ziele und Vorstellungen nicht mehr reflektiert und kritisch bearbeitet, beeinträchtigt diese dann allzu affirmative Haltung langfristig die politische Innovationskraft. Gerade weil an die wenigen Frauen in politischen Spitzenpositionen die gesellschaftliche Erwartung gerichtet ist, neue Impulse zu setzen und sich von dem Vorgefundenen abzuheben, ist es für Politikerinnen unerläßlich, die eigene Position immer wieder selbstkritisch reflektieren zu können und solche Reflexionsfähigkeit als politische Stärke zu begreifen.

Bemerkenswert ist, daß lediglich zwei der Interviewpartnerinnen ausführlicher die Problematik von Anpassungszwängen und die damit verbundenen Gratwanderungen und Probleme für die eigene politische Identität und Glaubwürdigkeit ansprechen. Als eine Problemlösungsstrategie für den Umgang mit den abverlangten Anpassungsprozessen erscheint einer unserer Interviewpartnerinnen deren Bearbeitung und kritische Reflexion, die sie auch als wichtigen Bestandteil des Qualifikationsprozesses von Frauen für die Politik begreift:

„Zum politischen Alltag, auch das müssen Sie, wenn Sie von Qualifikationen reden, berücksichtigen - die einen lernen es zu schnell, und ich lerne es zu langsam - das Umgehen mit den richtigen, also mit den vertretbaren Kompromissen. Bis hin auch, jetzt kommt ein ganz schwieriger Bereich, ich nenne das nach wie vor für mich faule Kompromisse, Kompromisse, um ein anderes Ziel zu erreichen. Das ist die gefährlichste Geschichte ... Ich antworte Ihnen aber, wer nie in der Politik gearbeitet hat, kann das nicht nachvollziehen. Also jeder kennt ja seine Feigheitsgeschichten, ist auch Feigheit, aber darin steckt noch eine andere Komponente. Wenn du jetzt überhaupt noch weitermachen willst, dann mußt du dir überlegen, an wieviel Fronten du gleichzeitig kämpfen kannst" (P21, 18).

Als Beispiel aus ihrem politischen Alltag berichtet diese Interviewpartnerin, daß sie, um Rückschläge in einer wichtigen sozialpolitischen Entscheidung für Frauen zu vermeiden und um sich bei ihrer Fraktion nicht gänzlich ins politische Abseits zu manövrieren, bei einer kontroversen Frage zum § 218 entgegen ihrer inneren Überzeugung abgestimmt habe. Diese Entscheidung sei ihr sehr schwer gefallen: *„Damals habe ich nächtelang mit mir gerungen, was machst du in der Abstimmung? Und dann hab ich gesagt, also, was ist jetzt wichtiger? ... Aber trotzdem, das sind diese Abweichungen, schwierigen Gratwanderungen. Und Sie kommen ohne diese Gratwanderungen nicht aus. Wichtig ist für die Qualifikation, daß dabei trotzdem, ob man das in der Supervision oder im Training macht, das Bewußtsein bleibt für die Abweichungen. Und ich erlebe in Bonn, daß die meisten gar kein Bewußtsein dafür haben"* (P21, 19).

Kompromißbildungen und Anpassungen an Mehrheiten sind in einer pluralen Demokratie, die in ihrem politischen Procedere auf Aushandlung und Mehrheitsfindung setzen muß, unumgänglich und sie verlangen dem und der einzelnen Politikerin immer auch schwierige Prozesse der „Güterabwägung" ab, die sich aber, wie das obige Zitat sehr deutlich zeigt, in einem rationalen, dem eigenen politischen Wertesystem verpflichteten Rahmen abspielen können. Was aber ist, wenn erbrachte Anpassungen und Akzeptanz „fauler" Kompromisse weniger einem politischen

Abwägungsprozeß sondern dem Wunsch nach Wiederwahl und der beruflichen und materiellen Abhängigkeit von der Politik geschuldet sind?

Auf diese Fragestellung nimmt ein knappes Drittel unserer Interviewpartnerinnen Bezug. Deutlich wird in ihren Beiträgen, daß sie sich im Laufe ihrer Karriere mehrfach mit der Frage der Abhängigkeit von der Politik beschäftigt haben. Mehrere Politikerinnen ziehen aus ihren Erfahrungen den Schluß, Nachwuchspolitikerinnen dezidiert die Entwicklung eines berufliches Standbeines außerhalb der Politik zu empfehlen.

„Ich will nicht abhängig sein, ja? Das war immer schon so, das habe ich auch zu Hause eingetrichtert bekommen, sich da nicht verkaufen zu müssen und verbiegen lassen zu müssen. Und das hat mir immer sehr geholfen. (...) Wenn ich nicht mehr in den Bundestag zurückkomme, ich mein, was soll es? Mal abgesehen davon, daß ich nicht unbedingt jetzt gehen wollte... Aber allein die Tatsache, daß man nicht betteln muß, ich möcht den Job haben, das ist Gold wert. Also ich möchte es allen raten, sich diese berufliche Unabhängigkeit zu geben, weil nur dann können sie auch politisch was tun" (P11, 14).

Allerdings wird in keiner der relativ abstrakten Empfehlungen unserer Interviewpartnerinnen darauf eingegangen, daß nach mehrjähriger Abwesenheit die Rückkehr in die meisten Berufe nicht ohne Schwierigkeiten oder das Risiko der Dequalifizierung möglich ist, und daß die politische Professionalisierung in der Regel mit einer gleichzeitigen Deprofessionalisierung im Zivilberuf verbunden ist. Für die befragten Politikerinnen selbst scheint die Option, wieder in den alten Beruf bzw. das bürgerliche Berufsleben zurückkehren zu können, vor allem eine mentale Strategie zu sein, sich die offensichtlich notwendige Vorstellung „innerer Freiheit" und Unabhängigkeit bewahren zu können.

Eine realitätsgerechte, aktive Vorbereitung auf ein Leben nach der Politik wird bei kaum einer unserer Interviewpartnerinnen deutlich. Die persönlichen wie materiellen Vorzüge der Politik sind offenbar doch größer bzw. die Chancen, wieder im bürgerlichen Beruf Fuß zu fassen, doch kleiner, als sich manch eine Spitzenpolitikerin eingestehen mag. Aber auch für diejenigen, die relativ problemlos in den ursprünglichen Beruf zurückkehren könnten, wie zum Beispiel Lehrerinnen oder Hochschullehrerinnen, bietet die Politik dann offenbar doch soviel persönliche Anreize und Attraktivität, daß immer wieder ein politisches Amt angestrebt wird.

Auf die für die Qualität demokratischer Politik nicht unerhebliche Frage, welche Auswirkungen die individuellen (Karriere)Interessen von Berufspolitikern und Politikerinnen letztlich auf die inhaltliche Ausgestaltung von Politik und auf die Glaubwürdigkeit und gesellschaftliche Akzeptanz des parlamentarischen Systems haben, geht nur eine Politikerin in einer längeren Ausführung ein (P21). Offenbar ist hier ein heikler Punkt berührt, über den Rechenschaft abzulegen selbst in einem anonymen Interview schwer fällt. Möglicherweise ist dies als Hinweis darauf zu interpretieren, daß hier die größten Brüche im nach innen wie nach außen gepflegten Selbstbild liegen. *„Ich finde es wichtig wegen der eigenen Identität, das klingt jetzt sehr egobezogen, aber jeder Mensch muß das ja mit seiner Person vertreten, der Glaubwürdigkeit des politischen Handelns, daß ich auch noch weiß und reflektiere, warum ich in dieser Situation diesen Kompromiß gemacht habe. Dazu gehört dann immer auch die Frage, wie lange kannst du überhaupt noch Einfluß nehmen? Und für politisch Abhängigere, wirst du noch mal wieder aufgestellt? Das ist der kniffligste Punkt ... Gerade Frauen brauchen da eine ganz immense Kräftigung. Auch die Frage, was leistet dann die Gruppe? Weil das erste ist immer zu sagen, stromlinienförmig, niemand schert aus. Das ist ein ganz anderes Lernfeld in der Politik. Da greifen all die Dinge nicht, die sie sonst in die Sozialisation bringen. Und das ist viel zu wenig in der bisherigen politikwissenschaftlichen Analyse und erst recht in der Umsetzung berücksichtigt"* (P21, 19).

Politikerinnen befinden sich in einem strukturell angelegten Double-Bind, das sich nicht einfach in die eine oder andere Richtung auflösen läßt, das aber die Auseinandersetzung und Reflexion darüber um so notwendiger macht und für die Vorbereitung und Qualifizierung zur Politik von großer Bedeutung ist.

Macht und Machttechniken

Überlegungen zum Umgang mit Macht, mit Machttechniken, mit möglichen weiblich-männlichen Differenzen im Machtverständnis nehmen einen relativ breiten Raum in den Aussagen unserer Interviewpartnerinnen ein.

Auffällig ist zunächst, daß sich keine der von uns befragten Politikerinnen von persönlicher Machtausübung distanziert, sondern daß im Gegenteil deren Notwendigkeit vielfach betont wird. In älteren Untersuchungen aus den 80er Jahren zeigten Politikerinnen in der Regel erhebliche Distanz zu Macht und Machtstreben. In einer Untersuchung Mitte der 80er Jahre sprachen die Politikerinnen statt von Macht lieber vom Einfluß, den sie anstrebten.

In der feministischen Debatte zum Thema Frauen und Macht wurde für die Machtferne von Frauen eine Reihe historisch-soziologisch und/oder psychoanalytisch fundierter Erklärungsansätze entwickelt.[15] An dieser Stelle interessieren uns je-

---

15 Die Distanzierung von Frauen von Macht wird in psychoanalytischer Sicht zum einen auf die primären Sozialisationserfahrungen und die Personen- und Beziehungsorientiertheit von Frauen zurückgeführt, die ihnen Machtausübung als etwas Isolierendes, Einsames und Kaltes erscheinen lasse, die mit Schuldgefühlen und Abwehr verbunden sei. Zum anderen wird die

doch stärker die zeitgeschichtlichen Bezüge und die Wechselwirkungen zwischen gesellschaftlichen, auch systemkritischen Diskursen und den Selbstwahrnehmungen und Selbstbeschreibungen der politischen Akteure.

Denn die negative Codierung von Macht selbst bei Politikerinnen in Machtpositionen, korrespondiert augenfällig mit dem Machtverständnis und der Machtkritik von weiten Teilen der Frauenbewegung in den 70er und 80er Jahren, in der Machtausübung als patriarchale Praxis kritisiert und das Gegenbild eines alternativen, macht- und herrschaftsfreien Umganges unter Frauen entworfen wurde. Möglicherweise war es zu dieser Zeit für Politikerinnen nicht gerade opportun, sich zur Machtausübung zu bekennen. Zwischenzeitlich ist das Schwarz-Weiß-Bild einem differenzierteren Machtverständnis gewichen. Auf der theoretischen Ebene haben vor allem die Rezeption der historischen Arbeiten Michel Foucaults, der das klassische Repressionsschema zugunsten eines relationalen und produktiven Machtbegriff aufgab sowie die Renaissance der Schriften Hannah Arendts mit ihrer Unterscheidung zwischen Macht und Gewalt und ihrem positiven Machtbegriff zur Differenzierung beigetragen.[16] Auf der praktischen Ebene zeigten die zum Teil ernüchternden Erfahrungen in alternativen Frauenprojekten, daß die Ablehnung von klaren Entscheidungsstrukturen und auch von Hierarchien vielfach lediglich zu informellen Machtstrukturen führten, die sich aufgrund ihrer Undurchschaubarkeit und Willkürlichkeit weitaus negativer auswirken können als institutionell gebändigte und regelhaft strukturierte Formen der Machtausübung (Koppert 1993). Nicht zuletzt haben die politischen Auswirkungen der Zeitenwende von 1989 und die zunehmende Integration der sozialen Bewegungen und insbesondere der grünen Partei in das bestehende politische System zu einem pragmatischen Machtverständnis beigetragen, das sich auch bei unseren Interviewpartnerinnen deutlich niedergeschlagen hat.

Eine bündnisgrüne Politikerin erklärt auf die Frage nach Veränderungen in ihrer politischen Motivation und Grundhaltung, daß sich vor allem ihr „Umgang mit Macht" geändert habe: *„Ja, ich habe diese Zweifel nicht mehr oder diese, die man früher immer hatte, wo man immer gedacht hatte, wieviel Macht darf man haben oder darf die Partei haben, ohne daß sie korrumpiert wird oder solche Geschichten. Wieweit lassen Frauen sich da ein, damit sie nicht so werden wie Männer oder ihren Weg verlassen"* (P18, 10).

Machtferne von Frauen in historischer Sicht auf den Ausschluß von Frauen aus der Öffentlichkeit und eine mangelhaft entwickelte Tradition und Kultur der Machtausübung zurückgeführt (Schaeffer-Hegel 1988 und 1996, Schlapeit-Beck 1991, Flaake 1993, Metz-Göckel 1994).

16 Die Entwicklung des Machtbegriff in der Frauenforschung und Frauenbewegung in den letzten 10 bis 15 Jahren zeichnet übersichtlich Sigrid Metz-Göckel nach (Metz-Göckel 1995).

Für eine Spitzenpolitikerin der SPD ist das offensives Bekenntnis zum Wunsch nach politischer Macht sogar erforderlich, um die Stärkung von Frauen in der Politik zu erreichen.

"Man muß den Wunsch haben, etwas durchzusetzen. Also ich würde sagen, bei den meisten Frauen, die ich kenne, ist nicht so ein ... Macht an sich, sondern Macht, um etwas durchzusetzen. Aber das muß man haben, und da darf man auch kein schlechtes Gewissen haben. Und die meisten Frauen haben ein schlechtes Gewissen, wenn sie Macht anstreben oder einsetzen. Ich glaube, bei Frauen, ist es mit auch das größte Problem, daß sie, wenn sie Macht haben wollen und Macht genießen wollen, daß sie es dann niemals vor sich und vor anderen zugeben. Also die Frauen müssen, wenn sie in die Politik gehen, wirklich auch den Mut zur Macht haben. Sonst sind sie den Männern ja gleich unterlegen. Und ich kenne eigentlich keine Frauen, die damit - wenn sie sich denn dazu durchgerungen haben - die damit nicht Ziele verbindet. Dann finde ich das auch okay" (P20, 43).

Eine positive Einstellung zur Machtausübung findet sich unabhängig von Alter oder Parteizugehörigkeit bei der Mehrzahl unserer Interviewpartnerinnen, wenn sie auch nicht immer so offen und dezidiert dargelegt wird wie bei der eben zitierten Politikerin. Allerdings werten unsere Interviewpartnerinnen Macht übereinstimmend nur dann als positiv, wenn ihre Ausübung sich mit politischen Inhalten und Zielen verbindet und Macht nicht als Selbstzweck angestrebt wird.

Einige der Politikerinnen sind der Ansicht, daß gerade in der Frage, ob Macht als Selbstzweck angestrebt wird oder nicht, deutliche Unterschiede zwischen Männer und Frauen in der Politik beobachtet werden können. So meint dazu eine ostdeutsche Politikerin, die ohnehin als eine der wenigen der von uns befragten Politikerinnen durchweg kritische Distanz zur Machtausübung für sich reklamiert: *"Ich habe zur Macht ein völlig anderes Verhältnis als offensichtlich viele Männer, verstehen Sie? Die, also, nun haben sie Blut geleckt und jetzt sind sie wer und müssen jetzt immer weiter machen. Überhaupt nicht. Also wirklich, Macht ist mir ausschließlich suspekt. Wenn ich sehe, wie die Leute sich verändern, wie sie sich anders benehmen. Das find ich ganz schlimm"* (P9, 23).

Eine ganz ähnliche Äußerung zum unterschiedlichen Machtumgang zwischen Frauen und Männern findet sich bei einer ostdeutschen Politikerin aus dem Bürgerrechtsspektrum: *"Ich habe ein positives Verhältnis zur Macht. Macht sehe ich eher als Instrumentarium und nicht als einen Selbstzweck. Ich vergleiche das immer mit dem Verhältnis zu Autos. Die einen sehen in ihnen das Transportmittel, die anderen eine Art Ich-Erweiterung. Das kennzeichnet nach meinen Beobachtungen auch häufig den verschiedenen Umgang von Frauen und Männern mit Macht"* (P2, 4).

Die Interpretation der Befunde wirft jedoch mehrere Fragen und Probleme auf - denn so einfach läßt sich der Umgang mit Macht dann doch nicht mit der Benutzung eines Autos vergleichen. Festzuhalten ist zunächst, daß die Mehrzahl der von uns befragten Politikerinnen sich selbst eine positives Verhältnis zur Macht attestiert und die vor einigen Jahren noch übliche Umschreibungen und Distanzierungen selten geworden sind. Politikerinnen erlauben sich also heute das Streben nach Macht, binden dieses jedoch eng an die Durchsetzung politischer Ziele und Inhalte und rechtfertigen es damit. Nun sind solche Legitimationsstrategien an sich nichts Ungewöhnliches bzw. Gschlechtsspezifisches: kein Politiker, gleichviel ob männlichen oder weiblichen Geschlechts, wird öffentlich behaupten, Macht um ihrer selbst willen oder gar für sich selbst anzustreben. Wie Pierre Bourdieu in seinen soziologischen Analysen zum „Habitus" von Politikern dargelegt hat, müssen Politiker, um die Legitimität ihrer Machtausübung unter Beweis zu stellen, daran interessiert sein, ihre persönlichen Interessen zu verbergen und sich in einem Akt der „Selbstkonsekration" (Bourdieu 1989, 41) als „Diener des Gemeinwesens" darstellen. Damit wird den befragten Politikerinnen keineswegs unterstellt, daß ihnen mit den formulierten Ansprüchen auf einen inhaltsorientierten Umgang mit Macht nicht ernst ist. Das Problem ist hier anders gelagert.

Machtausübung läßt sich nicht fein säuberlich in einen instrumentellen, sachlichen und einen persönlichen Teil zerlegen - möglicherweise macht gerade die Fähigkeit und die Bereitschaft, Macht in allen Anteilen anzunehmen einen wichtigen Anteil an politischer Durchsetzungskraft und Führungsqualität aus. Nicht zuletzt funktioniert die mit Machtausübung verbundene Steigerung und Intensivierung des Selbstwertgefühles und der Ichwahrnehmung im psychischen Haushalt als Ausgleich für die Verluste an privater Zeit und persönlichen Beziehungen, die unter heutigen Bedingungen fast zwangsläufig mit politischen Spitzenpositionen verbunden sind. Doch nur eine der befragten Politikerinnen erlaubt sich, den „Genuß" an Macht zu erwähnen. Wenn Frauen in der Politik sich nur die moralisch eindeutig positive, inhaltsorientierte Seite von Macht zugestehen, dann ist dies möglicherweise noch als Nachhall auf die historisch tradierte, gesellschaftliche Tabuisierung und Lächerlichmachung der Machtausübung von Frauen zu verstehen. Dazu paßt durchaus das Selbstverständnis einiger Politikerinnen, sich in Abgrenzung zu männlichen Politikern die bessere Moral zu bescheinigen. Die im 19. Jahrhundert durchgesetzte Geschlechterideologie verwies Frauen ja nicht nur aus den Bereichen öffentlicher Macht, sondern machte sie gerade aufgrund ihrer Machtferne und ihrer Zuständigkeit für das Private zu den prädestinierten Hüterinnen von Moral und bot Frauen, wie Barbara Schaeffer-Hegel in ihren Analysen zu den kulturgeschichtlichen Hintergründen des Umgangs von Frauen mit Macht schreibt, Frauen als zweischneidigen Ersatz für den Entzug wirtschaftlicher und politischer Einflußmöglichkeiten immerhin die Chance, sich als die besseren Menschen zu fühlen (Schaeffer-Hegel 1996, 148).

Politikerinnen befinden sich heute in einem Übergangsstadium: sie lassen sich ihren Anspruch auf Machtausübung nicht mehr nehmen und versuchen damit sehr deutlich, tradierte Muster und Vorstellungen zu überwinden. Dennoch bleiben Hemmnisse und Blockaden für einen wirklich souveränen Umgang mit Macht. Dieser würde die Reflexion auf die persönlich attraktiven Seiten der Machtausübung mit einschließen und so einen möglicherweise besseren Schutz vor blinder Machtverfallenheit bieten als die Negierung und Tabuisierung derartiger Wünsche und Emotionen. Damit sind Frauen in der Politik nicht davon enthoben, nach der Legitimität und der Qualität ihrer Machtausübung befragt und beurteilt zu werden, im Gegenteil. Erst wenn die Vorstellung ausgeräumt ist, die Machtausübung von Frauen sei nur dann legitim, wenn Frauen sich als die besseren Menschen erweisen, können die politischen Leistungen und das persönliche Verhalten von Frauen an der Macht angemessen beurteilt, für gut befunden oder eben auch in aller Schärfe kritisiert werden.

Die Spielregeln neu schreiben

Unsere Interviewpartnerinnen verweisen durchaus auf die Besonderheiten im politischen Stil und Auftreten von Politikerinnen, die ihrer Beobachtung nach in erster Linie in einem besseren Kooperationsvermögen und in einer größeren sozialen Kompetenz, zum Beispiel in der Wahrnehmungsfähigkeit für die Sichtweisen und Interessen anderer, zu sehen sind. Diese zunächst positiv bewerteten Verhaltensweisen werden jedoch immer auch einer kritischen Reflexion unterzogen. Keine Politikerin versteht sich als Vertreterin eines spezifisch weiblichen Stils in der Politik. Bei den meisten der Frauen besteht ein hoher Reflexionsgrad über die offenbar in der politischen Praxis schwer zu lösenden Widersprüche zwischen den positiven Seiten des weiblichen Sozialcharakters und den Durchsetzungserfordernissen der Politik. So betont eine junge ostdeutsche Politikerin, daß Frauen Männer nicht einfach kopieren und sich ihre Fähigkeit zur Kooperation bewahren sollten, sieht jedoch zugleich, daß es ohne „härtere" Durchsetzungsstrategien nicht geht: *„Da ist die Politik erbarmungslos"* (P14, 21/22).

Die an Politikerinnen gerichtete Erwartung, sie könnten oder sollten die Politik menschlicher gestalten, hält eine Interviewpartnerin schlicht für „kalten Kaffee". Dennoch bleibt sie bei der Vorstellung, daß Frauen ein Veränderungspotential einzubringen hätten und sich dem männlich strukturierten Regelwerk der Politik nicht völlig unterwerfen müßten:

„Also die Politik ist ja nicht nur männlich dominiert, sondern auch männlich strukturiert. Das ist ein Spiel, das läuft nach männlichen Regeln ab. Und für Frauen ist es so schwierig: einerseits muß man mitspielen, aber andererseits darf man, wenn man sich nicht selbst verlieren will, darf man sich nicht völlig darauf einlassen. Ich halt es übrigens, also was von Frauen oft erwartet wird, daß sie den Stil der Politik verändern - das ist alles kalter Kaffee. Also das geht nicht. Das müssen wir mehr als die Hälfte sein, dann ginge das vielleicht. Aber selbst dann ist es schwierig. Also muß man sehen, daß man mit diesem männlichen Politikstil einigermaßen zurechtkommt und auch versucht, ein bißchen was zu verändern" (P20, 29).

Die Fähigkeit, Politik als „Spiel" zu begreifen, dessen Regeln Frauen beherrschen müssen, von dem sie sich aber gleichzeitig distanzieren können und das, eben aufgrund seines ritualisierten Charakters, ihre Person nicht völlig ergreift und vereinnahmt, sieht noch eine weitere Politikerin in unserer Untersuchung als erfolgversprechende Strategie für Frauen, die widersprüchlichen Erwartungen ohne Aufgabe der eigenen Identität zu bewältigen: *„Ich glaube, daß sehr viele Frauen einen schrecklichen Fehler begehen, wobei ich glaube, daß dieser Fehler mit der jüngeren Generation nachläßt. Aber die älteren Politikerinnen, das ist übrigens bei vielen Karrierefrauen überhaupt, haben unglaubliche Verbiegungsstrategien absolviert, um mithalten zu können. Möglichst geradlinig an der eigenen Person bleiben, ist wahrscheinlich die einzige Chance, um Überzeugungskraft zu behalten. Das machen wenige Frauen, das machen viel mehr Männer. Das liegt daran, daß die Frauen sich immer so irrsinnig damit identifizieren. Wenn sie aber geradlinig an ihrer Person bleiben, dann können sie das andere als Ritual abnudeln. Wie Männer eben auch sehr viele Rituale beherrschen, und die Frauen beherrschen die Rituale nicht unbeteiligt genug, so als Spiel, das nichts mit einem zu tun hat. Also das zu schaffen, also möglichst mit sich selbst identisch bleiben und nebenbei eben Rituale spielen zu können, das ist wahrscheinlich die hohe Kunst. Das dürfte es sein"* (P22, 25).

Frauen in politischen Führungspositionen heute bringen u.E. ein wichtiges Potential ein: ihr ausgeprägtes Bewußtsein für frauenspezifische Behinderungen und Barrieren bei einem gleichzeitig starken Selbstbewußtsein befähigt viele von ihnen, die Zuweisung in typisch weibliche oder typisch männliche Rollen und Verhaltensmustern für sich abzulehnen und nach neuen Wegen zu suchen. Dabei ist nicht entscheidend, daß sich diese Suche meist nüchtern und schwierig gestaltet und von einem „weiblichen Aufbruch" keine Rede sein kann. Dafür sind die von uns befragten Politikerinnen aber auch weitgehend gegen illusionäre Vorstellungen gefeit. Dennoch verfügen sie über ein kritisches und innovatives Potential, weil sie sich fast alle in reflektierte Distanz zum politischen Betrieb begeben können, in dem sie zwar reüssieren, in dem sie aber auch einige Regeln neu schreiben wollen.

Ein anderer Führungsstil?

Entsprechend der überwiegend positiven Einstellung zur politischen Machtausübung betont die Hälfte der ehemaligen oder noch amtierenden Ministerinnen/Staatssekretärinnen ihre Fähigkeit, die „Macht des Amtes" nutzen zu können. Standfestigkeit, Entscheidungsfreudigkeit und die Fähigkeit, gegebenenfalls das Machtwort „ich will das so" zu sprechen, werden als selbstverständlicher Teil von Führungskompetenz und Durchsetzungsfähigkeit begriffen. Zwei der Interviewpartnerinnen äußern sich jedoch zugleich sehr offen und ausführlich zu ihren Überlegungen und Problemen mit einem veränderten, weniger hierarchischen und autoritären Führungsstil.

„Wenn man Führungspositionen innehat, ist es meines Erachtens auch ein Problem, damit fertig zu werden, daß andere Verhaltenserwartungen an einen gestellt werden, die man eigentlich nicht praktizieren will. Wie ich hier Chefin wurde und plötzlich so hundert Leute hatte und das Ganze in einem sehr autoritären, bürokratischen Apparat, der mich furchtbar abstößt. Aber die formalen Strukturen sind so, und dann dennoch Zeichen zu setzen, daß man auch in solchen formalen Strukturen anders führen kann. Es ist wahnsinnig schwer und man lernt es auch nicht. Ich bin immer noch der Überzeugung, daß Frauen anders führen, aber wo, wo kriegt man es her?" (P11, 17)

Verstärkt werden die Probleme bei der zitierten Interviewpartnerin sicherlich dadurch, daß sie als Politikerin mit einem durchaus liberalen Profil und aufgeschlossenem, eher spontanen Naturell, nach vielen Jahren „unabhängiger" Bundestagstätigkeit nun in einem konservativen Bundesland in einem konservativen Ministerium tätig ist. Der Wunsch nach professioneller Beratung für die neue Aufgabe ist bei ihr sehr ausgeprägt, war nicht zuletzt der zitierte Stoßseufzer „wo kriegt man es her" deutlich macht.

Denn die Probleme sind mannigfaltig, wie die Untersuchungen und Fallstudien zu Frauen in Führungspositionen zeigen: Nicht nur muß sich jeder und jede neu bestellte Minister oder Ministerin mit der Macht der Ministerialbürokratie auseinandersetzen und politische Führungsstärke demonstrieren. Frauen haben darüber hinaus das Problem, nicht auf das „Legitimitätseinverständnis" der Geführten aufbauen zu können (Schlapeit-Beck 1991, 154). Ihnen werden widersprüchliche Erwartungen entgegengebracht, die sie in eine Double-Bind-Konstellation bringen und ihnen einen permanenten Balanceakt abverlangen: Ist eine Frau in einer Führungsposition autoritär, widerspricht sie den Geschlechterstereotypen und wird als „zu männlich" wahrgenommen und in ihrer Identität als Frau angezweifelt. Pflegt sie dagegen einen sanften Führungsstil, muß sie dafür mit Verlusten an Autorität und Anerkennung büßen (Schlapeit-Beck 1991, 154 und Schaeffer-Hegel 1995, 105-107).

Schließlich lassen sich Hierarchien und eingespielte bürokratische Abläufe nicht ohne weiteres abbauen und verflachen, ohne bei den Mitarbeitern Autoritätsverlust, Desorientierung und kräftezehrende Reibungsverluste in Kauf zu nehmen.[17]

Die zweite Interviewpartnerin, die sich ausführlich zu den Möglichkeiten und Grenzen eines veränderten Führungsstils äußert, hat zunächst bessere Bedingungen, traditionelle Muster politischer Führung zu verändern, da sie in einem liberalen Stadtstaat und in einem eher „weichen" Ressort tätig ist. Strukturell ähneln sich jedoch die Probleme: der autoritäre, angsteinflößende Führungsstil wird aus persönlichen wie politischen Gründen abgelehnt, dennoch werden auch seine Vorteile wahrgenommen, wenn es darum geht, sich in einer Spitzenposition behaupten und durchsetzen zu können. *„Was für mich immer noch schwierig ist, was ich aber nicht verändern will, die Leute haben natürlich keine Angst vor mir. Ich habe eben nicht diesen Führungsstil, der Angst erzeugt. Ich bewundere ihn bei anderen auch nicht und ich möchte ihn nicht haben. Ich habe nicht erlebt, daß mir aus diesem Versuch heraus, diese Behörde auch mit ganz flacher Hierarchie im Griff zu behalten, daß mir daraus Nachteile erwachsen"* (P22, 15). Doch dann fügt die zitierte Politikerin einschränkend hinzu, daß ihr Verhalten auf der Abteilungsleiter-Ebene eher als Schwäche empfunden wird: *„Mir fehlt, daß ich nicht auch mal auf den Tisch hauen kann. Das kann ich nicht, es wirkt lächerlich, wenn ich es tue. Also mache ich es nicht. Ich beneide aber manchmal so diese Betonleute, ja, diese Männer, die das halt so können"* (P22, 15). Im Lauf des Interviews kommt die Politikerin dann noch einmal auf das Thema Führungsstil zurück, um diesmal zu betonen, wie schwierig es sei, teammäßig zu führen, weil der „Kraftaufwand" viel höher sei, und man den Mitarbeitern nicht zuletzt erlaube, *„ihren Streß und ihren Frust bei mir abzuladen"*. *„Ich merke also, daß es ein hoher Kraftaufwand für mich ist. Ich bin mit dem Urteilen noch nicht ganz durch. Also ob es sinnvoller wäre, diese Härte zu trainieren oder nicht. Ich habe es für mich persönlich abgelehnt, weil ich mich nicht so verändern will, weil ich in meinen anderen Job wieder mal zurück will. Und dort*

---

17 Barbara Schaeffer-Hegel schreibt in der Untersuchung über die Senatorinnen des rot-grünen „Frauensenats" in Berlin 1989/90 zu den Reaktionen der Verwaltungen: „Das Durchbrechen bürokratischer Routineabläufe durch die Amtsleitung birgt jedoch, wenn es nicht vorsichtig und konzeptionell abgesichert und nicht unter zumindest informierender und/oder begründender Einbeziehung der übersprungenen Instanzen geschieht, auch nicht zu unterschätzende Gefahren. Das jedenfalls ergeben die ziemlich gleichlautenden Kommentare aus allen befragten Verwaltungen" (Schaeffer-Hegel 1995, 105).

war das, wie ich bin, passender. Ich habe hier einen männlichen Kollegen, den ich über alles schätze, der ist ein ganz feiner Stratege, sehr teamorientiert, aber der hat dafür etwas anderes, was ich auch nicht habe. Er hat eine absolute Unnahbarkeit und eine meilenweite Distanz zwischen sich und denjenigen, mit denen er arbeitet. Vielleicht ist das die Lösung. Aber ich kann das von meiner Art her nicht, ich bin zu sehr an den Menschen interessiert, mit denen ich arbeite" (P22, 26).

Auch wenn unsere Interviewpartnerin hier kein Patentrezept für den richtigen Führungsstil anzugeben vermag - was unter heutigen Bedingungen auch schwer zu leisten sein dürfte - , so ist gerade die Reflektiertheit ihrer Auseinandersetzung beeindruckend und zeigt, welche Potentiale für die Erneuerung von Politik und Gesellschaft bei Frauen in Führungspositionen vorhanden sind.

Mehr Frauen in Führungspositionen sind dafür die Voraussetzung. Solange es Einzelne sind, die neue Wege beschreiten wollen, stehen diese vor einem fast hoffnungslosen Unterfangen. Erst wenn an vielen Stellen gleichzeitig Veränderungsschritte getan werden, können diese dann tatsächlich auf Strukturen und Regeln zurückwirken.

Persönliches Krisenmanagement

Über welche Strategien zur Bewältigung der hohen zeitlichen und psychischen Anforderungen politischer Spitzenämter verfügen die von uns befragten Politikerinnen? Wie erleben und verarbeiten sie Krisensituationen? Welche Arrangements im Privatleben haben sich für sie bewährt, um Belastungen standzuhalten?

Die Frage nach den Formen des persönlichen Krisenmanagements ist für die Entwicklung von Qualifizierungsprogrammen für Frauen in der Politik deshalb von Bedeutung, weil es für die Erreichung und erfolgreiche Ausübung von politischen Ämtern und Positionen nicht nur auf die Stärkung der politischen Durchsetzungs- und Handlungskompetenz ankommt, sondern auch auf die Stärkung der Persönlichkeit bzw. die Stärkung der persönlichen Belastbarkeit und Widerstandskraft.

Unterstützung durch das Umfeld

Über die Hälfte unserer Interviewpartnerinnen betonen die Notwendigkeit von verläßlichen und vertrauten Mitarbeiterinnen und Mitarbeitern für die Bewältigung von Alltagsstreß und für die Verarbeitung von politischen Ärgernissen und Frustrationen. Ein loyaler und unterstützungsbereiter Mitarbeiterstab nimmt in den Aussagen unserer Interviewpartnerinnen damit eine ähnlich große Bedeutung ein wie ebenfalls häufig erwähnte Unterstützung durch private Freunde sowie durch die Familie und insbesondere den Ehemann. Letzterer ist tendenziell vor allem in schwierigen politischen Situationen und motivationalen Krisen gefragt.

Die Möglichkeit, sich bei Mitarbeitern auszusprechen, *„Dampf abzulassen"* (P7, 14), sich Rat und emotionale Unterstützung zu holen, wird in vielfacher Weise positiv bewertet. Um Phasen der Entmutigung zu überwinden, ist das Aussprechen der Probleme eine der wichtigsten Bewältigungsformen. Als beispielhafte Äußerung für das Bedürfnis nach emotionaler Nähe auch im unmittelbaren beruflichen Umfeld sei hier eine erfahrene Ministerin zitiert: *„Ich habe einen Stab im Ministerium, da kann ich offen reden ... Eine vertraute und solidarische Atmosphäre ist sehr wichtig. Also für mich ist das wichtig. Das brauchen nicht alle Menschen, aber ich brauche es. Ich brauche auch immer eine emotionale Basis zu denen, mit denen ich täglich zusammenarbeite. Ich weiß nicht, ob das typisch für Frauen ist, also Männer haben das, glaube ich, nicht so nötig"* (P20, 40).

Um Phasen politischer Krisen und Entmutigung zu überstehen, nimmt für einige unserer Interviewpartnerinnen die Existenz eines politischen Freundeskreises eine wichtige Funktion ein. Der politische Freundeskreis ist dabei ein durchaus changierender Begriff, der in den Aussagen unserer Interviewpartnerinnen politische und/oder private Freunde im Umkreis der Partei, aber auch im darüber hinausgehenden Umfeld umfassen kann. Auffällig ist, daß der politische Freundeskreis vor allem für jüngere Politikerinnen aus dem linken Parteienspektrum wichtig ist.

Zwei der erfahreneren und älteren Politikerinnen weisen aber auch darauf hin, daß bei der Auswahl der politischen Freunde Fingerspitzengefühl, gute Menschenkenntnis und auch eine Portion Vorsicht geboten ist. So erklärte uns eine erfahrene Politikerin der SPD, daß es in der Politik, auch im eigenen Umkreis, nicht immer ratsam erscheint, über die eigenen Probleme, Schwierigkeiten oder aktuellen Frustrationen offen zu reden: *„Mit dem offen reden ist das so eine Sache in der Politik. Ich bin ein sehr offener Mensch und ich brauche das auch. Und ich bin auch nicht taktisch. Aber man muß in der Politik doch sich die Leute, mit denen man offen redet, sehr genau aussuchen. So nach dem Motto: paß auf, was du sagst, es kann alles gegen dich verwendet werden"* (P20, 40).

Erkenntnisse dieser Art könnten gerade auch für jüngere Frauen, die sich in unserer Untersuchungsgruppe am ausgeprägtesten auf ihren politischen Freundeskreis beziehen, hilfreich sein. Sicher reicht die Kenntnis über mögliche Fallstricken allein nicht aus, um jüngere Frauen vor erwartbaren Fehlern im politischen Geschäft zu schützen. Dennoch kann die Weitergabe von Ratschlägen und von oftmals auch aus schmerzhaften Erfahrungen gewonnenen Erkenntnissen für jüngere Frauen von Nutzen sein und einen wichtigen Beitrag zur Stärkung von Frauen in der Politik darstellen.

Sehr deutlich wird in unserer Untersuchung, welche große Bedeutung Familie und (Ehe)Partner als emotionaler Rückhalt für die von uns befragten Politikerinnen einnehmen. Das Gespräch und das Zusammensein mit Söhnen und Töchtern oder auch mit privaten Freunden wird als wohltuende Normalität empfunden, die ein wichtiges psychisches Gegengewicht zur Politik darstellt.

Verarbeitungsformen von Krisen

Bis auf wenige Ausnahmen wußten alle von uns befragten Politikerinnen von schwierigen Situationen zu berichten, in denen sie das Gefühl hatten, das „Handtuch werfen" zu wollen. Frauen in politischen und anderen gesellschaftlichen Führungspositionen müssen dabei vor allem auf ihr eigenes Potential an psychischer Stärke und auf ihre Stabilität vertrauen können: eine große Anzahl unserer Interviewpartnerinnen macht deutlich, daß die Aussprache mit Mitarbeitern, Freunden oder dem Partner zwar wichtig und hilfreich ist, aber nur eine Form ihrer Bewältigungsstrategien darstellt. Krisen hätten sie letztendlich doch „mit sich alleine" abmachen müssen. Es sind so vor allem Prozesse der Selbstreflexion, die es Politikerinnen ermöglichen, Krisensituationen durchzustehen. In den Klärungsprozessen, die unsere Interviewpartnerinnen beschreiben, nimmt der Begriff der „Verantwortung" eine Schlüsselstellung ein: *„Ich habe irgend etwas Strenges in mir. Ja, wo ich mich so verantwortlich fühle, wo ich streng gegen mich selbst bin. Wo ich denke, das hat man dir jetzt übertragen und das mußt du jetzt auch gut zu Ende bringen. Mittendrin das Handtuch schmeißen, das kann man nicht machen. Und Verantwortung zu fühlen"* (P18, 13).

Eine andere Interviewpartnerin beschreibt beispielhaft, wie die unterschiedlichen Bewältigungsformen bei ihr zur Meisterung von Krisen zusammenwirken. Auch bei ihr ist die Verantwortlichkeit für die einmal übernommene Aufgabe eine zentrale innere Motivation, die in ihrem Falle noch durch religiöse Prägungen bestärkt wird: *„Für mich ist es ganz wichtig, jemand zu haben, mit dem ich reden kann. Also nicht alleingelassen zu werden. Das Allerwichtigste ist, redend auch ein Stück verarbeiten zu können. Das zweite ist, daß ich dann für mich allein auch noch einmal darüber nachdenken muß. Wieder das Abwägen, kommst du da wieder raus oder kommst du nicht raus? Wofür lohnt es sich? Kannst du überhaupt noch Einfluß nehmen?... Dann kommt für mich hinzu, also ich bin stark religiös geprägt, und da ist immer die Frage, ich weiß es nicht genau, wo bin ich eigentlich hingestellt und wie lange und was kommt dann? Das kann auch morgen zu Ende sein"* (P21, 22).

So unterschiedlich unsere Interviewpartnerinnen in ihren politischen Ausrichtungen und im persönlichen Temperament sein mögen, so kennzeichnet sie doch die gemeinsame Haltung, daß Krisensituationen ihre innere Stärke zu mobilisieren scheinen. *„Ich habe zwar schon oft gedacht, ich würde gerne aufhören, aber in einer Krise, das paßt, das geht nicht zu meinem Charakter. Wenn ich angegriffen werde, dann werde ich stur und stark. Also wenn ich angegriffen werde, gebe ich nicht auf"* (P22, 22).

Vor allem diejenigen unter unseren Politikerinnen, die tatsächlich Niederlagen erleiden mußten, sei es, daß sie von ihren Ämtern zurücktreten mußten oder daß sie ein bereits sicher geglaubtes Amt doch nicht erhielten, berichten, wenn auch in der Tendenz eher zurückhaltend, von den damit verbundenen Belastungen und Verletzungen. Hier scheint es vor allem die Zeit zu sein, die hilft, die Wunden zu heilen. Dennoch hinterlassen Angriffe und Krisen ihre Spuren. Keine unserer Interviewpartnerin vermittelt in ihren Selbstbeschreibungen das Bild strahlender Selbstgewißheit, vielmehr werden bei aller persönlichen Stärke und Willenskraft auch die verletzlichen Seiten sichtbar.

Zusammenfassend läßt sich feststellen, daß gegenwärtig die Situation von Frauen in der Politik von spezifischen Ambivalenzen und Widersprüchlichkeiten gekennzeichnet ist. Der unzweifelhaft vorhandene Behauptungswille der heute aktiven Politikerinnen trifft auf psychische Dispositionen wie auf persönliche Wertorientierungen, die dem, was in der professionellen Politik an Verhaltensanforderungen erwartet wird, vielfach zuwiderlaufen. Gleichzeitig verfügen Politikerinnen damit über Qualitäten, die sie als Persönlichkeiten interessant und nicht zuletzt glaubwürdig machen, und die sich wohltuend vom heute vorherrschenden und zurecht kritisierten Politikertypus absetzen. Die von unseren Interviewpartnerinnen zum Teil sehr bewußt unternommenen Gratwanderungen sind jedoch individuelle Gratwanderungen, die noch keinen gemeinsamen Ausdruck und kaum struktur- oder stilbildende Kraft haben gewinnen können. Die Bündelung der Innovationspotentiale von Frauen steht noch aus.

Kooperationsformen von Frauen in der Politik

Probleme innerparteilicher Nachwuchsförderung

Alle Parteien der Bundesrepublik sind heute mit dem Problem konfrontiert, daß die Bereitschaft junger Frauen und Männer, sich parteipolitisch zu engagieren, sichtbar abgenommen hat. Unabhängig von ihrer politischen Ausrichtung müssen sich die Parteien Sorge um ihren Ruf bei der jüngeren Generation machen. U.a. spricht hier die Shell-Jugendstudie von 1997 eine deutliche Sprache.

Dazu einige Daten: bei der SPD lag 1997 der Anteil der Parteimitglieder unter 30 Jahre bei 6,9 Prozent. Damit hat sich der Anteil der jungen SPD-Mitglieder in den letzten 20 Jahren mehr als halbiert, während der Anteil der über 50jährigen Parteimitglieder von circa einem Drittel auf 65 Prozent gestiegen ist. Betroffen von dieser Entwicklung ist auch die sozialdemokratische Frauenorganisation, ASF: in der ASF betrug der Anteil der unter 35jährigen Frauen 1995 lediglich 9 Prozent. Nicht besser sieht die Verteilung der Altersgruppen in der CDU aus: 1997 waren lediglich 4,9 Prozent der CDU-Mitglieder unter 30 Jahren alt. Das Durchschnittsalter eines weiblichen CDU-Mitgliedes lag mit 53,6 Jahren noch über dem Altersdurchschnitt der Männer (52,6). [18]

Bei der FDP betrug der Anteil der Mitglieder unter 30 Jahren 7,75 Prozent, der Anteil der über 50jährigen dagegen 54,49 Prozent.

Auch für die bündnisgrüne Partei ist die Tendenz festzustellen, daß die „Gründer"-Generation der heute 35 bis 45jährigen den Schwerpunkt bildet und jüngere Mitglieder nicht mehr von alleine kommen, sondern gezielt gesucht und mobilisiert werden müssen (Raschke, 1993, 214). Da auch bei den Bündnisgrünen trotz eines vergleichsweise hohen Frauenanteils dennoch weniger Frauen als Männer Parteimitglieder sind (der Anteil lag Ende 1996 bei 37,8 Prozent), dürfte die Anzahl junger Frauen unter 30 Jahren gleichfalls gering ausfallen. [19]

Dieser Befund wirft neben der Überlegung, wie es um die Vitalität der parlamentarischen Demokratie angesichts des eklatanten Nachwuchsmangels bei den Parteien bestellt ist, zugleich das Problem auf, wie unter diesen Voraussetzungen das erklärte Ziel der gleichberechtigten Partizipation von Frauen erreicht werden soll. U.E. müssen die Parteien sich nicht nur auf quantitativer Ebene darum bemühen, eine größere Anzahl von weiblichen Mitgliedern zu werben, sondern sich auch die Frage nach Strategien und Instrumenten einer gezielteren Förderung des weiblichen Nachwuchses stellen. Der Verbesserung der Aufstiegschancen für junge Frauen und der Erleichterung ihrer Karrierewege kommt in diesem Prozeß eine entscheidende Rolle zu. Wenn die angemessene Repräsentanz von Frauen, gerade auch in den Entscheidungs- und Führungspositionen der Politik, erreicht werden soll, muß nicht nur ein ausreichend großes Reservoir an weiblichen Nachwuchskräften vorhanden sein. Vor allem muß die unterstützende und motivierende Vorbereitung jüngerer Frauen auf die künftige Ausübung von Führungspositionen systematischer als bisher ins Auge gefaßt werden.

Für die weibliche Nachwuchsförderung kommt dabei Frauen in politischen Führungspositionen eine Schlüsselstellung zu: Führungsfrauen können für jüngere

---

18 Eigene Ermittlung der Mitgliederstatistiken der Parteien. Stand Mitte 1997
19 Für die Bündnisgrüne Partei ist keine bundesweite Statistik über die Altersstruktur ihrer Mitglieder verfügbar.

Frauen nicht nur eine motivierende Vorbildfunktion ausüben, sondern sie können auch auf der praktischen Ebene eine Vielzahl von unterstützenden und beratenden Angeboten offerieren. Schließlich könnten sie die wichtige Rolle von Mentorinnen übernehmen. Untersuchungen zu den Karrierewegen von Frauen in der Wirtschaft haben aufgezeigt, daß weibliche Nachwuchskräfte kaum Zugang zu macht- und aufstiegsrelevanten Netzwerken erhalten und die mangelnde Unterstützung durch einen Mentor einen entscheidenden Faktor für den schwierigen Aufstieg von Frauen in Führungspositionen darstellt (Dienel 1996). Während jedoch die generationenübergreifende Förderung zwischen Männern eine gesellschaftlich eingespielte, erfolgreiche Praxis darstellt, die wesentlich zur Reproduktion männlicher Machtstrukturen beiträgt (Veith 1988, Schlapeit-Beck 1991, Deters 1995), bildet die entsprechende Förderung junger Frauen die Ausnahme. Die große Mehrheit von Männer in Führungspositionen ist offenbar nicht bereit, in weibliche Nachwuchskräfte zu investieren (Fischer u.a. 1993). Förderung unter Frauen schließlich hat aus einsichtigen Gründen hierzulande bislang keine Tradition entwickeln können. Erst heute, wo erstmals eine nennenswerte Anzahl von Frauen in Führungspositionen vorhanden und das gesellschaftliche Bewußtsein für frauen- und gleichstellungspolitische Anliegen gewachsen ist, sind die Voraussetzungen dafür gegeben.

Allgemeine Unterstützung: Ratschlag und Ermutigung

Die große Mehrheit unserer Interviewpartnerinnen bekundet ihr Interesse an Nachwuchsförderung nachdrücklich. Jede Interviewpartnerin, die zu diesem Punkt befragt wurde, erklärte, jüngere Frauen selbst bereits unterstützt und beraten zu haben oder sich zumindest darum zu bemühen. Einhellig bejahen unserer Interviewpartnerinnen ihre Vorbildfunktion und sehen es als ausgesprochen wichtige Aufgabe an, jüngere Frauen zur politischen und/oder professionellen Karriere zu ermutigen. Eine ostdeutsche Ministerin beschreibt ihre Haltung dazu wie folgt: *„Das können Frauen untereinander gut tun, daß man auch Frauen Mut macht. Darin sehe ich auch eine meiner Aufgaben, den Frauen zu erklären, daß sie das mindestens genauso gut können wie ihre männlichen Kollegen"* (P1, 12).

Zusätzlich zu solchen Ratschlägen und Ermutigungsangeboten allgemeinerer Natur, weisen mehrere unserer Interviewpartnerinnen darauf hin, wie wichtig es ist, jüngeren Frauen „Feedback" über ihre Arbeit zu vermitteln - Lob und Kritik zu äußern oder Tips für Verbesserungen zu geben. Im Rückblick erscheint es erfahrenen Politikerinnen vor allem wichtig, jüngere Frauen für den öffentlichen Auftritt zur Seite zu stehen und ihnen zu vermitteln, daß sie selbst gleichfalls Ängste überwinden mußten: *„Ich glaube, das Beste wäre, wenn möglichst viele Frauen den jungen Frauen sagen würden, daß sie selbst Ängste gehabt haben (...) Es wäre gut, wenn* *wir, die wir's also geschafft haben, nach Ansicht von anderen, viel häufiger darüber erzählen würden, was wir für Ängste überwinden mußten und was wir alles aufbieten mußten, um uns an ein Rednerpult zu stellen und das erste Mal eine längere Rede zu halten"* (P16, 26).

Zugleich wird aus diesem Interview deutlich, wie sehr der generationenübergreifende Austausch und die Erfahrungsweitergabe Frauen unter gegenwärtig ausschließlich vom persönlichen Engagement und zufälligen Gelegenheiten abhängig ist, und es derzeit noch keine systematische und pragmatische Verankerung dafür gibt.

Aufbau von Nachfolgerinnen

Bemerkenswert ist, daß nur eine einzige Interviewpartnerin erklärt, gezielt eine Nachfolgerin aufzubauen. Bei ihr handelt es sich um eine PDS-Politikerin, die ihr Mandat in der kommenden Legislaturperiode abgeben will. Zugleich beschreibt die Interviewpartnerin, warum es auch für sie nicht gänzlich unproblematisch ist, bereits jetzt eine kompetente Nachfolgerin heranzuziehen - wenn es zum Beispiel zu vorgezogenen Neuwahlen käme und beide Frauen sich dann gleichzeitig um ein Mandat bewerben würden. Vorsichtig zeigt sich die Befürchtung vor der „Überflügelung" durch die Jüngere: *„Ja, jemanden als Nachfolgerin heranzubilden, ist in dieser Fraktion natürlich nicht üblich. Und generell auch nicht in der Partei, daß man seinen eigenen Widerpart praktisch reinnimmt, weil es natürlich auch schiefgehen kann ... Aber ich denke schon, daß es wichtig ist, daß man jüngere Leute auch versucht zu gewinnen. Weil ich denke, die Partei hat von der Sache her nur Zukunft, wenn sie junge Leute gewinnt für die Arbeit"* (P8, 10).

Schließlich berichten zwei Interviewpartnerinnen aus der jüngeren Generation über ihre Versuche, Frauen als Nachfolgerinnen durchzusetzen. Beide Politikerinnen absolvierten eine steile parteipolitische Karriere, beide setzten sich dafür ein, die durch ihren Aufstieg vakant gewordene Position wieder mit einer Frau zu besetzen. Während es der einen Politikerin zu ihrem eigenen Bedauern nicht glückte, eine weibliche Nachfolge zu etablieren, war die andere Nachwuchspolitikerin ausgesprochen erfolgreich, nicht zuletzt deshalb, weil ihre Suche nach einer Nachfolgerin nicht erst von heute auf morgen einsetzte, sondern sie dabei auf ein Netzwerk von freundschaftlich miteinander verbundenen Frauen aus den Anfangszeiten ihrer politischen Arbeit zurückgreifen konnte.

Nach unserem Kenntnisstand dürfte die bewußte und erfolgreiche Unterstützung junger Frauen untereinander, wie sie von dieser Interviewpartnerin beschrieben wurde, eine große Ausnahme darstellen. Unsere Interviewpartnerin verfügt über ein ausgeprägtes Gespür und profundes strategisches Wissen über Fördermechanismen. Von allen Politikerinnen beschrieb sie am konkretesten, wie der Prozeß des „Aufbauens" einer Person funktioniert: *„Dann muß man natürlich Informationspolitik betreiben. Ganz wesentlich. Man muß selbstverständlich die Frauen in die engeren Informationszirkel mit hineinnehmen. Also wenn ich jetzt vorhabe, daß XY Vorsitzende nach mir wird, dann muß ich das auch dadurch machen, daß ich sie qualifiziere, daß ich sie informiere, daß ich ihr die Möglichkeiten der Präsentation und Repräsentation einräume. Man nennt das bei uns Leute aufbauen. Da ist ein ganz einfaches Prinzip, das funktioniert bei den Männern genauso"* (P13, 11).

Mentoring

Ein wichtiges Ergebnis unserer quantitativen Untersuchung ist, daß lediglich ein Fünftel der befragten Frauen angibt, zu Beginn ihrer politischen Laufbahn einen Mentor bzw. eine Mentorin, also eine Person, die sie über einen längeren Zeitraum ihres politischen Weges begleitet, beraten und gefördert hätte, gehabt zu haben. Die Interviews bestätigen diesen Befund von der anderen Seite: denn obwohl nahezu alle Interviewpartnerinnen erklären, Nachwuchsförderung zu praktizieren und eine Reihe wichtiger Ansätze und Strategien beschreiben, so bleibt die Form des Mentoring doch eher die Ausnahme in unserer Untersuchungsgruppe. Eine Ministerin erklärt auch unumwunden, daß sie bisher noch keine „gezielte" Nachwuchsförderung betrieben habe: *„Also, was ich immer mache, das ist junge Frauen in der Politik zu ermutigen. Das ist ja das Allerwichtigste! Wenn mich nicht Menschen ermutigt hätten, dann hätte ich nie irgendwas in Angriff genommen in der Politik. Also, daß man ihnen auch eine Rückmeldung gibt ... Aber nun gezielt? Also, daß ich mir welche ausgucke und sage: 'die wird mal das', das hab' ich bisher noch nicht gemacht"* (P20, 45).

Eine vergleichbares Verhaltensmuster zeigt sich bei einer führenden Gewerkschafterin, die sich der Notwendigkeit von Nachwuchsförderung sehr bewußt ist, es auch als selbstverständlich ansieht, freiwerdende Stellen in ihrer Organisation mit Frauen zu besetzen, aber gleichzeitig erklären muß, keine „systematische" Nachwuchsförderung zu betreiben (P30, 15).

Politische Karrieren müssen in der Regel jedoch von langer Hand geplant sein und bedürfen einer Vielzahl strategischer Überlegungen. Vergegenwärtigt man sich noch einmal die vielfältigen Behinderungen und Schwierigkeiten, die Frauen im parteipolitischen Terrain zu überwinden und zu meistern haben, so wird noch deutlicher, wie wichtig für Frauen die Unterstützung und Beratung durch erfahrene, ihnen wohlgesonnene Politikerinnen ist.

Ein beeindruckendes Beispiel, wie entscheidend die Unterstützung einer politischen Profi-Frau sich auf den Karriereweg einer jüngeren Frau auswirken kann, beschreibt eine Politikerin, die dafür Sorge trug, daß die von ihr betreute, „neue" Landtagsabgeordnete sich im Bereich des Strafvollzuges profilierte, den entsprechenden Arbeitskreis übernahm und damit den Grundstock für ihr späteres Amt als Justizministerin legen konnte. *„Jedesmal wenn ich sie sehe, sagt sie: Siehste, ich bin nur Ministerin, weil du mir genau gesagt hast, wie ich das machen muß"* (P26, 25).

Allgemeine Probleme und Schwierigkeiten

Ein entscheidendes Problem bei der Förderung des weiblichen Parteinachwuchses ist nach Ansicht zahlreicher Interviewpartnerinnen bereits darin zu sehen, daß den Parteien die jüngeren Frauen schlicht abhanden kommen. Besonders stark wird der Nachwuchsmangel von Politikerinnen aus Ostdeutschland empfunden und angesprochen. Auf die Frage, ob sie persönlich Nachwuchsförderung praktiziere, antwortete ein ostdeutsche SPD-Ministerin sarkastisch: *„Wenn ich eine finde ... "*.

Eine PDS-Politikerin erinnert mit Bedauern daran, daß in der Wendezeit 89/90 in der DDR Frauen eine wichtige politische Rolle gespielt hätten, während es heute sehr mühsam sei, jüngere Frauen überhaupt für Politik zu interessieren oder gar parteipolitisch zu gewinnen. *„Ich merke, daß es sehr viel weniger geworden sind, als in den ersten Jahren. Wie gesagt, neunzig, das waren wir unheimlich viele Frauen, hat dann richtig Spaß gemacht. Ich merke, daß es jetzt schon wieder nicht nur eine bewußte Suche ist, sondern auch richtig Arbeit erfordert, Bedingungen zu schaffen - und das ist recht schwierig"* (P14, 24).

Vor allem in den Äußerungen der ostdeutschen Politikerinnen formuliert sich die Sorge, wie es angesichts des Nachwuchsmangels um die Zukunft der Parteien und des demokratischen Systems in den neuen Bundesländern, aber auch in der Bundesrepublik insgesamt, bestellt ist. Zugleich wird eine gewisse Hilflosigkeit spürbar, wie dem Problem wirksam zu begegnen sei.

Das entscheidende Problem bei der Nachwuchsförderung in den Parteien scheint zu sein, daß es offenbar vielen Politikern wie Politikerinnen schwer fällt, jüngeren Nachwuchskräften den notwendigen Raum zur Präsentation und zur Profilierung einzuräumen. Wer in der Mitte der politischen Karriere steht und wiedergewählt werden möchte, hat Sorge davor, sich allzu qualifizierten Nachwuchs heranzuziehen, der sich zu schnell zur unerwünschten Konkurrenz entwickeln könnte.

Eine ehemalige CDU-Politikerin erläutert die Schwierigkeit, den arrivierten Mitgliedern ihrer Landtagsfraktion die für die Nachwuchsförderung notwendigen

Verhaltensweisen nahezubringen: *„Ich versuche auch manchmal, und das ist nicht ganz einfach, zu sagen, jetzt müßt ihr mal Platz machen. Das ist ein schwieriges Geschäft. Oder, nun müßt Ihr auch mal andere ranlassen. Ich hab manchmal mich mit den Kollegen im Landtag auch angelegt ... "* (F31, 15).

Möglicherweise müssen sich die Parteien angesichts des Beharrungsvermögens und des Eigeninteresses ihrer älteren Mandatsträger fragen, welche strukturellen Maßnahmen vonnöten sind, um sicherzustellen, daß der Anteil der jüngeren Abgeordneten steigt. Es ist kein Zufall, daß bei einigen grünen Landesverbänden die Einführung einer „Neuenquote" debattiert wird oder daß die JungsozialistInnen fordern, die kommende Bundestagsfraktion der SPD solle mindestens 30 Abgeordnete unter 40 Jahren aufweisen.

Trotz des Handlungsdruckes, unter dem die Parteien stehen und der unseren Interviewpartnerinnen sehr wohl bewußt ist, fehlt es in allen Parteien noch an Ansätzen, die Förderung des weiblichen Nachwuchses auf eine systematischere Ebene zu heben und dafür personelle wie finanzielle Ressourcen zur Verfügung zu stellen. In keiner Partei haben sich bisher Netzwerke an Mentorinnen für jüngere Frauen gebildet; alle Bemühungen verlaufen, so muß aus unserer Untersuchung geschlossen werden, auf individueller Ebene.

Chancen und Grenzen parteiübergreifender Kooperationen

Parteiinteressen und Fraueninteressen

Wenn Frauen innerhalb wie außerhalb ihrer Parteien strukturverändernde Forderungen durchsetzen wollen, müssen sie u.E. auch parteiübergreifende Bündnisse schließen und sich auf gesellschaftliche Organisationen und Gruppierungen außerhalb der Parteien stützen können, auf deren Unterstützung und Zustimmung die Parteien angewiesen sind. Der Kooperation von Frauen im politischen Raum und ihrer gemeinsamen Interessensdurchsetzung stehen allerdings spezifische Barrieren entgegen.

Frauen können entsprechend ihrer unterschiedlichen sozialen und ökonomischen Positionen in der Gesellschaft, unterschiedliche Interessen verfolgen und sehr unterschiedliche politische Positionen einnehmen. Insofern läßt sich auch nicht umstandslos von *den* Interessen von Frauen sprechen, was eine Homogenität in der gesellschaftlichen Situation von Frauen unterstellen würde, die weder empirisch gegeben noch politisch wünschenswert ist: „Politikerinnen repräsentieren Frauen nicht als Frauen; dieser Anspruch bedeutet, eine gemeinsame Identität aller Frauen zu unterstellen und die Heterogenität zu übersehen. Auch innerhalb der 'Gruppe

Frauen' gibt es erhebliche Variationen politischer Interessen ... Dies nicht zur Kenntnis zu nehmen heißt, die Spannung, die der Eintritt von Frauen in die Politik erzeugt ... zu ignorieren und als produktiven Faktor stillzulegen (Sauer 1994, 117).

Dennoch zeigen die Analysen der sozialwissenschaftlichen Frauen- und Geschlechterforschung, daß die Geschlechtszugehörigkeit als ein wichtiges gesellschaftliches Klassifikationsmerkmal begriffen werden muß und mit der Zugehörigkeit zum weiblichen bzw. männlichen Geschlecht unterschiedliche Zugangschancen zu gesellschaftlichen Ressourcen und Machtpositionen verbunden sind (Axeli-Knapp 1992, 292). Frauen können insofern zumindest das gemeinsame Interesse haben, die kulturell und strukturell verankerten Behinderung des weiblichen Geschlechtes verändern zu wollen - ohne dieses gemeinsame Interesse wäre die Entstehung von Frauenbewegungen und feministischer Politik weder theoretisch noch praktisch möglich gewesen.

Die übergreifenden Interessen von Frauen lassen sich dennoch ungleich schwieriger bündeln und organisieren, als dies zum Beispiel für die Durchsetzung der relativ homogenen Interessen der Arbeitnehmerschaft bestimmter Industriezweige oder für die Interessenpolitik mittelständischer Unternehmen der Fall ist. Die Bündelung und Organisierung der Interessen von Frauen liegt zwangsläufig immer auch quer zu bestehenden, männlich dominierten Organisationsformen.

Auch die politische Organisationsform der Partei zeigt spezifische Resistenzen und Widerstände gegen die Umsetzung frauenpolitischer Forderungen, wie die Untersuchungen zur Frauenpolitik der Parteien zeigen (Roemheld 1994, Cordes 1996, Gerecht 1994). Entsprechend den ideologisch-politischen Grundpositionen der Parteien prägen sich Vorbehalte und Widerstände gegen gleichstellungspolitische und/oder feministische Forderungen in sehr unterschiedlicher Form aus bzw. sie werden in unterschiedlichen Argumentationsweisen dargeboten, können aber dennoch als Indiz für das allen gemeinsame Problem gewertet werden, daß die Parteilogik nicht der Logik von Fraueninteressen folgt, die auf übergreifende gesellschaftliche Strukturen der Benachteiligung und der geschlechtsspezifischen Arbeits- und Ressourcenverteilung verweisen.

Die Verwirklichung der Gleichberechtigung von Frauen und Männern kann nicht ohne weitreichende, strukturelle Veränderungen der sozioökonomischen Rahmenbedingungen erreicht werden, welche Reorganisationen in der Arbeitswelt, in den sozialen Sicherungssysteme und in der Aufgabenverteilung im privaten Bereich einschließen (Schaeffer-Hegel 1996a, 40). Die Durchsetzung so grundlegender gesellschaftlicher Strukturen bedarf einer politischer Stärke, die insbesondere die Frage aufwirft, wie Frauen künftig machtvollere Bündnispolitik ausüben können. Zwar spielen die Frauen und die Frauenorganisationen der Parteien eine wichtige

Rolle, sie können aber nicht allein die Akteurinnen dieser Durchsetzungsprozesse sein. Dazu sind auch parteiübergreifende Bündnisse und Kooperationen zwischen Frauen aus allen gesellschaftlichen Gruppierungen nötig. Erst wenn Frauen sowohl innerhalb als auch außerhalb der Parteien Machtzentren aufbauen, werden sie nachhaltigeren Einfluß auf ihre Parteien und als auch auf die politische und gesellschaftliche Entwicklung nehmen können (Schaeffer-Hegel 1996, 173).

Eigenständige Bezüge unter Frauen, die gegenseitige Anerkennung und Wertschätzung ermöglichen, haben aber nicht nur auf der praktisch-politischen, sondern auch auf der Ebene der symbolischen Repräsentation eine wichtige Bedeutung. Sie tragen zur Entstehung einer „weiblichen Genealogie" bei, wie es in der Terminologie der Frauen des Mailänder Frauenbuchladens heißt, auf deren theoretische Arbeiten hier Bezug genommen wird, ohne daß damit auch die Position einer wesensmäßigen weiblichen Identität übernommen werden soll (Gildemeister, Wetterer 1992).

Bündnisse und Kooperationen unter Frauen zu schließen, heißt keineswegs, Frauen auf ein einheitliches Verständnis von Weiblichkeit festzulegen oder Differenzen unter Frauen bezüglich ihres sozialen oder ökonomischen Status' und/oder ihrer politischen Positionen zu negieren, im Gegenteil. Wie Sigrid Metz-Göckel in ihren Arbeiten zur Bedeutung von Frauennetzwerken und der politischen und professionellen Kooperation von Frauen schreibt, ist gerade bei Vernetzungen von Frauen unterschiedlicher politischer und gesellschaftlicher Position die Möglichkeit gegeben, mit Differenzen produktiv umzugehen und so konflikt- und politikfähig zu werden: „Auch in vertikaler Linie nehmen die Kooperationen und Vernetzungen zu, z.B. vermittelt über die institutionalisierte Frauenpolitik. (..) Mit den Differenzen zwischen Frauen kann das Bewußtsein von Trennendem, aber auch der Zwang, mit diesen Differenzen umzugehen, wachsen und über alle Harmoniebedürfnisse hinaus konfliktfähig machen. Das heißt für Frauen, auch in einem öffentlichen Sinn erwachsen zu werden"(Metz-Göckel 1993, 143).

In der Bundesrepublik gab es, vor allem in den letzten 10 Jahren, immer wieder Ansätze der parteiübergreifenden Kooperation von Politikerinnen, die jedoch meist nur kurzlebiger Natur und nicht immer von Erfolg gekrönt waren. Eine systematische Aufarbeitung diesbezüglicher Versuche und Initiativen liegt unseres Wissens bisher noch nicht vor. Um so mehr interessierte uns deshalb in unserer Untersuchung, die Erfahrungen und die Einschätzung der von uns befragten Politikerinnen zu den Chancen und Problemen parteiübergreifender Kooperation unter Frauen.

Zunächst ist festzustellen, daß alle Interviewpartnerinnen - mit einer Ausnahme - die parteiübergreifende Kooperation von Frauen in der Politik befürworten und als sinnvolle und unterstützende Praxis ansehen. Etwa die Hälfte unserer Interviewpartnerinnen hat selbst Erfahrungen mit parteiübergreifender Zusammenarbeit von

Frauen gemacht. Allerdings ist die prinzipielle Zustimmung zu parteiübergreifenden Kooperationsformen vielfach von skeptischen Einwänden begleitet, da die Dominanz der Parteien und der Parteipolitik in der Bundesrepublik als sehr hoch eingeschätzt wird.

Während bei der Einschätzung der Kooperation und der Bündnisse zwischen Frauen der verschiedenen Parteien immer auch kritische und skeptische Einwände zu hören sind, werden Kooperationsformen von Frauen aus verschiedenen gesellschaftlichen Bereichen, die zumeist mit dem Begriff des Netzwerks charakterisiert werden, einhellig und vorbehaltlos befürwortet. In der folgenden Darstellung wird entsprechend zwischen parteiübergreifender Kooperation einerseits und gesellschaftlicher Vernetzung von Frauen andererseits unterschieden.

Geglückte Kooperationen

Parteiübergreifende Kooperationen haben nach Einschätzung unserer Interviewpartnerinnen vor allem den positiven Effekt, daß zu bestimmten, frauenpolitisch relevanten Themen ein breiterer Konsens gefunden und damit die Durchsetzbarkeit entsprechender politischer Forderungen und Maßnahmen erhöht werden kann. Als Beispiele für die sachbezogene Zusammenarbeit von Frauen wurden von unseren Interviewpartnerinnen auf der Ebene des Bundespolitik der Gruppenantrag zur Reform des Abtreibungsrechtes von 1992, Initiativen zur Anerkennung frauenspezifischer Asylgründe und gemeinsame Bemühungen zum besseren Schutz ausländischer Frauen, die von ihrem Ehemänner mißhandelt werden, genannt. Für Berlin, in dem als einzigem Bundesland eine seit 1992 bestehende „Überparteiliche Fraueninitiative" aktiv ist, wurde als Beispiel für die geglückte, parteiübergreifende Kooperation von Politikerinnen angeführt, daß es mehrfach gelang, Haushaltskürzungen für Frauenprojekte zu verhindern bzw. auf ein akzeptables Maß zu begrenzen.

Die punktuelle, themenorientierte Zusammenarbeit wird von der großen Mehrzahl unserer Interviewpartnerinnen als sinnvoll und notwendig angesehen. Soweit besteht Konsens von der CSU- bis zur PDS-Politikerin. Allen Parteien werden, und auch an diesem Punkt herrscht parteiübergreifende Übereinstimmung bei unseren Interviewpartnerinnen, Defizite bei dem einen oder anderem (frauenpolitischen) Thema unterstellt. Eine liberale Politikerin formuliert diese Einschätzung prägnant: *„Jede Partei hat ihre eigene Schallmauer, wo sie an einem bestimmten Thema nicht weiterkommt"* (P3, 16).

Nach Abschluß der Interviews konnte in Bonn in einem weiteren Thema, das in zentraler Weise das Selbstbestimmungsrecht von Frauen über ihren Körper und über ihre Sexualität berührt, überfraktionelle Übereinstimmung zwischen den Frauen des Bundestages erzielt werden. Beim Gesetz zur Strafbarkeit der Vergewaltigung in der Ehe konnte durch den Druck der weiblichen Abgeordneten aller Fraktionen erreicht werden, die umstrittene Widerspruchsklausel, die Ehefrauen das Recht geben sollte, die Anzeige wieder zurückzuziehen - womit dieses Gesetz eine einzigartige Ausnahme im Strafrecht konstruiert hätte -, zu streichen.

Auffällig ist, daß bis heute solche überfraktionellen Initiativen weitgehend auf Fragen des unmittelbaren Selbstbestimmungsrechts von Frauen über ihren Körper beschränkt sind, also Themen der „klassischen" Frauenpolitik betreffen, während andere gesellschaftspolitische Bereiche, die, wie zum Beispiel die Reform der Renten- und Sozialversicherungssysteme, für die alltägliche Lebensrealität von Frauen nicht minder relevant sind, bis heute kaum in der öffentlichen Debatte unter geschlechtsspezifischen Aspekten thematisiert und auch nicht übergreifend von den (Frauen)Politikerinnen der Parteien in diesem Sinne politisiert werden.

Parteiübergreifende Zusammenarbeit von Frauen wird aber nicht nur - in Grenzen - als Machtfaktor zur Durchsetzung bestimmter politischer Themen und Inhalte gesehen. Für eine Reihe von Politikerinnen sind damit auch Aspekte *der persönlichen Stärkung* von Politikerinnen verbunden. So betont eine Politikerin, daß in der parteiübergreifenden Zusammenarbeit der Bundestagsfrauen, wie sie sich zum Beispiel nach 1990 im damaligen „Frauenbündnis" ausdrückte, die einzelnen Politikerinnen *„immer sehr voneinander profitiert"* hätten (P11, 30). Der Informationsaustausch und die gegenseitige Unterstützung, die in solchen, eher informellen Zusammenschlüssen, möglich sind, so eine andere Interviewpartnerin aus dem Bundestag, seien für die einzelne Politikerin durchaus wichtig. Sie bedauert daher sehr, daß ein parteiübergreifendes Netzwerk unter der Frauen des Bundestages zur Zeit fehle (P19, 8).

Schließlich sprechen mehrere der Interviewpartnerinnen eine Ebene an, die über die Fragen der Durchsetzbarkeit von Themen und der Stärkung von Politikerinnen hinaus grundlegende *demokratiepolitische Erwägungen* betrifft.

In der Dominanz der Parteipolitik und dem damit verbundenen Zwang zur gegenseitigen Abgrenzung und zum öffentlichen Schlagabtausch sieht immerhin ein Drittel der Interviewpartnerinnen ein Problem, das die Lösung der aktuellen gesellschaftlicher Problemlagen erheblich erschwere und das mit dazu beitrage, die „Politikverdrossenheit" in der Bevölkerung weiter anwachsen zu lassen. Die sachorientierte Zusammenarbeit über die Parteigrenzen hinweg, dort wo es notwendig und sinnvoll erscheint, wird deshalb als ein wichtiger Impuls zur Erneuerung der politischen Kultur begriffen. Aufschlußreich ist dabei, daß solch demokratietheoretischen Überlegungen in unserem Untersuchungssample nur von Politikerinnen der kleineren

Parteien, also von FDP, Bündnis 90/Die Grünen und der PDS, vorgenommen werden. Möglicherweise ist die Offenheit für eine parteienübergreifende Denkweise und sachorientierte Bündnispolitik in den kleineren Parteien stärker ausgeprägt als in den großen Volksparteien, die, zumindest auf Landesebene, unter Umständen auch ohne Koalitionspartner/in regierungsfähig sind.

Parteiräson versus Frauensolidarität

Ob es den Frauen gelingen wird, eine Vorreiterinnen-Rolle in der Entwicklung einer solchen, weniger an den Interessen der Parteien als an Sachlösungen orientierten Politik zu spielen, bleibt allerdings offen. Zwar wird der Wunsch nach einer in diesem Sinne erneuerten politischen Kultur vielfach ausgesprochen, zugleich ist die Mehrzahl unserer Interviewpartnerinnen jedoch zu vertraut mit den Mechanismen und Zwängen der Parteienpolitik, um sich allzu große Hoffnungen zu machen. Die Skepsis überwiegt. Allerspätestens in Wahlkampfzeiten seien die Frauen dann doch alle „Parteipolitikerinnen", meint z.B. eine junge ostdeutsche Abgeordnete resigniert. Die Kritik, daß sich die Politikerinnen im Zweifelsfall der „Parteiräson" unterordnen würden, ist in unserer Untersuchung von allen Einwänden am häufigsten zu hören - und zwar von Frauen aller Parteien. Wobei nur diffus darauf Bezug genommen wird, wer letztlich die Frauensolidarität zugunsten der Parteiloyalität aufgekündigt hat - anscheinend sind es immer die Frauen der jeweils anderen Partei. Insbesondere die Politikerinnen mit Bundestagserfahrung wirken nach den Erfahrungen der letzten Jahre reichlich ernüchtert. So meint eine ostdeutsche Politikerin: *„In der Übergangszeit zwischen Volkskammer und Bundestag gab es eine Initiative von Bonner Frauen aus allen Fraktionen. Ich habe da auch mitgemacht. Es war aber nicht besonders wirksam. In dieser Gruppe waren viele hochkarätige Frauen, und letztlich überwog doch die Parteiräson"* (P2, 7).

Eine liberale Politikerin gibt sich keinerlei Hoffnungen mehr hin, die Frauen des Bundestages würden in frauenpolitisch wichtigen Themen an einem Strang ziehen: *„Ich halte es nach vielen, vielen Jahren für völlig illusorisch, sozusagen unter dem Motto 'Frauen aller Parteien vereinigt Euch' die Frauen für die frauenpolitischen Themen auf die Barrikaden zu kriegen. Das ist es nicht. Da lächelt die männliche Übermacht auch nur"* (P19, 8).

Politikerinnen stehen in ihren Fraktionen objektiv unter starkem Anpassungsdruck, der ein „illoyales" Verhalten enorm erschwert. So erklärt eine ostdeutsche, konservative Landespolitikerin, die die parteiübergreifende Kooperation von Frauen, auch vor dem Hintergrund ihrer Erfahrung mit der Praxis der „Runden Tische" in der DDR, sogar für *„außerordentlich wichtig"* hält, im gleichen Atemzug: *„Mir ist das nie gelungen"* (P7, 20). Übergreifende Frauenbündnisse würden auch von den

Frauen der eigenen Fraktion „torpediert". Der Grund für das Nichtzustandekommen von Bündnissen liegt für sie im mangelnden politischen Rückgrat vieler Frauen: *„Die haben nur erlebt, sie kommen weiter, wenn sie angepaßt sind. Die werden sich doch jetzt nicht in eine Gegenposition zur herrschenden Meinung bringen"* (P7, 20).

Wie soll man diesen Einwand bewerten? Haben die Politikerinnen der Bundesrepublik tatsächlich einfach zu wenig Courage, um sich in bestimmten Themen auch einmal gegen ihre Partei stellen zu können? Und ist es überhaupt hilfreich, solche Verhaltensweisen mit Begriffen individueller Moral beurteilen zu wollen? Allgemeine Appelle an die Politikerinnen, sich mutiger zu verhalten, stellen im Grunde keine angemessene, politische Antwort auf dieses eben nicht nur individuelle, sondern strukturelle Problem dar. Politikerinnen müssen mit den vorgegebenen Strukturen und den begrenzten Handlungsspielräumen in den Parteien zurechtkommen. Es bedarf großer politischer Erfahrung und politischen Geschicks, um wirkungsvoll in Opposition oder Abweichung zur eigenen Partei agieren zu können. Dies geht um so leichter, je machtvoller die Position der Politikerin in der Partei bzw. je größer ihr öffentliches Ansehen ist und je mehr sie als Symbolfigur unentbehrlich erscheint. Für die Mehrzahl der Politikerinnen gelten diese Voraussetzungen eher nicht. Um so wichtiger sind deshalb die Führungspersönlichkeiten unter den Politikerinnen, die die Möglichkeit haben, frauen- und bündnispolitisch neue Akzente zu setzen.

Parteiübergreifende Kooperation verlangt jedoch nicht nur Durchsetzungsfähigkeit in der eigenen Partei und eine gewisse Unabhängigkeit im politischen Denken und Handeln. Sie verlangt, wenn sie gelingen soll, die Fähigkeit, mit anderen politischen Standpunkten respektvoll umzugehen, die Grenzen der Zusammenarbeit zu akzeptieren und sich auch davor zu hüten, die jeweils andere Fraktion für die eigenen Zwecke vereinnahmen zu wollen.

Die Balance zu halten zwischen der Treue zur eigenen politischen Position und der pragmatischen Zusammenarbeit mit den Frauen anderer Parteien, scheint für Frauen in der deutschen politischen Kultur keineswegs selbstverständlich und berührt die Politikfähigkeit von Frauen in einem zentralen Sinn.

Inwieweit wird dies von den Interviewpartnerinnen reflektiert?

Eine Interviewpartnerin geht davon aus, daß es vielen Frauen in ihrer Partei an politischen Erfahrungswissen über die Mechanismen der institutionellen Politik fehle und Frauen mit besonders „rigiden" Erwartungen an Politik herangingen, die den Umgang mit unterschiedlichen Positionen, bereits innerhalb der eigenen Partei, erheblich erschwerten. Ihrer Ansicht nach ist es jedoch unerläßlich, daß Frauen die Kooperation auch mit den Frauen erlernten, die nicht die gleiche politische Meinung teilen oder, aus welchen Gründen auch immer, keine vergleichbare Radikalität an den Tag legen können oder wollen. Bei diesen Überlegungen bezieht sie sich vor allem auf die Auseinandersetzungen um die Kompromißlösungen zur Reform des Paragraphen 218, die zum Anlaß wurden, Frauen anderer Position auch in anderen Fragen die Unterstützung zu entziehen. *„Aber auch das muß man als Frauen sehen: Es ist legitim, daß eine Frau nicht so weit gehen will ... Wenn sie trotzdem also für Frauen was macht, muß man sie unterstützen. Und das war immer ein Problem. Also man muß solche Interessenabwägungen auch vornehmen können. Wenn wir weiterkommen wollen, müssen wir als Frauen lernen, daß wir eben mit verschiedenen Frauen kooperieren können"* (P23, 17).

Solche Aussagen machen sehr deutlich, daß die Kooperation von Frauen im politischen Raum zur Voraussetzung hat, daß politische Positionen nicht absolut gesetzt werden, und daß nicht die gesamte Person mit ihrer Haltung in einer bestimmten politischen Frage identifiziert wird. Es gilt gewisse Abstraktionsleistungen zu vollziehen, ohne die die Aushandlungsprozesse, aus denen Politik im parlamentarischen Raum weitgehend besteht, nicht möglich sind. Nun mag das für Politikerinnen mit einem konservativen oder liberalen Hintergrund eine vertraute Einsicht sein, für Frauen, die aus einem eher frauenbewegten Umfeld zur institutionalisierten Politik gekommen sind oder die sich in ihrer politischen Grundhaltung darauf beziehen, wie es zum Teil bei den Sozialdemokratinnen und insbesondere bei den bündnisgrünen Politikerinnen der Fall ist, steht diese Forderung in spannungsvollem Verhältnis zur eigenen politischen Tradition. In einem bewegungszentrierten Verständnis politischer Praxis kam es darauf an, möglichst authentisch und dicht an der eigenen Person Politik zu machen und Grenzziehung zwischen Politik und Leben bzw. zwischen Politik und Person weitgehend abzulehnen. Solche Ansprüche können durchaus positiv als kritisches, für eine lebendige demokratische Kultur wichtiges Potential gesehen werden (Gerhard 1996), sie finden aber auch dort ihre Grenzen, wo es angesichts konfligierender Interessen zu demokratisch geregelten Aushandlungsprozessen und Kompromißbildungen kommen muß. Die Frauenbewegung war in ihrer ersten Dekade sehr stark von der „Gemeinsamkeit" und „Schwesterlichkeit" aller Frauen ausgegangen, in der Frauensolidarität kein Problem war keines darstellen durfte, so daß Spannungen, Konkurrenzen und Konflikte unter Frauen häufig tabuisiert wurden[20] Erst die Debatten um die Differenz unter Frauen, wie sie vor allem durch schwarze und farbige Feministinnen aus den USA angestoßen und in vielfältiger Form dann auch in der Bundesrepublik rezipiert wurde, Erfahrungen

---

20 Der - allerdings handlungswirksame - Mythos der „Schwesterlichkeit" der ersten Dekade der internationalen wie der bundesdeutschen Frauenbewegung ist inzwischen in zahlreichen Artikeln und Beiträgen der Frauenforschung unter unterschiedlichsten Perspektiven kritisch dargestellt worden (Schultz 1993, Thürmer-Rohr 1993, Koppert/Lindberg 1993, Jung 1993, Gerhard 1995, Meyer 1995).

mit den Grenzen einer ideologisierten „Gemeinsamkeit" im Alltag der Frauenprojekte und nicht zuletzt die Diffundierung der Frauenbewegung in verschiedene gesellschaftliche Organisationen trugen zu einem Erfahrungs- und Einschätzungswandel bei. Angesichts zahlreicher Veröffentlichungen zum „Scheitern" der Zusammenarbeit von Frauen scheint heute das Pendel in die andere Richtung ausgeschlagen zu sein. Dagegen ist in Übereinstimmung mit Birgit Meyer die Einsicht wichtig, daß Kooperation und Solidarität unter Frauen als das Ergebnis eines politischen Prozesses verstanden werden sollten, der erstens nicht fraglos vorausgesetzt werden kann und zweitens an die Akteurinnen bestimmte Anforderungen stellt. Birgit Meyer schreibt dazu: „Frauensolidarität muß immer neu hergestellt werden, und dies in mühevollen Prozessen, obgleich bei vielen nur die vage Erfahrung ihrer Funktionstüchtigkeit oder auch nur die bloße Vision ihrer Notwendigkeit existiert. Frauensolidarität stellt sich her, indem sie sich unter Schwierigkeiten beweist. Sie ist kontingentes und immer wieder gefährdetes Produkt einer steten konflikthaften Auseinandersetzung. Sie erfordert hohe soziale und persönliche Kompetenz, aber auch einen politischen Bezugsrahmen. Sie findet nicht im gesellschaftsleeren Raum statt" (Meyer 1995, 165).

Auf die parteiübergreifende Kooperation von Frauen bezogen, bedeuten diese Überlegungen auch, daß Bündnisse zwischen Frauen unterschiedlicher politischer Herkunft nur dann funktionstüchtig werden, wenn die Fähigkeit vorhanden ist, mit unvermeidbaren Konflikten und Auseinandersetzung in offener und zugleich „zivilisierter" Form umzugehen. In der feministischen Sozialisationsforschung wird davon ausgegangen, daß hier ein spezifisches Problem für Frauen vorliegt, weil ihre Sozialisation in der Regel ein anderes Muster der Konfliktbewältigung generiert, in dem die offene Auseinandersetzung gemieden und Konflikte statt dessen in den verdeckten Formen des Klatsches oder der Intrige ausgetragen werden.

Wenn aber mit dem Problem einer unzureichend ausgebildeten „Streitkultur" unter Frauen zu rechnen ist, so erscheint es um so wichtiger, daß Frauen im politischen Raum Zusammenschlüsse aufbauen, in denen der Umgang mit Konflikten erprobt, offene Formen der Auseinandersetzung erwünscht sind und in denen der Umgang mit unterschiedlichen politischen Positionen eingeübt werden kann. Die neue Frauenbewegung der Bundesrepublik hat jedoch ein anderes Modell als exemplarisches Muster der Kooperation unter Frauen hervorgebracht: In den autonomen Frauenprojekten fanden sich Frauen mit jeweils weitgehend übereinstimmenden politischen Überzeugungen zusammen, die sich zudem häufig über einen gemeinsamen Lebensstil definierten und über einen ähnlichen sozialen und ethnischen Background verfügten. Die Herausforderung politischer Praxis mit Frauen unterschiedlicher gesellschaftlicher Position ist damit gerade nicht angenommen worden. Ebenso bilden die Frauenorganisationen der Parteien, auch wenn sie sicherlich ein breiteres Spektrum an Meinungen und Positionen repräsentieren, nur ein bestimmtes kulturelles und politisches Milieu ab. Auch hier beziehen sich Frauen also in ihrer politischen Praxis weitgehend *als Gleiche* aufeinander.

In den 90er Jahren hat sich jedoch ein weiteres Muster der Kooperation unter Frauen herausgebildet, das weder mit den Organisationsformen der traditionellen Frauenverbände noch mit parteilichen, kirchlichen oder sonstigen gesellschaftlichen Frauenorganisationen noch mit den Projekten der autonomen Frauenbewegung übereinstimmt. Unter dem Begriff des „Netzwerks" hat sich eine neue gesellschaftliche Praxis der Zusammenarbeit unter Frauen entwickelt, die vor allem im beruflichen Bereich den übergreifenden Informations- und Erfahrungsaustausches und die nicht partei- oder konfessionsgebundene Kooperation unter Frauen voranbringen will.[21] Die verschiedenartigen Netzwerke haben inzwischen eine nicht zu unterschätzende politische und gesellschaftliche Bedeutung gewonnen, die sich auch in den entsprechenden Äußerungen und Einschätzungen der von uns befragten Politikerinnen und Frauen in Führungspositionen widerspiegelt.

Netzwerke von Frauen im gesellschaftlichen Raum

Der Begriff des „Netzwerks", auf den immer positiv Bezug genommen wird, fällt sehr häufig in den Äußerungen unserer Interviewpartnerinnen, wird allerdings mit unterschiedlicher Bedeutung verwendet. Dies entspricht der gesellschaftlichen Praxis, da sich in der Tat unterschiedliche Zusammenschlüsse oder soziale Beziehungsgefüge als Netzwerke definieren lassen. Als „offizielle" Netzwerke, die jeder interessierten Frau offenstehen, werden in der Literatur vor allem solche Zusammenschlüsse aufgeführt, in denen Frauen der verschiedenen gesellschaftlichen Bereiche und professionellen Felder zum persönlichen, beruflichen und/oder politischen Erfahrungs- und Informationsaustausch zusammenkommen. Netzwerke beruhen im Vergleich zu Berufsverbänden von Frauen oder parteilichen und gesellschaftlichen Frauenorganisationen auf einer eher lockeren Organisationsform und geringerer Reglementierung durch Statuten und formalisierte Verfahrensabläufe. Aber auch Verbände und Organisationen können bestimmte Netzwerkfunktionen übernehmen. Netzwerk ist deshalb in erster Linie als ein funktionaler Begriff zu verstehen, der vorwiegend informelle Formen des Austausches, der gegenseitigen Unterstützung

---

21 Im von Ulla Dick herausgegebenen Handbuch der „Netzwerke und Berufsverbände für Frauen" wurden 1994 allein über 50 Netzwerke für Frauen im wirtschaftlichen, wissenschaftlichen, künstlerischen oder medialen Bereich aufgeführt. Diese bestehen zusätzlich zu den traditionellen Berufsverbänden (Dick 1994).

und gemeinsamen Einflußnahme auf gesellschaftliche und politische Prozesse charakterisiert.

Im folgenden werden wir deshalb vor allem die positiven Funktionen analysieren, die Netzwerke für unsere Interviewpartnerinnen einnehmen und die Vorstellungen und Anregungen untersuchen, die bei ihnen zur Verbreiterung und möglichen Effizienzsteigerung von Netzwerk-Praktiken bestehen.

Politische und persönliche Horizonterweiterung

Eine wichtige Funktion nehmen Netzwerke unter Frauen für die von uns befragten Politikerinnen auf der Ebene des fachlichen Informationsaustausches ein. Politikerinnen in Führungspositionen benötigen den raschen Zugriff auf Expertenwissen, das vor allem in der Einschätzung von kontroversen politischen Fragen und zur Standpunktklärung gesucht und genutzt wird. Die Kommunikation mit unabhängigen, aber prinzipiell unterstützenden Expertinnen wird von mehreren unserer Interviewpartnerinnen als eine sehr positive Möglichkeit gekennzeichnet, sich Informationen zu beschaffen und Anregungen oder Feedback über einzelne Maßnahmen zu erhalten. Zum größten Teil beruhen solche Beziehungen zu Expertinnen auf informellen, persönlichen Bezügen - immerhin blickt ein großer Teil der Interviewpartnerinnen auf viele Jahre beruflicher und politischer Tätigkeit zurück, in denen zahlreiche Kontakte geknüpft werden konnten. Zum Teil wurden solche Beratungsrunden jedoch auch institutionalisiert. Eine ehemalige Frauenministerin etablierte zum Beispiel in ihrem Hause einen regelmäßigen „Frauen-Ratschlag", zu dem Fachfrauen aus verschiedenen Bereichen hinzugezogen wurden. Eine andere Ministerin bedauert, daß es ihr aus Zeitmangel nicht glücke, im Bereich der Frauenpolitik eine „Expertinnen-Runde" aufzubauen, wie sie ihr im Bereich der Arbeitsmarktpolitik zur Verfügung steht. Sie schätzt derartige Gremien als sehr hilfreich ein (P1, 5).

Für Politikerinnen in Führungspositionen bedeutet die Existenz eines verläßlichen „Netzes" an persönlich vertrauten Expertinnen und Fachfrauen einen nicht zu unterschätzenden Unterstützungsfaktor für die politische Arbeit. Netzwerke unter Frauen können jedoch über den fachlichen Informationsaustausch hinaus die für alle Beteiligten positive Funktion einer politischen wie persönlichen „Horizonterweiterung" einnehmen. Mehrmals wird in unseren Interviews kritisch der Umstand angesprochen, daß die verschiedenen gesellschaftlichen Bereiche - Politik, Wirtschaft, Wissenschaft - als in sich geschlossene „Systeme" funktionierten. Eine Politikerin unserer Untersuchung, die sich sehr für den partei- und gesellschaftsübergreifenden Austausch unter Frauen einsetzt, beschreibt derartige Abschottungstendenzen für die Politik mit dem harschen Wort der „Inzucht": *„Sehr wichtig sind Kontakte zwischen den verschiedenen Ebenen und vornehmlich auch mit anderen Frauen.*

Also aus der Wirtschaft, aus dem Wissenschaftsbereich - da fehlt es. Weil wir wirklich eine Inzucht betreiben in den Parteien. Das ist ganz furchtbar abgeschottet" (P11, 30).

Der mangelnde Austausch zwischen den verschiedenen gesellschaftlichen Bereichen wird von Frauen aus der Politik, stärker jedoch noch von unseren Interviewpartnerinnen aus wirtschaftlichen und gesellschaftlichen Führungspositionen beklagt. Eine kirchliche Führungsfrau ist gleichfalls davon überzeugt, daß die Vernetzung unter Frauen aus „ganz anderen Bereichen" ausgesprochen positive Auswirkungen hat. Vorsichtige Kritik formuliert sie an den Politikerinnen, die oftmals zu sehr dem „Dunstkreis" der eigenen Partei verhaftet seien: *„Also die übergreifende Vernetzung würde ich begrüßen, auch für den politischen Bereich. Ich habe ja auch viel mit Politikerinnen zu tun, die oftmals so im eigenen politischen Dunstkreis bleiben. Und auch Frauen in diesem Bereich sollten schon lernen, eine Vernetzung weiterhin zu haben. Denn wir brauchen uns Frauen ja auch gegenseitig in den gesellschaftlichen, politischen Gruppierungen"* (F29. 28).

Netzwerke stellen damit ein wichtiges Instrument dar, die Isolation von Frauen in Führungspositionen aufzubrechen und sich im gemeinsamen Austausch und in gemeinsamen Handlungsoptionen der eigenen Machtpotentiale stärker bewußt zu werden.

Eine Interviewpartnerin aus der älteren Generation bedauert im Rückblick, daß es zu den Zeiten ihrer aktiven Karriere nur sehr wenige Frauen in Führungspositionen gab und zugleich kaum ein gemeinsames frauenpolitisches Bewußtsein vorhanden war. Mit 74 Jahren und durchaus mit einem konservativen politischen Hintergrund ist sie heute eine überzeugte Verfechterin von Frauennetzwerken: *„Wie gesagt, solche Netzwerke von Frauen, die gab's in meiner Generation ja nicht. Ich finde das ganz wichtig, sich mit anderen zusammenzutun, um die Strukturen so zu verändern, daß man nicht mehr als Frau sich an ein durch männliche Spielregeln geprägtes Umfeld anzupassen braucht, daß man sich nicht mehr verbiegen muß als Frau, sondern als Persönlichkeit man selbst bleiben darf"* (P25, 27).

Vermutlich liegt in der besonderen Qualität von Netzwerken, einerseits mehr zu sein als private Zusammenkünfte, andererseits dennoch eine relativ informelle, auf persönlichen Beziehungen aufbauende Organisationsstruktur aufweisen, die Attraktivität begründet, die Netzwerke heutzutage für viele Frauen besitzen.

Die Chancen von Netzwerken für Frauen in der Politik liegt für eine Politikerin, die ansonsten die parteiübergreifende Kooperation von Frauen eher skeptisch beurteilt, vor allem in der Verbesserung der Kommunikations- und Unterstützungsstrukturen, die langfristig zur Stärkung und besseren Einflußnahme von Frauen beitragen könnten. *„Aber in Netzwerken sich gegenseitig informieren und einfach über die*

Parteigrenzen hinweg mal ganz vorurteilsfrei zu gucken, was könnte da gut sein, wo könnte eine gute Frau hinpassen, das kennen wir nicht" (P19, 8). Sie befürwortet daher alle Maßnahmen, die die „Stimulation der Interaktion zwischen Frauen" zum Ziel haben.

In ihrer Äußerung zu den positiven Funktionen von Netzwerken findet sich zugleich der Hinweis, daß Netzwerke bei der Besetzung von Positionen Einfluß nehmen und insofern auch einen wichtigen Beitrag zur Förderung des weiblichen Nachwuchses leisten können.

Damit sind Vorteile für die ältere wie für die jüngere Generation verbunden: die älteren Frauen können jüngere Frauen für bestimmte Positionen aufbauen oder anwerben. Den jüngeren bzw. nachrückenden Frauen wiederum können karriererelevante Netzwerk-Kontakte entscheidende Weichenstellungen für den Berufsweg bedeuten. *„Ich gebe jetzt weniger Erklärungen ab über bestimmte Sachen, sondern versuche von innen heraus Frauenförderung zu betreiben und zu vernetzen. Man kann oft sehr gut die Frauen, die man kennt, dann auch besser unterbringen. Indem man anruft und sagt: Horchen Sie mal, da habe ich die und die und Sie können doch sicherlich jemanden gebrauchen, ja? Auf diese Art und Weise"* (P11, 8).

Netzwerke unter Frauen in Führungspositionen haben die wichtige Funktion, den Informationsaustausch und den Kenntnisstand über das Reservoir an kompetenten und motivierten weiblichen Nachwuchskräften zu verbessern. Dies hat unseren Interviewpartnerinnen zufolge um so größere Bedeutung, als es nicht immer einfach ist, jüngere Frauen für die Übernahme von Leitungs- und Führungspositionen zu motivieren und mancher Versuch der Nachwuchsförderung fehlschlug, weil die angesprochenen Frauen dann andere Prioritäten setzten.

How to do a network

Die Vorteile von Netzwerken - ihre informelle, personenbezogene Struktur - sind zugleich ihre Nachteile: Netzwerke sind relativ unverbindlich und können rasch wieder auseinanderfallen. Zudem -darauf wird von unseren Interviewpartnerinnen mehrfach hingewiesen - haben Frauen in exponierten beruflichen und/oder politischen Positionen in der Regel sehr wenig Zeit. Zeit und Arbeitskraft in Netzwerke zu investieren, macht deshalb nur dann Sinn, wenn Netzwerke tatsächlich etwas bewirken und über den bloßen Erfahrungsaustausch hinausgehen. Sie dürfen, wie eine Interviewpartnerin aus dem Medienbereich es salopp ausdrückt, *„halt nicht nur ein weiterer Treff von Frauen sein"*. Als Beispiel für ein erfolgreiches Netzwerk in der Bundesrepublik nennt diese Interviewpartnerin den Juristinnenbund: *„Die haben nicht nur Treffs gemacht, die haben wirklich gearbeitet und diese ganzen Alternati-*

ventwürfe zum § 218, zum Eherecht usw. gemacht. Da saßen eine Menge Frauen aus den Ministerien in ganz wichtigen Positionen und die haben sich da gegenseitig die Bälle zugespielt. Das hat mir gut gefallen" (P28, 17).

Wenn Netzwerke unter Frauen funktionstüchtig sein sollen, dann muß im Vorfeld nicht nur überlegt sein, wer mit wem sinnvollerweise vernetzt werden kann und soll, sondern es gilt auch, sich Klarheit über die Ziele und Methoden zu verschaffen. Gemeinsame Handlungsintentionen, in welcher Form auch immer, stärken mit Sicherheit den inneren Zusammenhalt und erhöhen die Motivation der beteiligten Frauen, „am Ball" zu bleiben. Das Netzwerk von Führungsfrauen einer der Interviewpartnerinnen plant zum Beispiel eine öffentliche Aktion, in der jüngere Frauen zur Übernahme von Führungspositionen ermutigt werden sollen. Beabsichtigt ist dabei auch, den Blick auf die gesellschaftliche Verantwortung von Menschen in Führungspositionen zu lenken und einen zeitgemäßen Begriff von „Führung" zu debattieren, der von seinen patriarchalen Konnotationen befreit werden soll.(F29, 28/29). Wenn Netzwerke unter Frauen sich in dieser oder vergleichbarer Form die Einflußnahme auf politische und gesellschaftliche Prozesse zum Ziel setzen, erfüllen sie zugleich wichtige zivilgesellschaftliche Funktionen und sind ein nicht zu unterschätzender Beitrag für den Bestand einer lebendigen Demokratie.

Strategien und Instrumente zur Stärkung von Frauen in der Politik

Frauen in politischen Führungspositionen besitzen heute ein hohes Bewußtsein über frauenausgrenzende und benachteiligende Strukturen in der Politik, das sie in eine oftmals kritische und spannungsreiche, aber durchaus produktive Distanz zum politischen Betrieb versetzt. Ihr Bedürfnis und ihre Suche nach Verhaltensweisen jenseits der Zuschreibungen in typisch männliches oder typisch weibliches Rollenverhalten, ihr Selbstbewußtsein und ihre Reflexionsfähigkeit prädestinieren sie dazu, Veränderungs- und Reformprozesse einzufordern und voranzubringen - Veränderungsprozesse, die Frauen zugute kämen und die gleichzeitig einen wichtigen Beitrag zur Vitalisierung und Erneuerung der demokratischen Institutionen leisten könnten. Weibliche Politiker könnten vor allem Impulse geben für die Entwicklung eines kooperativen Führungsstils, für die Stärkung themen- und sachorientierter Zusammenarbeit über Parteigrenzen hinaus und schließlich für das Verständnis von Frauenpolitik als gesellschaftspolitischer Querschnittsaufgabe.

Gleichzeitig zeigt unsere Untersuchung jedoch auch, daß die Barrieren, die der Entfaltung der Innovationspotentiale, die Frauen bezüglich der Inhalte und Formen der Politik einzubringen hätten, entgegen stehen, nicht geringer geworden sind. Die Erfahrung, einem enormen Anpassungsdruck und unterschiedlichsten Strategien der

Marginalisierung und Abwertung ausgesetzt zu sein, kennzeichnet immer noch die Situation von Frauen in der Politik. Politikerinnen von heute versuchen jedoch, sich zunehmend kritischer und selbstbewußter den vorgefundenen Bedingungen zu stellen. Zu einer strukturverändernden Bündelung der Innovationspotentiale von Frauen ist es allerdings noch nicht gekommen.

In der Konzeptualisierung innovativer, bedarfsgerechter politischer Bildungsarbeit für das Empowerment von Frauen, sollten Maßnahmen und Instrumente, die zur Stärkung der generationen-, themen- und parteiübergreifenden Zusammenarbeit und zur Stärkung der Kooperations- und Bündnisfähigkeit von Frauen beitragen, einen hohen Stellenwert einnehmen.

Generationenübergreifende Kooperationen

Der Erfahrungsaustausch zwischen „gestandenen" Politikerinnen und jüngeren Frauen, die sich für eine politische Laufbahn interessieren, könnte nach den Ergebnissen der vorliegenden Untersuchung eine der wichtigsten Ressource bilden, um die Aufstiegswege von Frauen in der Politik zu erleichtern und eigenständige Loyalitäts- und Machtbeziehungen unter Frauen zu entwickeln. Diese Ressource wird jedoch kaum genutzt: in der bundesdeutschen Parteienlandschaft, aber auch bei den verschiedenen Institutionen der politischen Bildung, gibt es bis heute keine Orte, in denen der generationenübergreifende Erfahrungsaustausch in systematischer Form entwickelt und erprobt wird. Während im Bereich der Wirtschaft, zunehmend über Mentoring-Programme für Frauen nachgedacht wird, fehlen derartige Überlegungen für den Bereich der Politik fast vollständig. Ob heute eine Frau in der Politik eine sie unterstützende und begleitende Mentorin findet und ob umgekehrt eine erfahrene Führungsfrau, die die Mentorinnen-Rolle übernehmen möchte, auf eine geeignete Mentee trifft, ist weitgehend von zufälligen persönlichen Konstellationen und Begegnungen abhängig. Erst allmählich entsteht ein Bewußtsein dafür, daß solche auf dem persönlichen Erfahrungsaustausch und dem Lernen am Vorbild orientierten Praktiken unter Frauen eine wichtige Ressource für die gegenseitige Unterstützung und Stärkung von Frauen darstellen können. Praktiken des Mentoring haben auch nichts mit persönlicher Begünstigung und Patronage zu tun haben und sind um so besser vor Mißbrauch geschützt, je transparenter, öffentlicher und je mehr gesellschaftlich anerkannt sie sind. Sie erfordern allerdings von allen Beteiligten die Anerkennung des Kompetenz-, Erfahrungs- und nicht zuletzt des Machtgefälles zwischen Frauen - Mentorin und Mentee verkehren eben nicht von gleich zu gleich. Mentoring verabschiedet sich damit zugleich vom „Mythos der Schwesterlichkeit", der in der Frauenbewegung über so viele Jahre vorherrschend war.

Formen des Mentoring unter Frauen verweisen vielmehr auf das Modell der Mutter-Tochter-Beziehung - ohne diese jedoch zu kopieren. Mentoring ist eine professionelle Beziehung unter erwachsenen Frauen, mit klaren zeitlichen und persönlichen Grenzziehungen. Möglicherweise stellt jedoch die strukturelle Ähnlichkeit zur Mutter-Tochter-Beziehung eine potentielle Konfliktquelle dar, wenn nämlich den Beteiligten weitgehend unbewußte, ungelöste Abhängigkeiten und die damit verbundenen emotionalen Ambivalenzen auf die aktuelle Beziehung übertragen werden. Mentoring-Beziehungen müssen also auch vor möglichen destruktiven Projektionen geschützt werden.

Ein Konzept, das Gelingen von Mentoring-Beziehungen unter Frauen zu befördern, kann u.E. darin bestehen, Mentoring nicht nur den unmittelbar Beteiligten zu überlassen, sondern ihm einen Rahmen und Regeln zu geben, es mit Trainings und Seminaren zu begleiten, zu supervidieren und insgesamt in einen übergreifenden politischen Zusammenhang zu stellen.

Auf dem Gebiet der Nachwuchsförderung und der Vermittlung von Erfahrungswissen unter Frauen, insbesondere in Form von sogenannten Internship- oder Mentorship-Programmen, erscheinen vor allem Ansätze aus den USA wegweisend, wie sie zum Beispiel vom Public Leadership Education Network (PLEN) in Washington seit mehr als einer Dekade entwickelt und erprobt worden sind (siehe dazu auch den Beitrag von Marianne Alexander in diesem Band).

Nun sind Internship- und Mentoring-Programme zur Förderung des weiblichen Führungsnachwuchses, wie sie in den USA von verschiedenen Institutionen angeboten werden, aufgrund der unterschiedlichen politischen Kultur in der Bundesrepublik sicher nicht umstandslos auf bundesdeutsche Verhältnisse zu übertragen. Dennoch ist erstaunlich, daß es für die Bundesrepublik bisher keinerlei vergleichbare Formen der Nachwuchsförderung gibt. Die Stiftungen und Institutionen der politischen Bildungsarbeit haben in den letzten Jahren zwar ihr Angebot an frauenspezifischen Programmen ausgebaut. Seminargestützte Internship-Programme bei politischen Führungsfrauen sind nach unserem Kenntnisstand bisher noch nicht im Angebot. Auch die Frauenorganisationen der Parteien führen keine Internship- oder Mentoringprogramme durch - dies mag auch damit zusammenhängen, daß sie wegen schmaler Ressourcen nicht in der Lage sind, solche mit erheblichem Aufwand verbundenen Aufgaben zu übernehmen..

Die Vorteile generationenübergreifender Kooperationen liegen aber nicht allein auf Seiten der jüngeren Frauen. Auch die Mentorin selbst kann davon für ihre persönliche und politische Weiterentwicklung profitieren. Im Austausch mit einem jüngeren, fragenden Gegenüber können neue Impulse und Anregungen gewonnen werden. Das Verhältnis zwischen Mentorin und Mentee eröffnet andere Möglichkeiten als das Verhältnis zwischen Chefin und Mitarbeiterin, das stark von den Erfordernissen eines reibungslosen Arbeitsablaufs bestimmt ist. Und die Weitergabe von Erfahrungswissen beinhaltet immer auch die Reflexion der eigenen Praxis, die im Alltagsgeschäft notgedrungen oft zu kurz kommt. Nicht zuletzt betonen die Politikerinnen unserer Untersuchung, wie wichtig zur Bewältigung von Streß und Krisensituationen die Möglichkeit zur persönlichen, „geschützten" Aussprache ist. Auch hier kann die Beziehung zu einer Mentee, so sie vertrauensvoll ist, hilfreich und „entspannend" sein.

Themenübergreifende Kooperation - Mainstreaming

Einen wichtigen Impuls zur Erweiterung der politischen Gestaltungsmöglichkeit von Frauen stellt sicherlich die Tatsache dar, daß Politikerinnen zunehmend neue Themenfelder erobern und in zunehmendem Maße auch die sogenannten harten, einflußreichen Ressorts der Politik besetzen. Die Gründe für bestehende Restriktionen in der Ressortwahl von Frauen sind heute weniger in der Motivation und in der fachlichen Qualifikation der Frauen selbst zu suchen, als in innerparteilichen Machtkämpfen um die prestige- und einflußmächtigen Ressorts, bei denen Frauen oftmals gegenüber den traditionell diese Ressorts besetzenden Männern den Kürzeren ziehen. In der Abwehr der Ansprüche von Frauen auf „harte" Ressorts kommen besonders deutlich geschlechterstereotype Abwertungsstrategien zum Tragen.

Die Profilierung von Frauen in „harten" politischen Ressorts kommt jedoch nicht nur ihren individuellen Karrieren zugute, sondern verbreitert entscheidend die Basis für die themen- und ressortübergreifende Kooperation und damit auch die Basis für die Weiterentwicklung der Frauen- und Gleichstellungspolitik. Wenn es darauf ankommt, der Vernachlässigung von Geschlechterfragen in den meisten Feldern und Funktionsbereichen der institutionellen Politik entgegenzutreten und die Politik für die gesellschaftspolitischen Anliegen von Frauen über die Grenzen der „klassischen" Themen der Frauenpolitik hinaus zu sensibilisieren, dann muß die Präsenz von Frauen in allen Ressorts der Politik ein vorrangiges Ziel der politischen Frauenförderung sein.

Die Mehrzahl der Politikerinnen unserer Untersuchung teilt zwar das Verständnis von Frauenpolitik als einer gesellschaftspolitischen Querschnittsaufgabe, gleichzeitig wird aber auch deutlich, daß es an politischen Umsetzungsschritten und Maßnahmen fehlt, Frauenpolitik tatsächlich aus dem Status marginalisierter Ressortpolitik herauszuholen.

In Skandinavien wird im Vergleich zur Bundesrepublik Mainstreaming als ein vergleichsweise bedeutsames politischen Anliegen wahrgenommen. Mainstreaming bedeutet in der skandinavischen Politik, in allen Feldern und auf allen Ebenen der Politik die Geschlechterperspektive zu inkorporieren. Das heißt, danach zu fragen, wie sich politische Maßnahmen jeweils auf die Lebensbedingungen von Männern und Frauen auswirken, und ob und wie sie zu dem Ziel der Gleichberechtigung und Chancengleichheit der Geschlechter beitragen. Daß die Verankerung des Mainstreaming-Ansatzes in der skandinavischen Gleichberechtigungs-Politik geglückt ist, darf sicher auch als Ergebnis der beachtlichen politischen Präsenz von Frauen in den skandinavischen Ländern verstanden werden.

Gleichberechtigungspolitisches Mainstreaming dient aber nicht nur dazu, auf politisch-institutioneller Ebene frauen- und geschlechterpolitische Fragestellungen dezidiert und umfassend zu bearbeiten, sondern kann auch dazu beitragen, aktuelle gesellschaftliche Strukturprobleme unter neuen Perspektiven wahrzunehmen und „umzudeuten". Dieser Prozeß der Umdeutung wird in der skandinavischen Strategiediskussion als „Reframing" bezeichnet.

Brisante und lohnende Themenfelder, die auf ein politisches Reframing geradezu warten, sind u.E. genügend vorhanden - zum Beispiel ist die vielbeschworene „Vereinbarkeit von Beruf und Familie" sicher kein Frauenthema, sondern eines auch für Männer und hat daher weitreichende gesellschaftspolitische Implikationen. Neubewertungen dieser Art könnten auch der oftmals ermattet wirkenden, bundesrepublikanischen Gleichstellungspolitik neue Impulse geben und ihr zu größerem öffentlichen und politischen Einfluß verhelfen. Frauen werden zu souveränen Akteurinnen der Politik erst dann, wenn sie nicht nur neue, „ungewohnte" Themenfelder besetzen, sondern diese auch neu zu definieren und neu zu bewerten verstehen.

Erweiterung parteiübergreifender Kooperationen

Die Interessen von Parteien und ihre Funktionslogik stehen in einem widersprüchlichen und spannungsreichen Verhältnis zu den (gesellschafts)politischen Interessen von Frauen, deren Durchsetzungschancen, die oftmals quer zu den bestehenden Parteistrukturen verlaufen. Wenn Politikerinnen für zentrale gesellschaftliche Strukturprobleme in geschlechterdemokratischer Perspektive Lösungen erarbeiten und diese vor allem auch politisch mehrheitsfähig und durchsetzbar machen wollen, sind u.E. nicht nur wirkungsvolle Bündnisse mit Frauen aus anderen gesellschaftlichen Funktionsbereichen unabdingbar, sondern ebenso eine verstärkte Zusammenarbeit der Politikerinnen über Parteigrenzen hinweg. Dies muß parteipolitische Differenzierungen und Profilierungen nicht ausschließen; aber wie die Beispiele zum § 218 und jüngst zur Reform der Strafbarkeit der Vergewaltigung in der Ehe zeigen, erhöht es die Durchsetzungschancen kontroverser Themen erheblich, wenn Politikerinnen unterschiedlicher Parteizugehörigkeit im Vorfeld von Entscheidungen gemeinsam mehrheitsfähige Lösungen erarbeiten und gemeinsam Druck ausüben.

Zu den Fragen, die ein wichtiges Feld für die partei- und ressortübergreifende Kooperation zwischen Politikerinnen darstellen und dringend eines politischen Reframing bedürften, gehört allem voran die Überlegung, wie unter den aktuellen gesellschaftlichen Entwicklungen - der fortschreitenden Individualisierung, Mobilität und Flexibilität sowie der Erosion des traditionellen Geschlechtervertrages (Wilkinson 1997, 97) - künftig verantwortungsbewußte Erziehungs- und Fürsorgearbeit im privaten Bereich gestaltet werden kann. Die Rückkehr zu traditionellen Mustern der Aufgabenteilung zwischen Frauen und Männer verbietet sich nicht nur aus der Perspektive von Gleichberechtigung und Geschlechterdemokratie. Das überkommene Muster geschlechtsspezifischer Arbeitsteilung wird sich auch angesichts der anhaltenden Integration von Frauen in die Erwerbsarbeit -so prekär diese vielmals sein mag - weder aus sozialen noch aus ökonomischen Gründen re-installieren lassen. Gleichzeitig erscheint es aber gesellschaftlich kaum wünschenswert, Tätigkeiten des privaten Bereichs - und hier vor allem die Betreuungsarbeit - weitgehend den staatlichen Institutionen oder kommerziellen Dienstleistern zu übertragen, ganz abgesehen davon, daß der Ausdehnung staatlicher Aufgaben deutliche Grenzen der Finanzierbarkeit gesetzt sind. Es wird also darauf ankommen, die Zuständigkeit für Erziehungs- und Betreuungsarbeit zwischen Frauen und Männern im privaten Bereich einerseits und staatlichen Institutionen andererseits neu auszubalancieren. Vor allem wird es darauf ankommen, staatlicherseits die Bedingungen für eine verantwortungsvolle Ausübung von Erziehungs- und Fürsorgearbeit für Frauen wie Männer zu schaffen und Optionen auf die gesellschaftliche Neubewertung von Tätigkeiten und Lebensformen zu eröffnen, die bisher kulturell an das weibliche Geschlecht gebunden waren.[22]

Dieser kurze Problemaufriß sollte an dieser Stelle noch einmal verdeutlichen, daß konzeptionelle Lösungsvorschläge für gesellschaftsstrukturelle Probleme kaum von einer Partei allein erbracht werden können, sondern daß übergreifende Zusammenarbeit und der Wille, gemeinsam tragfähige Konzepte zu entwickeln, gefordert ist.

---

22 Zur Debatte um die gesellschaftliche Neubewertung von Arbeit: Jung 1994, Jansen 1994, 151; Häußermann, Siebel 1995, 199; Fraser 1996, 497; Schaeffer-Hegel 1996a.

Stärkung der Kooperations- und Bündnisfähigkeit von Frauen als Aufgaben der politischen Bildungsarbeit

Die Kooperation von Frauen im politischen Raum über die Grenzen parteipolitischer Zugehörigkeit und soziokultureller Milieus hinaus ist für die Bundesrepublik keineswegs eine Selbstverständlichkeit. Es fehlt - gerade im Vergleich zu den USA - an kulturellen und politischen Traditionen, auf die Frauen sich beziehen und die sie weiterentwickeln könnten. Die emotional hochbesetzte Vorstellung von „Frauensolidarität" und „Schwesterlichkeit" aus den emphatischen Anfangsjahren der Frauenbewegung, die später auch bei den Frauen der Parteien, der Gewerkschaften oder der Kirchen Anklang fand, hat heute, nach Jahren ernüchternder Erfahrungen, nicht nur ihren Glanz, sondern auch ihre politische Begründungskraft verloren. Im Rückblick erscheint es so, also ob sie vor allem als motivierender Mythos für die Aufbruchszeit tauglich war. Heute beginnt sich die, wie ich meine, durchaus heilsame Erkenntnis durchzusetzen, daß tragfähige Bündnisse zwischen Frauen nicht gleichsam naturwüchsig entstehen, sondern politische Projekte sind, die sich immer wieder neu beweisen müssen und hohe soziale und politische Kompetenzen bei den Akteurinnen voraussetzen (vgl. Jung 1993, Meyer 1995, 165). In den USA wird im Kontext der Multikulturalismus-Debatte die Debatte um die Möglichkeiten und die Grenzen feministischer Bündnispolitik allerdings schon sehr viel länger geführt. Die amerikanischen Autorinnen Albrecht/Brewer verdeutlichen: Bündnispolitik ist „hard work" (Albrecht/Brewer 1990, 20, zit. nach Holland-Cunz 1996, 7).

Zugleich ist zu vergegenwärtigen, daß Kooperationen und Bündnisse unter Frauen auch von spezifischen Störfaktoren psychosozialer Natur belastet sein können. Ohne hier noch einmal auf die verschiedenen, zumeist psychoanalytisch inspirierten Erklärungsansätze für die Beziehungsorientiertheit von Frauen und ihre Bedürfnisse nach Geborgenheit und Harmonie einzugehen, erschweren solche inneren Prägungen doch erheblich den konstruktiven Umgang mit Kritik und Konflikten - die gerade im politischen Raum unausweichlich sind. Auch torpediert die Tabuisierung von Konkurrenz und Rivalität „den Zugang zu positiven Seiten des Wettkämpfens: sich nämlich zu gestatten, die geneidete Kompetenz in sich selbst zu entwickeln" (Schulz-Erker 1995, 74).

Ein Kernproblem scheint zu sein, daß es für Frauen oftmals schwieriger ist, von dem zu abstrahieren, was sie als ihr „Ureigenes" begreifen - und damit auch Distanz zu der eigenen Person zu gewinnen. In einer Untersuchung über die Karriereschwierigkeiten von Frauen stellten Margaret Hennig und Anne Jardim fest: „Frauen haben nicht das Gefühl, das ein Spiel gespielt wird, und daß sie aus Gründen der Selbsterhaltung vorübergehend einen anderen Stil anwenden sollten. Alles ist ernst. Sie investieren etwas ganz Spezifisches von sich, reagieren deshalb empfindlicher auf Kritik und persönliche Verletzungen und glauben weniger daran, daß sie Arbeit tun können, die sie noch nicht kennen oder noch nie gemacht haben" (Hennig/Jardim 1987, 41. Zitiert nach Schulz-Erker 1995, 75). Nun ist aber gerade die Politik eine Arena, die verlangt, sich ständig auf neue Situationen und Anforderungen einzustellen, sich taktisch zu verhalten, kompromißfähig zu sein und unterschiedliche Bündnisse eingehen zu können. Frauen scheint es schwerer als Männern zu fallen, Politik als ein „Spiel" zu begreifen, das nach bestimmten Regeln funktioniert. Die innere Haltung zur Politik als eines Spiels oder als einer Bühne, auf der man auf-, aber auch wieder abtritt, erfüllt jedoch eine wichtige Schutzfunktion und kann viel von den unter Frauen verbreiteten Ängsten nehmen, in der Politik als „ganze Person" Schaden zu nehmen. Die Spitzenpolitikerinnen unserer Untersuchung beurteilen solche Distanzierungsleistungen ausgesprochen positiv und raten dazu, sich in der Politik als eine „öffentliche Person" zu entwerfen, welche nicht mit der privaten Person deckungsgleich ist. Solche Distanzierungsleistungen und Abstraktionen müssen aber keineswegs die Leidenschaft und die Ernsthaftigkeit des politischen Engagements in Frage stellen. Sie erleichtern es jedoch, und deshalb sind sie eine sehr wichtige „Bewältigungsstrategie", mit den anstrengenden, konfliktgeladenen, ambivalenten Erfahrungen der Politik so umzugehen, daß Engagement und Motivation auch über längere Zeiträume erhalten bleiben.

Die Fähigkeit zur inneren Distanzierung und Abstraktion, erfüllt nicht nur eine individuell wichtige Funktion, sie ist auch Voraussetzung für das Gelingen von politischen Bündnissen unter Frauen. Sie ermöglicht es, in politischen Auseinandersetzungen und Konflikten besser zwischen Sachfragen und Personen zu trennen.

Erstaunlicherweise gibt es für die Bundesrepublik kaum fundierte Untersuchung zu politischen Bündnissen und Koalitionen von Frauen, wie auch im Bereich der feministischen Theorie Arbeiten zu Netzwerken und Bündnissen selten sind (Holland-Cunz 1996, 7). Barbara Holland-Cunz hat nun in Auseinandersetzung mit den Arbeiten schwarzer amerikanischer Theoretikerinnen, für die sich die Frage nach der Bündnispolitik zwischen Frauen als eine Frage der gesellschaftspolitischen Demokratisierung und praktischen Herrschaftskritik stellt, den Versuch unternommen, einige Definitionen und Regeln für eine „feministische Netzwerk-, Koalitions- und Bündnispolitik" zu erarbeiten. Auch wenn dieser Regelkatalog stärker aus der Erfahrungsreflexion der politischen Praxis von Frauenbewegung und Frauenprojekten erwachsen ist und vorwiegend auf diese bezogen bleibt, so sind ihm doch wichtige Hinweise auch für Bündnisse unter Frauen in der institutionellen Politik zu entnehmen.

Sachlichkeit der Kommunikation

Nicht Gemeinschaftlichkeit und Bindung sollten zunächst im Mittelpunkt von Bündnissen unter Frauen stehen, sondern die „Konzentration auf die gesetzten Ziele in einem sachlichen Austauschprozeß". Angesichts der negativen Erfahrungen mit erzwungener Nähe und Distanzlosigkeit, der Personalisierung und Intimisierung der Kommunikationsformen, sei die kommunikative Sachlichkeit ein notwendiger Akt der Selbstbeschränkung (Holland-Cunz 1996, 13). Die Konzentration auf genau definierte, zeitliche begrenzte Zielsetzungen entlaste von allzu hochgesteckten Erwartungen aneinander und den damit zwangsläufig verbundenen Enttäuschungen.

Wechselseitige persönliche Anerkennung

Sachlichkeit der Kommunikation und Zielgerichtetheit der Arbeit sollten unter dem Gebot wechselseitigen Respekts und persönlicher Anerkennung der jeweiligen „Anderen" mit ihren besonderen individuellen Stärken und Schwächen stehen. Wichtig ist hier vor allem der Hinweis von Barbara Holland-Cunz, daß die wechselseitige Anerkennung „jenseits fixierter und hochideologisierter Gruppenidentitäten" erfolgen sollte: „Die politisch korrekten Fremd- und Selbstzuschreibungen verhindern fast immer die genaue Sicht auf die konkrete reale Andere, häufig genug verhindern sie auch einen wirklichen Austausch ... Wenn alle bereits zu wissen scheinen, was eine konkrete einzelne Frau charakterisiert, können keinerlei Veränderungen mehr entstehen: sie wird auf ihre Position fixiert" (ebd.).

Der Hinweis auf die notwendige Überschreitung von „Gruppenidentitäten" erscheint uns vor allem im Hinblick auf parteiübergreifende Kooperationen von Frauen wichtig, da ohne die Fähigkeit zum, zumindest zeitweiligen, Abstandnehmen von parteipolitischen Zugehörigkeiten und den damit verbundenen Selbst- und Fremdzuschreibungen ein kreativer Prozeß der Zusammenarbeit nur schwer in Gang kommen kann. Wer immer nur als Repräsentantin der Partei wahrgenommen wird oder wahrgenommen werden will, hat keine Chance, die eigene Meinung zu überdenken und zu verändern, und auch keine Chance, eine möglicherweise dissidente Meinung dem Partei-Mainstream gegenüber zu artikulieren.

Gleiche Rechte des Sprechens und Gehörtwerdens

Regeln des Kommunikationsverhaltens mit gleichen Rechte für alle Beteiligten - wie zum Beispiel gleiche Redezeit und Redezeitbeschränkungen, wechselnde Gesprächsleitungen, Aufgabenrotation - erleichtern nicht nur die Arbeit in Bündnissen und Netzwerken, sondern bieten vor allem marginalisierten Positionen die Sicherheit, sich Gehör verschaffen zu können. „Ohne ein zunächst hohes Maß der Formalisierung von Gleichheit kann Anerkennung der differenten Einzigartigkeit nicht entstehen" (ebd.).

Versuch einer gemeinsamen Machtanalyse

Hiermit ist die Bereitschaft gemeint, in politischen Bündnissen „Verantwortlichkeit für die Erkenntnis von Herrschaftsformen und ihren Vermittlungen" zu übernehmen, wobei sich das Erkenntnisinteresse eben nicht nur auf „äußere" Formen von Herrschaft richten, sondern auch die Bereitschaft miteinschließen sollte, „verinnerlichte Herrschafts- und Unterdrückungsformen" aufzudecken und abzubauen.

Die Bereitschaft, den eigenen gesellschaftlichen Standort und die damit verbundenen Erfahrungen und Verhaltensweisen zu reflektieren und auch das mögliche eigene Dominanzgebaren gegenüber Angehörigen gesellschaftlicher Minderheiten zu erkennen, ist vor allem in den Bündnissen unerläßlich, in denen sich Frauen unterschiedlichen sozialen, ökonomischen oder kulturellen Status' oder unterschiedlicher politischer Macht zusammenschließen. Allerdings gilt es auch hier, sich vor vorschnellen Einordnungen und Bewertungen zu hüten: „Wenn auch die Erkenntnisfähigkeiten je nach gesellschaftlichem Ort ungleich verteilt sind, so ist doch die Erkenntniswilligkeit keiner Bündnispartnerin vorab abzusprechen. Aus jedem gesellschaftlichen Ort heraus gibt es Wissen zu einer gemeinsamen Machtanalyse" (ebd.).

Fragestellungen zu den Grundlagen und Regeln der politischen Kooperation von Frauen, wie sie hier ansatzweise vorgestellt wurden, sollten integrale Bestandteile von Seminaren oder Workshops der politischen Bildungsarbeit werden. In die politischen Bildungsarbeit, aber auch in die Parteiarbeit, scheinen solche Fragestellungen bisher kaum Eingang gefunden zu haben. Mit diesem Befund korrespondiert der zu beobachtende theoretische und praktische Trend in der frauenspezifischen politischen Bildungsarbeit, Themen und Methoden vor allem an den lebensweltlichen Bezügen und den Alltagserfahrungen von Frauen auszurichten (Heidrun Hoppe 1995, 309, Karin Derichs-Kunstmann 1995, 320) und damit möglicherweise die Personen- und Beziehungsorientiertheit von Frauen immer wieder zu reproduzieren. Diese lebensweltliche Orientierung erscheint spätestens dann problematisch, wenn es darum geht, Frauen realistisch auf die Erfordernisse der institutionellen Politik vorzubereiten. „Denn das schwierigste für Frauen bleibt meiner Ansicht die Tatsache, daß politische Verbindung nichts mit Bindung im emphatischen Sinn zu tun hat. Es geht nicht um Liebe, es geht um Politik" (Holland-Cunz 1996, 14).

Ausblick: Orte der Kommunikation und Unterstützung

In der Bundesrepublik gibt es gegenwärtig, im Unterschied zu anderen europäischen Ländern und zu den USA, keine institutionellen Orte der Kommunikation und der Zusammenarbeit für Frauen in der Politik, die auf professionellem Niveau die partei- und ressortübergreifende Zusammenarbeit von Frauen befördern, Nachwuchsförderung betreiben, adäquate Qualifizierungs- und Trainingsangebote machen oder Politikberatung, z.b. im Sinne des Mainstreaming-Ansatzes, anbieten.

Zwar sind einzelne Elemente aus diesem Set durchaus in den Tätigkeitsprofilen der verschiedenen Träger und Institutionen der politischen Bildungsarbeit zu finden, aber sie rangieren dort als ein Angebot unter vielen und haben zudem selten politische Priorität. Zudem ist die politische Bildungsarbeit in der Bundesrepublik weitgehend auf das Aufgabenfeld demokratischer Aufklärung und Erziehung zum „mündigen Bürger" ausgerichtet. Auch die Parteien bzw. ihre Frauenorganisationen können die oben genannte Angebote aufgrund ihrer personellen und materiellen Ausstattung und ihrer parteipolitischen Einbindung kaum erbringen.

Insbesondere im Vergleich zu den USA, wo es zahlreiche unabhängige, parteiübergreifende Einrichtungen zur Nachwuchsförderung, zur Qualifizierung von Frauen und zur Beratung, Unterstützung und Vernetzung von Politikerinnen gibt, nimmt sich die Bundesrepublik nahezu wie ein frauenpolitisches „Entwicklungsland" aus. Dies ist u.E. auch darauf zurückzuführen, daß die bundesrepublikanische Frauenbewegung lange Zeit einen dezidiert anti-institutionellen Gestus gepflegt hat, der sich erst in den letzten Jahren gelegt hat und zu einer Entspannung an den Fronten zwischen autonomer und institutioneller Frauenpolitik geführt hat.

Heute dürfte insgesamt die Bereitschaft von Frauen aus unterschiedlichen politischen und beruflichen Kontexten zu pragmatisch orientierter Zusammenarbeit erheblich gestiegen sein, wie nicht zuletzt der zu beobachtende „Boom" an Netzwerkbildungen unter Frauen im professionellen Bereich anzeigt. Netzwerke sind jedoch, bei aller Sympathie für ihre Offenheit und Flexibilität, immer auch „flüchtige" Formen, während institutionelle Orte Präsenz und Kontinuität zu gewährleisten und sehr viel stärker gesellschaftliche Bedeutung respektive Macht zu binden und zu symbolisieren vermögen.

Frauen haben es in dem vergangenen Jahrzehnt geschafft, in gesellschaftliche und politische Machtpositionen vorzudringen - damit dieser Prozeß weitergehen und nicht wieder rückgängig gemacht werden kann, ist es jetzt an der Zeit, daß Frauen in Führungspositionen ihre (Macht)Stellung auch dafür nutzen, Strukturen und Orte für die gegenseitigen Unterstützung und die Förderung der nachrückenden Frauengeneration aufzubauen.

III.

Internationale Strategien zur Förderung von Frauen für die Politik

Marion Esch

Instrumente gleichstellungspolitischen Mainstreamings

Die vorangestellten Untersuchungsergebnisse zeigen deutlich die Notwendigkeit, nach neuen Wegen zu suchen, wenn es im Interesse einer geschlechterdemokratischen Umgestaltung der Gesellschaft darum gehen soll, die Einflußmacht von Frauen in der Politik zu stärken. Denn trotz staatlicher Maßnahmen und Programme zur Durchsetzung der Gleichberechtigung von Frauen und Männern sind wir in der Bundesrepublik von einer verwirklichten Gleichberechtigung noch weit entfernt.

Die im 19. Jahrhundert im Übergang zur Moderne grundgelegte gesellschaftliche Struktur, nach der das wirtschaftliche „Produktionssystem auf der Trennung und Komplementarität von Erwerbsarbeit (Produktion) und Familie sowie der ständischen Zuweisung dieser Arbeitsformen an Männer und Frauen" beruht (Bilden 1989, 20), wirkt bis heute fort. Trotz aller Tendenzen zu einer Vergesellschaftung der als privat gedachten Reproduktionsarbeit und der unverkennbar zunehmenden Integration von Frauen in politische und wirtschaftliche Leistungs- und Führungsrollen bleibt die Grundstruktur geschlechtlicher Arbeitsteilung bis heute erhalten. Die komplizierten Probleme der Vereinbarung von familiären und beruflichen Pflichten belasten auch heute noch vorwiegend Frauen. So ist es in den meisten Industrienationen der Welt bisher nicht gelungen, funktionale Äquivalente für die geschlechtliche Arbeitsteilung zu entwickeln, um die Synchronisation gesellschaftlicher Produktions- und Reproduktionserfordernisse zu gewährleisten (vgl. Luhmann 1993b, 209). „Zwar hat die BRD mit der Familienrechtsreform von 1977 das offizielle Leitbild der Hausfrauenehe endgültig aufgegeben, doch unzulängliche Rahmenbedingungen und das dadurch begünstigte Festhalten an tradierten Rollenmustern setzten der Gestaltungsfreiheit der Ehegatten bislang enge Grenzen" (Helwig 1995, 173). Die Vereinbarkeit von Beruf und Familie wird weiterhin als Problem minderer Bedeutung und als ein Problem von Frauen aufgefaßt und ausschließlich in den Zuständigkeitsbereich der Frauen- und Familienpolitik abgedrängt.

Um so dringlicher ist es, nach innovativen Strategien zu suchen, die gesellschaftspolitischen Anliegen von Frauen kompetent in alle Politiken und Maßnahmen einzubringen und umzusetzen und ihrer Marginalisierung im Gesamtspektrum der Einzelressortpolitik entgegenzuwirken. Tatsächlich mehren sich national wie international die Forderungen nach einer „umfassenden Einspannung sämtlicher politischen Konzepte und Maßnahmen zur Verwirklichung der Gleichberechtigung" wie es in der Mitteilung der Europäischen Kommission (KOM 96) in der endgültigen Fassung vom 21.02.1996 heißt. So bekennt sich auch die Europäische Union zur Notwenigkeit eines gleichstellungspolitischen Mainstreamings. Der Grundsatz der Einbeziehungen einer Geschlechter- und Chancengleichheitsdimension in sämtliche Politiken und Maßnahmen trat erstmalig anläßlich der IV. UN-Weltfrauenkonferenz 1995 in Peking als ein wesentlicher Grundsatz der Europäischen Union in Erscheinung.

Das Ziel der folgenden Ausführungen ist es, unter Einbeziehung vorbildlicher, in einigen europäischen Ländern und in den USA entwickelter Praktiken Erfolgsbedingungen und Instrumente eines gleichstellungspolitischen Mainstreamings zu analysieren und einige konkrete Möglichkeiten zur Umsetzung erfolgreicher Mainstreamingpraktiken in der Bundesrepublik zu diskutieren. Die Ausführungen sind Bestandteil einer 1996/97 mit Unterstützung des Berliner Senats für Arbeit, berufliche Bildung und Frauen angefertigten Studie zu international erprobten Empowermentstrategien für Frauen in der Politik.

Empowerment für Frauen in der Politik: Strategien zur Förderung der politischen Einflußmacht von Frauen

Ganz unbestreitbar ist in den modernen Verhandlungsdemokratien die Eliten-Integration eine wesentliche Voraussetzung korporativer Konfliktaustragung und Interessenkonversion. Entsprechend wird das Ausmaß, in dem es gelingt, Frauen als den Repräsentantinnen gesellschaftlicher Konfliktlagen Zugangschancen zu Spitzenpositionen zu gewähren, auch ausschlaggebend dafür sein, ob der Führungselite Deutschlands die Lösung schwieriger Probleme gelingt, wie sie mit der Erosion der traditionellen Geschlechterbeziehungen angesprochen sind (vgl. Herzog 1995, 480).

Tatsächlich sind Frauen aber in den meisten Ländern der Welt in politischen Führungspositionen weitgehend unterrepräsentiert. Abgesehen von den nordischen Staaten, in denen es gelungen ist, den Anteil an Frauen in der Politik und in politischen Führungsgremien auf bis zu 50 % zu erhöhen, bleiben Frauen in den meisten Ländern der Welt in der Politik auch am Ende des 20. Jahrhunderts mehrheitlich auf die Publikumsrollen verwiesen. Auch die Erhöhung des Anteils von Parlamentarierinnen im Deutschen Bundestag auf 26 % geht nicht mit einem entsprechenden Zuwachs an den Machtpositionen einher (vgl. hierzu den Beitrag von Lukoschat und Süssmuth in diesem Band).

Daß der historisch gewachsene und in den meisten Industrienationen noch immer fortdauernde Ausschluß von Frauen aus politischen Führungspositionen nicht einer mangelnden Politikadäquanz von Frauen geschuldet ist, haben vor allem feministische Forscherinnen deutlich gemacht. „Der Aufbau und die Kommunikationsstruktur, insbesondere die Zeitstruktur der Parteiarbeit, die parteilichen Rekrutierungs- und Aufstiegsmuster, die undemokratische Erstellung von Wahllisten sowie aktives Diskriminierungsverhalten" behindern nach Hoecker den Aufstieg von Frauen in der Parteihierarchie bzw. die Übernahme eines politischen Mandats (Hoecker 1987a, 22ff., 29; Hoecker 1987b; Sauer 1994). Der Politikerberuf ebenso wie die Rekrutierungspraxen der politischen Eliten sind deutlich an der männlichen Normalbiographie orientiert. Dem für Männer typischen Normalverlauf einer politischen Karriere steht bei Frauen nicht nur entgegen, daß die für die Karrieren entscheidende Phase im Lebensalter zwischen 30 und 40 Jahren für Frauen aufgrund des „Tickens der biologischen Uhr" mit der Familienplanungsphase zusammenfällt. Gerade weil die Erfüllung familiärer Pflichten immer noch dem Zuständigkeitsbereich der Frauen zugeordnet wird und es innerhalb und außerhalb der politischen Organisationen an zureichenden sozialen Absicherungen fehlt, die die Vereinbarkeit von Beruf und Familie stützen, bleibt die Planung einer politischen Karriere für Frauen auch längerfristig mit der Perspektive einer Doppel- und Dreifachbelastung verbunden. Und gerade die politische Profession ist nicht nur durch eine außerordentlich familienfeindliche Zeitstruktur gekennzeichnet, sondern überdies wegen der Wahlabhängigkeit ein höchst riskantes und schwer kalkulierbares Unterfangen.

Dem Ein- und Aufstieg von Frauen in der Politik steht aber nicht nur die extensive Zeitstruktur der politischen Profession entgegen, sondern auch die Männerträchtigkeit der Politikszenerie. Tatsächlich ist der Einstieg in eine traditionell männlich dominierte Profession wie die der Politik für Frauen auch dadurch erschwert, daß sich hier ein an männlich geprägten Mustern des Kommunikations- und Sozialverhaltens orientierter politischer Verhaltenskodex entwickelt hat, der bei Frauen vielfach das Gefühl von Fremdheit und Unangemessenheit erzeugt (vgl. Schöler-Macher 1991). Die männlich geprägte Kommunikationskultur der Politik verdichtet sich in informellen Netzwerken, sogenannten Old-Boys-Networks, die sich - auch über den engeren Rahmen der Politik hinaus - an den machtrelevanten Scharnieren von Politik, Ökonomie, Wissenschaft und Medien in männlich geprägten Seilschaften fortsetzen und als Exklusionsmechanismus gegenüber Frauen wirken (vgl. Neyer 1991). Eva Kreisky hat in bezug auf diese informellen Netzwerke von Männerbünden gesprochen, die zu ihrem Erhalt spezifische Funktionsweisen, männliche Wertorientierung sowie Norm-, Denk- und Handlungsmuster entworfen haben, die zugleich als Abwehrmechanismus gegen Frauen funktionieren: Typische Verfahren wie Initiationsriten, Feindbild- und Geheimnis-Produktion - so Kreisky - inkluduieren Männer und exkludieren Frauen (Kreisky 1993, 31).

Die bevorzugte Rekrutierung von Männern hat ihre Wurzeln aber nicht nur in der männlichen Ämterpatronage und den Mehrfachbelastungen von Frauen, sondern sie wird auch dadurch begünstigt, daß Frauen bis heute typischerweise andere berufliche Vorqualifikationen aufweisen und noch immer vorwiegend ihren Lebenspartner im Beruf abstützen (vgl. Naßmacher 1994, 57). Zwar steigt der Anteil an Frauen unter den Hochqualifizierten; dennoch bestimmt nach Naßmacher vielfach der Lebenspartner das Maß ihrer Möglichkeiten, die eigene Berufsausbildung zu nutzen. Eine systematische berufliche und politische Karriereplanung ist bei Frauen sehr viel seltener als bei Männern. So fehlt es auch vielen akademisch gebildeten Frauen an beruflichen Vorerfahrungen im Umgang mit Führungsaufgaben und institutionellen Machtressourcen. Hinzu kommt, daß Frauen - trotz aller Veränderungstendenzen - noch immer in erster Linie in den Geistes- und Sozialwissenschaften und den traditionell weiblichen Berufszweigen präsent sind, so daß es ihnen an wichtigen politikrelevanten Sach- und Fachkenntnissen fehlt. „Aufgrund der Vorbildung und der fehlenden Berufstätigkeit oder der Einseitigkeit der Berufsausübung fehlen Frauen wichtige Voraussetzungen für die Querschnittsbereiche Finanzen, die Wirtschaftspolitik und die Stadtentwicklungspolitik" (Naßmacher 1994, 57). Geschlechtsspezifische Bildungsdefizite wirken sich nach Naßmacher nicht nur bei der KandidatInnenaufstellung negativ aus, sondern auch bei der Besetzungen von machtpolitisch bedeutsamen Ausschüssen.

Angesichts der fortwährenden Unterrepräsentanz von Frauen in der politischen Führungselite und der strukturellen Barrieren, die einer ausgeglicheneren Teilhabe an der Macht entgegenstehen, scheint es dringend erforderlich, innovative - über die traditionelle quotenorientierte Gleichstellungspolitik hinausweisende - Strategien der politischen Frauenförderung zu entwickeln, die dieser spezifischen Ausgangssituationen von Frauen in der Politik Rechnung trägt.

Tatsächlich mehren sich national wie international die Forderungen nach dem Einsatz bildungspolitischer Instrumente, um Frauen zur einer verstärkten Teilhabe an der politischen Macht zu motivieren und sie gezielt auf die professionellen Handlungsanforderungen in der Politik vorzubereiten. Zu den Ergebnissen der 4. Weltfrauenkonferenz in Peking (1995) zählt in diesem Sinne die Forderung nach Ausbildungskursen und geschlechtsspezifischen Trainingsprogrammen, die geeignet sind, „die Befähigung und das Selbstwertgefühl von Frauen für Entscheidungs- und Führungsaufgaben zu verbessern". In der von der Konferenz der europäischen Frauenministerinnen „Women for the Renewal of Politics and Society" 1996 verabschiedeten „Charter of Rome" wird diese Forderung nach einem gezielten Empowerment für Frauen erneut bekräftigt.

Politische Frauenförderung und eine gezielte Qualifizierung und Professionalisierung von Frauen für die Politik zu betreiben, scheint - so wird hier im folgenden argumentiert - vor allem vor dem Hintergrund der steigenden Professionalitätsanforderungen in der Politik und dem besonderem Anpassungsdruck, dem Frauen als Newcomerinnen mit Minderheitsstatus darin ausgesetzt sind, eine erfolgversprechende Strategie zu sein.

Unter dem Druck wachsender und zunehmend globaler Problemkomplexität verlangt in modernen Demokratien die Politikformulierung und Interessendurchsetzung im Rahmen vielschichtiger und vernetzter Entwicklungen ein hohes Maß an politischer und fachlicher Professionalität sowie an Managementkompetenz. Die wachsende Komplexität der zu lösenden Probleme und deren zunehmende Interdependenz führt zu immer größeren Schwierigkeiten für die politische Entscheidungsfindung.

Angesichts der beständig abnehmenden Halbwertszeit von Wissen wird das Prinzip des Life-Long-Learnings Voraussetzung und Bedingung erfolgreicher Entscheidungspolitik, und der Bedarf an wissenschaftlicher Beratung weitet sich mehr und mehr aus. Andererseits stellt die Notwendigkeit einer bürgerInnennahen Darstellung und Vermittlung der Politik in der Öffentlichkeit auf seiten der professionellen politischen HandlungsträgerInnen zunehmende Ansprüche an Kommunikations- und Vermittlungskompetenz. Dies gilt gerade angesichts der immer weitere Kreise der Bevölkerung erfassenden Politiker- und Parteienverdrossenheit, die nicht nur die etablierte Politik selbst, sondern auch die massenmediale Politikvermittlung trifft und die sich auch in einem Rückgang der öffentlichen Aufmerksamkeitsbereitschaft gegenüber den politischen Informationsangeboten artikuliert (Krüger 1994; Pfetsch 1994). Nicht nur das politische Entscheidungshandeln, sondern auch die Politikvermittlung wird zum Problem.

Kritiker sehen PolitikerInnen gar in eine Art politischer Schizophrenie gezwungen. Ihnen würden im politischen Entscheidungsbereich völlig andere Qualifikationen abverlangt als im Vermittlungsbereich. Hier müßten „sie Experten fürs Spezielle sein, sachbezogen, differenziert argumentierend, dort öffentlichkeitswirksame und medienversierte Schwarz-Weiß-Maler" (Oberreuter 1982 zitiert nach Sarcinelli 1995, 451) Durch die zunehmende Diskrepanz zwischen der politischen Problemkomplexität und der abnehmenden öffentlichen Aufmerksamkeitsbereitschaft gegenüber der Politik drohe unter dem heutigen Allmachtsanspruch der Politik entweder die Akzeptanz der Politik oder die Qualität der Politik zu leiden (vgl. Arnim 1995, 151).

In jedem Falle ist eine öffentlichkeitswirksame Politikvermittlung unter den genannten Bedingungen nur durch eine verstärkte Anpassung ihrer Außendarstellung an die Strukturbedingungen der Medien möglich. „Dies bedeutet nicht notwendigerweise, daß die Politik selbst an Substanz verliert. Die Probleme der Politikvermittlung in Medienformaten bewirken vielmehr, daß strategische Varianten der Steuerung der Kommunikation über Politik an Bedeutung gewinnen. An dieser

Stelle kommt die politische Öffentlichkeitsarbeit ins Spiel, die als mehr oder weniger professionelle Interventionsstrategie und als Unsicherheitsmanagement gegenüber den Medien anzusehen ist" (Pfetsch 1996, 288).

Das Handlungsrepertoire der politischen Öffentlichkeitsarbeit erweitert sich nach Pfetsch; über die traditionelle Pressearbeit (Pressekonferenzen, Pflege der Kontakte zu JournalistInnen, Agenda-Setting etc.) hinaus gewinne die Inszenierung von Nachrichtenanlässen (Newsmanagement) sowie Versuche, die Interpretation von politischen Themen gezielt zu steuern (Framing), an Bedeutung.

Daß unter dem Mediatisierungsdruck politischer Öffentlichkeit die Bedeutung der Medien für die Aufstiegschancen des politischen Personals zunehmen wird, zeigen Karriereverläufe wie die des niedersächsischen Ministerpräsidenten Schröder, ebenso wie umgekehrt der Karriereeinbruch des einstigen SPD-Kanzlerkandidaten Rudolph Scharping. So hat Schröder nachhaltig bewiesen, daß eine geschickte politische PR-Arbeit eine durchaus erfolgversprechende Strategie sein kann, die eigenen politischen Ambitionen unter Umgehung der üblichen Wege demokratischer Willensbildung innerhalb der Parteien bzw. auch gegen die innerparteilichen Interessen durchzusetzen. Umgekehrt - das hat der Einbruch von Scharping deutlich gezeigt - reicht ein starker innerparteilicher Rückhalt nicht aus, um in der Medienöffentlichkeit zu bestehen. Nicht zu Unrecht sehen Beobachter mit dem zunehmenden Mediatisierungsdruck politischer Öffentlichkeit denn auch ein Ende der Funktionärspartei eingeleitet.

Entgegen der Befürchtung vieler KritikerInnen, wonach künftig eine die politische Urteilskraft untergrabende Ästhetisierung der Politikinszenierungen (Meyer 1995, 433 f.) bzw. eine Tyrannei der Intimität durch personen- und persönlichkeitszentrierte Formen der Politikvermittlung zu erwarten sei (Sennet 1991), läßt es m.E. das erhöhte politisch-moralische Anspruchsniveau vieler BürgerInnen höchst fraglich erscheinen, daß auf reine Imagepflege reduzierte Politikofferten zum dominanten und erfolgversprechenden Muster der Politikinszenierung werden können (Sarcinelli 1995).

Zumindest finden sich bisher keine hinreichenden empirischen Belege dafür, daß PolitikerInnen nur noch nach politikfernen Attraktivitätskriterien und nicht nach ihren politischen Positionen und Taten beurteilt würden. Gleichwohl dürften die Bedeutung der Medien und die Fähigkeit zu einer möglichst attraktiven Präsentation der eigenen Person auch für die Karrierechancen von Politikrinnen künftig noch zunehmen. Gerade Politikerinnen sind in mediatisierten politischen Männeröffentlichkeit besonderen Anforderungen ausgesetzt.

Nicht nur im engeren Bereich der Politik, sondern auch in der medialen Öffentlichkeit sind Frauen mit widersprüchlichen Rollenerwartungen konfrontiert und klischeehaften normativen Weiblichkeitsanforderungen ausgesetzt. Nach Erkenntnissen der Kommunikationswissenschaft werden gerade in der Medienkommunikation traditionelle Geschlechterstereotypen weiterhin perpetuiert (vgl. Cornelißen 1993; Fröhlich & Holtz-Bacha 1995). So sind Frauen in den politischen Kommunikationsangeboten nicht nur insgesamt unterrepräsentiert, sondern sie kommen vornehmlich - ganz im Sinne traditioneller Geschlechterrollen - in nachgeordneten und geschlechtstypischen Funktionsrollen vor. Nicht nur in den USA schlagen Präsidentengattinnen die politischen Schlachten ihrer Männer vorzugsweise in Kochsendungen und medienwirksam inszenierten Wohltätigkeitsveranstaltungen (vgl. Witt u.a. 1995, 181-241). Eine international vergleichende Studien weist in diesem Zusammenhang nach, daß Politikerinnen im Vergleich zu ihren männlichen Kollegen Öffentlichkeitschancen selbst dann verweigert werden, wenn sie hochrangige politische Ämter bekleiden, die üblicherweise bereits als solche Garant für eine journalistische Aufmerksamkeit sind (vgl. International Women's Media Foundation 1996).

Daß Politikerinnen die Medien nach Weber (in diesem Band) tendenziell als feindliches Gegenüber erleben, dürfte wohl nicht nur sozialisationsbedingten Ängsten von Frauen vor dem Totalverlust der Privatheit als öffentlicher Person geschuldet sein, sondern auch den spezifischen Abwertungs- und Diffamierungsstrategien, denen sie als Frauen in einer männlich dominierten politischen Öffentlichkeit ausgesetzt sind (vgl. Lukoschat 1995, 265-306).

„Frauen im öffentlich-politischen Bereich sind also gezwungen, ihre Körperlichkeit und Geschlechtlichkeit in ihrem Verhalten mitzureflektieren. Männer hingegen nehmen sich als geschlechtslos wahr, sie sind das Geschlecht, das sich in der Politik nicht zu begründen braucht. Um sich in diesem widersprüchlich aufgeladenem Feld noch als Frauen verstehen zu können, betonen Politikerinnen einen weiblichen Stil und grenzen sich gegenüber den männlichen Kollegen ab" (Sauer 1994, 116). Allzu leicht laufen Frauen jedoch Gefahr, mit dem Bekenntnis zu ihrer Weiblichkeit selbst zur Fortschreibung traditioneller Geschlechterstereotypen beizutragen und sich den strategischen Einsatz von als männlich dechiffrierten Handlungsmustern zu verbieten. So garantiert die Lösung des Identitätskonfliktes in Richtung auf als weiblich geltende Wertorientierungen durchaus nicht unbedingt den politischen Erfolg. Auch Seel hat darauf verwiesen, daß der Stil, in dem Frauen mit ihren Mitmenschen kommunizieren, zwar näher an den demokratischen Idealen der Gesellschaft orientiert sei, aber den Frauen als soziale Gruppe eher schade, weil die faktischen Wertorientierungen andere sind (Seel 1993, 169). Während Frauen einerseits nicht nur von feministischer Seite, sondern auch innerhalb etablierter politischer und wirtschaftlicher Einrichtungen im Verlauf der 90er Jahre als moralische Regenerations- und Innovationsressource entdeckt werden, steht dem nach Sauer anderseits die Erfahrung gegenüber, daß sich weibliche Verhaltensweisen in der Öffentlichkeit nicht unbedingt reüssieren lassen und keine automatischen Garanten für mehr Freiheit und Gleichheit sind, sondern ganz im Gegenteil zur weiteren Marginalisierung von Frauen führen können." (vgl. Sauer 1994, 117)

„Das Konzept der Moral der Nähe läßt sich nur schwer in ein Konzept öffentlicher Moral transformieren, sondern bleibt auf den Nahbereich beschränkt, in enge Beziehungsmuster eingebunden und reproduziert eher weiblichen Kleinmut" (Sauer 1994, 117). Weibliche Verhaltensmuster wie die Bereitschaft zurückzustecken, die Vermeidung offener Konflikte, die Verdrängung von Distanzwünschen, die Ablehnung von Konkurrenzmechanismen sowie die gehemmte Bereitschaft, Macht- und Einflußpositionen einzunehmen, können - so Sauer (1994, 117) zu erhöhter Anpassungsbereitschaft an vorgegebene Strukturen und in die Sackgasse des Hinterbänklerdaseins - zum Beispiel im Bemühen um Einzelfälle - führen." (Naßbacher 1994, 55)

So zählt denn auch die Frage, welchen spezifischen Beitrag Frauen für die Politik zu leisten vermögen, zu einer der vieldiskutierten und zugleich am heftigsten umstrittenen Fragen (vgl. u.a. Schaeffer-Hegel 1993; Skjeie 1991 a/b; Helegesen 1992; Böhrk 1990; Meyer 1992; Sauer 1994). Während sich in der Tradition der kulturellen Differenz der deutschen und der amerikanischen Frauenbewegung die hochgesteckten Erwartungen in die angestrebte „Feminisierung der Politik" auf die Vorstellung stützen, daß das andersgeartete und erweiterte Politikverständnis von Frauen „der Motor sei, verkrustete Politikstrukturen aufzubrechen und neue Handlungsorientierungen in den Politikbereich zu integrieren und so Politik insgesamt zu vermenschlichen" (vgl. Hoecker 1987b, 14; Sauer 1994, 115ff.), warnt u.a. Holland-Cunz davor, „angesichts berechtigter Ansprüche von Frauen auf eine 'andere' partiziationserleichternde Struktur des Öffentlichen in Informalitäts- und Strukturlosigkeitsemphase zu verfallen. ... Wenn die öffentliche Rede ... durch die bewußt ... strukturfeindlichen, gar strukturauflösenden Tugenden der Intimität dominiert wird ... müssen wir vielleicht gar eingestehen, daß die feministische politische Theorie den gleichsam innersten Kern von Demokratie bislang noch nicht verstanden hat - er liegt in der Generierung von gerechten Verfahren der Kommunikation" (Holland-Cunz 1994, 243).

In diesem Sinne kritisiert auch Lang zu Recht, daß die feministische „Kritik der 80er Jahre an den klassischen Konzeptionen von Öffentlichkeit das Moment der faktischen Exklusion stark in den Vordergrund rückte", während „wenig Augenmerk darauf gerichtet (wurde), wie und wohin sich die mediale Männeröffentlichkeit in diesen patriarchalen Grundstrukturen entwickelte und wie dagegen feministische Konzepte von demokratischer Öffentlichkeit beschaffen sein könnten" (Lang 1994, 202 f.).

Trotz der Bedeutung der Medien für den politischen Prozeß ist die politikwissenschaftliche Geschlechterforschung bisher nicht nur weitgehend isoliert und ohne nennenswerten Bezug auf die kommunikations- und medienwissenschaftliche Theoriebildung betrieben worden, sondern es fehlt vor allem auch an einer kohärenten gesellschafts- und politiktheoretisch rückversicherten Ausarbeitung des Ansatzes zum spezifisch weiblichen Politikverständnis.

Wenn die kulturell gewachsenen politischen Praktiken und Strukturen nicht pauschal als männlich dechiffriert und abgelehnt werden, sondern funktional auf das Problem des kollektiv bindenden Entscheidungsbedarfs bezogen analysiert werden, ergibt sich nämlich eine deutlich andere Problemsicht auf die von Männern und Frauen in die Politik eingebrachten Handlungsorientierungen, als dies im Rahmen des Ansatzes zum weiblichen Politikverständnis der Fall ist.

Wie bereits erwähnt, lehnen Politikerinnen die öffentlichkeits- und medienwirksam inszenierten konfrontativen Auftritte ihrer männlichen Kollegen häufig als künstlich stilisierte Hahnenkämpfe ab. Allzuleicht gerät dabei aus dem Blick, welche Funktion eine solche konfliktorientierte Schaukampfdramaturgie für den Prozeß der demokratischen Willensbildung innerhalb der Parteien wie auch in der Medienöffentlichkeit haben. Um in der Mehrparteiendemokratie kollektiv bindende Entscheidungen zu entwickeln und durchzusetzen, ist es eine wesentliche Voraussetzung, in der Öffentlichkeit in erkennbarer Weise partei- wie auch personenabhängige Entscheidungsalternativen zu offerieren. Entlang solcher Entscheidungsalternativen vollzieht sich die Beobachtung und Beurteilung der Politik und damit auch die Orientierung des Wahlverhaltens. Und diese Orientierung an Entscheidungsalternativen provoziert zwangsläufig eine konfliktorientierte politische Kommunikationsweise.

Luhmann hat darauf verwiesen, daß man auch das Mitspielen unpolitischer Motive bei der Beobachtung von Politik nicht unterschätzen solle, auf das sich Politiker durch eine Schaukampfdramaturgie intuitiv einlassen. Denn „nicht zuletzt hat die Beobachtung des Konfliktverhaltens einen größeren Unterhaltungswert als die Beobachtung der gemeinsamen Verneigung vor den Werten" (Luhmann 1993a, 71). Damit soll keinesfalls inhaltsleeren und überstilisierten, in der Medienwissenschaft auch als „Confrontainment" kritisierten Strategien der Politikinszenierung das Wort geredet werden. Ganz im Gegenteil haben wir bereits oben geltend gemacht, daß der strategische Einsatz solcher Politikinszenierungen dort seine Grenze findet, wo die Politikalternative und das Mobilisierungspotential der Basis fehlt.

Bei aller teils berechtigten und teils überzogenen Kritik an einer unterhaltungsorientierten Ästhetisierung der Politikvermittlung mögen solche Überlegungen an dieser Stelle hinreichend sein, um aufzuzeigen, daß die feministische Kritik am männlich codierten Kommunikationsstil dringend aufgefordert ist, sich der begrifflichen Grundlagen zu vergewissern in denen sich die Kritik artikuliert. Gerade dann, wenn es darum geht, andere politische Praktiken anzuleiten, reicht es nicht aus, die gängigen politischen Praxen als männlich zu dechiffrieren und einen weiblichen Stil zu propagieren.

Gerade an diesem Punkt muß der Ansatz vom weiblichen Politikverständnis sehr viel differenzierter als bisher ansetzen, um alternative politische Kommunikationsweisen sowohl im Bereich der Entscheidungspolitik als auch in der Darstellungspolitik anzuleiten. Gleichwohl verleihen die oben umrissenen Forschungsbefunde zu den inneren Barrieren und den Politikprioritäten von Frauen der Forderung nach spezifischen Qualifizierungsmaßnahmen für Frauen weiteren Nachdruck (vgl. Derichs-Kunstmann 1993; Schiersmann 1991).

Frauenspezifische Trainingsprogramme können nicht nur sozialisationsbedingte Vorbehalte von Frauen gegenüber der konventionellen Politik abbauen und Frauen ermutigen, politische Ämter und Führungspositionen anzustreben. Sie können Frauen auch gezielt auf die zunehmenden professionellen Leistungsanforderungen vorbereiten, die mit der Übernahme und Ausübung politischer Ämter und Führungspositionen verbunden sind. Sie bieten Raum und Ort, das beträchtliche Experimentier- und Erfahrungsdefizit von Frauen im Umgang mit institutionellen Machtressourcen zu kompensieren und zwischen den funktionalen Erfordernissen der politischen Profession und den eigenen Wert- und Handlungsorientierungen zu vermitteln. In der Zerrissenheit zwischen widersprüchlichen normativen Weiblichkeitsanforderungen und den Erfordernissen des Politik-Berufs bieten frauenspezifische Qualifizierungsangebote Gelegenheit, frei von Handlungs- und Leistungsdruck und der Konkurrenz mit männlichen Kollegen den Umgang mit Führungsaufgaben zu reflektieren sowie neue politische Handlungsorientierungen zu diskutieren und zu erproben. Solchermaßen können sie auch dazu beitragen, den Spielraum für eine veränderte politische Verhaltens- und Kommunikationskultur auszuloten.(Report des European Network „Women in Decision-Making 1995 und hier vor allem die Expertinnenstatements zum Einsatz von Trainings als Frauenförderungsstrategie von Seeland, Garcis, Laroche-Reeff).

Im folgenden sollen exemplarisch einige bildungspolitischen Strategien und Konzepte aufgezeigt werden, durch die die Motivation und Befähigung von Frauen für eine ausgeglichenere Teilhabe an den politischen Machtpositionen intensiviert werden kann. Die Auswahl der Programme beinhaltet keine qualitative Bewertung. Ausschlaggebend für die Auswahl ist vielmehr der exemplarisch-modellhafte Charakter der jeweiligen Programme für eine professionalisierungsorientiert ausgerichtete frauenspezifische Bildungsprogrammatik.

Beispiele aus den USA

In den USA haben vor allem parteiübergreifende und unabhängige Frauenorganisationen bereits Anfang der 70er Jahre den Weg beschritten, differenzierte, an den spezifischen Anforderungsprofilen und den unterschiedlichen Karrierestufen und Hierarchieebenen der politischen Arbeit angepaßte Trainingsprogramme für Politikerinnen zu entwickeln.

Die unter der Bezeichnung „*Public-Leadership-Training*" zusammengefaßten frauenspezifischen Qualifizierungsmaßnahmen reichen von der Nachwuchsförderung über Kampagnetraining, gezielte Kandidatinnenvorbereitung bis hin zu differenzierten Führungstrainingsangeboten, die durch zahlreiche fachspezifische Angebote zu aktuellen politischen Problemen ergänzt werden und eine kontinuierliche Weiterqualifizierung im politischen Amt erlauben.

Den Startschuß für die Entwicklung derartiger handlungsorientierter Trainingsprogramme bildete in den USA die Gründung des National Women's Political Caucus (NWPC) (vgl. Perez Ferguson in diesem Band). Der NWPC wurde im Juli 1971 in Washington DC von feministischen Aktivistinnen ins Leben gerufen und verstand sich als der „bipartisan arm of the women's movement".

Die Gründung des NWPC war angesichts des gegenkulturellen Autonomieverständnisses weiter Teile der amerikanischen Frauenbewegung zunächst eine durchaus umstrittene Strategie zur Durchsetzung frauenpolitischer Anliegen. Der NWPC war die erste nationale Frauenorganisation „to promote women's entry into politics as elected and appointed officials" (Mandel 1996, 4) Er offeriert Frauen, die für politische Ämter kandidieren wollen, nicht nur Trainingsprogramme, die sie zur Übernahme des politischen Amtes ermutigen und auf eine erfolgreiche Planung und Durchführung ihrer Wahlkandidatur vorbereiten, sondern unterstützt und berät aussichtsreiche Kandidatinnen auch während des gesamten Verlauf ihrer Wahlkampagnen.

Im Laufe der Jahre haben sich nicht nur auf nationaler Ebene, sondern auch in den einzelnen Bundesstaaten bis in die Kommunen hinein zahlreiche weitere Frauenorganisationen aber auch universitär gebundene Einrichtungen gebildet, die vergleichbare Zielsetzungen verfolgen und Trainingsprogramme anbieten, Frauen zu einer Kandidatur ermutigen und den Kandidatinnen in allen Fragen beratend zur Seite stehen.

Ausschlaggebend für die Ermöglichung erfolgreicher Kandidaturen von amerikanischen Politikerinnen waren vor allem die Aktivitäten, die Frauenorganisationen auf dem Gebiet des Fund-Raising entwickelten. 1975 wurde der Women's Campaign Fund (WCF) als ein zweiparteiliches nationales politisches Aktionsgremium gegründet, um finanzielle Mittel für weibliche Kandidatinnen zu akquirieren. Inzwischen hat sich eine wachsende Anzahl von Aktionskomitees - 1996 waren es bereits 50 unterschiedliche Gruppen - gebildet, die Geld zur Unterstützung der Wahlkampagnen einzelner Frauen zusammentragen. Die wohl mächtigste und bekannteste dieser Organisationen ist derzeit EMILY'S LIST (Early Money Is Like Yeast - It Makes the Dough Rise). Dies parteilich gebundene Netzwerk benutzt innovative Fund-Raising-Methoden, um die Kampagnen von Demokratischen Kandidatinnen zu unterstützen. Wegen des überaus großen Erfolges von EMILY'S LIST haben 1992 auch Republikanische Frauen eine vergleichbare Organisation mit dem Namen WISH List gegründet. Während in den Gründungsjahren überparteiliche Zusammenschlüsse in der politischen Frauenförderung maßgeblich waren, gewinnen heute auch in den USA die Parteien mehr und mehr Einfluß auf die Aktivitäten einer gezielten politischen Frauenförderung (vgl. Mandel 1996, 6).

Sind die von Frauenorganisationen wie dem NWPC entwickelten Trainingsprogramme in erster Linie darauf ausgerichtet, Frauen zu einer politische Kandidatur zu ermutigen und zu befähigen und die Wahlkampagnen von Frauen beratend und unterstützend zu begleiten, sind von anderen überparteilichen Frauenorganisationen in den USA auch Trainingsprogramme für Frauen entwickelt worden, die bereits politische Führungsämter innehaben. So vermittelt und unterstützt das zweiparteiliche Women's Network der National Conference of State Legislators differenzierte und anspruchsvolle Führungstrainingsprogramme für Parlamentarierinnen der Bundesstaaten (vgl. den Beitrag von Brown in diesem Band). Die Trainingsprogramme werden von renommierten ExpertInnen national wie regional durchgeführt und sollen den Parlamentarierinnen dazu verhelfen, mehr Durchsetzungsmacht und Effektivität in ihrer politischen Arbeit zu entwickeln.

Besondere Anstrengungen sind in den USA auch auf dem Gebiet der Nachwuchsförderung unternommen worden. Angesichts des alarmierend geringen Anteils von jungen Frauen in den Parteien und politischen Gremien haben sich z.T. universitär rückgebundene Frauenorganisationen bereits frühzeitig der gezielten Förderung des weiblichen Führungsnachwuchses verschrieben.

Richtungsweisend sind hier vor allem die Aktivitäten des in Washington ansässigen Public Leadership Education-Network (PLEN) (vgl. den Beitrag von Marianne Alexander in diesem Band). Als ein 1978 gegründetes Konsortium von Frauencolleges, hat PLEN es sich zum Ziel gesetzt, junge Frauen gezielt auf die Übernahme öffentlicher Führungspositionen vorzubereiten. Um der „anderen Stimme" von Frauen in öffentlichen Führungspositionen Gehör zu verschaffen und Experimentiermöglichkeiten mit neuen politischen Führungsstilen zu eröffnen, bietet PLEN Studentinnen nicht nur die Möglichkeit, durch ein entsprechendes Seminarangebot und die Durchführung von Konferenzen mit erfolgreichen Führungsfrauen Public-

Leadership zu studieren, sondern diese auch praktisch zu erproben. PLEN vermittelt Zugang zu mehr als hundert Internshipplätzen in den wichtigen politisch relevanten Funktionsbereichen der Gesellschaft. So lernen die Studentinnen die Prozesse des Politikmachens durch Gespräche mit Führungsfrauen in den Seminaren und Konferenzen und durch Internships kennen. Darüber hinaus praktizieren sie Leadership in den StudentInnenparlamenten, in Community-Service-Projekten sowie in Lern- und Lehrsituationen.

Die angeschlossenen Fakultäten und MitarbeiterInnen von PLEN machen ihre Erfahrungen in jährlichen Konferenzen und Publikationen auch einer breiten Öffentlichkeit zugänglich und können so über den Rahmen der beteiligten Colleges hinweg Einfluß auf die Entwicklung und Diskussion eines „gender-responsible" Führungsstils nehmen.

Mädchen und junge Frauen sehr frühzeitig zu motivieren, ihre eigene Führungsqualitäten wahrzunehmen und sie bereits im Verlauf ihrer Schulzeit zu praktizieren, hat sich auch der oben bereits erwähnte NWPC zum Ziel gesetzt. So hat der NWPC seit einiger Zeit sein Handlungsspektrum dahingehend erweitert, daß in Schulen spezielle Projekte durchgeführt werden, die Mädchen mit prominenten Politikerinnen in Kontakt bringen und die nicht nur ihr Interesse an der Politik wecken, sondern sie auch zu einer aktiven Mitgestaltung ihrer Zukunft durch politisches Engagement bewegen.

Beispiele aus Europa

Auch in Europa haben sich einige überparteiliche Zusammenschlüsse von Politikerinnen und politisch engagierten Frauen das Ziel gesetzt, die Politikerinnen von der kommunalen bis hin zur nationalen Ebene durch die Vermittlung von Trainingsangeboten in ihrer Arbeit zu unterstützen. So organisiert die in London ansässige überparteiliche 300 Group im Vorfeld von Wahlen ein gezieltes Kampagnentraining für die Kandidatinnen der unterschiedlichen politischen Ebenen und begleitet die Kampagnen beratend (vgl. Swain in diesem Band). Tatsächlich nehmen die Bestrebungen, im Interesses einer gezielten politischen Frauenförderung bildungspolitische Instrumente einzusetzen, auch in europäischen Ländern zu.

Anders als in den USA werden in Europa derartige bildungspolitische Aktivitäten nicht nur von Frauenorganisationen, sondern auch von staatlichen Einrichtungen, von Parteien und von einem breiten Spektrum an politischen Bildungseinrichtungen getragen. So ist z.B. das von der Norwegischen Arbeiterpartei entwickelte und auf Nachahmbarkeit ausgerichtete Trainingsprogramm „Women can do it" (Bakkane 1992) zum Exportschlager nicht nur in ost-, sondern auch in den westeuropäischen

Länder geworden. In den skandinavischen Ländern finden sich auch die in Europa wohl am weitesten entwickeltsten Ansätze, Mädchen bereits während der Schulzeit und durch die schulische Ausbildung selbst zu stärken und sie durch ein gezieltes Gender-Training nicht nur für die Geschlechterproblematik zu sensibilisieren, sondern sie auch mit praktischen Handlungsstrategien auszustatten (Nordic Coucil of Ministers 1995; Seeland 1995) Flankiert werden diese Initiativen durch die Entwicklung eines universitär getragenen Ausbildungsprogramms für LehrerInnen, die ihnen die nötigen fachlichen Informationen und Methoden einer konsequenten gleichstellungsorientierten Bildungspraxis vermitteln (vgl. (Nordic Council of Ministers 1995, 40).

Um das Bewußtsein von LehrerInnen zu schärfen und ihre Fähigkeiten im Umgang mit Fragen der Geschlechtergleichheit bzw. -ungleichheit zu stärken, wurde das sogenannte NORD-LILIA-Projekt entwickelt. Im Rahmen des Projektes wurden nicht nur die Inhalte, sondern auch die Methoden für ein Teacher-Training erarbeitet und evaluiert.

Einen interessanten Vorstoß auf dem Gebiet der politischen Partizipationsförderung von Frauen haben auch die Niederlande gemacht. Im Rahmen des „Emancipation Policy Program 'Met het oog op 1995'" der niederländischen Regierung wurde ein Projekt gefördert, bei dem sich 29 Gruppen zusammenschlossen, um Strategien zur Erhöhung des Frauenanteils in den Kommunal- und Regionalparlamenten zu entwickeln und zu koordinieren. Beteiligt waren die zentralen parteipolitischen Frauenorganisationen, die politischen Stiftungen, politisch aktive Frauenorganisationen einschließlich Migrantinnenprojekte, regionale und nationale Emanzipationsbüros und die Niederländische Vereinigung für Frauenbelange. Letztere ist seit vielen Jahren auf dem Gebiet einer gezielten politischen Frauenförderung aktiv. In diesem Zusammenhang spielten bildungspolitische Maßnahmen eine zentrale Rolle. Mit der finanziellen Unterstützung der Regierung und unter beratender Beteiligung der genannten Organisationen arbeiteten die Parteien einen „Positive Action Plan" aus. Ein erheblicher Teil der von der Regierung zur Verfügung gestellten Finanzmittel wurde für die Durchführung eines vielgestaltigen Trainingsprogrammes eingesetzt. Einige Trainingsprogramme hatten zum Ziel, Frauen zu motivieren, für politische Ämter zu kandidieren. Diese Programme waren flankiert von einer aktiven Beeinflussung der lokalen und regionalen Parteiorganisationen durch die nationalen Parteizentralen in Richtung auf eine gezielte Nominierung von Frauen. Andere Trainingsangebote waren darauf angelegt, die Chancen von Frauen zu verbessern, erfolgreich sowohl für politische, als auch für politisch-administrative Positionen zu kandidieren. Wieder andere Trainingsangebote verfolgten eher eine Kaderausbildung von Frauen. Von der PvdA und den Groen Links wurden darüber hinaus sogenannte 'shadow-council members' eingeführt, die aussichtsreichen Kandidatinnen die Möglichkeit eröffneten, den amtierenden Kommissionsmitgliedern zu assistieren und auf diese Weise unmittelbar praktische Erfahrungen, Innenansichten und Selbstbewußtsein für die angestrebte Kandidatur zu gewinnen. Ferner wurden innerhalb einiger Parteien erfolgreiche Initiativen zur Erstellung einer „Human Resource Data Base" entwickelt, durch die den Parteifunktionären Namen von kanditaturwilligen Frauen zur Verfügung gestellt wurden. Auf diese Weise konnte der Schutz- und Rechtfertigungsbehauptung begegnet werden, daß die geringe Anzahl nominierter Frauen darauf zurückgehe, daß es Frauen an der Bereitschaft zur Kandidatur fehle (vgl. Leijenaar 1995).

Auch in der Bundesrepublik sind seit einiger Zeit Initiativen zu einer gezielten Qualifizierung und Professionalisierung von Frauen für die Politik erkennbar. Ansätze zu einer kontinuierlichen frauenspezifischen Bildungs- und Qualifizierungsarbeit finden sich bei den meisten der großen parteinahen Stiftungen. Wichtige Schritte in Richtung auf eine systematisch geplante und evaluierte Bildungsprogrammatik, die eine gezielte berufsrollenorientierte Professionalisierung von Frauen für die Politik erlaubt, zeigen sich auch bei einigen von der Bundesregierung und von einigen Landesregierungen geförderten Modellprojekten.

Wie auch die Arbeit der politischen Stiftung, richten sich diese Modellprojekte in erster Linie auf die Qualifizierung von Frauen für kommunal- und verbandspolitische Ämter. Sie versuchen neue Wege zur Qualifizierung und Professionalisierung von Frauen für die Politik zu beschreiten. Dies gilt z.B. für das von der Landeszentrale für politische Bildung in Baden-Württemberg mit Unterstützung des badenwürttembergischen Ministeriums für Arbeit, Gesundheit, Familie und Frauen 1990 entwickelte Modellprojekt *„Unsere Stadt braucht Frauen - Wir machen mit!"* zur Motivation und Qualifizierung von Frauen für kommunale Ehrenämter.

Die Konzeption eines übertragungsfähigen Seminars für Kommunalpolitikerinnen „Standort - Standpunkt - Strategie" hat das Sozialministerium Abteilung Familie, Frauen, Weiterbildung und Kunst in Baden-Württemberg in Auftrag gegeben, um kommunale Mandatsträgerinnen in gleichstellungsorientierten Fragen der Kommunalpolitik weiterzuqualifizieren, die Politikerinnen zu vernetzen und ihnen zugleich strategische Handlungskompetenzen zu vermitteln. Das Konzept wurde 1995 vom Sozialministerium in Zusammenarbeit mit 5 kommunalen Frauenbeauftragten und mit Unterstützung der Landeszentrale für politische Bildung erstmals als Pilotprojekt umgesetzt.

Der 1945 gegründete Berliner Frauenbund bietet seit 1990 einen Lehrgang „Mehr Frauen in die öffentliche Verantwortung. Qualifikation für soziale, politische und kulturelle Leistungsaufgaben" an. Der Lehrgang wird vom Berliner Senat als Modellprojekt gefördert. Er umfaßt 186 Zeitstunden, verteilt auf ein Jahr, und richtet sich an Frauen, die als Kommunalpolitikerinnen, Vorstandsfrauen, Initiatorinnen von Projekten, als Frauenvertreterinnen und -beauftragte, als Personal- und Betriebsrätinnen und als Elternvertreterinnen und Beirätinnen ihre Arbeit erfolgreicher und effizienter gestalten und an Macht und Einfluß gewinnen wollen. Die Jakob-Kaiser-Stiftung hat das Programm „Frauen ins politische Ehrenamt" entwickelt, das vom Herbst 1995 bis zum Frühjahr 1998 als Modellprojekt durch das Bundesministerium für Familie, Senioren, Frauen und Jugend gefördert wird. Auch dieses Qualifizierungsangebot verfolgt in erster Linie das Ziel, Frauen zur Übernahme politischer Verantwortung zu motivieren und auf die kommunal- und verbandspolitische Arbeit vorzubereiten. Die Qualifizierungsmaßnahme kombiniert die Vermittlung von kommunalpolitisch relevanten theoretischen Grundlagen und Spezialkenntnissen mit vielfältigen Praktika, die auf die speziellen Interessen der einzelnen Teilnehmerinnen abgestimmt sind (Initiativen, Verbände, Abgeordnetenbüros, europäische Gremien). Mit dieser Kombination von klassischer Seminararbeit und Praktika in unterschiedlichen politischen Organisationen versucht die Jakob-Kaiser-Stiftung auch, ein neues Moment in die politische Bildungsarbeit einzubringen und zu erproben.

Aufgrund des alarmierend geringen Anteils von jungen Frauen in den Parteien will ein an der TU Berlin angesiedeltes Modellprojekt neue Wege auf dem Gebiet der Förderung des weiblichen Führungsnachwuchses beschreiten. Das in Kooperation mit der EUROPÄISCHEN AKADEMIE FÜR FRAUEN IN POLITIK UND WIRTSCHAFT - Berlin e.V. und mit Partnerorganisationen aus den Niederlanden, Belgien und Österreich im Juli 1997 gestartete Projekt „Preparing Women to Lead. Starthilfen für den weiblichen Führungsnachwuchs" wird von der Europäischen Kommission sowie vom Bundesministerium für Familie, Senioren, Frauen und Jugend gefördert.

Das Projekt ist bestrebt, die bisher vordringlich in der Wirtschaft übliche Form der Nachwuchsqualifizierung durch Praktika und Führungstrainings u.a. auch für die Politik zu erschließen und mit einem gezielten Mentoring durch erfahrene Führungsfrauen zu verbinden. In Anlehnung an durch das Public Leadership Education Network (PLEN) entwickelte Vorbilder vermittelt Preparing Women to Lead besonders qualifizierten Hochschulabsolventinnen Internships bei Führungsfrauen in Spitzenpositionen aus Wirtschaft, Politik und Verwaltung. Über das Vorbild und den persönlichen Kontakt zu einer erfolgreichen weiblichen Führungskraft will Preparing Women to Lead junge Frauen ermutigen, Führungsverantwortung anzustreben und Vertrauen in das eigene Führungsvermögen zu erlangen. Darüber hinaus vermittelt das Programm zugleich wichtige praktische Erfahrungen und karriererelevantes Insiderwissen. Um die jungen Frauen besser als im Normalverlauf einer akademischen Ausbildung bisher üblich auf künftige Leistungsanforderungen in Führungspositionen vorzubereiten, werden die Internships von einem Seminar- und

Trainingsprogramm begleitet, das sowohl Techniken des Führungsverhaltens als auch handlungsstrategisches und fachliches Wissen vermittelt.

Preparing Women to Lead will auch die Weitergabe und den Austausch von Know-How unter bereits erfahrenen und künftigen Mentorinnen fördern und am Aufbau eines europäischen Mentorinnen-Netwerkes mitwirken. Auf diese Weise soll der Dialog über Möglichkeiten forciert werden, Gleichstellung als Organisationsziel sowohl in politischen Institutionen als auch in Wirtschaftsunternehmen erfolgreich umzusetzen, und so zur (Weiter-)Entwicklung eines „gender-responsible leaderships" beizutragen.

Politische Bildung versus Professionalisierung von Frauen für die Politik

Ansätze zu einer Bildungsarbeit, die Frauen gezielt auf die Übernahme und Ausübung politischer Ämter vorbereiten und eine kontinuierliche Weiterqualifizierung im Amt erlauben, nehmen bisher im Gesamtspektrum der bundesdeutschen politischen Bildungsarbeit und auch innerhalb der frauenpolitischen Bildungsarbeit eine eher untergeordnete Stellung ein. So weisen die bestehenden Initiativen zu einer berufsrollenorientierten Professionalisierung von Frauen für die Politik nur einen eher geringen Spezifikationsgrad im Hinblick auf die unterschiedlichen Funktions- und Hierachieebenen der politischen Arbeit in Parteien, Parlamenten, Gewerkschaften und Verbänden auf. In erster Linie haben sie zum Ziel, Frauen für kommunal- und sozialpolitische Ehrenämter zu ermutigen und vorzubereiten bzw. zu einer Ein- und Aufstiegsplanung und Professionalisierung von in Frauen-Projekten, Verbänden und Gewerkschaften tätigen Frauen beizutragen.

Ansätze zu einer systematisch geplanten und ausdifferenzierten Aus- und Fortbildungsinfrastruktur vor allem für Frauen der höheren politischen Führungsebenen sind meiner Kenntnis nach in der Bundesrepublik bisher nicht entwickelt worden. So ist eine differenzierte, an den spezifischen Anforderungsprofilen einer Tätigkeit in Parteien, Parlamenten, Gewerkschaften und Verbänden ausgerichtete und den unterschiedlichen Karrierestufen und Hierachieebenen angepaßte Angebotsstruktur wie sie etwa in der Wirtschaft üblich ist, gegenwärtig nicht erkennbar. Auch Bemühungen um eine wissenschaftliche Evaluation und Erfolgskontrolle der frauenspezifischen Bildungsarbeit sind eher die Ausnahme als die Regel. Für eine kontinuierliche und qualitätssichernde Weiterentwicklung der frauenspezifischen Bildungsprogrammatik fehlen daher wichtige Planungsgrundlagen.

Obwohl der Professionalisierungsdruck in der Politik mehr und mehr zunimmt, zählt es so zu den Besonderheiten der politischen Profession, daß sich - anders als in anderen gesellschaftlichen Funktionsbereichen - „der Ausübung politischer Macht bisher kein regulärer Erziehungsprozeß affixieren lassen hat" ... „Natürlich gibt es innerhalb der politischen Organisationen Prozesse der Sozialisation von Nachwuchs, aber es gibt keine dem Konzept der Demokratie entsprechende politische Erziehung im politischen System. Auf die politische Seite des Lebens kann daher allenfalls durch eine Art spezialisierten Unterrichts in der Schule vorbereitet werden - ein Notbehelf, der in der eigentümlichen Geschäftsferne offensichtlich inadäquat ist und auch dem Typus der Problemlösungen widerspricht, der sich an den übrigen Systemgrenzen des ausdifferenzierten Erziehungssystems angebahnt hat" (Luhmann & Schorr 1988, 57).

Innerwissenschaftlich findet diese Situation ihr Pendant darin, daß in den Politikwissenschaften das Verhältnis von immanenter Wissenschaftsfunktion und berufsrollenorientierter Professionalisierung an den Rand der Disziplin verdrängt und auf die Scheinalternative Bildung versus Ausbildung verengt wird (vgl. Robert 1995, 34).

Bis heute zielt auch die außerschulische politische Bildungsarbeit in Deutschland insgesamt eher auf eine breitenwirksame Erziehung zur demokratienotwendigen politischen Mündigkeit bzw. auf die Stabilisierung demokratieförderlicher Grundhaltungen als auf eine berufsrollenorientierte Professionalisierung des politischen Personals. Vor dem Hintergrund der historischen Erfahrung des nationalsozialistischen Diktatur scheint diese Akzentuierung der politischen Bildungsarbeit im Nachkriegsdeutschland ebenso verständlich wie sinnvoll. Diese spezifischen historischen Ausgangsbedingungen können m.E. aber nicht darüber hinwegtäuschen, daß die politische Bildung heute nicht nur durch den wachsenden Professionalisierungsdruck in der politischen Arbeit, sondern auch durch die zunehmende Politikverdrossenheit in weiten Kreisen der Bevölkerung vor neue Herausforderungen gestellt ist. Insbesondere gegenüber jungen Menschen und hier vor allem gegenüber jungen Frauen verlieren die konventionellen politischen Institutionen mehr und mehr an Integrationsfähigkeit.

Die in der Politik bis heute übliche Form der Nachwuchsqualifizierung über langwierige - sinnfälligerweise auch als Ochsentouren bezeichnete - organisationsinterne Aufstiegsprozesse kommt offenkundig weder den Partizipationsinteressen, -möglichkeiten und -bereitschaften weiter Bevölkerungsschichten entgegen, noch scheint die mit ihr verbundene Art der Berufssozialisation, die zwangsläufig organisationsbezogene Aspekte und innerparteiliche Loyalitätsansprüche in den Vordergrund stellt, den neuen Anforderungen an fachlicher Professionalität und politischer Management- und Vermittlungskompetenz gerecht zu werden.

Sowohl die politische Bildung, als auch die ihr zugehörige Leitdisziplin Politikwissenschaft haben in der Bundesrepublik allzu lange erstaunlich wenig intellektuelle Kapazität auf das für das demokratische Gemeinwesen existentielle Problem einer bedarfsgerechten Personalentwicklung verwendet, die dem genannten Wandel in den Systembedingungen politischer Arbeit angepaßt ist und die der unterschiedlichen Mobilisierungsfähigkeit und Engagementbereitschaft von Männern und Frauen Rechnung trägt.

Daß eine frauenspezifisch ansetzende politische Bildungsarbeit innerhalb der etablierten Institutionen der politischen Bildungsarbeit bisher eine nur untergeordnete Rolle spielt, mag auch damit zusammenhängen, daß die bis heute in der Bundesrepublik wirksame Marginalisierung von Frauen ein Kennzeichen nicht nur der konventionellen politischen Institutionen und Organisationen, sondern auch der politischen Sozialisations- und Bildungseinrichtungen ist (Kutz-Bauer 1992). Die Führungs- und Entscheidungspositionen in der politischen Bildungsarbeit sind mehrheitlich von Männern besetzt. Planstellen und Zugang zu Publikationsmitteln sind ebenso in „Männerhand" wie die Politikwissenschaft und Politikdidaktik (vgl. Derichs-Kunstmann 1995; Hoppe 1995; Richter 1995).

So sind in den hier dargestellten Ansätzen zur Motivierung und Qualifizierung von Frauen für politische und soziale Ehrenämter und zur Entwicklung des weiblichen Nachwuchskräftepotentials zwar erste wichtige Schritte in Richtung auf eine systematische Professionalisierung von Frauen für politische Funktionen unternommen worden. Dennoch bedarf es noch erheblicher Anstrengungen, um die frauenspezifische politische Bildungsarbeit in der Bundesrepublik in Richtung auf eine konsequente berufsrollenorientierte Professionalisierung von Frauen für politische Führungsämter weiterzuentwickeln und zu einer entsprechend systematischen und integrierten bildungspolitischen Entwicklungsplanung und Infrastrukturbildung beizutragen.

Daß vor allem Amerikanerinnen sehr früh den Weg beschritten haben, Frauenförderung durch eine berufsrollenorientierte Professionalisierung von einer parteiübergeifenden professionellen feministischen Projektkultur aus zu betreiben, hängt sicherlich u.a. damit zusammen, daß die politische Arbeit in Amerika insgesamt nicht nur durch sehr viel mehr Staatsferne, sondern auch durch eine sehr viel stärkere Professionalisierung und Kommerzialisierung gekennzeichnet ist[23]. Entsprechend ist auch die politische Bildungsprogrammatik ebenso wie die Ausgestaltung der Trainingsprogramme auf die spezifische kulturelle und politische Situation in den USA ausgerichtet und untrennbar mit ihr verknüpft. Dennoch kann die pro-

---

23 So fehlt es in den USA z.B. an einer der Situation in der Bundesrepublik vergleichbaren Infrastruktur staatlich unterstützter außerschulischer politischer Bildung.

fessionalisierungsorientierte Stoßrichtung der Qualifizierungs- und Förderungsstrategien durchaus richtungweisend auch für die Bundesrepublik sein. Auch wenn Kritiker eine stärker berufsrollenorientierten Professionalisierung des politischen Personals gegen die Interessen einer an Partizipation orientierten Basisdemokratie gerichtet sehen, wird die bundesrepublikanische Politik dem oben umrissenem Wandel in den politischen Strukturbedingungen künftig auch durch eine veränderte Personalentwicklungspolitik Rechnung tragen müssen. Darüber kann auch eine allzu pauschal vorgebrachte Kritik des Berufspolitikertums - dies haben die leidvollen Erfahrungen der Grünen gezeigt - nicht hinwegtäuschen (vgl. Beerfeltz 1995).

Tatsächlich ist die von Ämterpatronage und männlichen Seilschaften gekennzeichnete Form politischer Personalrekrutierung nicht nur als ein zentraler struktureller Ausschlußmechanismus gegenüber Frauen kritisiert worden, sondern in der Öffentlichkeit selbst zum Motor der Politikverdrossenheit geworden (vgl. Hoecker 1987 a/b; Neyer 1991; Raml 1993). Die heutige Praxis der organisationsinternen Personalrekrutierung durch eine zielorientierte Professionalisierungspraxis, wenn auch nicht zu ersetzten, so doch wenigsten zu ergänzen, könnte wesentlich dazu beitragen, Einstiegsbarrieren in die politische Arbeit abzubauen und sie auch für QuereinsteigerInnen attraktiv zu machen.

Partizipartionserleichternd können frauenspezifische Trainingsprogramme nicht nur deshalb wirken, weil sie helfen, Ängste und Vorbehalte von Frauen gegenüber der konventionellen Politik abzubauen. Indem solche Trainingsprogramme persönlichkeitsstärkende Elemente mit der Vermittlung handlungsstrategischen und fachlichen Wissens kombinieren, können sie die oben erwähnten geschlechtsspezifischen Bildungsdefizite gezielt kompensieren.

In diesem Sinne läuft eine weniger an innerparteilichen Loyalitätsansprüchen, als an politischen Professionalitäts- und Qualitätsansprüchen orientierte Personalentwicklungsstratgie nicht zwangsläufig den Interessen einer sich breitenwirksam über die unterschiedlichen gesellschaftlichen Funktionsbereiche und Milieus erstreckenden politischen Personalrekrutierung zuwider, wie dies die Kritik eines verkasteten Berufspolitikertums unterstellt. Ganz im Gegenteil scheint eine zielgruppenspezifisch ausgerichtete Professionalisierung und Qualifizierungsarbeit für die Politik geeignet, zu einer partizipationserleichternden Struktur politischer Arbeit beizutragen und zugleich ein hinreichendes Maß an fachlicher Professionalität, organisatorischer sowie medialer Vermittlungskompetenz in der Personalentwicklung sicherzustellen. So kann eine gezielte Professionalisierung von Frauen für politische Ämter nicht nur ihre Integration in die politische Führungselite verbessern, sondern auch dazu beitragen, die Qualität und Erneuerungsfähigkeit der Politik zu fördern.

Weil Frauen - kulturgeschichtlich gesehen - in der Politik nicht nur Newcomerinnen sind, sondern in den meisten Ländern der Welt in den konventionellen Organisationen auch eine Minderheit darstellten, ist darüber hinaus eine verstärkte Kooperation von politisch tätigen Frauen eine unabdingbare Voraussetzung, um in der männerdominierten modernen Verhandlungsdemokratie die Interessen von Frauen in allen Politikfelder einzubringen und umzusetzen. So wird die Fähigkeit von Frauen, machtvolle Bündnisse und ein Beziehungsgeflecht einflußreicher Frauen innerhalb der Parteien, aber auch über die Parteigrenzen hinweg zu bilden, ausschlaggebend für den Erfolg gleichstellungspolitischen Mainstreamings sein. Tatsächlich haben politisch agierende Frauen nicht nur in Amerika, sondern auch in vielen westeuropäischen Ländern und in den jungen Demokratien Osteuropas vielfältige formelle und informelle Zusammenschlüsse gebildet, um sich in der Männerdomäne Politik und einer in für viele Frauen befremdenden, männlich geprägten politischen Kommunikationskultur zu behaupten und sich der Isolation und der Ausgrenzung zu erwehren.hierzu sei auf die Beiträge von Helga Lukoschat und von Danuta Waniek in diesem Band verwiesen.

Verbesserung der gleichstellungspolitischen Infrastruktur

Um die Resonanzfähigkeit der Politik für die gesellschaftspolitischen Anliegen von Frauen zu verbessern und um Gleichstellungsziele in sämtliche Politiken und Maßnahmen einzubringen und dort umzusetzen, ist eine verbesserte Personalintegration und Kooperation von Frauen als Repräsentanten gesellschaftlicher Konfliktlinien und Politikprioritäten unbestreitbar eine wichtige Voraussetzung.

Die Herausforderung für die Organisationsentwicklung und Infrastrukturbildung innerhalb der etablierten politischen Institutionen besteht aber nicht nur darin, daß eine für Frauen partizipations- und kooperationserleichternde Struktur politischer Arbeit geschaffen werden muß, die auch Raum läßt für kurzfristigere problembezogene Partizipationsformen. Anforderungen an die Organisationsentwicklung und Infrastrukturbildung ergeben sich auch aus der mit der Problemkomplexität verbundenen Vielschichtigkeit und Vernetzung von Problem- und Arbeitsbereichen bei gleichzeitig abnehmender nationalstaatlicher Handlungsvollmacht.

Sie führt objektiv zu größeren Schwierigkeiten für die gleichstellungspolitische Entscheidungsfindung und erfordert auf seiten der professionellen politischen HandlungsträgerInnen nicht nur ein hohes Maß an fachlicher Professionalität, sondern läßt auch die für die politische Problembearbeitung organisationsnotwendige

Ressortbildung selbst zum Problem werden. Tatsächlich tut sich die in kurzzeitigen Horizonten von Wahlperioden agierende Politik mit der Bearbeitung längerfristig ansetzender komplexer gesellschaftsstruktureller Probleme naturgemäß schwer. Will sich die Politik kompetent mit längerfristigen Querschnittsproblemen wie dem Brüchigwerden der Geschlechterbeziehungen befassen und Gestaltungsalternativen erarbeiten, - darauf haben vor allem die nordischen Staaten immer wieder verwiesen - bedarf es Maßnahmen, die es erlauben, die fragmentierte Arbeitsstruktur der politischen Organisationen zu kompensieren und Raum zu lassen für eine planvollere Behandlung von größeren Aufgabenbündeln und Querschnittsproblemen (vgl. Ismayr 1996, 29).

Insofern zählt es m.E. zu den wesentlichen Erfolgsbedingungen eines gleichstellungspolitischen Mainstreamings, daß die Erhöhung der politischen Einflußmacht von Frauen Bestandteil einer Gesamtreform des Managements innerhalb der etablierten politischen Institutionen ist.

Denn um der Marginalisierung gleichstellungspolitischer Interessen entgegenzuwirken, sind eine verbesserte Integration von Frauen in die politische Führungselite und deren verstärkte Kooperation allein nicht ausreichend. Die Chancengleichheitsperspektive in sämtliche Politiken und Maßnahmen konsequent einzubeziehen ist m.E. nur dann wirklich aussichtsreich, wenn die Personalintegration von Frauen begleitet ist von einer darauf abgestimmten (Weiter-)Entwicklung der politischen Organisationen und Infrastrukturen. Auch in der modernen Managementforschung gilt es als unumstrittene, daß Personal und Organisation nicht nur Eckpfeiler jeden Managements, sondern zugleich die Fixpunkte jeder Managementreform sind, da man das eine nicht ohne das andere optimieren kann.

So ist es denn eines der fundamentalen Prinzipien der Nordischen Kooperation auf dem Gebiet der Gleichstellungspolitik, sich zur Notwendigkeit politischer Verfahrensregeln zu bekennen, die geeignet sind, Fragen der Geschlechtergleichheit in allen Politikbereichen und auf allen politischen Ebenen - von der lokalen bis hin zur nationalen - einzubringen und auch in der internationalen Zusammenarbeit zu forcieren. „This means that women's and men's knowledge, experience, needs and opinions must be applied to form the basis for devising policies in all areas of society. It is important that proposals and decisions should be analysed in a gender equality perspective, so as to identify the possible consequences for women and for men. This requires an increased awareness of gender equality issues, skills/knowledge and political will" (Nordic Council of Ministers 1995, 24).

Im Interesse eines gleichstellungspolitischen Mainstreamings die gleichstellungspolitischen Dimensionen auf unterschiedlichen Politikfeldern erkennbar werden zu lassen und Politiken bezüglich ihrer Auswirkungen auf die Geschlechter zu bewerten, verlangt daher nicht nur entsprechende parlamentarische Fachausschüsse, sondern auch institutionalisierte fachliche Informationsdienste und kontinuierliche wissenschaftliche Beratungsleistungen.

Gender Statistics und feministische Think-Tanks

Im Rahmen der grundlegenden politischen Strategie der Nordischen Kooperation auf dem Gebiet der Gleichstellungspolitik, hat die umfassende Anfertigung von Gender Statistics einen hohen Stellenwert. Sie können nicht nur das Bewußtsein der Policymaker schärfen und eine vorurteilsfreie Basis für die Entwicklung der Geschlechterpolitik liefern, sondern auch zur Evaluation des Erfolges von politischen Aktionsprogrammen beitragen. Aber auch hier gilt, daß Gender Statistics nicht isoliert produziert und verbessert werden können, sondern daß sie integriert sein müssen in die Entwicklung des nationalen statistischen Systems. „Improvements of contents, methods, classifications and measurements should make part of ongoing work improving statistical sources - censuses, surveys and administrative systems" (Nordic Council of Ministers 1994, 5).

Um das Wissen über die Lebenssituation von Männern und Frauen und die Möglichkeiten einer angemessenen Gleichstellungspolitik zu erhöhen, haben die nordischen Staaten umfangreiche Forschungsaktivitäten in Gang gesetzt und koordiniert. Die Entwicklung eines tragfähigen Systems fachlicher Information und wissenschaftlicher Beratung verlangt nach einer angemessen abgesicherten Infra- und Vernetzungsstruktur. So sind in Skandinavien von staatlicher Seite nicht nur finanzielle Mittel für die Anfertigung von Forschungsarbeiten zur Verfügung gestellt worden, sondern es wurde in der Periode von 1991-1994 eine Vollzeitstelle eingerichtet, um die Forschungsaktivitäten zu koordinieren und zu begleiten und um die Verbindung zwischen dem Umfeld der nordischen Frauen- und Geschlechterforschung und der Forschung zu den Strategien und Erfahrungen zur Förderung der Chancengleichheit herzustellen. Die Koodinierungstätigkeit wurde 1995 mit der Gründung des Nordic Institute for Women's Studies und Gender Research (NIKK) als interdisziplinäre Forschungsinstitution fortgeführt, so daß die Bestrebungen um die Entwicklung einer Infrastruktur kompetenter Politikberatung und internationaler Zusammenarbeit auf diesem Gebiet auf eine neues Niveau gebracht wurden. Die Forschungsergebnisse von NIKK werden in der englischsprachigen Zeitschrift „Nora - Nordic Journal of Women's Studies" einer internationalen Öffentlichkeit zugänglich gemacht.

Dabei ist es ein wichtiges Anliegen der nordischen Kooperation in Fragen der Gleichstellungspolitik, daß die Ergebnisse dieser Studien und Forschungen - national wie nordisch und über die akademische Öffentlichkeit hinaus - für PolitikerInnen und EntscheidungsträgerInnen aus anderen gesellschaftlichen Funktionsbereichen, allen voran den Medien zugänglich gemacht werden. Denn gleichstellungspolitische Anliegen rangieren nicht nur im engeren Bereich der institutionalisierten Politik, sondern auch in den für die öffentliche politische Problemwahrnehmung zentralen Medien auf der Agenda ganz unten (vgl. International Women's Media Foundation 1996; Holtz-Bacha 1993).

Auch in der Bundesrepublik scheint es m.E. dringend geboten, das Problemlösungspotential gleichstellungspolitischer Politikberatung intensiver als bisher auszuschöpfen. Das heißt selbstverständlich nicht, daß im Zuge der allgemeinen Ausweitung institutionalisierter wissenschaftlicher Politikberatung in Deutschland nicht auch gleichstellungspolitische Aspekte Berücksichtigung finden. Woran es im Bereich der staatlich institutionalisierten Politikberatung m.e. jedoch fehlt, ist eine systematisch und koordinierte Entwicklungsplanung und Infrastrukturbildung gleichstellungspolitischer Beratungsdienste. Mit der wachsenden Zahl der Fachausschüsse und sonstigen Gremien werden auch die parlamentarischen Verfahren komplizierter und langwieriger. Die Notwendigkeit neuer parlamentarischer Koordinierungsinstrumente nimmt gerade dann zu, wenn es darum geht, die Geschlechter- und Chancengleichheitsperspektive als Querschnittsaufgabe systematisch in die bestehende Struktur der wissenschaftlichen Beratungsdienste zu implementieren und dabei so zu koordinieren, daß die Forschungsergebnisse integriert und aufeinander beziehbar gestaltet werden können.

Wenn es darum geht, die gleichstellungspolitische Vernetzung von Wissenschaft und Politik zu verbessern, sind nicht nur der Staat und die universitäre Frauen- und Geschlechterforschung gefordert. Folglich haben sich in der Bundesrepublik außerhalb der staatlich institutionalisierten Politikberatung vor allem die politischen Stiftungen, allen voran die Heinrich-Böll-Stiftung, eine kompetente gleichstellungspolitische Politikberatung zum Ziel gesetzt. So ist innerhalb der Heinrich-Böll-Stiftung die Einrichtung eines eigenständigen Instituts für feministische Politik geplant, das stärker als die „Frauenabteilungen" anderer parteinaher Stiftungen beabsichtigt, die Erarbeitung feministischer Konzepte zur sozialen, ökologischen und geschlechterdemokratischen Umgestaltung der Gesellschaft ins Zentrum seiner Arbeit zu rücken (vgl. Reformausschuß des Stiftungsverbands Regenbogen e.V. 1995). Das Institut orientiert sich u.a. an dem Vorbild feministischer Think-Tanks in den USA. Anders als in den nordischen Staaten, in denen das Bemühen um die Etablierung eines unabhängigen Systems gleichstellungspolitischer wissenschaftlicher Politikberatung durch ein starkes staatliches Engagement gekennzeichnet ist, sind es in den Vereinigten Staaten vor allem solche (partei-)unabhängigen, dezidiert politikberaterisch ausgerichteten Frauenforschungsinstitutionen, die sich für eine konsequente gleichstellungspolitisch motivierte Vernetzung von Politik und Wissenschaft engagieren, um Politikerinnen bei der Erarbeitung und Umsetzung gleichstellungspolitischer Zielsetzungen auf den unterschiedlichen Politikfeldern zu unterstützen.

Zu den ältesten zählt „The California Elected Women's Association for Education and Research" (CEWAER), das empirische Forschungen auf dem Gebiet von policy issues betrieben hat. Neben dem in Washington angesiedelten „Institut for Women's Policy Research" gehört das 1970 gegründete „Center for the American Woman and Politics" (CAWP) an der Rutgers University in New Jersey zu den wohl renommiertesten universitär gebundenen Forschungs-, Ausbildungs- und Dienstleistungscentern.

„Today, CAWP has taken on the multiple roles of catalyst and resource, provider of data and analyses, interpreter and guide. The Center raises and responds to emerging issues, working with women leaders as well as journalists, scholars, students, women's groups, governmental agencies, civic organizations, and political parties. CAWP's major programs and activities include: a clearinghouse about women in politics and government; a data bank on women in public office; research about women in leadership, including national surveys of elected and appointed women; programs and conferences for women public officials; a young women's leadership initiative to educate college-age women about politics and public leadership; seminars for scholars and practitioners; and of course a variety of publications to report on research and to disseminate information about women's political history and the changing numbers and status of women in politics. What distinguishes the Center for the American Woman and Politics and is the hallmark of its effectiveness is objectivity and accuracy." (Mandel 1996, 6).

Gleichstellungspolitische Politikvermittlung

Inwieweit es gelingt, über gleichstellungspolitische Expertinnenkreise hinaus das öffentliche Problembewußtsein für die Benachteiligung von Frauen zu schärfen, dürfte mit ausschlaggebend für das Ausmaß sein, in dem sich künftig Konsensbereitschaft und Engagement für die Ziele der Gleichstellungspolitik und die Verwirklichung der Chancengleichheit der Geschlechter erzielen lassen.

Zwar hat sich - sicherlich nicht zuletzt unter dem Druck der neuen Frauenbewegung - in den modernen Industrienationen eine Bewußtseinsrevolution dergestalt vollzogen, daß die Legitimität der Geschlechterungleichheit grundsätzlich in Frage steht (vgl. Beck 1986; Beck & Beck-Gernsheim 1990). Dennoch gerät die nicht nur in privaten Intimbeziehungen, sondern auch auf der öffentlichen politischen Bühne eingeübte Rhetorik der Geschlechtergleichheit in eine alarmierende Diskrepanz zu den faktisch fortbestehenden Ungleichheitsverhältnissen. Insbesondere jüngere Generationen von Männern von Frauen fehlt es an einem Bewußtsein für die strukturell bedingte Benachteiligung von Frauen. Skandierte die neue Frauenbewegung noch Mitte der 70er Jahre zu Recht: „Das Private ist Politisch", um auf die politische Kontingenz der üblicherweise gern als politikfern gedachten familiären Privatheit und der vermeintlich natürlich gegebenen geschlechtlichen Arbeitsteilung zu verweisen, und hatte sie so zu einer breitenwirksamen politischen Mobilisierung von Frauen beigetragen, ist es in der politischen (Medien-)Öffentlichkeit heute eher still geworden um das Geschlechterverhältnis. Und dies geschieht, obwohl die Probleme, allen voran die Synchronisation von beruflichen und familiären Pflichten und Erfordernissen, die bis heute einseitig Frauen belasten, fortbestehen bzw. unter dem Wettbewerbsdruck einer globalisierten Wirtschaft künftig noch zunehmen dürften. Das Verhandeln eines neuen Geschlechtervertrages vollzieht sich heute weniger in der öffentlichen politischen Arena, als vielmehr hinter den Kulissen in den zuständigen wissenschaftlichen und politischen ExpertInnenzirkeln oder auch außerhalb der Institutionen in privat-familiären Geschlechterbeziehungen.

Mit der Forderung nach einer Sensibilisierung der politischen Öffentlichkeit für die gesellschaftspolitischen Belange von Frauen geraten Probleme der gleichstellungspolitischen Politikvermittlung ins Blickfeld der Analyse und mit ihnen die für die öffentliche politische Problemwahrnehmung zentralen Massenmedien (vgl. u.a. Laxèn in diesem Band). Obwohl sich in den modernen Massendemokratien für das Gros der Bevölkerung die Teilhabe am politischen Prozeß - abgesehen von Wahlen - auf eine mediale Teilhabe beschränkt, hat sich in Deutschland die Politikwissenschaft einschließlich der politikwissenschaftlichen Frauen- und Geschlechterforschung bisher eher medienblind gezeigt (vgl. Sarcinelli 1995; Lang 1994). Auch die gleichstellungspolitische Strategiediskussion hat sich meinen Eindruck nach in erster Linie auf die Optimierungsmöglichkeiten gleichstellungspolitischer Entscheidungspolitik und weniger auf die Probleme einer sach-adäquaten und zugleich publikumsattraktiven Politikvermittlung konzentriert.

Probleme gleichstellungspolitischer Politikvermittlung mehr ins Zentrum der Theorie- und Strategie-Diskussion zu stellen erscheint um so wichtiger, als nach Erkenntnissen der kommunikationswissenschaftlichen Frauen- und Geschlechterforschung in den Massenmedien nicht nur traditionelle Geschlechterstereotypen weiterhin perpetuiert (vgl. Witt et al. 1994, 181ff.), sondern auch sogenannte „Frauenfragen" im Gesamtspektrum journalistischer Angebote weitgehend marginalisiert werden (Fröhlich & Holtz-Bacha 1995). Die gesellschaftspolitischen Belange von Frauen rangieren in den meisten Ländern der Welt offenkundig nicht nur in der Politik, sondern auch in der massenmedialen Politikvermittlung auf der Agenda ganz unten (vgl. International Women's Media Foundation 1996, Holtz-Bacha 1993).

Sieht sich der etablierte politische Journalismus in Deutschland seinem Selbstverständnis nach gern als „vierte Gewalt" im Sinne einer politischen Kritik- und Kontrollinstanz und begreift er sich dementsprechend auch als Anwalt dispriviligierter Gruppen, werden die dauerhaften Verstöße gegen die vom Grundgesetz garantierte Norm der Geschlechtergleichheit von ihm offenkundig eher ignoriert. Die kommunikationswissenschaftliche Frauen- und Geschlechterforschung hat die Unterrepräsentanz von Frauen in journalistischen Leistungs- und Führungsrollen als eine wesentliche Ursache der Vernachlässigung frauen- und geschlechterpolitischer Aspekte in der Programmstruktur der Medien ausgemacht. Darüber hinaus dürften die aktualitäts- und ereignisbezogenen Beobachtungshorizonte der Medien eine nicht zu unterschätzende strukturelle Barriere darstellen, die einer kompetenten journalistischen Bearbeitung längerfristig ansetzender gesellschaftlicher Transformationsprozesse, wie sie mit der Erosion der Geschlechterkultur angesprochen sind, entgegenstehen. Gerade weil sich die Erosion der Geschlechterkultur - abgesehen von Prozessen ihrer öffentlichkeitswirksamen Politisierung, wie sie etwa die neue Frauenbewegung Mitte der 70er Jahre hervorgebracht hatte, - im Normalfall spektakulärer Ereignishaftigkeit entzieht, bedarf es gesonderter Anstrengungen, um die journalistische Aufmerksamkeitsbereitschaft für Fragen der Geschlechter(un)gleichheit zu wecken.

Darüber hinaus wird eine kompetente gleichstellungspolitische Medienberichterstattung sicherlich auch dadurch erschwert, daß es ein hohes Maß an fachlicher Professionalität und Vermittlungskompetenz verlangt, in verständlicher Weise gleichstellungspolitischen Dimensionen in den unterschiedlichen Politikfeldern wie Steuer-, Finanz-, Wirtschafts-, Arbeitsmarkt- und Sozialpolitik erkennbar zu machen und eine vorurteilsfreie politische Urteilsbildung auf seiten der RezipientInnen zu ermöglichen. Da durchaus nicht selbstverständlich vorauszusetzen ist, daß JournalistInnen über das erforderliche Maß an Problembewußtsein und Fachwissen verfügen, wurden in den USA - anders als in Deutschland - bereits früh Anstrengungen unternommen, journalistische Qualitätsstandards und spezielle Aus- und Weiterbildungsangebote für eine kompetente Bearbeitung der Geschlechterproblematik zu entwickeln. Wie auch auf anderen gleichstellungspolitischen Arbeitsgebieten ist auch hier eine enge Kooperation und Verzahnung von WissenschaftlerInnen, JournalistInnen und Ausbildungsinstitutionen typisch. Demgegenüber werden derartige Bestrebungen in der Bundesrepublik gegenwärtig eher als Versuch einer ungebührlichen politischen Instrumentalisierung des Journalismus und Verstoß gegen das professionelle Gebot der Objektivität und Interessenneutralität abgelehnt oder bestenfalls als Modeerscheinung abgetan - so als handele es sich hier um ein egoistisches Partialinteresse von Frauen ohne Belang für das Allgemeinwohl (vgl. Ruß-Mohl 1994,).

Um dazu beizutragen, daß die mit der Erosion des Geschlechtervertrages verbundenen gesellschaftsstrukturellen Probleme nicht länger in den Zuständigkeitsbereich der Frauenpublizistik abgedrängt, sondern in die Kernbereiche der medialen Politikberichterstattung eingebracht werden, sind aber nicht nur die journalistischen Aus- und Weiterbildungsinstitutionen aufgefordert, das gleichstellungspolitische Problembewußtsein von JournalistInnen zu fördern und das nötige Maß an Fachwissen kontinuierlich bereitzustellen. Die Perspektive der Chancen- und Geschlechtergleichheit auch zum Gegenstand der Politikvermittlung der Medien zu machen und die gleichstellungspolitischen Dimensionen in den unterschiedlichen Politikfeldern erkennbar werden zu lassen, erfordert auch eine entsprechende Öffentlichkeitsarbeit auf seiten der gleichstellungspolitisch relevanten HandlungsträgerInnen aus Wissenschaft und Politik. Insbesondere gleichstellungspolitisch aktive Amerikanerinnen und Skandinavierinnen haben immer wieder darauf verwiesen, daß eine konsequente, an die Strukturbedingungen der Medien angepaßte politische Öffentlichkeitsarbeit eine wesentliche Erfolgsbedingung für ein gleichstellungspolitisches Mainstreaming ist. Wir haben oben bereits argumentiert, daß angesichts der rückgängigen Aufmerksamkeitsbereitschaft gegenüber der Politik die Ansprüche und Probleme einer öffentlichkeitswirksamen Politikvermittlung auf Seiten der politischen HandlungsträgerInnen insgesamt zunehmen. So gewinnen auch im Bereich der Gleichstellungspolitik über die traditionelle Pressearbeit (Pressekonferenzen, Pflege der Kontakte zu JournalistInnen etc.) hinaus die bewußte Inszenierung von Nachrichtenanlässen (Newsmanagement) und ein gezieltes Campaigning an Bedeutung.[24]

Campaigning

Gezielte gleichstellungspolitische Kampagnen können nicht nur das öffentliche Problembewußtsein in Fragen der Chancen- und Geschlechtergleichheit verbessern, sondern auch zur politischen Mobilisierung von Frauen beitragen. Daß es nicht an einem gleichstellungspolitischen Mobilisierungspotenial von Frauen fehlt, sondern eher an überzeugenden politischen Konzepten, die die gesellschaftspolitischen Belange von Frauen ernst nehmen, haben vor allem die Ergebnisse der Partizipationsforschung erkennbar werden lassen. So hat vorrangig die feministische Partizipationsforschung dazu beigetragen, das in vielen Politikerköpfen noch immer fest verankerte Bild der unpolitischen Frau zu korrigieren. So steht dem Bild der unpolitischen Frau nicht nur die Entstehung der neuen Frauenbewegung, sondern auch ein

---

24 Vgl. hierzu den Report des Europäischen Seminars: „Strategies for a gender balance in political decision-making", und hier vor allem des Workshop: „The Use of Awareness-Raising Campaigns" (Europäische Kommission, Generaldirektion V, Dublin 1995, 208-235).

insgesamt hohes und gegenwärtig noch zunehmendes Engagement von Frauen in den unkonventionellen Einrichtungen des politischen Systems gegenüber (vgl. Kaase 1992, 431; Sauer 1994; Meyer 1992).

Studien zu dem in vielen Industrieländern unterschiedlich stark ausgeprägten „gender-gap" in der Parteienlandschaft und im Wahlverhalten zeigen darüber hinaus, daß nicht nur die Mitgliedschaft und das Engagement von Frauen in Parteien, sondern auch ihre Wahlentscheidung davon abhängig sind, inwieweit sie ihre Interessen in den Parteien und politischen Programmen berücksichtigt sehen (Smeal 1984; Witt et al. 1994, 153ff.). Daß dieser gender-gap auch wahlentscheidende Bedeutung haben kann, haben nicht nur die Präsidentschaftswahl 1996 in den USA deutlich gemacht, sondern auch die Wahlen im Iran. In beiden Fällen waren es nämlich jeweils mehrheitlich die Stimmen von Frauen, die den Ausgang der Wahlen in einer Weise bestimmten, daß sich die Kandidaten durchsetzten, die die Interessen von Frauen auf die politische Agenda setzten. Entsprechend macht nicht nur die Entstehung der neuen Frauenbewegung, sondern auch der in verschiedenen Untersuchungen ausgewiesene gender-gap in der Parteilandschaft deutlich, daß es verfehlt wäre, den weiblichen Lebenszusammenhang in erster Linie als Politikbarriere zu begreifen (vgl. Kulke 1994; Smeal 1984; Caroll 1994; Witt et al. 1995). Ganz offensichtlich stellt der üblicherweise als politikfern gedachte private Lebensbereich eine wichtige und gegenwärtig nicht nur durch die etablierte Politik, sondern auch durch den politischen Journalismus noch unausgeschöpfte Politisierungs- und Mobilisierungsquelle für Frauen dar (vgl. Kulke 1994; Smeal 1984; CAWP 1995; Witt et al. 1995).

In weiten Kreisen der Politik und des unter Wettbewerbsdruck geratenen politischen Rundfunkjournalismus scheint indes eher die Überzeugung vorherrschend, daß angesichts der zunehmenden Politikverdrossenheit eine publikumsattraktive Politikvermittlung nur durch eine Verflachung der politischen Programmstruktur zu erreichen sei. Will die Politik dieser Politiker- und Parteien- und Staatsverdrossenheit von Frauen entgegenwirken, scheint es sehr viel erfolgversprechender, an dem vielfach nachgewiesenem spezifischen Politisierungspotential von Frauen und dem durch andere Themen- und Politikprioritäten gekennzeichneten weiblichen Politikverständnis anzusetzen (Sauer 1994, 108). Daß es zur Zeit in der Bundesrepublik in der Außendarstellung der unterschiedlichen Parteien an umfassenden Konzepten zur geschlechterdemokratischen Umgestaltung der Gesellschaft und an erkennbaren Politikalternativen zur gleichstellungspolitischen Problemdefinition fehlt, läßt für die Wählerinnen auch ein Stück Motivation und Vision schwinden.

Um eine Erforschung und öffentlichkeitswirksame Politisierung des gender-gaps in der Politik hat sich in den USA insbesondere die wissenschaftlich nicht unumstrittene amerikanische Politikwissenschaftlerin und feministische Aktivistin Elenor

Smeal (Former President of the National Organization for Women und President of the Fund for the Feminist Majority) bemüht (vgl. kritisch hierzu Witt et al 1995, 153ff.). Erklärtes Ziel zahlreicher u.a. von ihr selbst ins Leben gerufener politischer Initiativen in den USA ist es, Druck auf die Parteien auszuüben, die Interessen von Frauen in ihrer Personal- und Programmpolitik stärker zu berücksichtigen und Frauen zu motivieren, Frauen zu wählen und politisch zu unterstützen (vgl. Smeal 1984; Witt et al 1995, 181 ff.).

Tatsächlich haben sich - wie bereits erwähnt - in den USA zahlreiche, in eine hochgradig arbeitsteilig verfahrende professionelle feministische Projektkultur rückgebundene Frauenorganisationen etabliert, die die Wahlkampagnen einzelner Kandidatinnen personell und finanziell unterstützen und professionell begleiten. Ähnlich werden auch in Großbritannien die Wahlkampagnen von der überparteilichen 300 Group gefördert und professionell flankiert. Darüber hinaus führt die 300 Group im Umfeld von Wahlen selbst Kampagnen durch, die für die Erhöhung des Anteils von Frauen in der Politik werben und versuchen, die weibliche Wählerschaft gezielt zu mobilisieren (vgl. Swain in diesem Band). In Europa hat es darüber hinaus u.a. in den Niederlanden und vor allem in den skandinavischen Ländern Tradition, z.T. mit Unterstützung der Regierungen gleichstellungspolitisch motivierte Kampagnen durchzuführen. Dabei werden nicht die Wahlkampagnen einzelner Kandidatinnen unterstützt, sondern es wird vielmehr personenunspezifisch dafür geworben, durch das eigene Wahlverhalten die Einflußmacht von Frauen zu stärken und Traueninteressen in die Politik einzubringen.

Als Beispiele können hier die vom National Council of Women in Denmark und von der Danish Women's Society im Umfeld der Wahlen zum Europaparlament 1994 durchgeführten Kampagnen angeführt werden. Während die unter der Federführung der Danish Women's Society durchgeführte Kampagne „Vote for Women" die Strategie wählte, Frauen zu bewegen Frauen zu wählen, stellte der dänische Frauenrat die gleichstellungspolitischen Programme in den Mittelpunkt seiner Kampagne. So wollte die vom National Council of Women in Denmark durchgeführte Kampagne „Women, Choose Your Candidate" im Interesse einer besseren Berücksichtigung von Frauen- und Gleichstellungsinteressen Druck auf die KandidatenInnen für die Europawahl auszuüben. Entsprechend wurden öffentlichkeitswirksame Meetings mit den KandidatInnen der zur Wahl stehenden Parteien organisiert, bei denen ihre programmatischen gleichstellungspolitischen Zielsetzungen auf den Prüfstand gestellt wurden (vgl. The National Council of Women in Denmark 1993).

Breitangelegte und öffentlichkeitswirksam inszenierte gleichstellungspolitische Kampagnen der Regierung, der Parteien und der politischen Interessenverbände im Umfeld von Wahlen sind in der Bundesrepublik ebenso traditionslos wie die gezielte Unterstützung der Wahlkampagnen einzelner Kandidatinnen, sieht man einmal von

Einzelinitiativen wie der zur Initiierung und Unterstützung der Kandidatur von Hildegard Hamm-Brücher zur Wahl als Bundestagspräsidentin ab.

Um auch hierzulande im Interesse einer geschlechterdemokratischen Gesellschaft im Umfeld von Wahlen zu einer intensiveren Mobilisierung von Frauen für die politischen Belange von Frauen beizutragen, sind nicht nur Kampagnen nötig. Vielmehr sind hier auch die Medien selbst gefordert, beispielsweise im Rahmen der traditionsreichen Elefantenrunden vor der Wahl, die Personal- und Programmpolitik der Parteien in der Perspektive der Chancen- und Geschlechtergleichheit kritisch zu hinterfragen.

So hat die Amerikanerin Doris Graber zu Recht bereits in den 70er Jahren argumentiert:

„Once the stereotype of women as political primitives has been laid to rest, the media, ever anxious to supply the interested public with what it wants to read and hear, are bound to give better coverage to issues that are of great concern to their female audiences. If women are perceived as altert to the news and as major contributors to public opinion, the media, as well as the political world, will reflect greater respect for women's political interests and power." (Graber 1978, 35).

Helga Ebeling

Bildungspolitische Perspektiven

Im Bundesministerium für Bildung, Wissenschaft, Forschung und Technologie gibt es seit 1989 eine eigene Arbeitseinheit „Frauen in Bildung und Forschung". Sie hat die Aufgabe, die Gleichstellungspolitik im Sinne eines „Mainstreaming-Ansatzes" in alle wichtigen Gesetzesvorhaben, Programme und Aktivitäten des Ministeriums einzubinden. Neben dieser Querschnittsaufgabe werden eigene Schwerpunktaktivitäten zur Chancengleichheit für Frauen in den Bereichen Schule, Berufsbildung, Hochschule, Weiterbildung, Forschung und Technologie durchgeführt. Ziel ist es, die geschlechtsspezifische vertikale und horizontale Segregation zu durchbrechen, dem Grundsatz folgend, daß Frauen das größte bislang unzureichend genutzte Qualifikations- und Innovationspotential darstellen und die Zusammenarbeit von Frauen und Männern einen gesellschaftlichen, wirtschaftlichen und wissenschaftlichen Mehrwert erbringt.

Grundlagen unserer Arbeit sind leistungsbezogene Zielvorgaben, differenzierte Berichts- und Evaluationssysteme auf höchster Regierungsebene und spezielle Programme und Maßnahmen. So ist z.B. im Hochschulsonderprogramm zur Förderung des wissenschaftlichen Nachwuchses (HSP II/III) vorgesehen, daß an allen Fördermaßnahmen Frauen mindestens entsprechend ihrem Anteil an der jeweils vorhergehenden Qualifikationsstufe beteiligt werden sollen. Dieses wird im Rahmen der jährlichen Evaluation überprüft. Durch dieses Anfang der 90er Jahre gestartete Programm mit einer Laufzeit bis zum Jahre 2000 soll eine dynamische Steigerung der Frauenanteile auf allen Ebenen der wissenschaftlichen Qualifikation (Promotion, Habilitation) erreicht werden, um das weibliche Potential für die anstehende Neubesetzung von Professuren nachhaltig zu vergrößern. Angestrebt wird bis zum Jahre 2005 ein Frauenanteil von 20 % an den Professuren.

Im neuen Hochschulrahmengesetz sind weitere Schwerpunktsetzungen zur Durchsetzung der tatsächlichen Gleichstellung vorgesehen: so z.B. ein neuer § 3, der die Aufgabe der Hochschulen zur Durchsetzung der tatsächlichen Gleichstellung von Frauen und Männern festlegt und die Einsetzung von Frauen- bzw. Gleichstellungsbeauftragten an Hochschulen vorsieht, wie ebenfalls die Einbeziehung des Kriteriums Chancengleichheit neben Lehre, Forschung und Förderung des wissenschaftlichen Nachwuchses bei der Finanzierung der Hochschulen sowie die Einbeziehung dieser vier Schwerpunkte in den Leistungsvergleich und Wettbewerb zwischen den Hochschulen.

Für den Weiterbildungsbereich ist die Vernetzung von Aktivitäten zur Chancengleichheit von zentraler Bedeutung: Wir haben Ende der 80er Jahre die „Konzertierte Aktion Weiterbildung" (KAW) ins Leben gerufen, in der alle Träger wie Weiterbildungseinrichtungen, Arbeitgeber, Gewerkschaften, Kirchen sowie Ministerien u.a. auf Landes- und Bundesebene gemeinsame Vorstellungen zum zukünftigen Handlungsbedarf in der Weiterbildung entwickelt haben. Es wurden Arbeitsgruppen zu allen wichtigen Themen gebildet, u.a. die Gruppe „Weiterbildung von Frauen", deren Koordination und Leitung ich 1989 übernommen habe. Von dieser Gruppe sind wichtige Empfehlungen zur Weiterbildung von Frauen erarbeitet und Impulse für zukünftige Entwicklungen gegeben worden. Die Themen reichen von der Kinderbetreuung, der betrieblichen Weiterbildung, dem Wiedereinstieg, dem Bedarf in den neuen Bundesländern, der wissenschaftlichen Weiterbildung, Existenzgründung bis zur Politik.

Auf dem KAW-Workshop „Einmischung erwünscht" haben wir uns mit den Ansätzen zur politischen Weiterbildung befaßt; speziell mit Blick auf die unterschiedlichen Erfahrungen und Hintergründe von Frauen in Ost und West. Erschreckend ist, wie wenig die Weiterbildung insgesamt auf die Emanzipationsdiskussion und die Anstöße von Frauen reagiert hat. Die Dimension „Geschlecht" in der Weiterbildung wird gerade in der politischen Bildung weitgehend ausgeblendet. Dabei gibt es bereits eine Reihe positiver Weiterbildungsansätze zur Stärkung der politischen Beteiligung, die weitgehend außerhalb der traditionellen Strukturen der politischen Bildung entstanden sind. Mit dem Projekt, das den Rahmen dieser Veranstaltung darstellt, sollte eine bessere Datengrundlage und Klarheit über die Anforderungen an Weiterbildung und über die Effekte von Bildungsmaßnahmen bereitgestellt werden. Die Ergebnisse bestätigen, daß Frauen einen anderen Einstieg in die Politik als Männer finden. Im Rahmen von Bildungsprozessen werden hierfür die Weichen gestellt.

Nicht nur für die Politik, sondern auch für Gesellschaft und Wirtschaft insgesamt, benötigen wir zur Überwindung der bisherigen Begrenzungen und Starrheiten neue Lösungen und neue Ansätze. Innovationen in den Köpfen anzustoßen und zu stärken geht einher mit der Erschließung neuer Potentiale. Frauen stellen hier eine enorme Kraft- und Ideenreserve dar, um Innovationen in allen Bereichen voranzubringen. Die Erfahrungen aus über 100 Modellversuchen zur Weiterbildung von Frauen zeigen, daß Veränderungen, die zunächst primär Frauen betreffen, einen großen Gesamtnutzen auch für Männer haben.

Frauen sind weniger in tradierten Macht- und Entscheidungsstrukturen verhaftet. Dies ist auch ihre Chance, zielstrebiger Veränderungen zu bewirken. Frauen für die Politik zu gewinnen, bedeutet auch, aufzuzeigen, wie Politik und politische Kultur verändert werden können. Diese Entwicklung geht Hand in Hand mit einer stärkeren

Mitwirkung von Frauen an der Politikgestaltung. Weiterbildung hat hier auch die Aufgabe, Zeit- und Energieverluste zu reduzieren.

Wie kann Politik nun verändert werden? Es geht darum, in der Politik die Verantwortung für Zukunft und Leben wahrzunehmen. Ich denke, daß Frauen gerade hier auf der Basis ihrer traditionellen Lebens- und Berufsbereiche, in denen sie schon immer Verantwortung für Menschen übernommen haben und aufgrund ihrer Tätigkeiten und Erfahrungen im Familienbereich in besonderer Weise prädestiniert sind, das Gemeinwohl, die Zukunft unserer Gesellschaft und des Lebens der Menschen in dieser Gesellschaft verantwortlich mitzugestalten. Das heißt, Frauen müssen ermutigt werden, ihre Fähigkeiten und Kompetenzen zur Gestaltung von Politik und Gesellschaft stärker einzubringen, die Strukturen und Inhalte zu verändern und sich Raum, Gehör und Zeit zu verschaffen. Auch Zeit, damit ihnen zugehört wird.

Gerade in höheren oder herausragenden Positionen stellen Frauen noch immer eine Minderheit dar. Deshalb müssen sie zielstrebig darauf drängen, besser sichtbar zu werden und müssen sich auf strategische Bereich konzentrieren. Frauen müssen nicht unbedingt überall besser sein, diese (Selbst-)Überforderung frißt zu viele Energien. Ihre Kompetenz steht außer Frage. Ich bin davon überzeugt, daß Frauen in der Kommunikation und der Präsentation z.B. auf Kongressen, durch die Weise, wie sie erspüren, was die Leute interessiert, im Schnitt besser abschneiden als Männer. Aber erkennen sie diese Kompetenzen auch selbst an? Notwendig ist ein Schuß mehr Selbst - und Machtbewußtsein: Etwas zu wollen und das Ziel auch zu erreichen. Es gibt Untersuchungen aus Frankreich und Irland, aus denen hervorgeht, daß sich Mädchen schon im Schulbereich weniger Raum verschaffen als Jungen. Es wurde untersucht, wieviel Platz auf den Schulhöfen jeweils für traditionelle Spiele beansprucht wird. Da nutzten die Mädchen lediglich ein kleines Eckchen, während die Jungen wilde Spiele machen und den ganzen Platz in Beschlag nahmen. Das ist ein Training fürs Leben. Diese Prozesse sind genau zu beobachten und Mädchen darin zu unterstützen, sich bewußt Raum, Gehör und Zeit zu verschaffen, ihr Selbstbewußtsein zu stärken und die Fähigkeiten, die in ihnen stecken, voranzubringen.

Weiterbildung hat als Beitrag zur Stärkung der politischen Partizipation von Frauen drei wichtige Aufgaben.

– Erstens: die Frauen, die bereits auf dem Weg in die Politik sind, zu unterstützen, daß sie ihren Weg besser und erfolgreicher gehen und ihn abkürzen können. Daß sie sich nicht zu sehr verschleißen und Zeit für Dinge verschwenden müssen, die ihnen quasi von außen aufgedrängt werden. Für den Erfolg ist die eingebrachte Leistung vielfach nur zu 10 Prozent ausschlaggebend. Deshalb müssen neben die fachliche Qualifizierung die anderen Faktoren stärker in das Blickfeld der Weiterbildung genommen werden: Stärkung von Selbst- und Machtbewußtsein,

Strategien der Entscheidungsfindung und der Bewältigung von Informationsflut, Präsentation und Durchsetzung sowie Vernetzung.
- Zweitens sind jene Frauen zu bestärken und zu unterstützen, die in der Politik Vorbildfunktionen wahrnehmen. Um den Streß abzubauen, sie darin zu unterstützen, sich nicht länger unnötig kleiner zu machen bzw. mit einem schlechten Gewissen herumzulaufen, weil sie sich nicht optimal vorbereiten konnten, zu viele Termine haben usw. Es ist wichtig, Frauen darin zu unterstützen, auch zu ihren Fehlern zu stehen und ihre Vorbildfunktionen wahrnehmen zu können.

- Drittens: ganz entscheidend ist die Mobilisierung und die Vergrößerung des vorhandenen Potentials. Es gilt, die Frauen ganz allgemein stärker für die politische Arbeit zu gewinnen. Diejenigen Frauen anzusprechen, die nicht durch ihre Herkunft oder ihre bisherigen Erfahrungen in der Schule einen politischen Weg beschnitten haben, sondern die durch die Veränderung der politischen Kultur dafür motiviert werden können, sich selbstbewußt für die Verbesserungen und Veränderungen ihres eigenen Lebensumfeldes einzusetzen. Diese Frauen braucht die Politik. Diese Frauen müssen ansprechen werden, um nicht eine neue „Klassengesellschaft" unter den Frauen zu schaffen, in der es die einen gibt, die das alles schon können, und eben die anderen. Frauen sind dort abzuholen, wo sie sind. Bei ihnen ist das Vertrauen in die eigenen Fähigkeiten zu wecken, daß sie in ganz kleinen Kreisen anfangen und z.B. beginnen, als Politikerinnen Veränderungen im kommunalen Bereich in Gang zu setzen.

Notwendig sind positive Beispiele. Wir brauchen einen Konsens unter Frauen über Strategien und prioritäre Themen und einen allgemeinen Bewußtseinswandel.

Anita Perez Ferguson

Gender and the State: New Strategies to Promote Women

Der National Women's Political Caucus (NWPC) ist eine bundesweite, parteiunabhängige Organisation, die sich für die Erhöhung des Frauenanteils auf allen politischen Ebenen der Vereinigten Staaten von Amerika einsetzt. Die Aktivitäten von NWPC sind zahlreich: Die Organisation führt Kampagnen-Trainings für Frauen in der Politik, sie unterstützt Frauen dabei, politische Ämter zu erlangen, sie verbreitet Informationen über Frauen in der Politik, sie betreibt Forschungsprojekte zum Thema „Frauen und Politik" und sie ist ein Forum der Vernetzung und des Austausches für Politikerinnen. Jährlich nehmen über 50.000 Frauen an den Aktivitäten des National Women's Political Caucus teil. Anita Perez Ferguson ist die Präsidentin des NWPC.

Thank you for inviting me to join you and your most distinguished guests at this conference. I bring you greetings from colleagues in the USA who are eager not only to share their strategies to promote women but to learn from our sisters here.

This wisdom is attributed to an old sailor: „I do not know which way the wind will blow, but I know how to set my sail."

Any of us would be considered foolish to make unchangeable political predictions about the coming century. The splitting and merging of various nations, the constant flow of demographic and economic entitles makes it impossible to truly envision the future political landscape. Yet we gather together to set our sail for one important destination, the empowerment and participation of all individuals, male and female. Empowerment and participation does not necessitate the influence of one part over another, be that political parties, nation states, or any other influence. It does necessitate the use of all our talents and facilities. It values the experience of all and calls upon the resources of all in order to create a more equitable and sustainable world. The purpose of my presentation is to introduce you to the history, goals and programs of the National Women's Political Caucus, to share for your consideration some new strategies for the promotion of women and girls, and to propose further research questions for your investigations.

The National Women's Political Caucus was founded in 1971. The original founders were active members in both major parties in the USA, the Republicans and the Democrats. There were also founders who were active participants in the business and labor sector. They all had one thing in common. They were all frustrated by the lack of women in leadership positions in the political process and each wanted to change this condition to be more inclusive.

At that time, the Equal Rights Amendment (ERA) to the Constitution of the United States had been proposed in the Congress. This proposal amended the Constitution to specifically include women in all of the rights more generally proposed in that document. The founders of the NWPC believed that the ERA would be the first step in creating more equal political representation and organized themselves with that purpose. They trained and strategized to become delegates in their respective political party conventions. They lobbied their parties to include support for the ERA in their platform statements (manifestos). They lobbied for passage of the ERA in the US Congress. They accomplished all of these goals.

However, in the process of ratification, wherein the individual states must agree to the amendment, they failed to obtain the required quota and the ERA is not yet included in the Constitution.

Having come so close to victory, and still experienced defeat, the founders of the NWPC realized that they needed to change the composition of the state legislatures and the US Congress in order to obtain passage of any legislation favorable to the equitable treatment of women under the law.

In 1973, the NWPC expanded the goal of the organization to identify, recruit, train, and support women candidates for elected office at all levels of government, regardless of party affiliation. In 1977, they expanded the goal to include support for women obtaining appointed office with the enactment of the Coalition for Women's Appointments. Today the Caucus has 10,000 members in 3000 chapters around the US. Many other similar organizations have developed, increasing the number of elected and appointed women to government positions at all levels. The greatest increases have been at the local and state levels. There is still substantial work to be done at the national level where the congress has only 10 % representation by women.

An interesting historical note: Congresswoman Carolyn Maloney, a representative from the state of New York, has reintroduced the ERA to the House of Representatives in this current session.

At each step of its development, the NWPC has published documents in order to fulfill its goals. I shall take this opportunity to share samples of these items with you. The first is an introductory brochure, humorously entitled:

We put Women in their Place...For a Change! Documenting our goals and affiliations was, of course, necessary to distinguish ourselves as an established non-governmental organization, to attract members and to attract contributors. Our annual budget is approximately $1,000,000.00 US. One-third of our funding comes from individual contributions and the remaining third from private foundation and corporate donations to specific programs. We are registered under three separate sections of the US tax code.

The second document of importance is the Factsheet on Women's Political Progress. This document demonstrates baseline statistical information on the number and percentages of women holding various political and leadership positions in government. It is updated every two years and is a powerful tool for making the case that much work remains to be done.

In order to provide a consistent training program for women to gain elected positions we have developed our own textbook which has taken various forms throughout the years. The current generation, campaigning to Win, is distributed to each trainee and is for sale to any interested individuals. It has recently been requested as a college text, and translated by various international colleagues.

The membership is informed about current activity in a quarterly newsletter, the women's Political Times. In order to examine our theories and successes, we engage in research studies along with our partners at various universities and institutions. This is an example of one of those studies, entitled Perception and Reality: A Study Comparing the Success of Men and Women candidates completed in 1994.

Finally, the results of our work are published every two years in this directory of Women Elected officials. This information includes women serving in the US Congress to the women mayors of cities with populations over 30,000 and women in leadership in both the Democratic and Republican political parties. It is compiled in conjunction with our colleagues at the Center for American Women in Politics, at Rutgers University in the state of New Jersey.

In order to consider new strategies to promote women we must ask, 'who or what is omitted from our current program and why are they left out?' Our current program seeks to include more women from our minority population, African Americans, Hispanics, Asian Pacifics, and others. We are seeking to include women with physical disabilities. In order to accomplish this we are engaging in joint training and outreach ventures with organizations comprised mainly of these identified groups.

Young women at the university level or those just completing secondary school and immediately entering the labor force are offered special trainings and given the opportunity to work on campaigns with women candidates.

This year we also initiated our Girl's Leadership Training for girls at ages 12, 13, and 14. This program incorporates a recognition of leadership skills, identification of neighborhood needs or problems, and demonstrates how to organize peers in order to create solutions to those problems.

We have begun a more complete program of exchange with international groups such as this one, and have become recognized as an official NGO at the United Nations. Finally, recognizing that our systems need review, we are developing a CD for our training which will introduce women to new technologies, used in managing political campaigns. We are also considering our potential contributions to the discussion of campaign reform proposals, especially as they may affect women's political opportunities. There are many questions remaining for further research and investigation. The major question to continue investigating, is 'why?' Does it truly make a difference to any community or nation to have women in leadership positions? In order to reach a conclusion, we must first have a critical mass of women in one location.

The Center for American Women in Politics has begun this investigation by using the various state legislatures in the US for their research. Their conclusions are as we suspected -- yes it does make a difference! The nature of the public policy developed in a political body with a higher percentage of women is significantly different than that developed by legislatures where there is little or no female representation. It follows that the percentage of the state budget which is allocated to such programs as housing, health, and education, increases when more women are present in the legislature. As evidenced by studies from corporate boardrooms which currently include more women, even the nature of the debate over various issues changes when men and women are present together. In government and in business, more collaborative and less combative measures are used to reach decisions.

More work is needed to substantiate these conclusions. More research is necessary to determine which electoral systems and practices will further enhance more equitable representation. The use of quotas and reserved seats for women in some legislatures must be followed closely to test the effectiveness and longevity of female representatives entering the process under that system. Minority group representation of all sorts, citizenship requirements for voting, and the rights of wage earners and taxpayers to accessible representation are all questions for our highly mobile society.

The National Women's Political Caucus may not be equipped to research such large issues or to accommodate each and every group in need of greater representation. We are able to share what we have learned over the last twenty-seven years and we are able to learn from what others have learned.

Together we will set our sail to safely reach the harbor of the coming century.

Marianne Alexander

Preparing Women to Lead

Marianne Alexander ist seit 1986 die Geschäftsführende Direktorin des Public Leadership Education Network *(PLEN).*

PLEN ist ein landesweiter Zusammenschluß von 21 Frauen-Colleges, die es sich zur Aufgabe gemacht haben, Frauen gezielt auf die Übernahme von öffentlichen Führungspositionen vorzubereiten. Die 1978 gegründete Organisation bietet Studentinnen eine große Auswahl an Trainings, Seminaren und Fachkonferenzen und vermittelt Zugang zu mehr als hundert „Internship"-Plätzen bei erfahrenen Führungsfrauen in den politisch relevanten Funktionsbereichen der Gesellschaft. Ein zentrales Anliegen von PLEN ist es, der Stimme von Frauen Gehör zu verschaffen und Perspektiven und Standpunkte von Frauen in die politische Kultur zu integrieren.

The Public Leadership Education Network (PLEN) is a consortium of women's colleges across the United States that are working together to prepare women for public leadership. With one exception, PLEN member colleges are led by women presidents. At a recent meeting where these presidents learned about your conference, they expressed enthusiasm for PLEN's participation here and asked that I bring you their greetings and best wishes for success in your endeavors.

As public leadership is defined by PLEN, public leaders include: elected and appointed officials in government at the local, state and national levels; leaders of advocacy (NGO) groups that influence policy; leaders of public policy „think tanks"; staff members in legislatures and executive agencies that formulate policy; and leaders of community-based organizations that influence public decision-making at the local level.

PLEN believes that women's participation in the shaping of public policy is critical because no nation can afford to under-utilize the talents of half its population. Furthermore, women need to be full participants in making decisions that affect their lives and their „different voice" must be heard so that public policy encompasses their views and perspectives.

PLEN grew out of the recent women's movement in the United States. Sissy Farenthold, one of the leaders of this movement, brought her commitment to recruiting more women to public office with her to Wells College when she became its president in the 1970's. Sissy had served in the Texas legislature and was the founding president of the National Women's Political Caucus. In her new role as a women's college president, she decided to establish a network of colleges devoted to educating women that would work together to inspire and prepare the next generation of leaders in the public arena. With the help of Ruth Mandel, then director of the Center for the American Woman and Politics of the Eagleton Institute at Rutgers University, she was successful in founding PLEN in 1978.

PLEN today offers at least five different programs to women students in Washington, DC. All of the programs provide women students with women leaders as mentors and role models and the opportunity to see for themselves how the policy process works. A study of women leaders in the US has concluded that the critical ingredients in leadership preparation for women are women role models and mentors and the opportunity to gain first-hand experience. (Helen Astin and Carole Leland, Women of Vision: A Cross-Generational Study of Leaders and Social Change, Jossey-Bass, 1991.)

PLEN serves approximately 150 women students a year. While most students are in their third and fourth years of college, some benefit from participating as second year students. While the majority of the women students who participate attend women's colleges which are members of PLEN, many students come from colleges that serve both men and women that are not members. Students from non-member colleges must pay a higher program fee. PLEN's programs include the following:

– A 3-day conference in November on Women, Law and Public Policy which provides as role models and mentors women lawyers who are working in the public policy arena;

– A 2-week program in January called the Women and Public Policy Process which provides a variety of opportunities to meet with women who are players in the policy process as congressional staff, government agency leaders, heads of advocacy organizations and court officials;

– A 1-week program during March devoted to Women and Congress offers students the chance to meet with women members of Congress, and watch Congressional committees at work;

– A 1-week program in May focuses on women leaders in the field of international policy.

All of these programs are held at times when the students do not have to miss their scheduled university or college classes.

PLEN's Public Policy Internship Program, on the other hand, may require that students come to Washington for a semester (three months) during their college career. PLEN offers several courses to supplement the internship so that students may earn the college credits that need to will count toward the completion of their degree. Students may also take the internship during their two-month summer vacation. The advantage of the internship experience is the opportunity to learn about the policy process first-hand by working in an agency or organization for an extensive period of time. Most often students may work for an organization or agency that asks them to follow legislation that is being considered by congress, write articles for newsletters, or produce a fact sheet that concisely summarizes why a particular position on a policy issue should be taken. Some students work for their member of Congress. What all the internships placements for students share in common is working with women mentors in the political or public policy arena.

The women who act as mentors and role models in PLEN programs are a very diverse group. PLEN works hard to ensure that African-American, Asian, and Hispanic women as well as women of European descent meet and work with students. Another aim is to provide women of many different stages of their careers ranging from young women just starting out to senior women like Donna Shalala, Secretary of the Department of Health and Human Services, one of several women President Clinton has appointed to his cabinet.

Young women who are alumnae (graduates) of the PLEN program and are working in the policy arena in Washington, DC also serve as role models and mentors for PLEN students. They meet with the students, sharing advice on how they started their careers. They also help PLEN find speakers and sometimes secure meeting space for our programs. Because most of our programs have only been offered since 1990, many of our graduates are in the beginning stages of their careers. However, several have distinguished themselves already. Kim Cornett who participated in PLEN's internship program several years ago is a White House Fellow last year. Layli Bashir is founder and director of a center for Human Rights of Immigrant Women. Laila Barrouk is chief of staff to Maryland State Senator Delores Kelly and Alejandra Ceja serves as a legislative aid to Congresswoman Lucille Roybal-Allard.

PLEN's plans for the future include forming a more formal organization of these young women who have graduated from PLEN's programs so that they can continue to act as a supportive network for each other. PLEN also plans to expand the number of member colleges in PLEN, double the number of students served in a year, and increase internship opportunities for women students, particularly those that provide international experience. PLEN is also working to increase its funding from private sources beyond its current primary sources of support through program fees and membership contributions. What will not change is PLEN's mission: preparing women for leadership in the public arena.

Ann Swain

The 300 Group:
a UK Network and Campaigning Group
for Women in Politics

Ann Swain ist Vorsitzende von „The 300 Group", die sich parteiübergreifend für einen höheren Anteil von Frauen in allen Parlamenten und für die gleichberechtigte Teilhabe von Frauen am öffentlichen Leben einsetzt. Die 1980 gegründete Organisation hat drei Arbeitsschwerpunkte:

1. Campaigning: The 300 Group führt politische Kampagnen zur Erhöhung des Frauenanteils in Politik und Gesellschaft durch.

2. Development: The 300 Group bietet Frauen Trainingsangebote zum Erwerb der in Politik und Öffentlichkeit notwendigen Fähigkeiten und Kompetenzen.

3. Networking: The 300 Group organisiert den Austausch und die Zusammenarbeit zwischen Frauenorganisationen und anderen gesellschaftlichen Organisationen und Initiativen.

Sharing experiences is one of the principles on which The 300 Group is based, as many of the problems faced by women in politics are not only cross-party but cross national as well. The outcome of your survey are similar to those we are finding from our survey of the women candidates in the May election.

The 300 Group, founded in 1980, get its name from our target of 50 % women at all levels of politics and represents about half of the total number of MPs in the House of Commons. The last election saw a doubling of the number of women to 120 or 18 %. However, over 100 of the 120 women are from one party - although the overall picture appears encouraging, we are only part of the way there.

New approaches need to be found as the 'women only' short list initiative which led to many candidates being selected for targeted seats has now been ruled to be illegal positive discrimination by an Industrial Tribunal.

Women need access to a national political network, focused on women but supported by and including men. The 300 Group is based on this principle and aims to provide a flexible network based on both cross-party and internal party links at regional and national level with accompanying training. I am going to focus on national politics but similar issues affect women in local government.

There are four aspects to the problem:

- empowerment of women to consider politics as a career or as part of a 'portfolio' or mixed career;
- the development of women politicians in order to enable them to move up the political ladder;

- the need to ensure that male politicians understand the benefits of empowering women politicians despite possible individual disadvantages;
- working within the parties in training activists on strategies for the selection of candidates which ensure level playing fields for men and women.

The extent to which each of these is an issue will differ between countries, may well vary in different areas of a country or in different political parties. However, each needs to be considered and appropriate strategies identified in each case.

In the UK women tend to enter Parliament 10 years later than men and not as part of an overall plan but as part of either feeling 'I could do it better than them' or as a result of feeling strongly about a specific issue. Because there has not been the same degree of planning over a period of years many are disadvantaged through lack of knowledge of the system and involvement in political networks. Some of those who have been politically active have played supportive roles locally and need help to move into leadership roles.

The 300 Group has an active programme of visits and talks to schools and universities. These aim to:

- encourage girls and young women to think positively about politics and using their vote;
- encourage them to consider a career in politics;
- enable young women and men to see women politicians as role models.

The programme is especially important as politics in the UK has not had a 'good' image over the past two or three years. 'Sleaze' stories and negative campaigning have made many women disillusioned with the whole process.

All training days for aspiring women politicians focus on either local, national or European politics, and are cross party with representatives of all the major parties present for discussion and workshops on general issues, followed by specific party workshops.

These cover topics such as:

- building a political CV;
- selection interviews;
- getting known, building a power base.

We also include:

- making political speeches;
- campaigning;
- media skills;
- managing family and politics;

Other opportunities offered include political receptions with Ministers, MPs and other leaders, to enable budding politicians to meet those nearer the top of the ladder.

Secondly, we have re-launched a programmes of briefings by leaders in their field on national issues:

- the budget process;
- business and politics;
- health services;
- monetary union;

The need for this programme was demonstrated by our survey of women candidates in the May general election. Many had stood as a result of local political activity and had limited knowledge of national issues. Because of the large swing to Labour and the increased number of women in targeted seats, many (men as well as women) found themselves elected as MPs when they had not as strong a foundation as might be wished.

It is important to ensure that women's political networks, such as The 300 Group, also include supportive leaders, women and men, from other fields, especially business and finance. This assists with basics such as fund raising, and promotes exchange of information, increasing mutual understanding of the interaction between business and politics.

One of the problems we face is the tone of media coverage. On the night of the election the number of women winning seats was totally ignored by the two TV programmes until some of us got exasperated with this by about 3 a.m. and started to make phone calls saying „Haven't you noticed all these women winning seats?" Once this had registered most of the newspaper coverage over the next few days focused on such areas as age, clothes, hair, etc. subjects never mentioned in reference to men. To address this we are building up our media links - another form of training!

Many male MPs are conscious of the House of Commons reputation as the 'best men's club in the world' and resist changes which might threaten this. If increasing the number of women, and hence decreasing the number of men, is to be managed in a non-divisive way we need to develop a programme which focuses on enabling male political leaders to understand the benefits that change will bring. These are two fold:

- accessing the best political input from both men and women, rather than just half the potential field;

- improving the consideration of potential legislation with the views of both men and women taken into account. Too often we have found that the impact of new laws on women has been overlooked.

Lastly, improving selection strategies at Constituency level is a major problem in the UK. Each of the main parties is faced with a different aspect of the problem - how to train local activists in effective selection procedures which include good practice in terms of equal opportunities and focus on recognizing the skills and experience which makes a good politician - not necessarily a white male with a wife and two children!

We are running joint meetings at the various party women's networks to help them develop appropriate strategies.

- Labour women are concerned that their position could decrease next time, partly through complacency and a feeling in the party that the issue has been solved, plus some backlash from the women short list programme.
- Liberal Democrats want to focus on the need to persuade the party to have women in winnable seats. They doubled their number of MPs to 45 but only had three of their 140 women candidates elected.
- Twelve Conservative women were elected out of 67 candidates. less than half the number of women standing in each of the other 2 national parties. They do not have a women's political support network, and need to recognize that the surveys show that the women's vote lost them the election, having kept them in power for the last three elections.

I hope this gives an outline of the problems we face in the UK and how we use The 300 Group network to empower and train women politicians.

Nancy Brown
Professional Training for Women in Politics

Nancy Brown ist Geschäftsführende Direktorin des „Women's Network - NCSL".

Das Women's Network, ein Zusammenschluß der weiblichen Abgeordneten aus den Parlamenten der Bundesstaaten, ist der National Conference of State Legislatures (NCSL) angegliedert. Das Netzwerk sponsert Führungstrainingsprogramme für weibliche Abgeordnete und organisiert Treffen und Zusammenkünfte wie zum Beispiel einen jährlichen Lunch für alle weiblichen Abgeordneten. Das Netzwerk versteht sich als unterstützende Basis zur Stärkung der persönlichen und professionellen Fähigkeiten seiner Mitglieder. Das Netzwerk gehört weder einer bestimmten politischen Richtung an noch nimmt es Stellung zu politischen Themen.

The Women's Network, an affiliate of the National Conference of State Legislators (NCSL), is a national organization which evolved from a loosely knit organization of women legislators in 1985 into a highly respected organization of women legislators from across the nation. Their original mission, the sharing of personal experiences, resulted in the professional organization it is today, where emphasis is now placed upon leadership development, partnerships, networking and linking of women legislators within their own state, across state boundaries and international waters.

The Women's Network believes that women bring unique perspectives and skills to the public policy arena which can positively impact local, state, national and international issues, and assist in finding creative solutions to societal, governmental and world problems. By becoming the best legislative leaders they can be, with the assistance of professional training and development, their opportunities to provide input into public policy at all levels will be greatly enhanced.

The mission of the Women's Network is to develop, strengthen and support participation, leadership and partnerships among women legislators within NCSL and their own states, in addition to linking with Alliance members of the Network, and national and international women's organizations. The Network accomplishes their mission through numerous formal and informal methods and programs.

The Women's Network provides numerous opportunities for networking and leadership develop ment so that legislative women may develop the confidence and skills necessary to advance rapidly during the changing times of the United States political scene. The Women's Network sponsors personal leadership development regional and national seminars; seminars specifically designed for newly elected legislators; meetings of interest to women legislators; features nationally known speakers at an annual luncheon for all women legislators; hosts legislative receptions to provide networking opportunities; and maintains a supportive base from which members may strengthen their professional and personal skills which are critical to securing leadership positions within NCSL and their own states.

The Women's Network assists in or provides support for women's legislative organizations, councils, or caucuses within individual states. In addition, the Women's Network provides models for networking and coalition building on local, state, regional, national and international levels, and also assists in identifying and strengthening existing organizations working with women leaders. The Women's Network founded a national coalition of organizations who work with women legislators in order to keep our members informed, and provide additional opportunities for networking and sharing of strengths of a broad base of individuals. A Resource Directory for our members was recently published which provides information about our own organization as well as other organizations who work with women legislators. The Women's Network is interested in preparing women to lead; partnerships with other individuals and organizations, local, state, national and international, can only enhance these opportunities.

We welcome and are grateful for the opportunity to work with international women and look forward to ways we can develop future opportunities, such as exchanges and internship programs. Following are my responses to the conference questionnaire.

What types of activities exist in your country to promote political leadership of young women? What organizations, groups and institutions offer such programs?

In the United States, there are numerous programs, activities and events in each one of the entities listed in the questionnaire that promote political leadership, including government organizations, political parties, women's groups/organizations, private institutions, and universities. Some programs are specifically for young women, while others promote political leadership, or leadership which include a political component, without regard for gender.

These range from self-esteem programs offered to young girls through educational and social organization settings (YWCA, Girl Scouts, elementary and secondary public/private education, etc.), to political training through campaign schools (Women's Campaign Research Fund, National Political Women's Caucus, political parties, etc.), to leadership training and development programs sponsored by women's government and business and professional organizations (Women's Network, Women in Government, Business and Professional Women, etc.), to leadership seminars and forums sponsored by educational institutions and universities (Center for the American Woman and Politics; Harvard, etc.).

An important change in the last decade are the number of programs and opportunities for young women through the schools, primarily 9th-12th grades. These include such activities as „Shadow Days" where a young person is partnered with a political figure for a day, „Girl's State" where young women spend a week learning about government and serving as government officials, and internships in government institutions. In additional there are campus organizations of the political parties operating at college and university levels that promote political leadership for both young men and women.

What strategies, steps and tools you know of have been especially successful to motivate and qualify young women for active political involvement? From your point of view how can this field be further advanced?

The early educational programs which promote self-esteem and provide opportunities for leadership at a young age can set a strong foundation upon which young women can build. Unfortunately these programs have come under attack by a national movement whose promoters say such activities undermine parental rights and authority.

Fortunately there remain numerous opportunities through the public educational system for young people to participate in school programs, class offices and student councils which provide the opportunity to develop leadership skills. Recently I learned of a preschool program where each student was the leader of the class for a day, with the expectations that children could begin to develop leadership skills at a very young age. In addition, there are numerous opportunities for leadership learning, development and training throughout one's life. It can begin as early as in the playpen, and then extends to preschool, and through social interaction in social clubs, religious institutions, recreation programs, camps, sports, and the like.

Junior high and senior high school, however, are the years that young people begin thinking about their future opportunities. It is at this stage in their development when political life should become a meaningful and balanced component through positive exposure to the political process. To witness and become part of the political process with opportunities to participate can be profound at this age, if the experience is positive.

Programs for young women which provide mentoring opportunities, internships, „shadowing" of political persons, leadership development and other training opportunities should begin in earnest at an early age and continue throughout one's life. There are some opportunities, but never enough, and not done consistently throughout the nation. Where established, with appropriate follow-up and ongoing guidance and mentoring, I believe they can be very successful.

Who offers leadership training for women in your country? To what extent do women make use of these opportunities? Do you believe these programs to be successful?

Leadership training for women is offered by a variety of institutions and organizations, and some women do take advantage of these opportunities.

However, there are also barriers to many leadership training opportunities which include expense, geography, a selection process (often made by the male hierarchy) in order to participate, and often lack of information about the programs themselves. Furthermore, leadership development and training is often fragmented without any consensus, continuity or connection of one program to another.

There are few mentoring programs for women, not only in the political arena, and too few ongoing opportunities for interaction among women leaders in all professions, whether they are in the business, professional, academic, or political world.

Which fields and what topics to do you believe are missing from the programs currently offered?

The current programs being offered, including personal, political, professional, party and governmental leadership development, leadership with a variety of components, are wide-ranged and disconnected. Generalizing without discussing the specific programs themselves is very difficult, but overall, what appears to be missing is the connective link which extends from the programs themselves to the actual acts of leading and leadership.

Too few women run for office. Even when they do, and win, there is a reluctance to go into higher office, which has less to do with their leadership capability than it has to do with numerous other considerations, such as campaigns, personal and professional sacrifices. The costs appear to be greater than the rewards. There must be more mentoring, more opportunities for internships, more interaction among women leaders of all disciplines, more unity and solidarity in promoting women, without regard to race, age, and political party. More women need to take active roles in promoting and making financial contributions to women candidates. More networking and support opportunities need to be established, and women need to learn to look behind them and reach down to support and promote women in all aspects of life.

Are there coalitions for women from various political parties to work together on specific issues in your country? What are the objectives of such coalitions? (the promotion of young political leaders? The increase of women's impact on politics. The intensified exchange of information between women in leadership position?)

While it varies from state to state, women legislators have crossed party lines and have established organizations that range from formal to informal. Some are purely social, while others have evolved or developed for women to work together on agendas of particular interest.

The objectives of the existing state caucuses/coalitions vary tremendously from informal bi-partisan social gatherings to formal organizations complete with by-laws and goals and objectives voted upon by the members.

Each state is unique in how they have organized, if they have organized at all. (In 1997, fifteen (15) states were visited by the Women's Network to discuss and assist with bi-partisan women's legislative caucuses/coalitions; visits to at least twelve (12) states are planned in early 1998.)

A survey on women's legislative caucuses and/organizations within state legislatures was recently conducted by the Women's Network in conjunction with the Center for the American Woman and Politics. The information is currently being compiled and a report on the survey results will be brought to the Conference.

Do you have political „think tanks" to support and advise women in politics?

My experience is limited primarily to the state legislative level; there are others at the conference more qualified to speak on the national level. The answer to the question is necessarily vague because of the wide range of organizations and factions currently involved with women in politics. While the United States is not unique in dealing with factions in the political process, our fifty different state governments, varied geography and diversity, make it difficult to respond to the question with accuracy and confidence.

There are what could be called „think tanks" but none at the state level which support and advise all women in politics. This past year the Women's Network convened a meeting of numerous national organizations who work with women legislators. The purpose of the meeting was to form a coalition in order to meet semi-annually to „link individual and organization resources, share information systems, and work together on leadership, education, training and development in order to empower legislative women throughout the nation."

Already the new networking organization called WINGS (an acronym for Women in Informal Networking Groups) partnered at the annual meeting of the National Conference of State Legislatures and Women's Network through the co-sponsorship of several meetings with WINGs members.

Danuta Waniek

Parteiübergreifende Kooperation von Parlamentarierinnen im polnischen Sejm

Prof. Dr. Danuta Waniek ist Chefin der Kanzlei des Präsidenten der Republik Polen und Gründerin der Parlamentarischen Frauengruppe, einer seit 1990 landesweit tätigen Frauenorganisation. Deren zentrale Satzungsziele sind der Kampf gegen die gesellschaftliche, berufliche und politische Diskriminierung von Frauen, die Entwicklung des materiellen und beruflichen Erfolgs von Frauen, die Förderung von Frauen im öffentlichen Leben und die Vertretung von Frauenrechten und -interessen bei relevanten politischen und wirtschaftlichen Institutionen. Die Parlamentarische Frauengruppe realisiert verschiedene Förderprogramme für Frauen und für Familien.

Die Parlamentarische Frauengruppe ist ein parteiübergreifender Zusammenschluß von Mandatsträgerinnen aus dem linksliberalen Spektrum. Die Ziele der Zusammenarbeit betreffen in erster Linie die Gleichberechtigung von Frauen und Männern, die Chancengleichheit für Frauen auf dem Arbeitsmarkt, die soziale Absicherung von Müttern und die Legalisierung von Schwangerschaftsabbrüchen, für die sowohl im parlamentarischen als auch im außerparlamentarischen Raum gekämpft wird.

Insbesondere das letztgenannte Ziel, die Straffreiheit von Schwangerschaftsabbrüchen, hat viele Emotionen, auch in Frauenkreisen, hervorgerufen. Im Rahmen des Kampfes um das Recht auf legale Abtreibung sind mehr als zehn Frauenorganisationen in Polen entstanden. Im Parlament - also im Sejm und im Senat - hat die Parlamentarische Frauengruppe Treffen von Frauenorganisationen veranstaltet, Expertisen für die Parlamentsausschüsse erarbeitet und Reden für die Sejm-Tribüne vorbereitet.

In der vergangenen Legislaturperiode (1993-1997) hat die Parlamentarische Frauengruppe zweimal den Entwurf eines liberalisierten Abtreibungsgesetzes eingebracht, bei dem es in erster Linie um Straffreiheit für die betroffenen Frauen ging. Beim ersten Mal legte Präsident Lech Walesa gegen das liberalisierte Gesetz sein Veto ein, und leider hatten wir nicht die erforderliche Zweidrittelmehrheit, um dieses Veto zurückzuweisen. Der zweite Versuch gelang nach der Niederlage von Lech Walesa bei den Präsidentschaftswahlen.

Weitere Zielrichtung der politischen Arbeit der Parlamentarischen Frauengruppe ist die Förderung von Frauen in der pluralistischen Demokratie. Hier ging es zunächst darum, einer Verschlechterung des Status Quo entgegenzuwirken und das Amt einer Regierungsbevollmächtigten für Frauen und Familie zu erhalten. Frau Dr. Anna Popowicz, die zuerst in dieses Amt berufen wurde, hatte keine einfache Aufgabe, denn die katholische Kirche erhebt den Anspruch, allein für die Behandlung von Frauen- und Familienfragen zuständig zu sein. Zunächst konnte die Kirche die

Abberufung der ersten Regierungsbevollmächtigten für Frauen und Familie durchsetzen, doch zwei Jahre später gelang dann die erneute Berufung einer Frau auf diesen Posten - unserer Kollegin Jolanta Banach. Frau Banach wurde auf Vorschlag der Parlamentarischen Frauengruppe von dem inzwischen sozialdemokratischen Ministerpräsidenten benannt. Die erneute Einrichtung dieses Amtes und seine personelle Besetzung sind ein wesentlicher Erfolg der Parlamentarischen Frauengruppe.

Die Parlamentarische Frauengruppe veranstaltete auch Konferenzen, auf denen die wichtigsten Probleme erörtert wurden, die die Situation von Frauen in Polen kennzeichnen. Diese Veranstaltungen haben die Aufmerksamkeit von Frauenorganisationen und engagierten Frauenkreisen auf sich gezogen. Im Rahmen der Konferenzen konnten auch gemeinsame Stellungnahmen zu den wichtigsten aktuellen Fragen in Hinsicht auf die Stellung von Frauen ausgearbeitet werden.

Seit Mitte des Jahres 1997 diskutieren wir in Polen über eine neue Verfassung. Die Mitglieder der Parlamentarischen Frauengruppe haben im Verfassungsausschuß mitgearbeitet. Einen Artikel über die Gleichberechtigung von Frauen und Männern auf verschiedenen Gebieten des gesellschaftlichen Lebens habe ich selbst geschrieben, vorgestellt und durchgesetzt. Früher gab es solche Artikel in der polnischen Verfassung nicht.

Nach einigen Jahren Tätigkeit kann ich sagen, daß die Parlamentarische Frauengruppe in unserem Sejm folgende Aufgaben erfüllt hat:

- Die Parlamentarische Frauengruppe gab ein Beispiel für die parteiübergreifende Zusammenarbeit von Frauen. Obwohl die Gruppe drei Links-Zentrum-Gruppierungen entstammte, hat sie bewiesen, daß Frauen solidarisch handeln können, um gemeinsam dem Ziel einer wirklich demokratischen Gesellschaft näher zu kommen und damit auch der Abschaffung von Diskriminierungspraktiken gegenüber Frauen auf verschiedenen Ebenen des gesellschaftlichen Lebens.

- Die Parlamentarische Frauengruppe war eines der ersten Beispiele für die Selbstorganisation von Frauen unter den neuen politischen Bedingungen. Sie hat nicht nur die Diskussion aktueller Probleme gefördert, sondern auch ihre Sprecherinnen gestärkt - Frauen mit einer starken politischen Persönlichkeit, die sich auch in den schwierigen politischen Kämpfen durchzusetzen wußten. Sie lehrte Beharrlichkeit und Konsequenz.

- Die Parlamentarische Frauengruppe stellt eine wichtige Plattform für die Zusammenarbeit zwischen Parlamentarierinnen und Frauenorganisationen außerhalb des Parlaments dar. Durch die kontinuierliche Zusammenarbeit kennen wir die Meinungen der Frauenorganisationen und ihre Erwartungen an uns.

Im künftigen Parlament wollen wir zum vierten Mal den Versuch unternehmen, eine Parlamentarische Frauengruppe zu bilden. Wir müssen noch die Gesetzesvorlage über die Gleichstellung von Frauen und Männern beschließen. Doch in diesem Parlament hat die Rechte, die eng mit der römisch-katholischen Kirche verbunden ist, die Übermacht. Wir wissen, daß es für uns nicht leicht sein wird, aber wir werden unsere Bemühungen nicht aufgeben.

Marianne Laxén
Mainstreaming equality- a Nordic project

Frau Dr. Laxén ist seit 1995 Senior-Beraterin für Gleichstellungsfragen beim Nordic Council of Minister's.

Der Nordic Council of Minister's wurde 1971 gegründet und dient der Kooperation zwischen den Regierungen der Länder Schweden, Norwegen, Finnland, Island und Dänemark. Das Hauptziel dieser nordischen Kooperation hinsichtlich der Gleichstellung zwischen den Geschlechtern ist eine koordinierte und integrierte Gleichstellungspolitik der beteiligten Staaten im Rahmen der europäischen und internationalen Kooperation. Die gleichstellungspolitische Perspektive muß in allen gesellschaftlichen Bereichen und in allen Programmen und Projekten des Rats berücksichtigt werden (Mainstreaming).

In the „Nordic equality co-operation 1995-2000" programme, the Nordic ministers for equality have decided to promote the development of methods that will make the equality process more efficient. In particular, the Council of Ministers wants to focus on methods contributing to the integration of equality into the regular work of all policy areas and at all social levels. Models and strategies supporting these methods should be designed and tested locally, regionally, nationally and at the Nordic level. Proposed workable methods range from gender-specific statistics, gender-related research and equality education. In order to further such strategies and methods, the equality ministers (MR-JfM) have decided to launch a Nordic project on mainstreaming.

What do we want to do with this project?

The purpose of the project is to devise methods to make decision-makers „gender sensitive" by incorporating gender and equality-related aspects into all regular work. This work includes the processes of planning, consequential analysis and budgeting. Furthermore, efforts will be made to design a system that can efficiently evaluate and measure how decisions affect the everyday lives of women and men.

The idea of the project is to test methods and create models incorporating the equality perspective into youth and labour market policies, both at the Nordic and national levels.

In the work to integrate the equality perspective in all policy areas, it is important to be aware of structures, both formal and informal, that contribute to maintaining or even strengthening segregation between the sexes and uneven power distribution. Our gender gives us an identity and affects us in our daily lives. Therefore, gender-neutral decisions may have dissimilar consequences for women and men, and thus unintentionally promote inequality.

This project will run over three years and include an array of projects in the various countries. The projects will be implemented at different levels - locally, regionally, centrally and - perhaps in one or several countries - at all levels simultaneously.

Contents of the project

In order to incorporate the equality perspective into different policy areas, it is vital that those in charge have an equality insight and are familiar with the aim of the equality policy. It is a prerequisite that senior management has sufficient knowledge to take the responsibility for policy enactment.

In order to give all those involved an understanding of the problems, it is necessary to establish a basis clearly showing the current situation for women and men in a given area. A gender-specific outline is needed, based on, for instance, gender-specific statistics and a situation report including information on the conditions for women and men in society. It is also necessary to formulate targets based on the objectives of respective policies and relate them to the aims of equality policy.

By employing various means, including equality courses, meetings with key people, check lists and other data, it is possible to convey information to all those affected.

In order to further the aggregate equality policy, it is vital to delegate the co-ordination of equality within the various policy areas. This co-ordination involves the close monitoring of developments in the various areas, designing guidelines for mainstreaming if necessary, counselling, supporting and, whenever necessary, initiating projects.

An important task is to assist those in charge of equality to develop methods and instruments to carry out equality analyses and consequential descriptions. Initially, it is important to provide support for implementing education and information.

How to implement the strategy

A Nordic project leader, who begun her work this February, will be responsible for co-ordinating the project. A Nordic reference group will be set up with one contact person from each country. In addition, national reference groups will be established.

The project is an umbrella project under whose auspices a number of different activities can be implemented.

It will start with a pre-project to outline methods which have already been applied to integrate equality and assess how it has worked in practice. Furthermore, as part of the pre-project, the project leader will survey the interest of various organisations and authorities in joining the project, and suggest how the project can be implemented in the various countries. The pre-project will end with a project description. The actual project has started in the summer 1997.

The project description must account for objectives, contents, scale and specific activities, both at a general level and in more detail, and include partial projects. The project plan should include a description of how to implement elaborate mainstreaming in some selected areas of youth or labour market policy.

Key persons and groups must be identified. In particular, it is important to clarify responsibilities. Those in charge of the various policy areas must be given the general responsibility for developing the mainstreaming work, and have people to help them shoulder the responsibility for continual, specific work. The plan should also clearly indicate how and when a follow-up to the project will be made, and if and when to assess the results.

NCM activities part of the project

The mainstreaming project will also be implemented at the Nordic Council of Ministers itself. This will primarily involve cross-sectorial co-operation that efficiently supports gender equality.

Meetings between advisors and committees under the NCM will be organised to discuss how the various sectors can incorporate the equality aspect in their work. In the first instance, the sectors to be contacted are gathered under Citizens policy and Education and Culture, with youth issues and labour market policy as a start.

The secretariat has decided to establish a working group which is to prepare a staff policy equality plan. One of the objectives is to train gender-sensitive experts within the secretariat of the NCM.

IV.
Die völlig normale Ausnahme

Ergebnisse der Fragebogenerhebung
bei deutschen Mandatsträgerinnen

Helga Foster

Herkunftsbedingungen, Lebensformen und Bildungsaspirationen von Frauen in der Politik

„Theoretische Erörterungen der Frauenfrage haben weder wissenschaftlichen Wert noch praktische Bedeutung, wenn sie lediglich von vorgefaßten Meinungen oder allgemeinen ethischen Prinzipien ausgehen. Um zu richtigen Resultaten zu gelangen, gilt es vielmehr, auf dem Boden der Tatsachen zu fußen" (Lily Braun 1901, 99).

Hintergründe und Fragestellungen der Studie

Die Frauenforschung muß oft mangels relevanter Grund- und Strukturdaten zu ihren speziellen, die Situation von Frauen betreffenden Fragen auf qualitative Untersuchungsmethoden zurückgreifen, die wegen ihrer kleinen Fallgrößen dann nicht repräsentativ sein können. Auch für den Politikbereich fehlen bis heute geschlechtsdifferenzierende, regelmäßig erhobene und veröffentlichte Daten. Verfügte man über solche Daten, dann erhielten die vornehmlich durch Befragungsergebnisse mit wenigen, meist exponierten Politikerinnen erzielten Kenntnisse über Frauen in der Politik eine andere als ihnen derzeitig zugewiesene, individualisierende Bedeutung. Die eingangs zitierte Lily Braun hatte schon 1901 in ihrer wissenschaftlichen Auseinandersetzung mit dem „Zusammenhang der Frauenfrage mit der sozialen Frage" erkannt, daß „harte Daten" als Grundlage für Argumentationen zur Frauenpolitik notwendig sind. Einerseits, um die Frauenforschung aus ihrer Enklave der „Sonderforschung" herauszubringen, zum anderen, um die Entscheidungsträger der verschiedenen Ebenen mit breit abgesicherten Daten zu unterstützen. Die mehrheitlich auf qualitativen Untersuchungen beruhenden vorhandenen Erkenntnissen zur Situation von Politikerinnen bedürfen eines abgesicherten, breiten Fundaments um die tatsächliche Lage von Frauen in der Politik einschätzen und ggf. verbessern zu können.

Dies ist jedoch nur eine von mehreren Intentionen dieser Erhebung bzw. ihres ideenleitenden Erkenntnisinteresses. Es geht auch darum, bisher nicht gestellte Fragen an die Politikerinnen zu richten mit der Absicht, einige Forschungslücken zu schließen. In diesem Falle handelt es sich um bislang offene Frage zu den Handlungsweisen, die Politikerinnen zur Durchsetzung ihrer Ziele bzw. zur Abwehr von Widerständen einsetzen und darum, welche Rolle die politische Bildung als Weiterbildung für Frauen in der Politik einnimmt bzw. einnehmen könnte.

Die zu diesen Punkten gewonnenen Daten, die mit den biographischen Merkmalen der in Deutschland aktiven Politikerinnen untermauert werden, sollen für die Planungsintentionen von Bildungspolitik und -praxis als relevante Grundlage herangezogen werden können[25].

Die Fragen dieser quantitativen Untersuchung von Frauen in der Politik kreisen deshalb um zwei Pole: Einerseits geht es darum herauszufinden, ob Frauen in der Politik biographische, sozialisatorische, bildungsmäßige und andere, aus dem aktuellen politischen Amt ableitbare Merkmale aufweisen, die aufgrund ihrer Häufigkeit die Bildung von Typen oder andere verallgemeinerbaren Ergebnissen zulassen. Feststellungen über parteienübergreifende Gemeinsamkeiten bei bzw. Differenzen zwischen den Politikerinnen werden dann ebenso wie die Ergebnisse zum zweiten Erkenntnisstrang, der sich mit den im politischen Handlungsfeld entwickelten und aktuell artikulierten Bildungsambitionen der Mandatsträgerinnen befaßt, dazu genutzt, um zu überprüfen, ob sich hieraus Ansatzstellen für neue Formen und Inhalte für die politische Bildung von Frauen entwickeln lassen.

Zur Vorgehensweise

Der vorliegende Bericht basiert auf einer im Frühsommer 1996 durchgeführten Erhebung (Fragebogenaktion) bei Politikerinnen in der Bundesrepublik Deutschland. Ihr ist ein Pretest mit zwanzig Befragungspersonen vorangegangen. Es handelt sich bei dieser quantitativen Untersuchung um eine Totalerhebung bei allen weiblichen Bundestags- und Landtagsabgeordneten sowie den Frauen, die Mitglieder des Europaparlaments sind.

In den Landtagen gibt es insgesamt 533 Volksvertreterinnen, im Deutschen Bundestag (13. Wahlperiode) sind es 177. Im Europaparlament vertreten 34 Frauen aus den verschiedenen Parteien die Bundesrepublik.

Weiterhin wurden 456 Fragebögen an Politikerinnen in städtischen/ kommunalen Parlamenten verschickt. Die verschiedenen kommunalen Ebenen wurden nach demographischen Merkmalen ermittelt.

Von den insgesamt 1200 verschickten Erhebungsbögen kehrten bis Ende Juli 1996 700 beantwortete Fragebögen zurück. Mit dem Rücklauf von rd. 58 % ist die Erhebung repräsentativ.

---

25 Dieses Vorhaben wurde vom BMBF mit besonderer Unterstützung durch das Referat 214 „Frauen in Bildung und Wissenschaft" finanziert.

Die Feindifferenzierung des Rücklaufs ergibt eine Verteilung zu etwa der Hälfte auf politische Ämter in Kommunen und Städten und zur anderen Hälfte auf weibliche Abgeordnete in Bund, Ländern und im Europäischen Parlament.

An der Spitze des Rücklaufs stehen die von Kommunalpolitikerinnen ausgefüllten Fragebögen. Auf der kommunalen Ebene haben nahezu drei Viertel (73 %) aller in die Erhebung einbezogenen Mandatsträgerinnen geantwortet.

Die bei allen Bundestags- und Landtagsabgeordneten durchgeführte Totalerhebung erbrachte bei den Bundestagsabgeordneten einen Rücklauf von 53 %, von den Abgeordneten in den Länderparlamenten beteiligten sich 48 % an der Fragebogenaktion. Die Vertreterinnen im Europäischen Parlament bilden mit 38 % die niedrigste Rücklaufquote.

Das Problem „der kleinen Zahl" bei den absoluten Werten taucht bei den Europaabgeordneten und bei der Kohorte der unter 31 Jahre alten Politikerinnen auf. Die Überprüfung der Gesamtanzahl aller weiblichen Europaabgeordneten und der jungen Volksvertreterinnen zur Beteiligung an der Befragungsaktion hat jedoch ergeben, daß die Repräsentativität auch hier gewahrt bleibt.

Die datenmäßige Erfassung der Fragebögen wurde mit SPSS/PC vorgenommen und statistisch aufbereitet.

Der Fragebogen ist so strukturiert, daß sich sechs Fragenkomplexe ergeben. Eruiert werden

1. die biographischen Merkmale,
2. die schulischen und beruflichen Herkunftsbedingungen,
3. die Voraussetzungen zum Eintritt in die Politik und
4. die Darstellung der Gegebenheiten des politischen Amtes.

Unter Punkt 4 wird auch nach der persönlichen Einstellung zu Fortbildungsmaßnahmen für Politikerinnen gefragt.

Mit Schwierigkeiten und positiven Erfahrungen im politischen Amt befassen sich dann die Fragen, die zusammen gefaßt sind unter

5. Politik als Beruf.

Der sechste und letzte Fragenkomplex soll durch seine Einzelfragen vornehmlich beitragen zur

6. Klärung von offenen Weiterbildungswünschen bei Frauen in der Politik .

Die Datenauswertung und -interpretationen dieser empirischen Untersuchung von Frauen in der Politik wurde von theoretischen Positionen aus der jüngeren empirischen Frauenforschung, vor allem aus der Bildungsforschung abgeleitet.

Theoretische Vorüberlegungen

Dank der während der letzten zehn Jahre erschienenen Veröffentlichungen von oder über Frauen in der Politik sind Einblicke und Analysen zur Situation von weiblichen Mandatsträgerinnen und politischen Führungspersönlichkeiten möglich geworden.

Hierdurch und durch einen erweiterten Zugang zu den Medien, den Frauen in politischen Führungspositionen wegen der Bedeutung ihres Amtes weitaus stärker als in der Vergangenheit nutzen können, ist das Thema „Frauen in der Politik" nicht mehr nur auf die wissenschaftliche Auseinandersetzung mit diesem Thema begrenzt und auch nicht den innerparteilichen Diskussionen, z.b. zur Quotenregelung, vorbehalten.

Wenn heute die Frauen in der Politik deutlicher als ihre Vorgängerinnen in der Öffentlichkeit präsent sind, so ist das auch von und für Frauen in der Politik entwickelten Aktivitäten zu danken. Dazu zählen inzwischen historische Ereignisse, wie die GAL-Frauenliste von 1986 - 1991 in der Hamburger Bürgerschaft (Grolle 1995), der „Frauensenat" in Berlin von 1989/90 (Schaeffer-Hegel u.a. 1995), die Initiative „Hildegard Hamm-Brücher zur Bundespräsidentin"[26], um nur einige zu nennen.

Obwohl heute mehr politische Führungsfrauen als je zuvor in der Geschichte der Bundesrepublik Deutschland als Bürgermeisterinnen, Parlamentspräsidentinnen, als Staatssekretärinnen oder als Sprecherinnen ihrer Fraktion oder eines parlamentarischen Ausschusses tätig sind und schon allein deshalb das Interesse von Medien und Öffentlichkeit wecken, liegt der Anteil, den Frauen an allen verfügbaren Mandaten einnehmen, nach wie vor deutlich unterhalb der 50-%-Marke. Im Deutschen Bundestag sind beispielsweise unter insgesamt 672 Abgeordneten nur 177 Frauen, also rund 26 % (Kürschners Volkshandbuch 1995, 295).

Die deutlichere Sichtbarkeit von Politikerinnen in der Öffentlichkeit bedeutet leider nicht, daß es inzwischen einen erheblichen Zuwachs bei den weiblichen Mandatsträgern gegeben hätte. Z.B. sind in der SPD-Bundestagsfraktion trotz des Quotenbeschlusses zur innerbetrieblichen Gleichstellung von Männern und Frauen, den die Partei 1988 traf, von den SPD-Bundestagsabgeordneten nur rund 33 % weiblich. Hieraus läßt sich schließen, daß parteiinterne Quotenregelungen nicht ausreichen, um für die nahe Zukunft, d.h. für die nächsten beiden Legislaturperioden, einen Zustand zu erreichen, der Frauen auf allen parlamentarischen Ebenen, in Kommu-

---

26 Es handelte sich hier um eine parteienungebundene Initiative von politisch engagierten Frauen in Berlin und Frankfurt, die anläßlich der Neuwahl des deutschen Bundespräsidenten 1994 die Kandidatur der FDP-Politikerin Hildegard Hamm-Brücher unterstützten. Gewählt wurde, vor allem mit den Stimmen der FDP, Roman Herzog im 2. Wahlgang.

nen, Ländern und im Deutschen Bundestag, paritätisch an der Macht beteiligt. Die niedrige Beteiligung von Frauen an der Politik könnte u.a. darauf hinweisen, daß die Förderung des weiblichen politischen Nachwuchses nicht zielorientiert oder auch nicht zielgruppenspezifisch genug vorangetrieben wird.

Für alle Lebensbereiche wird Weiterbildung als probates Mittel zur Bewältigung der sich wandelnden Anforderungen an das Individuum angesehen. Erst 1996 hat die Europäische Union das „Jahr des lebenslangen Lernens" ausgerufen; 1997 fand in Hamburg die Fünfte Internationale Konferenz zur Erwachsenenbildung (Confintea)[27] statt, auf der explizit die Forderung an die Weiterbildung herangetragen wurde, ihre Rolle zum „empowerment" von Frauen ernst zu nehmen und auf breiter Ebene umzusetzen.

Durch eine Reihe von parteiunabhängigen Projekten, an denen sowohl Politikerinnen[28] als auch Frauen teilnehmen, die sich im breiten Sinne für eine aktive Teilhabe am politischen Prozeß interessieren, wird dokumentiert, daß Weiterbildung ein geeignetes Mittel zur Unterstützung und Verstärkung politischer Partizipation von Frauen ist (vgl. Cornelißen 1995).

Anderseits ist auch eine gegenläufige Tendenz zu beobachten, nämlich sinkendes Teilnahmeinteresse auf Seiten der Frauen. Obwohl die einzelnen Lehrangebote zur Erhöhung der Politikfähigkeit von Frauen, wie einschlägige Erhebungen zeigen, aus der Sicht der Teilnehmerinnen erfolgreich waren (vgl. Otto 1993), läßt selbst bei besonders günstigen Teilnahmebedingungen, wie kostenfreiem Unterricht oder auch freier Unterkunft und Verpflegung und begleitender Kinderbetreuung während des Lehrgangs, das Interesse an politischen Bildangeboten nach (vgl. BMBF 1995, 17-18).

Dies steht zunächst im Widerspruch zur Ausgangsüberlegung dieser Untersuchung, denn es wird angenommen, daß die Politikbereitschaft und -fähigkeit von Frauen durch entsprechende politische Bildungsangebote erhöht und erweitert werden kann.

Die gegenwärtige Situation zeigt, daß auf der einen Seite die von Expertinnen entwickelten und speziell auf die Arbeits- und Lebensbedingungen von Frauen abgestimmten einschlägigen politischen Bildungsangebote von den Frauen seltener wahrgenommen werden. Aus Einzelbefragungen von Politikerinnen (vgl. Schöler-Macher 1994) werden anderseits deren Defiziterfahrungen bekannt, die vielleicht bei geeigneter Vorbereitung auf eine politische Mandatsübernahme nicht aufgetreten

---

27 Adult Learning: A key for the 21st century. Unesco Institute for Education, 14.-18. Juli 1997
28 Hierzu zählt ein vom BMFSFJ gefördertes Projekt bei der Jakob Kaiser Stiftung, an dem vornehmlich kommunale Mandatsträgerinnen aus den neuen Bundesländern teilnehmen.

wären. Da keine empirischen Befunde über Gründe der Nichtbeteiligung an politischer Weiterbildung existieren und auch nur unter bestimmten Vorzeichen überhaupt erhoben werden könnten, ist zu fragen, ob hier ein Widerspruch vorliegt zwischen einer möglicherweise überholten Vorstellung über die Möglichkeiten von politischer Bildung und den tatsächlichen Bedürfnissen politisch aktiver Frauen.

Derzeit gibt es in der Bundesrepublik Deutschland in den Parlamenten von Bund und Ländern und im Europaparlament insgesamt 744 weibliche Abgeordnete. Da einige von ihnen ihren politischen Werdegang und ihren Alltag in der Politik gegenüber Journalistinnen und/oder Wissenschaftlerinnen offengelegt haben (vgl. u.a. Schwarting 1995), sind neben Einschätzungsangeboten zur Situation von Politikerinnen auch neue Fragen aufgeworfen worden, wie z.B. die nach Inhalten, Zielen und Werten einer weiblichen Politik (vgl. Biester, Holland-Cunz 1994). Die dem wissenschaftlichen Diskurs vorbehaltene bisherige Auseinandersetzung mit einer weiblichen oder feministischen Politik wurde losgelöst von der Praxis der aktiven Politikerinnen geführt.

Eine schriftliche Befragung, wie die hier vorgestellte, kann sicher nicht allen Motiven, lebensgeschichtlichen Hintergründen und Zufälligkeiten der Befragungspersonen nachspüren. Eine repräsentative Untersuchung kann andererseits über die realen Möglichkeiten, über die Frauen in der Politik verfügen, informieren und Erkenntnisse darüber erlangen, wie die Mehrheit der Frauen, die ein politisches Mandat innehaben, ihren persönlichen politischen Werdegang mit den Bedingungen und Herausforderungen im Amt in Beziehung setzen. Wieder kann Lily Braun zitiert werden wenn sie sagt, daß „theoretische Erörterungen der Frauenfrage weder wissenschaftlichen Wert noch praktische Bedeutung (haben), wenn sie lediglich von vorgefaßten Meinungen oder allgemeinen ethischen Prinzipien ausgehen" (Braun 1979, 99). Wenn von den Politikerinnen eine frauenspezifische oder feministische Politik erwartet wird, dann sind Kenntnisse unabdingbar, die über die Situation von Mandatsträgerinnen - und nicht der von den wenigen politischen Führungsfrauen - umfassend Aussage erteilen.

Selbstverständlich hätte es den Rahmen einer Fragebogenaktion gesprengt, die Politikerinnen zu fragen, ob sie frauenpolitisch aktiv sind und was sie darunter verstehen. Diese Frage ist dennoch auf andere Weise verfolgt worden, nämlich mit Feststellungen zur Motivation, die zur politischen Aktivität geführt hat und zu den politischen Inhalten, für die sich die Politikerinnen verantwortlich fühlen.

Ein wesentlicher Beweggrund für diese Studie ist es schließlich, die bereits vorhandenen Informationen über Frauen in der Politik zu ergänzen um jene, die sich darauf konzentrieren, die von Frauen eingeschlagenen Wege in die Politik aufzuzeigen. Die formalen Wege in die aktive Politik sind in der repräsentativen Demokratie leicht aufzuzeigen. Der Eintritt in eine Partei bzw. in eine der parteilichen Jugendorganisationen gehört zu den wesentlichen Voraussetzungen, um sich aktiv an der Politik beteiligen zu können. Dies schließt zwar nicht aus, daß auch parteilose Personen ein politisches Amt erringen können, letzteres jedoch in der Regel nur, wenn eine Partei sie unterstützt, also auf ihre Liste nimmt. Die Abläufe und Bedingungen in den Parteien und in den parlamentarischen Handlungsräumen sind nicht allein durch formalisierte Vorgänge, sondern ebenso stark durch informelle Strukturen und vor allem durch die dort agierenden Individuen geprägt (vgl. Pfarr 1987,.85-106). Über den Einfluß, den diese tradierten Strukturen auf die Möglichkeiten politischer Beteiligung von Frauen erhalten, erfährt man aus den vorliegenden verschiedenen Portraits von Politikerinnen (vgl. Asgodom 1995, Schaeffer-Hegel u.a. 1995, Schmidt 1993). Trotz fehlender Repräsentativität können solche Portraits ihrer Authentizität wegen die theoretische Ebene erweitern und - unterstützt durch Geschichtsstudien zur Motivation und Situation von Politikerinnen im Nachkriegsdeutschland (vgl. Schüller 1993) und durch generationenübergreifende Analysen der politischen Aktivitäten von Frauen von der Nachkriegszeit bis in die achtziger Jahre - den Blick schärfen für „die Bedingungen und Möglichkeiten von Frauen heute als handelnde Subjekte am politisch-staatlichen Geschehen mitzuwirken" (Meyer 1993, 7).

Zum Thema „Frauen in der Politik" verfügen wir noch nicht über abgesicherte Thesen für eine theoretische Grundlage, sondern eher über einen aus verschiedenen kleinen Unters, historischen Analysen und aktuellen Sichtweisen zusammengesetzten „Flickenteppich". Die Erhebung bei allen heute aktiven Politikerinnen stellt die notwendige Informationsbasis zur Weiterentwicklung von theoretischen Annahmen her, insbesondere zur Identifizierung von Ansatzstellen zur Vorbereitung auf eine Politik von und für Frauen.

Paradigmenwechsel durch eine weibliche Politik

Auch wenn es bisher keine ausgearbeiteten Konzepte für die Inhalte, Formen und Ziele einer weiblichen Politik gibt, so verfügt die Frauenforschung inzwischen über Ergebnisse, aus denen sich ableiten läßt, warum Frauen, die sich - wie in der Politik - in einem Minderheitenstatus befinden, immer wieder den männlichen Strukturen beugen müssen und ihre eigenen Intentionen nur mit großem Einsatz und unter großen Schwierigkeiten durchsetzen können. Politische Bildung, ist ein, wenn auch nicht das einzige Mittel, um Frauen auf ihre eigenen Politikformen und -inhalte vorzubereiten bzw. sie in der Funktion als Volksvertreterin zu stärken. Wenn festgestellt wird, daß sich „am Prinzip des Unsichtbarmachens von Frauen, ihren Themen und Lebenswünschen, ihrer Kritik und ihren Hoffnungen" (Meyer 1993, 22) allzuwenig verändert hat, dann mag dies nicht nur strukturell durch den mehrfach festgestellten „Zwang zur Anpassung an männliche Arbeits- und Lebensformen" (Schöler-Macher 1994) bedingt sein, sondern es könnte auch daran liegen, daß die Frauen in der Politik mangels geeigneter eigener Alternativvorstellungen implizit diesen Zwang zulassen. Es ist inzwischen eine Binsenweisheit, daß sich aus den weiblichen Erfahrungsfeldern und Lebensbezügen kein geeignetes Experimentierfeld für die gleichgewichtige Auseinandersetzung mit den tradierten Männerstrukturen ergibt. Aufrechterhalten erhalten werden können sie jedoch nur, wenn es an sichtbaren Gegenstrategien seitens der Frauen mangelt.

Kann nun die politische Bildung mit der Zielsetzung belegt werden, Ansätze weiblicher Politik fortzuentwickeln und außerdem strategische Kompetenzen für Frauen in der Politik herauszubilden? Ist politische Bildung, wie sie derzeitig in der Bundesrepublik wissenschaftlich erörtert und praktisch durchgeführt wird, nicht ohnehin ein Männerdiskurs in einer Männerdomäne, von dem Frauen mangels relevanter Bezüge zu ihren politischen Vorstellungen, Themen und Ambitionen ausgeschlossen bleiben (vgl. Kutz-Bauer 1992, 19f.)? Wenn, wie Analysen zur politischen Bildung kritisch aufzeigen, tatsächlich die „Definitionsmacht über die wissenschaftliche wie politische Wahrheit Männer mit hohem Status und in dem je eigenen Aktionsfeld auch mit hoher Reputation" (Kutz-Bauer 1992, 24) einnehmen, durchsetzen und verteidigen, dann können Frauen durch diese Art der politischen Bildung lediglich die Akzeptanz der tradierten Strukturen in der Politik erlernen. Eigene Politikformen lassen sich dann ebensowenig entwickeln wie Strategien zu deren Durchsetzung.

Um hier Veränderungen zu bewirken, müßte ein Paradigmenwechsel in der politischen Bildung eingeleitet werden, wie er in den vergangenen zwanzig Jahren in der beruflichen Weiterbildung stattgefunden hat. Die vielen Modellversuche in diesem Bereich haben zunächst offengelegt, wie sehr die berufliche Weiterbildung an der männlichen und wie wenig an der weiblichen „Normalbiografie" orientiert ist und darüber hinaus mit Erwartungen und Vorannahmen arbeitet, die auf die Lebens- und Arbeitsbedingungen von Frauen einfach nicht zutreffen.

Heute verfügt nahezu jedes gesellschaftliche Praxisfeld über einen Fundus an ständig aktualisierten Daten und Informationen und kann deshalb gesellschaftliche Veränderungen zur Revision der eigenen Handlungsweisen kurzfristig identifizieren. Auch für eine Form der politischen Bildung, die ernsthaft das politische Potential von Frauen unterstützt und ausbaut, ist ein „empirisch genauer Blick" als Grundlage und Planungshilfe notwendig. Den verschiedenen kritischen Überlegungen zur politischen Bildung von Frauen wurde bisher offensichtlich nicht genügend Beachtung geschenkt. Sie stehen aber weiterhin im Raum und erhalten sogar zusätzliche Bedeutung durch die nach wie vor weitgehend ungelöste Problemlage, die sich durch das nachlassende Interesse an politischer Bildung zeigt.

Obwohl sich diese Studie auch als soziologische Analyse einer gesellschaftlichen Gruppe versteht, die innerhalb der Führungsebene des politischen Systems geschlechtsbedingt einen Minderheitenstatus einnimmt, steht nicht dieser Minderheitenstatus im Zentrum des Interesses. Vielmehr richtet sich die Analyse auf die dieser Gruppe immanenten Positionierungsformen, -möglichkeiten und -vorstellungen innerhalb der großen Gruppe der politischen Mandatsträger.

Das politische System mit den ihm zugehörigen Subsystemen, zu denen auch die politische Bildung gehört, war bisher darin erfolgreich, die Geschlechterfrage, soweit sie aufgeworfen wurde, auf eine Art und Weise zu lösen, die ohne nachhaltige Folgen auf die von männlicher Dominanz geprägten sozialen Beziehungen in der Politik blieben. So konnte die quantitative Ungleichgewichtigkeit zwischen den Geschlechtern im politischen System dazu genutzt werden, mögliche Gruppeninteressen der Politikerinnen, wenn nicht immer im Keim zu ersticken, so doch umzulenken, zu atomisieren oder durch strategisches Eingriffe zu redefinieren.

Zu anderen gesellschaftlichen Gruppen weicht die Gruppe der Frauen in der Politik durch ihre - im wahrsten Sinne des Wortes -, Parteilichkeit ab, die sie im Parteienstaat als Mandatsträgerinnen zur Loyalität ihrer Partei gegenüber verpflichtet. Die dazu querliegende Zugehörigkeit zur Gruppe der Minderheit der weiblichen Mandatsträgerinnen erhält gegenüber der Primärbindung an die Partei das Stigma der sozialen Abweichung zugewiesen, was sowohl individuell als auch kollektiv nur dann erträglich ist, wenn sie zur „sekundären Institutionalisierung" (Parsons 1951, 305) gerät. Dieser einst von Parsons als sekundäre Institutionalisierung bezeichnete Zustand bedeutet, daß Elemente sozialer Abweichung von den dominierenden, also primär institutionalisierten Handlungsformen und Gebräuchen zwar akzeptiert, aber eingegrenzt werden.

Sekundäre Institutionalisierung bedeutet in diesem Sinne jedoch auch, daß die Abweichungstendenzen unter Kontrolle gehalten werden, damit sie keine eigene Dynamik entwickeln, überschaubar und eingegrenzt und letztendlich unschädlich für das dominierende System und seine Akteure bleiben. Eine solche Rolle der sekundären Institutionalisierung erfüllen die Frauengremien in den langjährig etablierten Parteien. Der Kontrollmechanismus funktioniert gleichsam „automatisch", da die Strukturen hier zu denen der Primärinstitution, der Partei, identisch sind und abweichende Inhalte, solange sie im Kontext der Strukturvorgaben verbleiben, noch keine grundsätzliche Gefährdung darstellen. Die Loyalität zur eigenen Partei schüttet Protest und Gegenstrategien zu bei den Politikerinnen, weil sie im politischen Alltag mit ihren Kollegen am selben Strang gegen den politischen Gegner, der auch eine politische Gegnerin sein kann, ziehen müssen.

Es ist unter diesen Bedingungen nicht einfach, die an Frauen in der Politik gerichtete Forderung nach einer weiblichen, frauenspezifischen Politik durchzusetzen. Neben den soziologisch deutbaren Behinderungen durch Strukturvorgaben und Institutionalisierung kann auch die Individualität der einzelnen Politikerin nicht übersehen werden, ihre persönlichen Erfahrungen, zu denen auch die mit anderen Frauen zählen und die nicht immer positiv sein müssen. Last but not least geht es auch um die politische Karriere, über die nach wie vor die männlichen Entscheidungsträger befinden.

Wenn jedoch zu einem politischen Thema die Geschlechterfrage von allen Frauen in der Politik und unabhängig von der jeweiligen Partei gestellt wird, wie es z.B. bei der Gesetzgebung zur Vergewaltigung in der Ehe 1997 geschah und die CDU für die Abstimmung den Fraktionszwang aufheben mußte, dann wird sichtbar, daß die strukturellen Vorgaben und Traditionen zu durchbrechen sind.

Nicht jede parlamentarische Ebene befaßt sich mit den großen Gesetzesentscheidungen. Die kommunalen Politikerinnen, die knapp die Hälfte der Untersuchungspopulation stellen, sind Fragestellungen ausgesetzt, deren Entscheidungen direkte Auswirkungen auf die Mitmenschen im eigenen Umfeld zeigen. Die Untersuchung wird zeigen, ob sie den gleichen Bedingungen wie die Politikerinnen in den Landtagen oder im Bundestag unterstehen.

Da diese Untersuchung repräsentativ für alle Politikerinnen in der Bundesrepublik Deutschland ist, erhalten wir durch die Erhebung der einzelnen, im weiteren dargestellten biographischen Merkmale erstmalig ein Bild über ihre Herkunftsbedingungen, die aktuelle Lebensform, über die Altersstruktur und andere. biographische Merkmale, wie über die Bildungs- und Berufsverläufe von Frauen in der Politik. Damit ist die Untersuchung breiter angelegt, als es ihre Hauptintention, nämlich die Bedarfssituation für politische Bildungsangebote bei Politikerinnen festzustellen, notwendig erscheinen läßt. Mit dieser breiteren Herangehensweise verfügen wir jedoch über eine Datenbasis, die auch als Grundlage für andere Forschungsvorhaben herangezogen werden kann. Darüber hinaus ist sie als Zeitdokument über die Frauen in der Politik zu verstehen, mit der konkreten Absicht, unsere Politikerinnen heute nicht als Vorbilder für die nachwachsende Politikerinnengeneration entschwinden zu lassen.

Das Bild von Politikerinnen im Spiegel biographischer Daten

Zur Einschätzung von sozialen Gruppen dienen Antworten auf Fragen nach dem Alter, nach aktuell ausgeübten Tätigkeiten, nach Bildungs- und Berufswegen und anderen persönlichen Merkmalen, wie z.B. nach dem Familienstand. Bei der Befragung von Frauen wird meistens auch die Frage nach der Anzahl an und dem Alter von Kindern einbezogen, da sich beides auf fast alle anderen Situationen, in denen sich Frauen befinden, insbesondere auf ihre berufliche Situation, auswirkt (Becker-Schmidt 1980). Für das hier vorliegende Anliegen, Erkenntnisse, die sich für eine verbesserte politische Bildung für Frauen nutzen lassen zu gewinnen, spielen für zukünftige Planungsschritte Aussagen zur Biographie gleichfalls eine wichtige Rolle.

Altersstruktur

Bei der Altersstruktur konnte von verschiedenen Grundannahmen ausgegangen werden. Die demographische Zusammensetzung der Bundesrepublik Deutschland zeigt eine Alterspyramide mit starkem Überhang bei den Kohorten, die zwischen 1936 und 1965 geboren wurden, die also heute zwischen dreißig und sechzig Jahre alt sind (Mackensen 1984). Deshalb konnte eine starke Repräsentanz dieser Altersgruppen angenommen werden, allerdings mit einigen zusätzlichen Annahmen. Die aktive Teilnahme an der Politik als Mandatsträgerin setzt Freiräume der eigenen Zeitverwendung voraus die, wie wir wissen, bei Frauen nach der Familiengründung geringer ausfallen als bei Männern. Als Maßstab läßt sich die Erwerbsbeteiligung von Frauen heranziehen. Sie liegt zwar heute nicht mehr, wie noch in den siebziger Jahren, bei den Zwanzig- bis Dreißigjährigen unter fünfzig Prozent, sondern bei knapp über siebzig Prozent, sie sinkt dann jedoch bei den Dreissig - bis Vierzigjährigen zunächst auf siebzig Prozent mit weiterhin sinkender Tendenz nach dem 45. Lebensjahr (Friedrich-Ebert-Stiftung 1994, 33).

Die Erwerbsbeteiligung von Frauen, wird sie als Signal für die Teilhabe am öffentlichen Leben gewertet, ist also bei Frauen - gegenüber den Männern - noch immer eingegrenzt, und es lassen sich für die Frage nach der Altersstruktur der an der Politik beteiligten Frauen zwei gegenläufige Vorannahmen bilden: Auf die zuvor genannten Daten rekurrierend kann angenommen werden, daß die nach dem dreißigsten Lebensjahr sinkende Erwerbsbeteiligung von Frauen den Hinweis auf ihre Familiengründung beinhaltet und eine damit einhergehende Reduktion von verfügbarer Zeit für außerhäusliche Aktivitäten, seien sie beruflicher oder politischer Art. Die hohe Quote von teilzeitig arbeitenden Frauen an den erwerbstätigen Frauen sind dafür ein zusätzlicher Beleg (Bundesanstalt für Arbeit 1996, 2631). Demzufolge kann eine geringe Vertretung dieser Altersgruppe an den Mandatsträgerinnen angenommen werden. Da jedoch bei den über 45-jährigen Frauen die Erwerbsbeteiligung weiter sinkt, hier aber nicht mehr von Belastungen, wie sie in den ersten zehn Jahren nach Familiengründung existieren, ausgegangen werden kann, käme hier eine zweite Annahme zum tragen, die von einer erhöhten Zeitverfügung bei dieser Kohorte ausgeht und deshalb von einer erhöhten Verfügbarkeit für die Politik als die zuerst genannte, jüngere Altersgruppe.

Wie die Erhebungsrückläufe dann zeigen, sind die Alterskohorten bei den Politikerinnen tatsächlich sehr ungleichgewichtig und mit deutlichem Schwerpunkt auf die Frauen über 41 Jahre verteilt. Weniger als ein Viertel aller Frauen in der Politik sind unter 41 Jahren alt. Andererseits gibt es mehr Politikerinnen, die über sechzig als unter dreißig Jahre alt sind.

Der vom achtzehnten Lebensjahr an mögliche Einritt in die aktive Politik wird von den Frauen auf eine viel spätere Lebensaltersstufe verschoben, nämlich auf die „mittleren" Jahre. Die etwa gleich stark vertretenen Kohorten zwischen 41 - 50 und zwischen 51- 60 Jahren bilden zusammen 70 % aller heutigen Politikerinnen.

Schaubild 1: Politikerinnen nach Altersgruppen in %

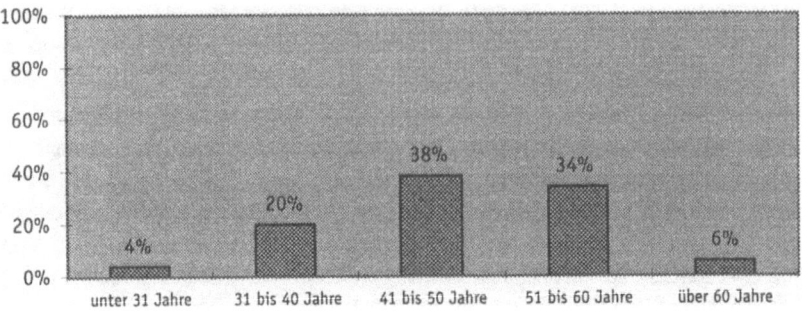

Diese Altersstruktur spiegelt, mit Ausnahme der über 60jährigen, die als Kohorte in der Politik stärker als in der Gesellschaft vertreten sind, im Wesentlichen die demographische Gesamtsituation der weiblichen Bevölkerung in Deutschland wieder.

Trotz des überproportionalen Anteils der über Vierzigjährigen sind es vier Generationen, die die Frauen in der Politik repräsentieren. Beachtenswert sind weiterhin die starken Variationen innerhalb der Kohorten, wie z.B. der hohe Anteil des Geburtsjahrgangs 1943 in der Kohorte der über 51-jährigen und der von 1949 in der Altersgruppe der über 41-jährigen. Demgegenüber sind alle Jahrgänge vor 1933 und nach 1967 am geringsten vertreten. D.h., daß die Lebensaltersstufen der unter Dreißigjährigen und der älter als Vierundsechzigjährigen in der Politik nur vereinzelt bisher durch Frauen vertreten werden. Die jüngste Politikerin, die sich an der Erhebung beteiligt hat war zum Zeitpunkt der Befragung 20, die älteste 76 Jahre alt.

Aus der Geschichte aber auch aus den aktuellen Gegebenheiten ist abzuleiten, daß die aktive Beteiligung an der Politik keineswegs mit dem üblichen Rentenalter endet. Bei dem hohen Anteil der über vierzigjährigen Mandatsträgerinnen ist davon auszugehen, daß - vorbehaltlich der individuellen Entscheidungen der einzelnen Politikerinnen und der Wahlentscheidungen - die Mehrheit der heute aktiven Politikerinnen dies auch noch während der nächsten zehn Jahre, also zwei weiteren Legislaturperioden, sein kann.

Entsprechend zu ihrem Anteil an der Gesamtbevölkerung ist auch der Anteil an Politikerinnen, die sich aus den neuen Bundesländern an der Erhebung beteiligt haben. Die Kohorte der 31 bis 40-jährigen Politikerinnen ist hier, gefolgt von der der 41- bis 50-jährigen, die Hauptgruppe. Aus den neuen Bundesländern sind weniger als 2 % der Frauen unter 31 Jahren und kaum mehr über 60 Jahre alt. Insgesamt sind die Politikerinnen aus den neuen Bundesländern gegenüber den Frauen aus den alten Bundesländern rund zehn Jahre jünger.

Tabelle 1: Wohnort/Bundesland von Politikerinnen nach Altersgruppen in %

Wohnort / Bundesland	bis 30 Jahre	31 bis 40 Jahre	41 bis 50 Jahre	51 bis 60 Jahre	über 60 Jahre
alte Bundesländer	83,3 %	55,9 %	72,7 %	76,4 %	83,8 %
neue Bundesländer	12,5 %	38,2 %	21,9 %	19,2 %	13,5 %
Berlin	4,2 %	5,9 %	5,5 %	4,4 %	2,7 %

Heute verfügt der politische Nachwuchs, d.h. diejenigen Politikerinnen, die unter 41 Jahre alt sind, über weniger als 20 % aller Mandate. Wegen des Ende der sechziger Jahre einsetzenden „Pillenknicks" ist mittelfristig von keiner wesentlichen „Verjüngung" bei den Politikerinnen über diese Quote hinaus auszugehen. Durch Neuwahlen und natürliche Abgänge durch Alter, Krankheit und Tod werden sich zwar auch in Zukunft Zugangsmöglichkeiten für weibliche Nachwuchskräfte ergeben, angesichts der heutigen Altersstruktur der aktiven Politikerinnen, die sich auf die mittleren Jahrgänge konzentriert, ist jedoch eher kurz- und mittelfristig von einer Substitution ausscheidender männlicher Politiker durch jüngere Frauen auszugehen, um den in fast allen Parteien gewünschten erhöhten Anteil von Frauen zu erzielen.

Zielgruppen für politische Bildung

Für zukünftige politische Bildungsangebote zur Nachwuchsförderung zeigt die Altersverteilung den Bedarf für eine Erwachsenenbildung an, und hier auf weibliche Zielgruppen, die möglicherweise über geringe Zeitdeputate verfügen. Wertet man den Zeitpunkt des Einstiegs in die Politik mit 40 Jahren als Merkmal dafür, daß

Frauen in der Politik, wie die Mehrheit der Frauen insgesamt, in den beiden davor liegenden Lebensdekaden zunächst mit ihrer Ausbildung und Berufseinmündung und mit ihrer Familiengründung befaßt sind, bleibt wenig Zeit für politische Bildung. Dies insbesondere dann nicht, wenn sie zusätzlich soweit politisch aktiv bleiben oder werden, daß noch für politische Versammlungen, Aktionen etc. Zeit eingesetzt wird.

Bevor hier auf diesen letztgenannten Aspekt jedoch vertiefend eingegangen wird, sollen zunächst weitere biographische Merkmale von Frauen in der Politik vorgestellt werden, wie solche nach den Bildungsvoraussetzungen. Neben dem aktuell ausgeübten politischen Amt werden sie auch zukünftige Lernorientierungen dieser Gruppe erheblich beeinflussen.

Bildungs- und Berufsherkunft von Politikerinnen

Im Deutschen Bundestag sind unter den Abgeordneten zwei Drittel Männer und Frauen, die über einen Hochschulabschluß verfügen. Leider gibt es keine geschlechtsbezogenen Hinweise über den Anteil, den hierbei die weiblichen Abgeordneten einnehmen. Weibliche Spitzenpolitikerinnen, wie die acht Senatorinnen, die 1988 ihre Arbeit im Berliner Senat aufnahmen, verfügten alle über einen Hochschulabschluß (Schaeffer-Hegel u.a. 1995). Allerdings waren hier die meisten sog. „Quereinsteigerinnen", also Frauen, die nicht die „Ochsentour" durchlaufen hatten, also durch parteiinterne Aufstiegswege zur Position gelangten, sondern es handelte sich um Persönlichkeiten, die bereits im Berufsleben Karriere gemacht hatten.

Für diese Untersuchung wurde wegen der Streubreite der parlamentarischen Ebenen und politischen Ämter der befragten Politikerinnen zunächst die Vorannahmen zur Bildungs- und Berufssituation von Frauen in der Politik aus den zur Verfügung stehenden allgemeinen Daten entwickelt. Aus diesen ist ablesbar, daß sich seit 1960 bis heute die Anzahl von Mädchen in den Sekundarstufen II der Gymnasien in der alten Bundesrepublik fast vervierfacht hat[29]. Der Besuch von integrierten Gesamtschulen und Abendgymnasien wuchs in diesem Zeitraum um rd. das Zehnfache an. Dieser Aufwärtstrend bei der Beteiligung von Frauen an Bildungsgängen zur Vorbereitung auf ein Hochschulstudium setzte Anfang der siebziger Jahre ein und hält seither an. Dies ist auch in den neuen Bundesländern sichtbar. Hier beginnt der Erfassungszeitraum jedoch erst 1991 und erhält deshalb im Kontext mit der Analyse der Bildungsherkunft von Frauen in der Politik wenig Aussagekraft. Die Bildungswege in der DDR in Richtung auf ein Hochschulstudium waren vielfältig, vor

---

29 Diese und die folgenden Daten zur Bildungsbeteiligung von Frauen aus: BMBF 1995a

allem konnten sie an eine berufliche Bildung angeschlossen und im Fernstudium erworben werden (Winkler 1990).

Der Anteil der weiblichen Studenten lag 1960 in der alten Bundesrepublik bei 2,1 %, stieg 1980 auf über 10 % und liegt heute bei 23,6 % der 19 –26-jährigen Bevölkerung. In der DDR ist zur Hochschulbeteiligung von Frauen von rund 10 % auszugehen (Winkler 1990, 51f.). Da dort, wie bereits erwähnt, die verschiedenen Bildungsgänge durchlässiger waren als in der Bundesrepublik und deshalb Zugänge zur Hochschule auch für ältere Altersgruppen existierten, sind Vergleiche wegen der Verschiedenartigkeit hier außer Acht zu lassen.

Nicht unberücksichtigt bei der Formulierung der Vorüberlegungen blieben jedoch Untersuchungen, aus denen die hohe Beteiligung der Frauen in der DDR an beruflicher Aus- und Weiterbildung hervorgeht (BMBW 1991).

Aus den Daten zur Bildungsbeteiligung von Frauen in der alten Bundesrepublik während der vergangenen dreieinhalb Dekaden ist also zu ersehen, daß von den heute älter als vierzigjährigen Frauen insgesamt weniger als zehn Prozent eine Hochschule besuchten und daß sich dieser Anteil erst bei den heute unter Dreißigjährigen nennenswert, nämlich um das Doppelte, erhöht hat. Die zur Bildungssituation von Politikerinnen formulierten Vorannahmen, die von der Entwicklung der Bildungssituation von Frauen insgesamt abgeleitet wurden, mußten davon ausgehen, bei ihnen einen vergleichbaren, in der weiblichen Bevölkerung vorfindbaren Anteil an Abiturientinnen und Hochschulabsolventinnen vorzufinden. Allerdings flossen in die Vorüberlegungen die verschiedenen Politikerinnenportraits mit ein. Aus ihnen geht hervor, daß politische Führungsfrauen, unabhängig von ihrem Alter, einen Hochschulabschluß absolvierten. Ein leicht überdurchschnittlich zur weiblichen Bevölkerung liegender Anteil an Abiturientinnen und Hochschulabsolventinnen wurde deshalb miteinbezogen.

Die Ergebnisse aus der Befragung übersteigen jedoch selbst diese Annahmen. Frauen in der Politik sind, trotz ihres erhöhten Altersdurchschnitts, im Vergleich zur weiblichen Gesamtbevölkerung eine überdurchschnittlich gut gebildete Gruppe. 61 Prozent aller Befragten haben das Abitur. Dies ist eine besonders hohe Quote im Vergleich nicht nur an den Frauen in der Gesellschaft sondern an der Gesamtbevölkerung.

Schaubild 2: Schulabschlüsse

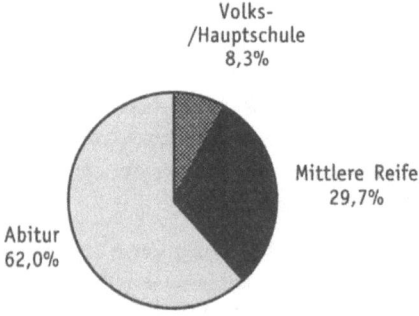

Es gibt unter den Befragungspersonen nur wenige, die nicht einen Berufs- oder Studienabschluß besitzen. Der häufigste Berufsabschluß ist ein kaufmännisch-verwaltender, der häufigste Studienabschluß ist die Berechtigung für das Lehramt oder ein Abschluß in Gesellschaftswissenschaften.

Schaubild 3: Berufsabschluß   *Schaubild 4: Studienabschluß*

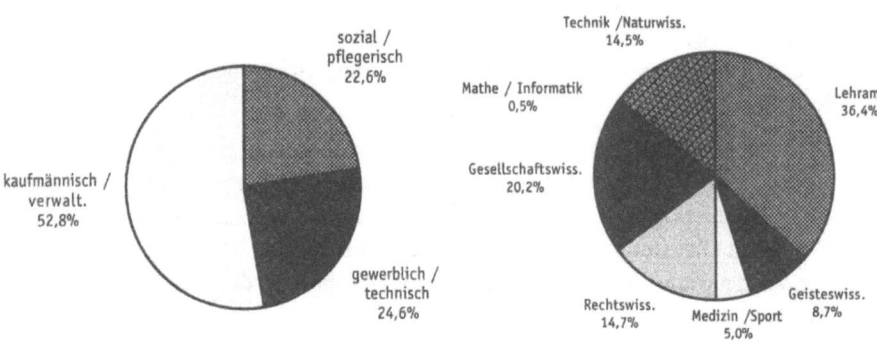

Nicht unerheblich ist jedoch der Prozentanteil derjenigen, die in männerdominierten Berufen einen Berufs- oder Studienabschluß gemacht haben. Dies ist nicht nur für die betroffenen älteren, d.h. über 41jährigen Kohorten außergewöhnlich. Bis heute befinden sich nur rd. 10 % der weiblichen Auszubildenden und 13 % der Studierenden in einschlägigen technischen Bildungsgängen (Statistisches Bundesamt 1995).

Die Befunde zur Bildungsbeteiligung und die Differenzierung nach Schul-, Berufs- und Studienabschlüssen bei den Politikerinnen deuten auf ein nach der Bildungsherkunft zu beurteilendes Potential hin, das in Qualität und Häufigkeit in anderen gesellschaftlichen Subsystemen nicht vorzufinden ist.

Nach allen Erfahrungen und Ergebnissen von Erhebungen im Erwachsenenbildungsbereich (BMBF 1995) ist eine positive Korrelation zwischen vorangegangenen Bildungsabschlüssen und der Bereitschaft zur Teilnahme an Fort- und Weiterbildung zu konstatieren. Insofern ist von den Frauen in der Politik gewiß davon auszugehen, daß sie wegen ihrer günstigen bildungsbiographischen Voraussetzungen weiteren Bildungsangeboten positiv gegenüber stehen und sie in Anspruch nehmen.

Lebensformen und -ziele

Das Bildungsniveau von Frauen hat jedoch nicht nur auf ihre berufliche Entwicklung, auf ihre spätere Weiterbildungseinstellung sondern vor allem auf ihre gesamte Lebensplanung und -führung Auswirkungen. Beispielsweise wurde auf der Welternährungskonferenz in Kairo 1995 festgestellt, daß die Geburtenrate in den einzelnen Ländern vor allem vom Bildungsniveau der Frauen abhängig ist. Der einzige Weg aus der Bevölkerungswachstumskrise und den damit einhergehenden Problemen wie Armut, Hunger und Krankheiten liegt nach übereinstimmender Ansicht aller Expertinnen und Experten in der Bildung von Mädchen und Frauen.

Am Beispiel der Bundesrepublik läßt sich bestätigen, daß Bildung von Frauen zumindest als eine wichtige Größe in Bezug zur Fertilitätsrate gesehen werden kann. Sie sinkt seit längerem, nämlich etwa zeitgleich mit den seit Anfang der siebziger Jahre einsetzenden Bildungsreformen. Obwohl es kaum mehr größere Familien mit mehr als zwei Kindern gibt, entstehen wegen der familiären Aufgaben für die Frauen noch immer Nachteile, insbesondere mit Wirkung auf ihre beruflichen Entwicklungschancen. Als typisch für weibliche Berufsverläufe sind mehrere, wenn auch zwischen der alten Bundesrepublik und der ehemaligen DDR voneinander abweichende Merkmale anzuführen. Zunächst betreffen sie die Berufswahlentscheidungen. Junge Frauen beziehen bei der Berufswahl die Familiengründung und die damit einhergehenden, auf sie zukommenden Anforderungen ein und entscheiden sich für Ausbildungsgänge oder Studienziele, die in eine Berufstätigkeit münden, die im Falle der Familiengründung eine Vereinbarkeit zulassen (Wender 1995, 70f.). Der hohe Anteil an Lehrerinnen unter den Politikerinnen spricht u.a. dafür. Wenn die Vereinbarkeit von Familie und Beruf nicht oder nicht im gewünschten Maße möglich ist, nehmen Frauen in Kauf, die Berufsarbeit zumindest vorübergehend zugunsten der Familie aufzugeben und/oder längerfristig nur in Teilzeitform zu arbeiten[30]. Es konnte schon allein wegen der höheren Altersstruktur bei Frauen in der Politik nicht angenommen werden, es handele sich bei ihnen um eine Gruppe, die sich mit ihren Berufsverläufen entscheidend von denen der Frauen insgesamt unterscheidet.

Tatsächlich unterbrachen von den Politikerinnen über 40 % irgendwann einmal in ihrem Leben ihre Berufsarbeit.

Tabelle 2: Teilzeitarbeit und Berufsunterbrechung

	Ja-Antworten in %	absolute Ja-Antworten
Waren Sie teilzeitbeschäftigt?	40,1 %	266 von 663
Haben Sie Ihre Berufstätigkeit aus familiären Gründen vorübergehend unterbrochen oder aufgegeben?	44,4 %	296 von 666

Da nur 4 % angaben, beim Eintritt in die Politik Hausfrauen gewesen zu sein, kann es sich bei den Politikerinnen, die angeben, den Beruf aus familiären Gründen unterbrochen zu haben, überwiegend nur um temporäre Unterbrechungen gehandelt haben. Dennoch haben auch bei Politikerinnen Kinder zu Einschnitten im Berufsverlauf geführt. Ebenfalls 40 % gaben an, daß sie Teilzeit gearbeitet haben. Diese „verlorenen" Jahre könnten mit herangezogen werden als Begründung für die altersmäßige Konzentration von Frauen in der Politik auf die über 40 Jährigen.

Erwähnenswert ist, daß die Mehrzahl der Politikerinnen verheiratet ist oder war, wie die Antworten auf die Frage nach dem Familienstand zeigen.

---

30 vgl. hierzu die verschiedenen ibv-Themenhefte „Frauen" der Bundesanstalt für Arbeit (Hg.), Nürnberg 1994-1996

Tabelle 3: Familienstand in den verschiedenen Altersgruppen

Familienstand	Altersgruppen					
	bis 30 Jahre	31 bis 40 Jahre	41 bis 50 Jahre	51 bis 60 Jahre	über 60 Jahre	GESAMT
ledig	65,2 %	24,4 %	9,2 %	6,7 %	16,2 %	13,7 %
verheiratet	30,4 %	62,6 %	72 %	74,9 %	64,9 %	69,3 %
geschieden		9,2 %	13,6 %	12,6 %	8,1 %	11,6 %
getrennt lebend	4,3 %	3,8 %	4,4 %	2,7 %	2,7 %	3,6 %
verwitwet			0,8 %	3,1 %	8,1 %	1,8 %

Da der Familienstand nicht zwingend die tatsächliche Lebensform beschreibt, z.B. können auch Unverheiratete mit einem Partner oder Verheiratete getrennt leben, wurde neben dem Familienstand gefragt, in welcher Lebensform die Politikerinnen leben.

Tabelle 4: Lebensformen in den verschiedenen Altersgruppen

N = 467	Altersgruppen					
	bis 30 Jahre	**31 bis 40 Jahre**	**41 bis 50 Jahre**	**51 bis 60 Jahre**	**über 60 Jahre**	**GESAMT**
alleinlebend	21,7 %	12,5 %	13,7 %	21,7 %	53,3 %	17,1 %
mit Partner/in	34,8 %	30,4 %	22,8 %	40,0 %	33,3 %	30,0 %
Wohngemeinschaft	8,7 %	3,6 %	3,0 %	,8 %	6,7 %	3,0 %
mit Eltern	26,1 %	1,8 %	3,6 %	5,0 %	6,7 %	4,7 %
mit Kindern	39,1 %	71,4 %	75,6 %	54,2 %	13,3 %	65,3 %

Obwohl der Anteil derjenigen, die ihre Berufsarbeit unterbrachen bzw. die Teilzeit arbeiteten, unterhalb des gesellschaftlichen Durchschnitts, insbesondere bezogen auf den erhöhten Altersdurchschnitt, liegt (vgl. Tabelle 2), leben noch immer bei einem

Drittel der befragten Politikerinnen Kinder im selben Haushalt, vor allem Teenager und Jugendliche bzw. junge Erwachsene.

Schaubild 5: Alter der noch im Haushalt lebenden Kinder

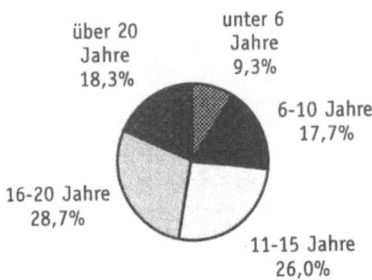

Auch wenn es sich überwiegend um größere Kinder handelt, die im Haushalt der Eltern oder der Mutter leben, so kann doch davon ausgegangen werden, daß dies praktische und emotionale Probleme hervorruft. Parteiveranstaltungen finden meist abends statt, also dann, wenn die Familie zu Hause ist und was u.a. ein weiterer Grund für die geringe Beteiligung junger Frauen an der Politik sein kann. Viele politische Ämter, insbesondere auf der kommunalen Ebene, bieten außerdem keine Existenzsicherung. D.h., die Frauen sind gleichzeitig berufstätig und politisch tätig. In welchem Maße es zu solchen Mehrfachanforderungen bei Frauen in der Politik kommt, ist unter dem Aspekt ihrer zeitlichen Möglichkeiten an Fortbildung teilzunehmen, von erheblicher Bedeutung.

Bevor noch die Frage der Existenzsicherung durch das politische Amt geklärt wird, soll zur Komplettierung der Kenntnisse über die Lebensbedingungen von Politikerinnen der Versuch unternommen werden, über die Frage nach dem politischen Interesse von Vater und/oder Mutter in den Biographien liegende Ansatzstellen für das aktuell aktive politische Engagement der Bezugsgruppe aufzuspüren.

Das Elternhaus als Förderinstanz

Die große Bedeutung der innerfamiliären Erziehung für die späteren Lebensentscheidungen ist seit längerem nachgewiesen (Gottschalch 1974). Bis heute wird in einschlägigen Untersuchungen zur Bildungsentwicklung der berufliche Status, den die Eltern einnehmen bzw. wie er durch den Beruf des Vaters bestimmt wird, für Analysen zur sozialen Mobilität herangezogen. Hier interessiert jedoch weniger die allgemeine soziale Statusentwicklung zwischen den Generationen sondern ob das Engagement der Politikerinnen durch entsprechendes Interesse bereits im Elternhaus geweckt wurde.

Es zeigt sich ein zwar nicht in jedem Einzelfall, so doch insgesamt erwartungsgemäßes Ergebnis. Das politische Interesse der Mütter lag bei 40 %, das der Väter bei knapp über 60 %, nicht selten alternierend zueinander.

Tabelle 5: politisches Interesse der Eltern

	Altersgruppen				
	bis 30 Jahre	31 bis 40 Jahre	41 bis 50 Jahre	51 bis 60 Jahre	über 60 Jahre
N = 668					
Mutter war politisch interessiert	40,9 %	33,3 %	42,3 %	42,3 %	48,5 %
N = 671					
Vater war politisch interessiert	70,8 %	57,8 %	62,7 %	60,8 %	80,0 %

Auf beide Elternteile bezogen weisen die Politikerinnen der Altersgruppe der 31-40jährigen seltener auf ein politisch interessiertes Elternhaus als alle anderen Altersgruppen hin.

In dieser Altersgruppe überwiegen die Frauen aus den neuen Bundesländern, und es könnte deshalb sein, daß das geringe Interesse an Politik im Elternhaus die politische Zurückhaltung wiedergibt, die vor allem von „Andersdenkenden" im sozialistischen Staat geübt wurde. Obwohl die 31 – 40-Jährigen relativ selten zu den anderen Kohorten aus einem politisch interessierten Elternhaus stammen, hoben die wenigen, die politisch interessierte Eltern hatten, wie alle anderen Frauen in der Politik, eher auf den Vater als auf die Mutter ab.

Die jüngste Altersgruppe der unter 31-jährigen, von deren Müttern eher als bei den älteren Kohorten politisches Interesse anzunehmen wäre, treten unter diesem

Aspekt jedoch nicht aus der vom überwiegenden Teil aller Befragungspersonen geäußerten Aussage zugunsten der Väter, die stärker als die Mütter politische Interesse zeigten, hervor. Dies wiederum kommt bemerkenswerterweise bei der Kohorte der über 60-jährigen zum Ausdruck. Von ihnen, den über sechzig Jahre alten Politikerinnen, geben etwa die Hälfte die Mutter als politisch interessiert an. Bis auf die Gruppe der bereits erwähnten 31- 40-Jährigen, die häufiger als andere Altersgruppen bei beiden Eltern relativ wenig politisches Interesse feststellt, wuchsen die anderen Politikerinnen mit politisch interessierten Eltern auf. Dennoch bleibt festzustellen, daß Frauen, selbst solche Frauen wie die Mütter der Politikerinnen, die ihren Töchtern Berufsausbildung und/oder Studium ermöglichten, zur Politik ein distanziertes Verhältnis besaßen und es eher ihren Ehemännern überließen, politisches Interesse innerhalb der Familie zu verbreiten.

Wegen des gegenüber der entsprechenden weiblichen Gesamtbevölkerung erhöhten Bildungsniveaus der Politikerinnen, was vor allem für die Altersgruppen der über 51-jährigen keineswegs selbstverständlich, sondern damals eine klare Ausnahme war, ist anzunehmen, daß deren Eltern unter frauenspezifischen Gesichtspunkten zu ihrer Zeit eine fortschrittliche Einstellung besaßen. Ende der fünfziger bis weit in die sechziger Jahre hinein besuchten auch Töchter der Mittelschicht Haupt- und Realschulen und im Anschluß daran eine meist schulische Berufsausbildung, z.B. Höhere Handelsschule.

Da Bildung sichtbar den Einstieg in die Politik für Frauen erleichtert, muß die häusliche Orientierung auf die Entwicklung politischen Interesses bei Frauen als indirekte Einflußnahme über die elterliche Bildungsorientierung und erst an zweiter Stelle über das bei den Eltern herrschende politische Interesse abgeleitet werden. An dieser Stelle ist erneut die von den anderen Altersgruppen abweichende, besonders seltene politische Orientierung der Eltern der jungen Frauen unter 31 Jahren herauszuheben und die dort, wie bei den anderen, älteren Altersgruppen deutlich geringere politische Interessenlage bei den Müttern. Möglicher Weise begegnen wir hier einer Ausdrucksform des gesellschaftlichen Trends der „Politikverdrossenheit", wie sie sich z.B. in der sinkenden Wahlbeteiligung zeigt und sich im häuslichen Alltag durch geringes Interesse an den politischen Geschehnissen niederschlägt.

Das politische Desinteresse der Eltern, insbesondere der Mütter, führen wiederum zu keiner Beeinträchtigung bei der Entwicklung des späteren politischen Engagements auf Seiten der Töchter. Die durch das Elternhaus unterstützen Bildungsambitionen erlaubten eine erweiterte Teilnahme am öffentlichen Leben in Schule, Berufsausbildung, Studium und Beruf, was wiederum sichtbar den politischen Horizont junger Frauen erweitert. Dies hebt andererseits die Bedeutung der außerfamiliären Umwelt zur Herausbildung des Interesses von Frauen für eine aktive Beteiligung an der Politik hervor. Deshalb soll im Weiteren überprüft werden, ob es eine solche Unterstützung gibt und wodurch bzw. durch wen sie erteilt wird. Um einen ersten Eindruck zu gewinnen, wird dargelegt, wie die einzelnen Altersgruppen die verschiedenen Frage nach förderlichen, unterstützenden Umweltbedingungen beantworten.

Umweltreaktionen beim Einstieg in die Politik

Politische versus private Förderaktivitäten

Die Frage, ob sie beim Eintritt in die Politik in ihren politischen Aktivitäten gefördert wurden oder werden, beantworteten über zwei Drittel aller Politikerinnen positiv. Die jungen Frauen unter 31 Jahren profitieren am häufigsten von Menschen in ihrem Umfeld, die ihnen Hilfestellungen zuteil werden lassen. Über 80 % dieser Altersgruppe erhält durch Kolleginnen/Kollegen, Familienangehörige, Partner etc. diese Art der Zuwendung. Auch drei Viertel der sich anschließenden Kohorte der 31 bis 40-Jährigen führt ihnen unterstützend zur Seite stehende Personen an. Mit leichter Differenz zugunsten der ältesten Altersgruppe, verfügen jedoch auch die anderen Kohorten zu jeweils über zwei Dritteln über die Möglichkeit, Rat und Tat bei anderen Personen einzuholen.

Tabelle 6: Politikerinnen mit Förderung beim Einstieg in die Politik

Wurden Sie beim Einstieg in die Politik gefördert?	Ja-Antworten
bis 30 Jahre	81,8 %
31 bis 40 Jahre	72,6 %
41 bis 50 Jahre	66,7 %
51 bis 60 Jahre	65,5 %
über 60 Jahre	67,6 %
N = 681	

Danach befragt, um welche Personen es sich handelt, die ihnen unterstützend zur Seite standen oder, wie bei den Neuanfängerinnen im politischen Amt, noch immer zur Verfügung stehen, kristallisierte sich der Lebenspartner als zentrale Person bei über 40 % der Frauen heraus. Erst mit großem Abstand werden Freunde / Freundinnen, Kolleginnen / Kollegen, Familienangehörige und schließlich bei einer geringen Zahl das politische Umfeld, also die Fraktion oder Partei, genannt.

Tabelle 7: Personen, die fördernd den Einstieg von Frauen in die Politik unterstützen

Lebenspartner	322	42,8 %
Freunde/ Freundinnen	131	17,4 %
Familienangehörige	131	17,4 %
Kollegen	98	13,0 %
Schule/ Aus- u. Weiterbildung	17	2,3 %
Personen im politischen Umfeld	50	6,6 %
Bürger/ Gemeinde	3	,4 %
N = 752	Mehrfachnennungen waren möglich	

Ein Drittel aller Politikerinnen hat auf die Frage, ob sie beim Einstieg in die Politik unterstützt wurden oder - gerichtet auf diejenigen, die noch am Anfang ihrer politischen Karriere stehen, aktuell auf solche Unterstützung und Förderung zugreifen können -, die Frage verneint (vgl. Tab. 6). Diese Quote ist, bedenkt man die Anforderungen, die ein politisches Amt in fachlicher, zeitlicher und auch emotionaler Hinsicht stellt, zu hoch, um sie als Restgröße zu behandeln. Vielmehr zeigt es, daß bei diesem Drittel der Weg in die Politik im „Alleingang" geschah, möglicherweise in Einzelfällen sogar gegen aktive Widerstände aus der privaten und /oder politischen Umwelt. Von jenen, die Förderung erhielten (s.o.), gaben nur 10 % dafür ihr politisches Umfeld an. Umgerechnet auf alle Politikerinnen, sind es weniger als 6 %, die von Personen in ihrer Partei/Fraktion als Neuanfängerin die hier notwendige Zuwendung erhalten haben.

Damit zeigt sich, daß trotz Quotenregelung Frauen, die in die Politik eintreten, verfügen sie nicht über sie fördernde Personen in ihrer Privatsphäre, sich sofort in die vorfindbaren Strukturen „einfädeln" müssen, weil sie sich nicht darauf verlassen können, Hilfestellungen von ihren Kollegen - und sichtbar auch nicht von den anderen Frauen in politischen Positionen - zu erhalten. Frauenförderung scheint in den Parteien damit zu enden, daß man Frauen zwar zuläßt bzw. wegen der Quotenregelung zulassen muß, ihnen dann aber die Einarbeitung ins politische Handlungsfeld selbst überläßt.

Der Einstieg in die Politik, in ein Amt, das eine Fülle von fachlichen Kenntnissen ebenso wie bestimmte Handlungskompetenzen, z.B. Umgang mit dem politischen Gegner-, Rede- und Argumentationsgeschick, Durchhaltevermögen, Verschwiegenheit, Planungs- und Organisationsfähigkeit usw. erfordert, ist gleichzusetzen mit einem Anfang in einem qualifizierten Berufsfeld. In der Wirtschaft würde für Personal mit vergleichbaren Anforderungen entsprechende Schulung angeboten, auf jeden Fall stünde in einer Einarbeitungsphase eine einschlägig fachkompetente Person dem Neuling zur Verfügung. Für Frauen, die in die Politik gehen, gibt es diese Chance nur sehr eingegrenzt.

Bevor dieses Ergebnis weiter reflektiert wird, soll dargelegt werden, ob es außerhalb des familiären bzw. privaten Umfelds nicht doch Personen gibt, die sich den neuen Mandatsträgerinnen widmen und ihnen den politischen Start erleichtern.

Zuwendung durch Mentorinnen und Mentoren

Angesichts des Mangels an politischer Förderung und Unterstützung durch Personen aus dem politischen Umfeld beim Einstieg in die Politik erübrigt sich fast die Frage, ob Frauen durch einen Mentor/eine Mentorin in die politische Arbeit eingeführt wurden? Die weniger als zwanzig Prozent aller Befragungspersonen, die die Frage, ob sie durch erfahrene Politiker oder Politikerinnen unterstützt wurden, bejahten, bestätigen diese Skepsis. Frauen, die in die Politik einsteigen wollen, erfreuen sich sichtbar weder einer „mütterlichen" noch der „väterlichen" Zuwendung durch erfahrene politische Persönlichkeiten. Allerdings muß hier ein Hinweis ergänzend hinzugefügt werden. Die Spitzenpolitikerinnen unter den Befragungspersonen hatten, eher als die anderen Politikerinnen ohne zusätzliche Position, einen Mentor oder eine Mentorin. Dies trifft auf Ministerinnen zu, auf Staatssekretärinnen und andere hochrangige politische Führungsfrauen. Es ist jedoch nicht der Fall bei Bürgermeisterinnen und bei Parlamentspräsidentinnen auf der kommunalen Ebene.

Tabelle 8: Unterstützung durch Mentorin/Mentor nach politischem Amt

N = 687	Hatten Sie eine/n Mentor/in beim Einstieg in die Politik?	
Politisches Amt	ja	nein
Mitglied des Landtages	16,9 %	83,1 %
Mitglied des Bundestages	22,7 %	77,3 %
Stadträtin	15,8 %	84,2 %
Mitglied im Stadtparlament	25,5 %	74,5 %
Mitglied des Kreistages	18,5 %	81,5 %
Kreisrätin	17,6 %	82,4 %
Bürgermeisterin	12,8 %	87,2 %
Mitglied der Gemeindevertretung	15,8 %	84,2 %
Mitglied Europaparlament	23,1 %	76,9 %
Landesministerin	30,0 %	70,0 %
Staatssekretärin	28,6 %	71,4 %
Parlamentspräsidentin		100,0 %
Bundesministerin	50,0 %	50,0 %
Gemeinderätin		100,0 %

Strukturelle Abstinenz bei der Nachwuchsförderung?

Aus den Antworten zu den beiden Fragen nach Unterstützung beim Einstieg in die Politik wird neben anderen Defiziten deutlich, daß sich Frauen auch untereinander nicht aktiv bzw. systematisch unterstützen. Woran dies liegt soll hier einstweilen offen bleiben. Die Annahme, es käme der „Bienenköniginnen-Effekt" (Schöler-Macher 1994) zum Tragen und die bereits in der Politik tätigen Frauen würden aus Sorge um ihren eigenen Sonderstatus auf Solidarität mit anderen, vor allem mit neu hinzukommenden Politikerinnen verzichten, kann ohne weitere Informationen über die Arbeitsbedingungen in der Politik nicht übernommen werden.

Bemerkenswert ist hingegen das offensichtliche Unterstützungsdefizit gegenüber neu hinzugekommenen Abgeordneten innerhalb der sonst so heftig verteidigten traditionellen Strukturen in der Politik. Der Mangel an institutionalisierter Einarbeitung für neue Mandatsträgerinnen, z.B. durch die Zuordnung von Mentoren und Mentorinnen, ist angesichts der Komplexität der Anforderungen an diese Ämter schwer nachzuvollziehen. Die Wahlzeit beträgt in der Regel vier Jahre, und jede Partei / Fraktion sollte Interesse daran haben, neue Entscheidungsträgerinnen in ihren Reihen so effizient und gründlich wie möglich auf Amt und Aufgaben vorzubereiten. Da dies nicht geschieht, dienen die von den Frauen in der Politik immer wieder kritisch angeführten formellen und informellen Strukturen implizit als Orientierungsmuster. Mehr noch, sie ersetzen den Neulingen die fehlende Förderung und Kooperation durch die Kollegen und Kolleginnen sogar, weil sie die einzige, wenn auch fragwürdige, Orientierungshilfe bieten. Für die nach wie vor in der Politik einen Minderheitenstatus einnehmenden Frauen ist dies besonders nachteilig, da sich die Strukturen lange vor ihnen manifestiert haben und gewiß keine Elemente beinhalten, die ihren Wünschen entgegen kämen.

Gründe für den Einstieg in die Politik - Streben nach weiblichen Vorbildern oder Befriedigung des „guten Gewissens"?

Warum der Schritt in die aktive Politik trotz mangelnder Förderung und politischer Unterstützung dennoch gewagt wurde, sollte durch die Antworten auf Fragen nach weiblichen Vorbildern, nach möglichen Schlüsselerlebnissen bzw. nach einer bestimmten Problemsicht auf gesellschaftliche oder politische Zustände geklärt werden. Aus Einzelbefragungen von politischen Führungsfrauen kristallisierten sich Schlüsselerlebnisse, z.B. durch die '68 Studentenbewegung, bei den älteren durch die Naziherrschaft, als Anlässe oder gar Gründe für den Einstieg in die Politik heraus (Schaeffer-Hegel u.a.1995, 99). Vermutet wurde deshalb, daß dies auch bei dieser Befragungsgruppe zutrifft und große gesellschaftspolitische Ereignisse, wie z.B. die erst jüngst vollzogene deutsche Wiedervereinigung, als Schlüsselerlebnisse erfahren und als Motivation zum Einstieg in die Politik herangezogen werden können.

Die Frage nach anderen Frauen als Leitbild und/oder Anlaß für Frauen, in die Politik einzusteigen, wurde nicht mit allzu großen Erwartungen auf positive Beantwortung formuliert, da vom öffentlichen Leben bis hin in die familiär privaten Bezüge, die maskuline Orientierung vorherrscht und „weibliche Leitbilder fehlen und auch die meisten Bildungseinrichtungen ganz auf die männlichen Erfahrungswelten zugeschnitten (sind)" (Grolle 1995 138). Da aber Männer in der Politik in ihren biographischen Darlegungen oft auf ihre großen Vorbilder hinweisen, sollte überprüft werden, ob Frauen nicht doch inzwischen, wenn sie für sich nachzustrebende Vorbilder suchen und wählen, auf ihre Geschlechtsgenossinnen rekurrieren.

Untersuchungen mit Frauen in der Politik weisen immer wieder auf deren Gewissensentscheidungen als Begründung zum Einstieg in die Politik hin, die Virginia Penrose (Penrose 1993, 68) „motivierende Konfliktsituationen" nennt. Andere Frauen, die sie gleichsam „nachgezogen" haben, kommen hingegen nur selten in den als Portraits verfaßten Selbstdarstellungen von aktiven Politikerinnen vor. In dieser Erhebung sollte dennoch danach geforscht werden, ob Frauen nicht doch schon „berühmte" oder auch weniger öffentlich auffällige Frauen als Leitbilder für sich erheben und ihnen nachzustreben versuchen. Immerhin gaben über 40 % an, weiblichen Vorbildern in der Politik nachzustreben.

Tabelle 9: Weibliche Vorbilder von Frauen in der Politik nach Altersgruppen

N = 669	Altersgruppen				
	unter 31	31 bis 40	41 bis 50	51 bis 60	über 60
ja	16,7 %	40,0 %	41,9 %	43,4 %	47,2 %
nein	83,3 %	60,0 %	58,1 %	56,6 %	52,8 %

Nur die jüngsten Politikerinnen, die über die größte Auswahl an Vorbildern verfügen, orientieren sich selten an anderen Frauen. Bei ihnen, den unter 31-jährigen, sind es eher wichtige persönliche (Schlüssel-) Erlebnisse (29 %), die den Einstieg in die Politik forciert haben, gleichwohl Schlüsselerlebnisse insgesamt nur bei der Hälfte aller jungen Politikerinnen als Grund für ihr politisches Engagement genannt wurden.

Tabelle 10: Schlüsselerlebnisse zum Eintritt in die Politik nach Altersgruppen

N = 674	Altersgruppen				
	unter 31	31 bis 40	41 bis 50	51 bis 60	über 60
ja	50,0 %	59,3 %	66,4 %	69,7 %	73,5 %
nein	50,0 %	40,7 %	33,6 %	30,3 %	26,5 %

Auf die (offene) Frage, um welche Erfahrungen es sich handele, gibt von den älteren Politikerinnen über sechzig Jahre ein Drittel an, das sog. 3. Reich und das Kriegsende als Schlüsselerlebnis erfahren zu haben. Ansonsten werden mit Ausnahme der DDR-Erfahrungen vor und die politischen Geschehnisse in Deutschland nach 1989 bei einer Reihe von Angaben als Schlüsselerlebnisse angeführt. In ihrer Gesamtheit erhalten diese Antworten zwischen den Alterskohorten unterschiedliche Schwerpunkte.

Die Hälfte der jungen Politikerinnen geben an, durch Schlüsselerlebnisse für Politik motiviert worden zu sein. Ihr Mangel an weiblichen Vorbildern wird also „ersetzt" durch eine wache Umweltbeobachtung und durch das Engagement für bestimmte gesellschaftliche Entwicklungen. Nicht zu übersehen ist hingegen, daß dies nur die Hälfte von ihnen betrifft und daß es unklar bleibt, wodurch die zweite Hälfte für Politik motiviert wurde.

Interessant ist die Art der Schlüsselereignisse, um die sich primär bei den einzelnen Altersgruppen handelt. Bei den jungen Frauen sind es überwiegend „wichtige persönliche Erlebnisse", bei den ältesten Politikerinnen Erlebnisse aus der Nazi- und der Nachkriegszeit. Außer bei den Frauen über 60 Jahren nehmen die Ereignisse von 1989 in der DDR, die Deutsche Einheit und/oder die Situation der neuen Bundesländer einen herausragenden Stellenwert als Schlüsselerlebnisse ein, wie aus der nachfolgenden Tabelle 11 hervorgeht.

Tabelle 11: Art der Schlüsselerlebnisse nach Altersgruppen*

	bis 30 Jahre	31 bis 40 Jahre	41 bis 50 Jahre	51 bis 60 Jahre	Über 60 Jahre
Bildungspolitik		3,6 %	2,1 %	4,0 %	5,6 %
III. Reich u. Kriegsende		4,5 %	3,3 %	12,0 %	33,3 %
pers. Erfahrungen in Schule, Studium, Beruf		9,0 %	9,5 %	5,8 %	2,8 %
DDR bis 89, Wende und NBL	14,3 %	23,4 %	18,9 %	19,6 %	5,6 %
Anti KKW- oder Friedensbewegung	14,3 %	11,7 %	7,0 %	4,0 %	5,6 %
Frauen, Jugend, Familie, Senioren		9,0 %	10,7 %	7,6 %	11,1 %
Kommunalpolitische Ereignisse bzw. Zustände	14,3 %	18,9 %	14,4 %	15,1 %	13,9 %
Vietnamkrieg			3,3 %	0,4 %	
Dritte Welt, Entwicklungshilfepolitik	7,1 %		0,4 %		
politische Tradition in der Familie	7,1 %	1,8 %	2,5 %	4,0 %	
Studentenbewegung, '68er Ideen		1,8 %	6,2 %	6,2 %	5,6 %
bedeutende politische Persönlichkeiten		5,4 %	9,5 %	6,7 %	8,3 %
internationale politische Ereignisse			0,4 %	0,4 %	
Umweltschutz	7,1 %	1,8 %	0,4 %	0,4 %	
Sozialpolitik		0,9 %	0,4 %	0,9 %	
christliches Engagement	7,1 %	0,9 %	0,4 %	0,9 %	
wichtige persönliche Erlebnisse	28,6 %	7,2 %	9,1 %	12,4 %	8,3 %

* Mehrfachnennungen waren möglich

Neben Vorbildern und Schlüsselerlebnissen für politische Aktivitäten bis hin zur Mandatsübernahme könnten auch politische Probleme bzw. die Absicht, an deren Lösung von exponierter Stelle aus mitzuwirken, den Auslöser bieten. Deshalb wurde die Frage gestellt, ob ein politisches und / oder gesellschaftliches Problem zur politischen Aktivität herausforderten. Diese Frage beantworteten drei Viertel aller Politikerinnen mit ja. Unterschiede zwischen den Altersgruppen treten hier nicht auf. Demzufolge gehören politische bzw. gesellschaftliche Problemkonstellationen bei den jungen Politikerinnen zum Hauptmotiv für ihr politisches Engagement, bei den anderen Altersgruppen ist es zusätzlich zu Schlüsselerlebnissen einzuordnen.

Interessant ist nicht nur, ob Politikerinnen durch Erfahrungen mit gesellschaftlichen und politischen Zuständen, die ja Sensibilität und Wahrnehmungsfähigkeit für die Umweltgeschehnisse voraussetzen, zur aktiven Beteiligung an der Politik geleitet wurden, sondern um welche es sich handelt und wie sie diese Erfahrungen dann innerhalb des politischen Amtes umsetzen.

Problembewußtsein und politische Arbeitsschwerpunkte

Die Palette der politischen Schwerpunktbereiche, auf die sich die Politikerinnen konzentrieren ist wesentlich weiter gefächert, als die als Impulse für den Eintritt in die Politik genannten politisch-gesellschaftlichen Probleme. Die beiden am häufigsten genannten Gründe für den Einstieg in die Politik sind sozialpolitische Probleme sowie die gesellschaftliche Benachteiligung von Frauen und Familien.

Tabelle 12: Gründe für den Einstieg in die Politik

Sozialpolitik	182	22,8 %
Benachteiligung von Frauen, Familien	174	21,8 %
eigene politische Aktivitäten	89	11,2 %
Umweltpolitik	77	9,7 %
Menschenrechte/Demokratie	57	7,2 %
Einheit D/Wende/NBL	52	6,5 %
Kultur/Bildung/Wissenschaft	35	4,4 %
Wirtschaftspolitik/Arbeitsmarkt	31	3,9 %
Mitgestaltung an Gesellschaft	28	3,5 %
Freiheit und Frieden	25	3,1 %
Ausländerpolitik	11	1,4 %
Minderheiten/Randgruppen	9	1,1 %
Atomkraft	9	1,1 %
Entwicklungsländer	7	0,9 %
Glaube an Sozialismus	5	0,6 %
Einheit Europas	3	0,4 %
Sonstiges	3	0,4 %
N = 797	Mehrfachnennungen waren möglich	

Bildungs-, Kultur-, Forschungs- und Technikpolitik werden am häufigsten als politische Schwerpunkte im politischen Amt angegeben, gefolgt von Kommunalpolitik und erst an dritter Stelle Frauen- und Familienpolitik. Auf gleicher Ebene rangieren Gesundheitspolitik als Schwerpunktbereich mit Wirtschafts- und Finanzpolitik und auch Umweltpolitik wird noch immer von 22 Prozent aller Befragungspersonen als inhaltlicher Schwerpunkt ihrer politischen Arbeit angeführt.

Tabelle 13: Inhaltliche Schwerpunkte im politischen Amt*

Sozialpolitik	264	15,5 %
Kommunalpolitik	200	11,8 %
Frauenpolitik	190	11,2 %
Wirtschaft und Finanzen	189	11,1 %
Kinder / Jugend/ Familie/ Senioren	147	8,6 %
Bildungspol. / Forschung	141	8,3 %
Umweltpolitik	130	7,6 %
Kulturpolitik	103	6,1 %
Aufgab. im Rahmen des Amtes	95	5,6 %
Innen- und Rechtspolitik	79	4,6 %
Außen- u. Entwicklungspolitik	44	2,6 %
Verkehrspolitik	42	2,5 %
Ausländer u. Asyl	30	1,8 %
Minderheiten und Randgruppen	28	1,6 %
Verwaltungsreform	14	,8 %
Technik und Technologie	5	,3 %
N = 1701	Mehrfachnennungen waren möglich	

Die inhaltlichen Schwerpunktbereiche von Frauen in der Politik sind weit gestreut und widerlegen die verbreitete Annahme, Politikerinnen wären in der Politik auf „ihre" Interessenschwerpunkte begrenzt, also auf die Frauen- und Familienpolitik. Jede Politikerin nimmt durchschnittlich 2,5 inhaltliche Schwerpunktbereiche war. In der Gesamtverteilung (s. Tab. 13) nehmen Wirtschafts- und Finanzpolitik und Frauenpolitik den selben Anteil ein. Sozialpolitische Problemlagen bilden den Hauptanlaß zum Einstieg in die Politik und Sozialpolitik führt auch die Liste der inhaltlichen Schwerpunktbereiche im Amt an. Das sichtbare Engagement für Kommunalpolitik resultiert in dieser Erhebung aus der Beteiligung der Kommunalpolitikerinnen. Aber auch letztere – es handelt sich um mehr als 450 Frauen –haben sichtbar darüber hinausgehende Themenschwerpunkte als Arbeitsbereich. Die Zuwendung der Politikerinnen für Frauenpolitik, Politik für Kinder / Jugendliche / Familien / Senioren läßt erkennen, daß Frauen in der Tat „Politik für die Menschen" stark gewichten. Ihre Hinwendung zur Bildungs- und Forschungspolitik wiederum unterstreicht zusätzlich die politischen Intentionen zugunsten der nachwachsenden Generation.

An den tragenden Fragen gegenwärtiger Politik, der Gesundheits- und der Umweltpolitik, arbeiten sie gleichfalls in nennenswertem Umfang mit, ohne dabei und bei der Bearbeitung der vielen anderen Themenschwerpunkte die Frauen- und Familienpolitik aus den Augen zu verlieren. Wie die Doppelnennungen zeigen, kann andererseits die noch immer dominante Zuwendung zur Frauen- und Familienpolitik nicht als Dokument etwa eines verengten Politikverständnisses, sondern eher als Ausdruck weitgehenden Desinteresses männlicher Politiker für diese Politikbereiche herangezogen werden. Wenn sich nicht heute so viele Frauen in der Politik dieser Fragen annähmen - gleiches gilt übrigens auch für die Bildungspolitik - wäre zu befürchten, daß z.B. Fragen zur Anerkennung von in der Familie verbrachten Arbeitszeiten auf die Rente längst vom politischen „Tisch" gefallen wären. Auch wären Entscheidungen, z.B. Gewalt in der Ehe strafrechtlich zu verfolgen, möglicherweise nie zur politischen Verhandlung gekommen.

Im Sinne eines anzustrebenden politischen Paradigmenwechsels kann der immer wieder aufgeworfenen Forderung an Frauen in der Politik, sie mögen sich aus der „Ghettoisierung ihrer „typischen" Arbeitsbereiche"[1] (Schöler-Macher 1994) zugunsten der „wichtigen" Politikfelder wie Wirtschaft, Finanzen, Verteidigung und Außenpolitik lösen, nicht gefolgt werden. Für einen frauenrelevanten Paradigmenwechsel wird es notwendig bleiben, diese erstgenannten Politikfelder weiter mit Frauen besetzt zu wissen.

Zeitverwendung und -belastung

Für Weiterbildung ist die Zeitfrage ein zentraler Punkt. Um an organisierter Weiterbildung teilnehmen zu können, muß die Arbeitsverpflichtung in zeitlicher Hinsicht kalkulierbar sein. Dies scheint bei den Politikerinnen jedoch nicht zuzutreffen. Fast alle, d.h. z.T. weit über 90 %, antworteten auf die Frage, ob sie sich während der Freizeit auf das politische Amt vorbereiten mit Ja.

Tabelle 14: Vorbereitung für das politische Amt während der Freizeit

n=653 parlamentarische Zugehörigkeit	Anteil von positiven Antworten zur Frage: Bereiten Sie sich während der Freizeit auf das politische Amt vor?
Kommunale Ebene	92,4 %
Städtische Ebene	95,1 %
Landesebene	98,8 %
Bundesebene	95,3 %
Europaebene	100,0 %

Da sich hier (Tab. 14) keine Signifikanzen zwischen den einzelnen parlamentarischen Ebenen erkennen lassen, ist überall von einer Beeinträchtigung der zeitlichen Verfügbarkeit für Weiterbildung durch hohe Arbeitsbelastung auszugehen – es sei, die Weiterbildung würde dazu beitragen können, die Arbeit bzw. die Vorbereitung darauf organisatorisch anders zu gestalten. Diese Überlegung impliziert die Frage, ob es tatsächlich notwendig ist, außerhalb und nicht während der für das jeweilige Amt verfügbaren Zeit die Vorbereitungen zu treffen. Denn bei der Betrachtung der von einem Teil der Befragungspersonen zusätzlich angeführten „Schwierigkeiten im politischen Amt" wird deutlich, daß „Zeitdruck und Vereinbarkeit von Familie und Beruf" an erster Stelle rangiert, gefolgt von der Aussage, „ständiger Erfolgsdruck" bereite Probleme. Möglicher Weise ist es der Erfolgsdruck, der die Politikerinnen veranlaßt, trotz Familienaufgaben und den von einer erheblichen Anzahl außerdem genannten Verpflichtungen für Ehrenämter (siehe Tabelle 14) die Freizeit nicht für sich, sondern zur Vorbereitung auf das politische Amt zu verwenden.

Wenn sie sich nicht auf das politische Amt vorbereiten, dann verbringen die Frauen in der Politik ihre Freizeit ebenso oft in der Familie wie in ehrenamtlichen Funktionen.

Tabelle 15: Wie verbringen Frauen in der Politik ihre Freizeit? *

	Häufigkeit
mit der Familie	491
Ehrenamtliche Aufgaben	473
Lesen, Fernsehen	294
Teilnahme am kulturellen Leben	243
mit Bekannten, Freundinnen, Freunden	182
Weiterbildung	111
Hobby	81
Sport, Fitneß, Gymnastik	77
sonstige Beschäftigung	77
insgesamt	2029

* (Mehrfachnennungen möglich)

Freie Zeit wird, wie die Erhebung ergibt, primär der Familie gewidmet, aber fast im gleichen Umfang auch ehrenamtlichen Aufgaben (siehe Tabelle 15). D.h., daß die Politikerinnen während der privaten Zeit häufig zusätzliche Aufgaben wahrnehmen und ihr politisches Engagement über das Mandat hinaus auch für andere gesellschaftspolitische Bereiche einsetzen. Ihre Zeitverfügbarkeit für das Private ist demzufolge eher durch die mit dem politischen Amt nur indirekt verbundenen Aufgaben als durch diese selbst eng bemessen.

Lesen und Fernsehen und die Teilnahme am kulturellen Leben werden jeweils als Betätigungen zur Entspannung angeführt, weit vor anderen Freizeitbeschäftigungen wie Sport, Hobbys oder auch Weiterbildung.

Nahezu alle Politikerinnen nutzen ihre Freizeit zur fachlichen Vorbereitung (s. Tab. 15). Es wurde zwar nicht nach hierdurch in Anspruch genommene Zeitsummen gefragt, von zusätzlichen Belastungen durch diese Vorbereitungen kann hingegen ausgegangen werden.

Weiterhin wird deutlich, daß die Frauen aller parlamentarischen Ebenen, mit nur geringen Abweichungen untereinander, während der privaten Freizeit ihre fachlichen

Vorbereitung auf das politische Amt vornehmen. Hier ist zu bedenken, daß die meisten kommunalen Ämter Ehrenämter, also Aufgaben sind, für die, wenn überhaupt, nur eine geringe Aufwandsentschädigung gezahlt wird.

Auch in der Politik im Ehrenamt ?

Im Zusammenhang mit der Zeitfrage drängt sich die Frage nach der Bezahlung der politischen Arbeit auf. Sie ist unter zwei Gesichtspunkten interessant: treffen wir bei den Politikerinnen auf eine der gesellschaftlichen Lage von Frauen verwandte Situation, in der die Frauen in ihrem Lohnniveau unterhalb dem der Männer liegen? Findet man Politikerinnen in Ämtern, die ideell, z.B. für die Karriere oder den Status nützlich sind und die finanziell eine angemessene Kompensation bieten ?

Die Darstellung und Analyse der Zugehörigkeit zu den verschiedenen politischen Ämtern wird zusätzlich darlegen, unter welchen Bedingungen sich Frauen in der Politik zurechtfinden müssen.

Parlamentarische Ebene und Position

Politische Mandate sind auf kommunaler / städtischer, auf Landes- und Bundes / Europaebene zu erringen. Die jeweilige Zugehörigkeit wurde in der Erhebung abgefragt. Bei geringfügig höheren prozentualen Anteil von 2 Prozentpunkten der aus den Landes-, Bundes- und Europaparlamenten zusammengefaßten Politikerinnen verteilen sich die Politikerinnen in dieser Erhebung zu etwa gleichen Teilen einmal auf die erstgenannten Ebenen und auf kommunale politische Zugehörigkeiten.

Schaubild 6: Verteilung der Politikerinnen auf die verschienen parlamentarischen Ebenen

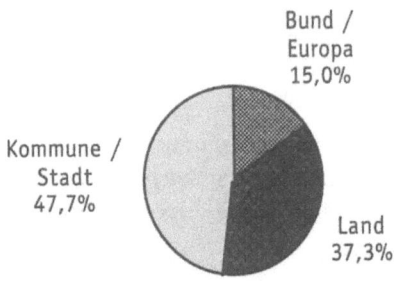

Der Kampf ums politische Mandat trägt für Frauen bis heute noch nicht jene Früchte, die eine gerechte Verteilung von fünfzig Prozent aller Ämter bedeuten würde. Parteien wie Die Grünen/Bündnis '90 und die SPD haben jedoch Entscheidungen über Paritäten (50 % bei den Grünen/ Bündnis '90) bzw. Quoten (40 % bei der SPD) für Frauen getroffen. Die von den Parteien zugelassenen Kandidaturen für Mandate für politische Ämter unterstehen zumindest bei den beiden o.g. Parteien diesen geschlechtsbezogenen Zuordnungskriterien. Für politische Positionen in den Parteien, Fraktionen oder Regierungen in Bund und Ländern, hat sich der geschlechtsbezogene Proporz hingegen noch nicht realisieren lassen. Da diese Untersuchung u.a. an alle weiblichen Fraktionsmitglieder der Parteien im Deutschen Bundestag und in den Landtagen ging, wurden hier die Frauen mit politischen Führungspositionen erfaßt. Gleiches gilt für die Kreistage und die Stadtparlamente.

Tabelle 16: Verteilung der Politikerinnen auf die parlamentarischen Ebenen

N = 698	Anzahl	Anteil
Bundesministerin	2	0,3
Landesministerin	10	1,4
Staatssekretärin (Land/ Bund)	7	1,0
Parlamentspräsidentin (Kreis/Stadt)	5	0,7
Bürgermeisterin	40	5,7
Mitglied des Bundestages	90	12,9
Mitglied des Landtages	244	35,0
Mitglied Europaparlament	13	1,9
Mitglied im Stadtparlament / Stadträtin	169	24,2
Mitglied des Kreistages / Kreisrätin	90	12,9
Mitglied der Gemeindevertretung / Gemeinderätin	28	4,0
Total	698	100,0

Nur 8,5 % aller Rückläufe kamen von Politikerinnen, die eine exekutive Position als Bürgermeisterin, Staatssekretärin, Landes- oder Bundesministerin bzw. Ministerpräsidentin bekleiden. Weiterhin gaben rd. 19 % aller Politikerinnen an, eine parlamentarische Position (Parlamentspräsidentin bzw. stellvertretende Präsidentin) bzw. Vorsitzende oder stellvertretende Vorsitzende ihrer Fraktion zu sein. Da es zwischen exekutiver Position und dem Vorsitz in der Fraktion z.T. Überschneidungen gibt, können die beiden gesondert ausgewiesenen Prozentzahlen von exekutiven und parlamentarischen Positionen nicht miteinander addiert werden.

Bezogen auf die pekuniäre Entschädigung für die verschiedenen Positionen ist davon auszugehen, daß es sich z.T. um Ehrenämter ohne zusätzliche Zahlungen an die Positionsinhaberinnen handelt. Übrig bleiben jedoch die exekutiven Ämter auf Bundes- und Landesebene, die zusätzlich honoriert werden. Ihr Anteil an dieser Erhebung liegt bei knapp 3 Prozent.

An der Gesamtheit der Politikerinnen ist also nur ein geringer Anteil, der Führungspositionen bekleidet, und darunter sind es wiederum wenige, die diese Führungsaufgabe nicht ehrenamtlich ausüben und die statt dessen dafür ein existenzsicherndes Entgelt erhalten. Wir haben es hier mit einer Situation zu tun, die die nach wie vor faktische Ausgrenzung der Frauen von politischen Führungspositionen nachweist. Insbesondere Führungspositionen, die mit hohen Entscheidungsbefugnissen bzw. Macht versehen sind, und für die darüber hinaus eine, der Führungsaufgabe gemäße, Entschädigung gezahlt wird, werden nicht annähernd in relevanter Anzahl von Frauen besetzt. Hieran, an der Besetzung von Führungspositionen, ist ablesbar, wie weit wir in der Bundesrepublik von der Gleichstellung von Frauen und Männern in der Politik noch immer entfernt sind. Erst auf der politischen Führungsposition, z.B. als Ministerin, Staatssekretärin oder Ministerpräsidentin minimieren sich die sonst durch Fraktionsdisziplin und andere strukturelle Vorgaben erzeugten Zwänge, die die Parlamentarierinnen, wie noch gezeigt werden wird, häufig zu Kompromissen oder zum Nachgeben auffordern.

Merkmale von Geschlechterhierarchie in der Politik

Die wenigen von Frauen eingenommenen politischen Führungspositionen legen die in der Politik herrschenden, durch Männer geprägten Strukturen offen, die z.B. durch ein verändertes Verhalten der Wahlbevölkerung zugunsten einer höheren Beteiligung von Frauen in der Politik nicht einfach auszuschalten wären. Die von den Parteien aufgestellten Spitzenkandidaten, z.B. für das Ministerpräsidenten- oder das Bürgermeisteramt, haben bereits zur Folge, daß diese Personen erhebliche Mitbestimmung bei der Besetzung nachfolgender Führungspositionen erhalten und es von der persönlichen „Frauenfreundlichkeit" dieser Spitzenpolitiker abhängt, wie viele Frauen Führungspositionen erhalten. Als ein positives Beispiel dieser Mitbestimmungsrechte der Spitzenpolitiker sei hier die von Walter Momper zu seinem Antritt als Berliner Bürgermeister getroffene Entscheidung, mehr Frauen als Männer als Senatorinnen zu berufen, angeführt. Was sich hier zugunsten von Frauen zeigte, kann jedoch auch zu ihrem Nachteil geraten, wie die geringe prozentuale Beteiligung von Frauen als Ministerinnen und Staatssekretärinnen an dieser Erhebung nachweist. Politik unter organisationssoziologischen Gesichtspunkten betrachtet, verhält sich, bezogen auf die Geschlechterfrage, wie alle anderen, über Jahrzehnte durch patriarchalische Strukturen geprägten Organisationen in Deutschland und vermeidet eine über das notwendige Maß hinausgehende Einbeziehung von Frauen. Da es in anderen Organisationen, insbesondere in den Unternehmen, aber auch in großen gesellschaftlichen Organisationen, wie Gewerkschaften und Verbänden, kaum Frauen in Führungspositionen gibt und bis zum familiären Bereich die Frauen den Männern, die Mädchen den Jungen nachgeordnet werden, ist die implizite Geschlechterhierarchie in der Politik als Resultat der in der Gesellschaft herrschenden geschlechtsbezogenen Hierarchien zu werten. Wie weit diese an der Verteilung von politischen Führungsaufgaben ablesbare Manifestation der Geschlechterhierarchie geht, soll an der Zuordnung von Frauen zu den einzelnen parlamentarischen Ebenen weiter entschlüsselt werden.

Frauen unter 31 und über 60 Jahren sind im Rahmen dieser Erhebung weitaus stärker in kommunalen politischen Ämtern als in den Parlamenten der Länder oder im Bundestag/Europaparlament vertreten. Signifikant weicht das Bild der über 60jährigen von dem der anderen Altersgruppen durch ihre über sechzigprozentige Zugehörigkeit zur kommunalen politischen Ebene ab. Weit unterhalb dem Anteil, den alle anderen Altersgruppen an den Bundestags-/Europaabgeordneten einnehmen, liegt der Anteil von Frauen unter 31 Jahren. Bei den anderen Altersgruppen liegt er jeweils bei rd. 15 %, bei den über sechzig Jahre alten Politikerinnen sogar über 18 %. Die Anteile an den Landtagsabgeordneten liegen jeweils knapp unter 40 % bei allen, außer bei den über sechzigjährigen, die nur zu 21 % Landtagen, dafür aber zu rd. 4 Prozentpunkten häufiger dem Bundestag/Europaparlament angehören.

Schaubild 7: Zugehörigkeit der Altersgruppen zu den parlamentarischen Ebenen

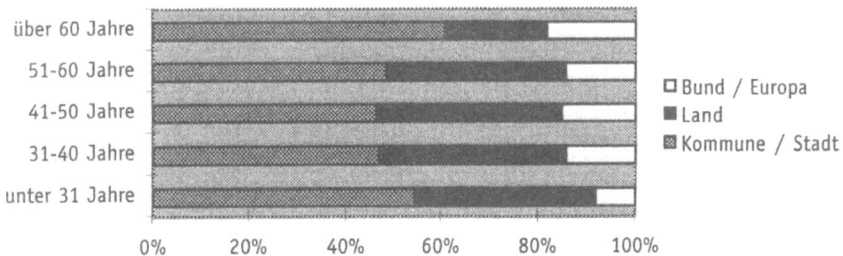

Die Verteilung bestimmter Altersgruppen auf die verschiedenen parlamentarischen Ebenen lassen den Schluß zu, daß die einzelnen Ebenen untereinander hierarchisch bestimmt sind. Der geringe Anteil junger Frauen unter 31 Jahren an den Bundestags-/Europaabgeordneten und ihre starke Beteiligung auf der kommunalen Ebene kann als Hinweis darauf gewertet werden. Auch die Konzentration der über sechzigjährigen Politikerinnen auf kommunale Ämter könnte bestätigen, daß sich diese Ebene nicht nur zum Einstieg in die, sondern auch zum graduellen Ausstieg aus der Politik anbietet. Diese Annahme wird durch die gegenüber den mittleren Jahrgängen höhere Zugehörigkeit der älteren Politikerinnen zum Bundestag bzw. Europaparlament wegen der in Relation zu diesen Altersgruppen geringen Anzahl der über Sechzigjährigen nicht in Frage gestellt.

Die Kommune, die Stadt, der Landkreis, Bezirk etc. bieten für Frauen, wie die Daten zeigen, ein breites akzeptiertes politisches Aktionsfeld. Auch ohne Kenntnis über die Gesamtzahl an Frauen in allen in Deutschland existierenden kommunalen Entscheidungsgremien läßt sich feststellen, daß die in diese Erhebung aufgenommenen großen und größeren Städte und Landkreise mit ihrer hohen Rücklaufquote von 78 % als repräsentativ für alle kommunalen Parlamente herangezogen werden können.

Als Hinweis auf die hierarchische Stellung, die die kommunalen und städtischen Parlamente im demokratischen Staat erhalten, kann neben der Altersbestimmung die Feststellung der Einkünfte, die die Politikerinnen durch das Amt erzielen, genommen werden. Befragt, ob das politische Amt überwiegend, teilweise oder gar nicht zur Existenzsicherung beiträgt, wiesen die kommunalen Politikerinnen zu über 80 % darauf hin, überhaupt nicht davon leben zu können.

Tabelle 17: Existenzsicherung durch die verschiedenen politischen Ämter

N = 694	Trägt politische Arbeit zur Existenzsicherung bei (in %)		
Parlamentarische Ebene/politisches Amt	überwiegend	teilweise	gar nicht
Mitglied des Landtages	64,8 %	23,0 %	12,3 %
Stadträtin	6,0 %	19,7 %	74,4 %
Mitglied des Bundestages	82,0 %	14,6 %	3,4 %
Mitglied des Kreistages	3,6 %	12,7 %	83,6 %
Mitglied im Stadtparlament	1,9 %	11,5 %	86,5 %
Bürgermeisterin	42,5 %	32,5 %	25,0 %
Kreisrätin	3,0 %	12,1 %	84,8 %
Mitglied der Gemeindevertretung		10,5 %	89,5 %
Mitglied des Europa-Parlaments	69,2 %	30,8 %	
Landesministerin	90,0 %	10,0 %	
Gemeinderätin		11,1 %	88,9 %
Staatssekretärin (Land/ Bund)	100,0 %		
Parlamentspräsidentin (Kreis/Stadt)		25,0 %	75,0 %
Bundesministerin	100,0 %		

Die Landtage, die entsprechend zum Befragungsergebnis als zweitgrößtes Betätigungsfeld für Politikerinnen einzuordnen sind, würden im Sinne einer hierarchischen Zuordnung oberhalb der kommunalen Ebene, jedoch unterhalb des Bundestags liegen. Altersmäßig konzentrieren sich hier vor allem die mittleren Jahrgänge, also Frauen mit umfassender Lebens- und Berufserfahrung, die jedoch noch politisch aktive Jahre vor sich haben und diese für eine politische Karriere im Land oder auf Bundesebene nutzen könnten.

Die ergänzend zur Frage nach der Zugehörigkeit zur politischen Ebene gestellte Frage, ob die Existenz primär über das Einkommen für das politische Amt gesichert wird, sollte nicht nur als Beleg der hierarchischen Bestimmung der Ebenen zueinander dienen. Diese Frage sollte auch den haupt- bzw. nebenberuflichen Charakter, den die jeweiligen politischen Ämter auf der kommunalen bzw. städtischen Ebene tragen, deutlich machen und zur Klärung des Anteils an ehrenamtlicher politischer Arbeit beitragen. Daß es finanzielle Entschädigungen für Politikerinnen in Landtagen und im Deutschen Bundestag/ dem Europaparlament gibt, die mit den Gehältern von qualifizierten Fach- und Führungskräften in der Wirtschaft zu vergleichen sind, ist bekannt und auch, daß sie dazu dienen sollen, den hohen zeitlichen Arbeitseinsatz, der eine Freistellung von anderer Berufsarbeit erfordert, entsprechend zu kompensieren. Für die Dauer ihres Wahlamtes in diesen parlamentarischen Ebenen gehören Politikerinnen in Landesparlamenten, im Deutschen Bundestag und im Europaparlament den gehobenen Einkommensgruppen an. D.h., sie erzielen Einkommen, die es ihnen erlauben, Politik als Beruf vollzeitig auszuüben. Es ist anzunehmen, daß aus diesen Parlamenten stammende Politikerinnen, die dennoch angaben, ihre Existenz nur teilweise oder gar nicht aus ihrem politischen Amt zu sichern (s. Tab. 18), dafür persönliche Gründe haben, die in Einzelfällen aus einer besonders bevorzugten ökonomischen Lage resultieren können.

Tabelle 18: Existenzsicherung durch politische Arbeit nach politischer Ebene

N = 696	Trägt politische Arbeit zur Existenzsicherung bei		
	überwiegend	teilweise	gar nicht
Kommunale Ebene / Städtische Ebene	8,5 %	17,2 %	74,3 %
Landesebene	66,7 %	21,8 %	11,5 %
Bundesebene	82,4 %	14,3 %	3,3 %
Europaebene	69,2 %	30,8 %	
Total	41,1 %	18,8 %	40,1 %

Der relativ zu den Bundestagsabgeordneten hohe Anteil von Frauen aus Länderparlamenten die angaben, entweder nur teilweise (21 %) oder gar nicht (11 %) ihre Existenz aus ihren Diäten zu bestreiten legt dar, daß einige Länderparlamente mit ihren Entschädigungen für ihre Abgeordneten weit unter der des Bundestags liegen und damit unterhalb des durchschnittlichen Einkommens von Fach- und Führungskräften. Vor allem in den Stadtstaaten wird den Abgeordneten wegen der geringen Bezüge zugebilligt, weiter berufstätig zu sein. Diese sogenannten „Feierabendparlamente" stellen noch ein weiteres Problem dar: in den Bezügen sind keine Sozialabgaben enthalten.

Bei der Befragungsgruppe sind es 52 %, die ein Amt in Bund/Europa oder im Land bekleiden.

Schaubild 8: Verteilung politischer Ämter

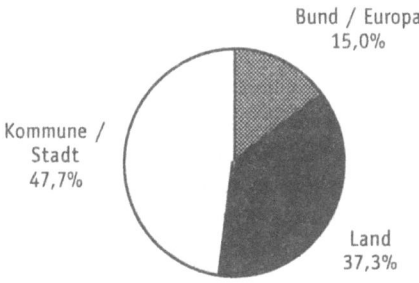

Bei den kommunalen und städtischen Politikerinnen kann sich, je nach Amt, die soziale Lage völlig anders verhalten. Mitglieder von Kreistagen/Kreisrätinnen geben zu rd. 85 % an, daß ihre Existenzsicherung gar nicht durch das politische Amt realisiert wird. Selbst bei den Bürgermeisterinnen sind es nur 42 %, die überwiegend von der Entschädigung aus ihrer politischen Tätigkeit leben (s. Tabelle 18).

Das Vorhandensein einer Statushierarchie, wie sie aus der altersmäßigen Zuordnung zu den einzelnen parlamentarischen Ebenen erstmals abgeleitet wurde, bestätigt sich durch die Frage nach der Existenzsicherung durch die Entschädigung aus dem politischen Amt. Von allen in die Erhebung einbezogenen Frauen gibt es jeweils den gleichen, rd. vierzigprozentigen Anteil an Politikerinnen, die ihren Lebensunterhalt entweder überwiegend aus ihren Bezügen für das politische Amt sichern und es deshalb hauptamtlich ausüben können oder andererseits überhaupt nicht und die deshalb ehrenamtlich politisch tätig sind. Mit anderen Worten, die Anzahl an Frauen in der Politik, die hier ein Ehrenamt bekleidet bzw. nur soweit entschädigt wird, daß sie damit teilweise ihren Lebensunterhalt sichern, überwiegt diejenigen, die keine zusätzlichen Einnahmen benötigen und „Vollzeitpolitikerinnen" sein können.

Eingedenk dieser Situation, die Politik bei einem erheblichen Anteil von Frauen als „Freizeitbeschäftigung"(40 %) oder als „Nebenberuf"(19 %) qualifiziert, sind nicht nur, wie nachfolgend dargestellt wird, die Bedingungen politischer Amtsführung zu überprüfen, sondern die hierarchischen Strukturen selbst - und eventuell Möglichkeiten ihrer Beseitigung.

Frauen in der Politik - die völlig normale Ausnahme

Die Untersuchung der Erfahrungen von Frauen in der Politik ist mit der Suche nach Bedingungen und Ansätzen verbunden, die sich besonders günstig auf die Entwicklung neuer Politikformen und -inhalte auswirken könnten.

Das bisher gezeichnete Bild legt bereits offen, daß Frauen in der Politik sich von den „Durchschnittsfrauen" durch ihr besonders hohes Bildungsniveau unterscheiden und durch ihre fast ausnahmslose Berufsorientierung. Schon bei den Berufsverläufen war jedoch festzustellen, wie sehr auch sie zu familienbedingten Einschränkungen, wie zur Unterbrechung der Berufsarbeit und/ oder zu Teilzeitarbeit bereit waren. Frauen in der Politik unterscheiden sich wenig von anderen Frauen in ihrem Lebensstatus und sind mehrheitlich verheiratet, bzw. führten vor Trennungen oder Tod des Partners eine Ehe. Da die Mehrzahl der Politikerinnen „Frauen in der Lebensmitte" sind, leben Kinder nur noch bei einem Drittel mit im Haushalt.

Ihre Familienbindung und -orientierung sichert die Politikerinnen in ihren politischen Aktivitäten ab, sie erhalten durch die Familie Rückendeckung und weitgehende Unterstützung. Dies ergaben die vorangegangenen Daten. Unterstützung durch die Kolleginnen und Kollegen im politischen Feld wurde nur wenigen zuteil und noch weniger standen zu Beginn ihrer politischen Laufbahn unter der Obhut einer Mentorin oder eines Mentors.

Bis auf die aus dem hohen Bildungsniveau der Politikerinnen ableitbaren Rückschlüsse auf eine die Bildung von Mädchen fördernde Herkunftsfamilie, stammen die Frauen - was das dort herrschende Interesse an Politik betrifft - aus traditionellen Elternhäusern. Letzteres wird eher beim Vater als bei der Mutter in Erinnerung gerufen. Vom Gesamtergebnis betrifft es jeweils nur die Minderheit der Befragungspersonen und kann deshalb ebenso wenig wie die geringe Orientierung an weiblichen Vorbildern als Grund für das spätere politische Engagement von Frauen in der Politik herangezogen werden.

Eher waren es Schlüsselerlebnisse und vor allem die Wahrnehmung und Auseinandersetzung mit einem bestimmten politischen Problem, die den Ausschlag für die meisten Frauen gaben, sich aktiv in die Politik einzuschalten.

Zeitdruck, dies tauchte in mehreren Zusammenhängen auf, gehört zu den Schwierigkeiten, die das politische Amt verursacht. Daß deshalb die, auch noch durch die Wahrnehmung verschiedener ehrenamtlicher Aufgaben besetzte, geringe Freizeit primär mit der Familie und mit Freunden und Freundinnen verbracht wird, unterstreicht zusätzlich zu der Absicherung, die die Politikerinnen durch die Unterstützung der Familie beim Einstieg in die Politik erhielten, die Bedeutung, die die Familie in ihrem Leben einnimmt.

Daß nur wenige Frauen politische Führungspositionen bekleiden - nur rd. 8,5 % der Befragten üben eine solche Position aus, nur 3 % erhalten dafür eine Entschädigung - entspricht nicht dem hohen, in vielen Fällen für Führungsaufgaben prädestinierenden Bildungsniveau der Politikerinnen, liegt jedoch im Kontext gesellschaftlicher Erfahrungen.

Sieht man von der anhaltenden Forderung nach quantitativ zu den Männern gleicher Beteiligung von Frauen in der Politik als selbstverständliche Voraussetzung ab, sind Ansatzstellen für einen Paradigmenwechsel in der Politik zugunsten einer von Lebens- und Handlungsvorstellungen der Frauen mitgeprägten politischen Kultur, Inhalten und Zielen an dieser Stelle auf die Forderung nach erheblich mehr Frauen auf politischen Führungspositionen zu pointieren. Nur wenn die Frauen auch Macht- und Entscheidungsspielräume erhalten, lassen sich die verharschten Strukturen aufbrechen.

Es wäre dem parlamentarischen System Unrecht getan, wollte man es darauf reduzieren, den Positionsinhabern die ausschlaggebende Entscheidungsmacht zuzuweisen. Die Kraft der Parlamente wird von den Mandatsinhaberinnen und -inhabern bestimmt, von ihrer Eigenständigkeit und Nutzung der ihnen zustehenden Gewissensentscheidung. Aber verfügen Frauen in ihrer relativen Vereinzelung in der Politik, in ihrem Minderheitenstatus, den sie nach wie vor einnehmen, über die Möglichkeit, ihren politischen Ansinnen Ausdruck zu verleihen und sie gegenüber den Mitstreitern und Gegnern durchzusetzen? Sicher sind die Politikerinnen wegen ihrer langjährigen Teilnahme am öffentlichen Leben in Schule, Hochschule und Beruf, und nicht zuletzt auch altersbedingt, gegenüber den „Durchschnittsfrauen", die langjährig im Haushalt tätig waren oder die mangels entsprechender Ausbildung in untergeordneten Tätigkeiten arbeiteten, besser darauf vorbereitet, ihre Anliegen zu artikulieren und zu vertreten. Ob dies ausreichend ist, um den ja weitgehend durch Frauen unbeeinflußten Strukturen und den sich in ihnen traditionell „zu Hause" fühlenden männlichen Akteuren gegenüber ein abweichendes, neues Politikverständnis entgegenzusetzen, oder ob es nicht dazu einer Reihe von Fähigkeiten und Kenntnissen bedarf, die zusätzlich erworben werden müssen, soll dann durch weitere Fragestellungen geklärt werden.

Die schrittweise Aufnahme von Frauen in die aktive Politik, wie sie sich über Dekaden hingezogen hat, führt immer wieder zur Vereinzelung der jeweils sukzessive hinzugekommenen Frauen. Den sich im Minderheitenstatus befindlichen erfahrenen Politikerinnen, die als Mentorinnen die Neuanfängerinnen unterstützen könnten, fehlt es nicht zuletzt an Zeit (s.o.), um mit ihnen neue Allianzen zu bilden. Darüber hinaus, das läßt sich aus anderen Berichten über Frauen in der Politik ersehen, findet eine „(de)formation professionelle", nicht zuletzt wegen des an die Minderheiten gestellten erheblichen Anpassungsdrucks im Laufe einer Legislaturperiode statt, die, soll sie wieder rückgängig gemacht werden, sowohl völlig neuer Impulse bedarf, als auch der Rückbesinnung auf erfolgreiche vorangegangene „Strategien" und Erfahrungen der Gemeinsamkeit von Frauen.

Kompetenz und Gewissen

Es konnte bereits gezeigt werden, daß die überwiegende (80prozentige) Mehrheit der Politikerinnen mit ihrem Eintritt in die Politik ein bestimmtes gesellschaftliches oder politisches Problem im Auge hatten und bekämpfen wollten. Die Bundes- und Europaabgeordneten beabsichtigen dies sogar mit fast 90 %, die kommunalen Politikerinnen „nur" mit 72 %. Auf den ersten Blick liegen die genannten Probleme im „typischen" Bereich weiblichen Engagements, nämlich im Kampf gegen Benachteiligungen von Frauen und Familien und bei „Sozialpolitik". Wenngleich außer den o.g. beiden Problembereichen keine weiteren Signifikanzen auftreten, so verteilt sich das Problembewußtsein dennoch auf eine breite Spanne als verbesserungswürdig eingeschätzter Themenfelder. Die nach wie vor als frauentypisch einzuordnende Orientierung auf soziale Themen zumindest beim Zugang in die Politik, wird in der Literatur z.T. sehr widersprüchlich diskutiert. Einerseits wird von Ghettoisierung durch die Hinwendung der Politikerinnen zu sozialen Themen gesprochen (Schöler-Macher 1994), zum anderen wird das in der Politik herrschende „Prinzip des Unsichtbarmachens von Frauen, ihren Themen und Lebenswünschen ..." (Meyer, B. 1993, 22) kritisiert. Diesem Widerspruch könnte durch Absage an die vorherrschende Meinung, daß sich Frauen bei ihren Entscheidungen „von ihrem Inneren" leiten lassen, möglicher Weise beigekommen werden. Die Gegenthese könnte nämlich lauten, daß Frauen wegen ihrer unmittelbaren Nähe zum Alltag besser als Männer wissen, wo die Probleme der Menschen liegen.

In der Politik befassen sich die Frauen außerdem nicht ausschließlich mit sozialen Themen, sondern ebenso mit einem breiten Spektrum anderer Politikbereiche. Allerdings hier auch wieder mit den sog. "weichen" Themen, also weniger mit Verkehrs-,

Verteidigungs-, Innen- und Außenpolitik usw., sondern mit Bildungs-, Wirtschafts- und Rechtspolitik u.a.. Auch dies kann nur als normal angesehen werden. In Rückblick auf die von ihnen erworbenen Berufsqualifikationen knüpfen sie eher an diese an als daß sie sich auf Gebiete einlassen, die ihnen noch mehr Vorbereitungszeit abfordern würden, als es die politische Aufgabe ohnehin erfordert.

Wenn sich eine kaufmännische Angestellte, die wahrscheinlich durch ihre Berufserfahrungen über organisatorische, verwaltende, buchhalterische u.ä. Kenntnisse verfügt, eher politischen Fragestellungen zuwendete, die sich z.B. mit Wirtschaft und Finanzen als mit Rechtsfragen befassen, ist dies eine professionelle und überlegte Entscheidung. Für eine Juristin wiederum wäre die „logische" Folge, sich der Rechtspolitik verstärkt zu widmen.

Aufgrund dieser Vorüberlegungen sollte mit der Frage, ob die berufliche Tätigkeit für die politische Karriere nützlich war, eine Verbindung zwischen der „anderen" Welt, nämlich nicht der weiblichen Lebenswelt, sondern der als Berufstätige hergestellt werden.

Schaubild 9: **Positive Bewertung der Auswirkung der Berufserfahrungen auf die politische Arbeit nach parlamentarischen Ebenen**

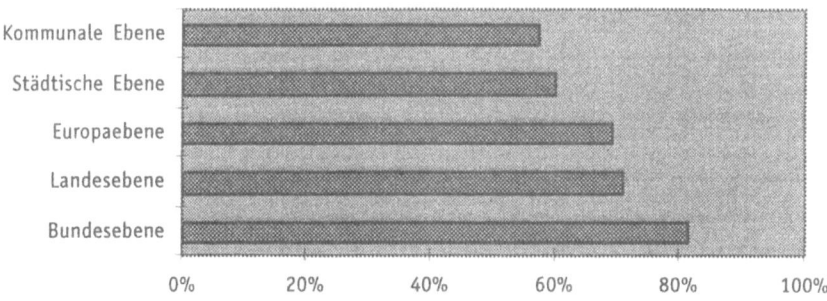

Insgesamt bestätigten zwei Drittel diese Frage mit positiver Antwort. Aufgeschlüsselt nach der politischen Ebene, profitieren die Bundestagsabgeordneten am stärksten von ihrer im Erwerbsleben gesammelten Berufserfahrung.

Berufliche Herkunft und aktueller politischer Schwerpunktbereich

Wenn man ihre Berufsabschlüsse in Beziehung zu den genannten inhaltlichen Schwerpunkten der Politikerinnen setzt, ist zu erkennen, daß die These von einer Beziehung zwischen Berufserfahrungen und gewählten politischen Schwerpunktbereichen bei den Politikerinnen, die kein Studium sondern einen Berufsabschluß absolvierten, hochgradig zutrifft.

Eine erstaunliche Ausnahme bilden die gewerblich-technisch ausgebildeten Frauen mit ihrer schwerpunktmäßigen Orientierung auf Kommunalpolitik. Wirtschaft und Finanzen erhalten bei den - auch einschlägig vorgebildeten - Gesellschaftswissenschaftlerinnen unter den Akademikerinnen den höchsten Stellenwert ihrer politischen Orientierung, bei den Geisteswissenschaftlerinnen ist es die Sozialpolitik, bei den Lehrerinnen die Bildungspolitik und bei den Juristinnen erwartungsgemäß Rechts- und Innenpolitik.

Ingenieurinnen u.a. technisch-naturwissenschaftlich ausgebildete Frauen geben hier ein ähnliches Bild wie die bereits angeführten Frauen mit gewerblich-technischem Berufsabschluß, indem auch sie nicht schwerpunktmäßig berufsbezogen politisch arbeiten, sondern sich hier in der Sozialpolitik ihr wesentliches Betätigungsfeld gesucht haben. Dennoch antworten auf die Frage, ob ihre berufliche Tätigkeit für ihre politische Karriere nützlich war, fast die Hälfte von ihnen mit ja; die mit Studienabschlüssen versehenen Ingenieurinnen und Naturwissenschaftlerinnen sogar zu 75 Prozent. Insgesamt erachten 52 Prozent der Politikerinnen mit Berufsabschlüssen und 78 Prozent der Hochschulabsolventinnen ihre berufliche Tätigkeit für ihre politische Karriere als nützliche Voraussetzung.

Die o.g. Befunde widerlegen die Annahme, Frauen würden sich als Politikerinnen den ihnen vertrauten, sog. „typisch weiblichen" Themen „nur" aus Gerechtigkeitssinn, Betroffenheit usw. hinwenden (Penrose 1993). Vielmehr bilden sie Verbindungslinien zu Erfahrungen und Kenntnissen, die sie aus einem anderen öffentlichen System, der Berufs- und Arbeitswelt, ableiten.

Die Lust an der Lösung

Wenn die im Beruf erworbene Professionalität von ihnen als wichtiges Element für ihre politische Karriere eingeschätzt wird, dann soll dieser Komplex abschließend aus einem weiteren Blickwinkel, nämlich mit der Frage „Was befriedigt Sie an ihrer politischen Arbeit besonders" ergänzt werden. Zur Auswahl standen vier vorgegebene Nennungen, sowie die Möglichkeit, eine weitere hinzuzufügen: Kooperation mit anderen; Macht zu besitzen; Zugang zur Öffentlichkeit; Lösung von politischen Problemen.

Tabelle 19: Befriedigendes aus der politischen Arbeit *

N = 1563	
Lösung politischer Probleme	37,6 %
Kooperation mit anderen	27,9 %
Zugang zur Öffentlichkeit	16,6 %
Andere Befriedigung	12,2 %
Macht besitzen	5,8 %

* (Mehrfachnennungen möglich)

Die „Lösung politischer Probleme" ist, wie die Häufigkeit zeigt, nach der „Kooperation mit anderen" und „Zugang zur Öffentlichkeit" für Frauen in der Politik besonders befriedigend. Interessanterweise unterscheiden sich hier die verschiedenen Altersgruppen bei der Festsetzung dieser Rangfolge untereinander kaum. Dies tun sie auch nicht bei der Antwort „Macht besitzen", eine Art Befriedigung aus politischer Arbeit, die von nur rd. 7 Prozent der Politikerinnen gesucht und/oder gefunden wird.

Interessant ist auch, wie die verschiedenen Altersgruppen ihre politische Arbeit bewerten. Deshalb wird noch einmal aufgeführt, wie sie sich im einzelnen zu den fünf genannten Möglichkeiten verhalten.

Tabelle 20: Befriedigung aus der politischen Arbeit nach Altersgruppen*

N = 1542	Altersstufen				
	Unter 31	31 – 40	41 – 50	51 – 60	über 60
Lösung politischer Probleme	39,3 %	34,9 %	37,7 %	39,1 %	34,8 %
Kooperation mit anderen	23,2 %	28,3 %	28,1 %	28,2 %	27,2 %
Andere Befriedigung	12,5 %	14,3 %	12,2 %	10,7 %	12,0 %
Zugang zur Öffentlichkeit	17,9 %	16,3 %	15, 9 %	16,7 %	20,7 %
Macht besitzen	7,1 %	6,2 %	6,1 %	5,3 %	5,4 %

* (Mehrfachnennungen möglich)

„Politische und/oder gesellschaftliche Probleme" bildeten das zentrale Motiv für den Eintritt in die Politik. Die Probleme dann im politischen Amt tatsächlich zu lösen und daraus besondere Befriedigung zu erzielen, wie es die Mehrheit der Befragten angibt, bestätigt im Nachhinein die Ernsthaftigkeit der politischen Absicht, die zum Eintritt in die Politik geführt hat. Nicht aus der ihnen verfügbaren Macht ziehen sie ihre Genugtuung, sondern aus den Ergebnissen, die sie durch ihre Arbeit erzielen. Frauen in der Politik, dies läßt sich aus den auf die Frage nach der höchsten Befriedigung im politischen Amt abgegebenen Mehrheitsaussagen schließen, wollen verändernd ins Geschehen eingreifen und durch Politik die von ihnen erkannten Probleme lösen.

Nicht übersehen werden sollen jedoch die auf der Rangliste folgenden Auslöser von Befriedigung im politischen Amt, nämlich „Kooperation mit anderen" und schließlich der „Zugang zur Öffentlichkeit". Sie erhalten zur „Lösung von politischen Problemen" zwar einen nachgeordneten Stellenwert, sie sind dennoch wegen ihrer Häufigkeit der positiven Nennung in Betracht zu ziehen. Denn neben „Zeitdruck" hatten die Befragungspersonen den „Zwang zu Kompromissen" am Dasein als Politikerin als besonders schwierig empfunden (siehe Tabelle 21).

Tabelle 21: Schwierigkeiten im politischen Amt aus Sicht der verschiedenen Altersgruppen*

N = 1381 Schwierigkeiten in der politischen Arbeit - nach Altersgruppen in %					
	unter 31	31 bis 40	41 bis 50	51 bis 60	über 60
Zeitdruck	36,0 %	39,4 %	37,7 %	39,2 %	32,8 %
Zwang zu Kompromissen	24,0 %	22,1 %	24,6 %	25,6 %	29,3 %
Belastung des Privatlebens	16,0 %	12,5 %	11,0 %	11,0 %	8,6 %
Konkurrenzverhältnisse	14,0 %	10,7 %	11,5 %	10,1 %	10,3 %
Andere Schwierigkeiten	10,0 %	15,2 %	15,2 %	14,0 %	19,0 %

* (Mehrfachnennungen möglich)

Wenn Kooperation mit anderen als besonders befriedigend eingestuft wird, dann ist dies auch als möglicher Weg zur Auflösung des als Zwangslage benannten Kompromißdrucks zu verstehen.

Die Art der Befriedigung, die das politische Amt vermittelt, sagt natürlich nichts darüber aus, wie häufig diese Befriedigung tatsächlich erzielt werden kann. Auch die als positiv eingestufte Kooperation mit anderen oder die Zugangsmöglichkeiten zur Öffentlichkeit, die das politische Amt eröffnet, können eher im Wunsch- als im Tatsachenbereich liegen. Ob dies der Fall ist oder ob Frauen zu den von ihnen als befriedigend eingeschätzten Ergebnissen gelangen, soll an den Antworten auf die Frage, „Wie gehen Sie vor, wenn Sie etwas politisch durchsetzen wollen ?" geprüft werden.

Erst die Leistung, dann der Erfolg ?

Frauen in der Politik vertrauen mehr als auf alles andere auf Leistung - auf ihr eigenes Leistungsvermögen. „Fachliche Überzeugungsarbeit" rangiert dann auch an erster Stelle als Antwort auf die Frage, wie sie vorgehen, um sich politisch durchzusetzen. Erst an zweiter Stelle werden Strategien, wie „Verbündete suchen" und „Öffentlichkeit herstellen", erwähnt. Der primär gewählte Ansatz der „fachlichen Überzeugungsarbeit" als Durchsetzungsform zeigt, auf welcher Ebene Frauen ihre Anliegen durchsetzen müssen oder wollen.

Tabelle 22: Vorgehensweisen zur politischen Durchsetzung

N = 700	Anteil in %
fachliche Überzeugungsarbeit leisten	92,1
im Vorfeld Verbündete gewinnen	80,7
Öffentlichkeit herstellen	59,0
flexibel auf Gegner/innen reagieren	40,2

Es kann angenommen werden, daß es die eigene Partei/Fraktion ist, die an erster Stelle fachlich überzeugt werden soll. Die Wahl des Mittels „fachliche Überzeugungsarbeit" ist in jeder Hinsicht aufwendig, weil die Kompetenz für das Thema erworben werden muß, andererseits an die zu Überzeugenden implizit gleichfalls der Anspruch ergeht, sich damit fachlich auseinander zu setzen. Daß die Ebene, auf der sich das abspielt, in der eigenen Partei liegt, kann auch aus dem an zweiter Stelle genannten Hinweis auf „im Vorfeld Verbündete gewinnen" abgeleitet werden. Wenn die Hürde im Vorfeld zur tatsächlichen Auseinandersetzung mit den politischen Gegnern zunächst in den eigenen Reihen zu überwinden ist und dies vornehmlich durch fachliche Überzeugungsarbeit zu geschehen hat, dann erklärt sich der immense Zeitdruck, unter dem die Politikerinnen angeben zu stehen, zusätzlich. Die Befriedigung, die sie aus der politischen Arbeit durch die Kooperation mit anderen gewinnen, erhält durch ihre primär auf fachliche Überzeugung abgestimmte politische Durchsetzungsweise gleichfalls ein weiteres Gesicht. In der Kooperation übernehmen evtl. auch die anderen einen Teil der fachlichen Vorbereitung bzw. unterstützen die fachliche Überzeugungsarbeit.

Überzeugungsarbeit zu leisten um dadurch Mitstreiterinnen und Mitstreiter für ein dann gemeinsames Ziel zu erreichen, ist gewiß in der zivilen Gesellschaft der einzig angemessene Weg zur Durchsetzung von Interessen. In der Realität, in der Entscheidungen z.T. unter Zeitdruck gefällt werden müssen oder wo es darum geht, gegen übermächtige Interessen etwas durchzusetzen, kann dieser Weg ohne den Einsatz zusätzlicher Strategien gewiß nicht durchgängig aufrecht erhalten werden. Vielleicht ist die Prämisse, durch fachliche Überzeugung zum eigenen politischen Ziel zu gelangen, sogar im politischen „Geschäft" kritisch zu hinterfragen. Expertentum verengt unweigerlich auch den eigenen Gesichtskreis und „die Sache", mit der man sich tief und breit auseinandergesetzt hat, erhält einen größeren Stellenwert als ihre politische Realisierung oder sogar ihre, möglicher Weise sogar negativen, politischen Folgen. Auf jeden Fall verursacht fachliche Überzeugungsarbeit zunächst intensive Auseinandersetzung mit dem politischen Gegenstand und ist deshalb zeitabsorbierend. Es zeigt weiterhin, daß Frauen keine politischen „Überflieger" sind, sondern daß sie im Grunde in der Politik jene Tugenden beibehalten, die ihnen auch in anderen Berufen und in anderen Lebensbereichen zugute gehalten werden, nämlich Sorgfalt und Akribie, Zuverlässigkeit und Umsicht. Strategien sind dies alles nicht. Es sind sozialisationsbedingte Eigenschaften, die ihnen wie den meisten Frauen keineswegs zu Positionen, Ansehen oder gar Macht, z.b. als Führungsperson, verhelfen.

Fortbildung für das politischen Amt

Es gibt eine Flut an Veröffentlichungen, die sich mit der Weiterbildung von Frauen auseinandersetzen. Deshalb sind wichtige Analysen des Praxisgeschehens und der Möglichkeiten und Probleme von den an Weiterbildung teilnehmenden Frauen verfügbar. Aus diesen Erfahrungsberichten und Analysen sowie aus zusätzlich erhobenen Globaldaten zur Weiterbildungsbeteiligung von Frauen sind deren Motive zur Teilnahme bekannt (Gieseke 1993).

Im Kontext zur Weiterbildung verfügen wir über die Bezugsgruppe „Frauen in der Politik" bisher über wenig Informationen. Analog zu anderen Erfahrungen mit Personen, die über höhere und positive Bildungserfahrungen verfügen, kann jedoch angenommen werden, daß die Bildungs- und Berufsherkunft der Politikerinnen begünstigend ihr Weiterbildungsverhalten beeinflußt (BMBF 1996a).

Anforderungen in der Politik, so die weitere Annahme, sind einerseits fachlicher Art, zum anderen erfordert das politische Amt eine Reihe von persönlichkeitsbezogenen Kompetenzen und die des Selbstmanagements zur Arbeitsorganisation, zur Kooperation, Koordination, Außendarstellung etc.

Anzunehmen ist, daß die Parteien ihren verfassungsmäßigen Auftrag wahrnehmen und an der politischen Willensbildung des Volkes mitwirken[31] und daß die mit ihnen verbundenen Bildungseinrichtungen Schulungen anbieten, in denen sie ihre Mitglieder auf das politische Mandat vorbereiten. Darüber hinaus ermöglichen sie themenspezifische Fortbildung für politische Mandatsträger und Mandatsträgerinnen. Es gehörte außerdem zu den Vorannahmen, daß es neben den fachspezifischen auch solche Schulungsangebote von den Parteien oder den ihnen nahestehenden politischen Stiftungen gibt, die für das politische Aktionsfeld notwendigen Handlungskompetenzen vermitteln.

---

31 Artikel 21 (1), Grundgesetz der Bundesrepublik Deutschland

Vorbehalte bestanden bei Ausgangsüberlegungen zur geschlechtsbezogenen Orientierung der von den Parteien angebotenen Weiterbildung. Einerseits kann davon ausgegangen werden, daß der frauenspezifische Aspekt schon allein deshalb nicht hervorgehoben wird, weil er auch in der Politik nur wenig Beachtung findet, zum anderen könnten sich Frauen, die in die Politik eintreten, nicht als „defizitäre Wesen" gegenüber ihren männlichen Mitstreitern durch für sie gesonderte Schulungsangebote einordnen lassen wollen.

Schließlich läßt sich aus diesen Vorannahmen zur Gesamtsituation der Weiterbildungsmöglichkeiten für Frauen im politischen Bildungszusammenhang ableiten, daß Politikerinnen an Schulungen teilgenommen haben, sie aber möglicher Weise nicht auf die ihnen als Frauen begegnenden Spezifika im politischen Alltag hinreichend vorbereitet wurden.

Der Einstieg in die Politik, das konnte bereits bei Fragen nach aktiver Unterstützung durch Mentorinnen oder Mentoren u.a. erkundet werden, ist für Frauen ein einsamer Weg ohne gezielte Förderung und Anleitung im Amt. Diese müssen sich Anfängerinnen außerhalb des politischen Arbeitsfeldes im privaten Umfeld einholen. Emotionale und praktische Hilfe leisten die Familienangehörigen. Da nicht angenommen werden kann, daß Familienangehörige systematische Unterstützung zur Bewältigung der vielfältigen Anforderungen im politischen Amt erteilen können, muß die mangelnde Förderung durch die Partei- und Fraktionskollegen und -kolleginnen durch entsprechende Schulungsangebote ausgeglichen werden. Dies gilt vor allem für den Komplex der Handlungsfähigkeit im politischen Feld.

Weiterbildung in der Politik - für, mit oder ohne Frauen?

Ob Weiterbildung ein von den Frauen gesuchtes, akzeptiertes und erfolgreich eingesetztes Mittel zur Steigerung der persönlichen Kompetenzen und Fähigkeiten in der Politik ist, wurde versucht durch eine Reihe von einschlägigen Fragen zur bisherigen Weiterbildungsteilnahme und deren Wirkungen auf die Arbeit und die Gesamtsituation von Frauen in der Politik festzustellen. Befragt wurde, ob während der letzten zwei Jahre eine Teilnahme an Schulungen u.a. Veranstaltungen zur Fortbildung teilgenommen wurde. Hierdurch sollte festgestellt werden, ob die Politikerinnen entsprechend zu ihrer Bildungsherkunft zur Gruppe der besonders weiterbildungsmotivierten Personen gehören. Es sollte darüber hinaus offenlegen, ob sich die Parteien bzw. deren Bildungseinrichtungen/Stiftungen gezielt an Politikerinnen wenden und ihnen Angebote offerieren. Um dies heraus zuarbeiten wurde die Frage gestellt, welche Schulungsangebote sich die Frauen in der Politik rückschauend zur Unterstützung beim Einstieg in die Politik gewünscht hätten.

Hierzu wurden ihnen Vorgaben gemacht, zu denen Mehrfachnennungen möglich waren.

Wunschkatalog zum Einstieg in die Politik

Im Rahmen dieser Erhebung wurden Schulungsangebote zu „Strategien, Planung, Organisation" genannt, die sich die meisten Politikerinnen zu Beginn ihrer Laufbahn gewünscht hätten. Dies ergaben die Antworten auf die Mehrfachnennungen zulassende Frage nach der Art von Schulung, die sich die Politikerinnen zu Beginn ihrer politischen Laufbahn gewünscht hätten. Unter den weiteren im Fragebogen angebotenen Schulungserfordernissen zu Beginn der politischen Laufbahn erteilten sie „Rhetorik" den zweiten und „Konfliktbewältigung" den dritten Platz.

Aus dem Pretest, der mit 20 Politikerinnen zur Erprobung der Befragungsinstrumentarien durchgeführt wurde, konnten drei Schwerpunktbereiche , die sich diese Frauen zu Beginn ihrer politischen Laufbahn an Weiterbildungsangeboten gewünscht hätten, herausgefunden werden, und zwar Konfliktbewältigung, Strategie/Planung/Organisation und Rhetorik.:

Dieser „Wunschkatalog", der als Vorgabe aus dem vorangegangenen Pretest übernommen wurde, wurde von dieser hier einbezogenen Untersuchungsgruppe bestätigt. Dies obwohl immerhin über zwei Drittel der Politikerinnen zur Unterstützung ihrer politischen Laufbahn an Schulungen teilgenommen hatten. Es läßt sich folgern, daß diese drei genannten Schulungswünsche dabei unerfüllt blieben. Aber es läßt sich weiterhin annehmen, daß erst durch die Erfahrungen im politischen Amt erkennbar wurde, daß diese Kompetenzen fehlen und daß die Weiterbildungs- und Schulungswünsche auch Ausdruck von Defiziterfahrungen sind.

Schaubild 10: Schulungswünsche für den Einstieg in die Politik (Mehrfachnennungen möglich)

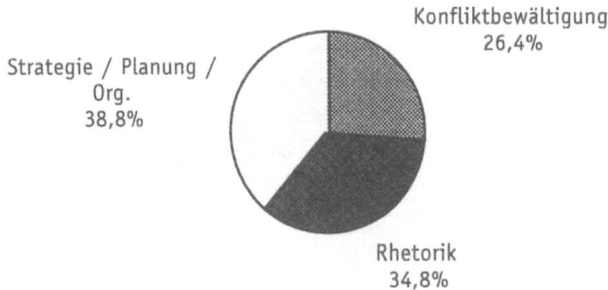

Strategie / Planung / Org. 38,8%

Konfliktbewältigung 26,4%

Rhetorik 34,8%

Diese, im Schaubild 10 dargestellten Schulungswünsche korrespondieren indirekt mit anderen Befunden, z.B. mit dem mehrfach angegeben Zeitmangel bei Frauen in der Politik als mögliches Zeichen für Organisations- und Planungsmängel. Es zeigt darüber hinaus wie wichtig es ist, daß Frauen, wollen sie in die Politik, früh- und rechtzeitig Kompetenzen erlernen, die ihnen den Einstieg in die Politik erleichtern und verhindern, daß sie sich den vorhandenen Strukturen mangels eigener Strategievorstellungen unterwerfen müssen.

Defiziterfahrungen im Managementbereich

Wenn rückblickend ein großer Teil der Politikerinnen beim Einstieg in die Politik Weiterbildung gewünscht hätte, die Kompetenzen in Strategien, Planung und Organisation vermittelt, dann kann abgeleitet werden, daß es für sie in diesen Bereichen Anfangsschwierigkeiten im politischen Handlungsraum gab. Mit Verweis auf die beruflichen Herkünfte der Frauen in der Politik (vgl. Kap. 2.3) ist der hohe Anteil an Lehrerinnen und Geisteswissenschaftlerinnen bei den Hochschulabsolventinnen und an kaufmännisch ausgebildeten Frauen bei den Politikerinnen mit Berufsabschluß in Erinnerung zu rufen. Diese, wie auch die anderen Berufe, die die Mandatsträgerinnen erworben haben, sind nach Aussage der Mehrzahl aller Befragten für die politische Karriere nützlich gewesen (vgl. Kap. 6.1). Hier stellt sich nun die Frage, welche Anteile es sind, die aus der Berufserfahrung als karrierefördernd eingeordnete werden. Wenn Strategie, Planung und Organisation als Weiterbildungsmöglichkeit zu Beginn der politischen Laufbahn vermißt wurde, dann ist anzunehmen, daß die Berufserfahrungen spezielle Anforderungen in der Politik nicht abdecken konnten.

Es würde den Kontext dieser Studie sprengen, Überlegungen über die Arbeitsanforderungen in den von Frauen stark besetzten Berufen anzustellen. Aus den verschiedenen Untersuchungen zum Thema „Frauen und Arbeit" ist hingegen bekannt, daß auch gut ausgebildete Frauen in ihren Berufen häufig eine nachgeordnete Position erhalten und daß ihre Karrierewege – im Vergleich zu denen der Männer – eher horizontal als vertikal verlaufen.

Programme zu „Frauen in Führungspositionen" berücksichtigen diese Tatsache, die z.T. daran liegt, daß Frauen nicht gefördert werden aber auch daran, daß sie sich in den ja nicht nur in der Politik von Männern geprägten Strukturen nicht angemessen zurechtfinden. Deshalb steht bei vielen Weiterbildungsangeboten heute „Selbstmanagement" auf dem Programm. Strategien entwickeln, Gegenstrategien einsetzen sind Erfordernisse, die an Leitungs- und Führungspositionen überall in der Arbeitswelt gestellt werden. Offen ist, ob Männer per se diese Fähigkeiten besser als Frauen durch ihre Sozialisation beherrschen oder ob sie stärker in der Berufs- und Arbeitswelt gefördert werden, sich diese Kompetenzen anzueignen. Aus den hier vorliegenden Daten zeigt sich jedoch, daß Frauen tatsächlich beim Einstieg in die Politik mehr Möglichkeiten zum Erwerb von Kompetenzen in diesem Bereich benötigt hätten.

Schweigen ist Silber, Reden ist Gold

Das Geschick von Männern, durch Sprache und Ausdrucksform, ja sogar durch Körperhaltung ihre Bedeutung und Mächtigkeit der Umwelt zu signalisieren ist in den vergangenen Jahren in mehreren Veröffentlichungen analysiert und kritisiert worden (Pusch 1991). Reden und die dazugehörigen Gebärden haben große Suggestionskraft auf die Zuhörerschaft. Insbesondere in der Politik ist Redegeschick eine hoch anzusetzende Qualifikation. Bereits durch ihre höhere Stimme und durch die ihnen oft anerzogene Zurückhaltung in Lautstärke und Wortwahl, haben es Frauen oft schwieriger als Männer, sich im wahrsten Sinne des Wortes „Gehör zu verschaffen". Hinzu kommt, daß die Sprache im administrativen, rechtlichen und politischen Raum besonders stark durch die Einflußnahme von Männern geprägt ist und ihr Gebrauch bei Frauen auf innere Widerstände stößt (Grabrucker 1993).

Der Wunsch der befragten Politikerinnen nach verstärkten Schulungsmöglichkeiten in Rhetorik zu Beginn einer politischen Laufbahn unterstreicht jene zum Thema Rede und Sprache erzielten Befunde, die eine Benachteiligung von Frauen durch beides belegen.

Hinter dem Begriff „Rhetorik" als wünschenswertes Schulungsangebot und Einstiegshilfe in die Politik verbirgt sich also mehr, als die Herausbildung von Redegeschick. Sich als Frau anderen verständlich zu machen in einer Sprache, die gleichsam aus einer anderen Welt stammt und in vielfacher Weise das weibliche Geschlecht diskriminiert, ist in der Tat ein Vorhaben, das der Ausbildung bedarf. Gewiß gibt es auch unter den Frauen Talente, die ihren Gedanken vor der Öffentlichkeit nachhaltigen Ausdruck verleihen können. Vielen von ihnen fehlte jedoch dieses Geschick, wie die Befunde dieser Erhebung aufzeigen, zumindest am Anfang ihrer politischen Laufbahn. Die genannten Befunde zeigen darüber hinaus darauf hin, daß die von den Politikerinnen erstrangig genannte „fachliche Überzeugungsarbeit" als Durchsetzungsstrategie ungenügend bleibt, wenn sie nicht durch die Überzeugungskraft der Persönlichkeit abgesichert wird. Insofern wird hier der Wunsch nach Schulungsangeboten in Rhetorik verstanden als eine Weiterbildung, in der die beiden Komponenten: fachliche Kompetenz und persönliche Vermittlungsform, zusammengeführt werden können (Ermert 1990).

Defiziterfahrung im Leistungsbereich

Auf die Frage, ob sie während ihrer politischen Laufbahn an Schulungen teilgenommen hätten, beantworteten dies 68 % mit ja. Bei der Betrachtung der inhaltlichen Orientierung, die sie bisher bei ihren Weiterbildungsaktivitäten wählten, stellt sich heraus, daß politisch/fachliche Inhalte - gegenüber persönlichkeitsfördernden Schulungen - den absoluten Vorrang erhielten. Dies erklärt zusätzlich die Hinweise auf Strategien, Planung u.a., die sich die Politikerinnen zu Beginn ihrer Laufbahn gewünscht hätten. Von denen, die sich irgendwann weitergebildet haben, konzentrierte sich die Mehrheit auf fachliche Lehrangebote. 82 % bildeten sich fachlich weiter. An persönlichkeitsfördernder Fortbildung nahmen 38 % teil.

Tabelle 23: Orientierungen bisheriger Weiterbildungsteilnahme von Politikerinnen nach parlamentarischen Ebenen, Ämtern bzw. Positionen

	Teilnahme an politisch-fachlicher Weiterbildung	Teilnahme an persönlichkeits-fördernder Weiterbildung	Aktuelle Unterstützung/ Beratung durch Fachleute
	Ja	Ja	Ja
Mitglieder von Gemeindevertretungen	50 %	47,4 %	33,3 %
Gemeinderätinnen	71,4 %	33,3 %	12,5 %
Mitglieder von Kreistagen	84,6 %	28,6 %	20,4 %
Kreisrätinnen	76,9 %	47,1 %	20,6 %
Mitglieder von Stadtparlamenten	91,7 %	48,1 %	47,9 %
Stadträtinnen	76,7 %	41,7 %	37,4 %
Mitglieder von Landtagen	83,5 %	39,1 %	33,8 %
Parlamentspräsidentinnen (Kreis/Stadt)	100,0 %	40,0 %	40,0 %
Staatssekretärinnen (Land/ Bund)	80,0 %	33,3 %	66,7 %
Landesministerinnen	100,0 %	28,6 %	55,6 %
Mitglieder des Bundestages	66,7 %	33,7 %	44,0 %
Bundesministerinnen	100,0 %	0	50,0 %
Bürgermeisterinnen	91,7 %	23,1 %	28,2 %
Mitglieder des Europaparlaments	83,3 %	30,8 %	72,7 %

In Erinnerung gebracht werden sollen an dieser Stelle die erzielten Aussagen zur politischen Durchsetzung. „Fachliche Überzeugungsarbeit" wurde von den Politikerinnen als erstrangig eingestuft. Wenn dies ihrer Erfahrung und Überzeugung entspricht, dann ist ihre primäre Orientierung an fachlicher Fortbildung die logische Konsequenz.

Dennoch ist auch der Widerspruch nicht zu übersehen der darin liegt, daß sich die Politikerinnen gewünscht hätten, zu Beginn ihrer Laufbahn mehr Kompetenzen in „Strategien, Planung, Organisation" erworben zu haben, die zumindest teilweise eher die persönlichkeitsbezogene als die fachliche Fortbildung anbietet.

Die Zeit, die zur letzten Teilnahme an Weiterbildung zurückliegt, beträgt bei der Hälfte der Frauen schon mehr als zwei Jahre. Aktuell, also zum Befragungszeitpunkt Sommer 1996, ließ sich immerhin ein Drittel der Frauen durch Fachleute beraten oder unterstützen.

Die berufliche Herkunft spielt bei der Weiterbildungsbereitschaft insgesamt eine Rolle. Im vorliegenden Fall erschien es interessant herauszufinden, ob die bei Politikerinnen vorhandenen Orientierungen auf politische Schwerpunkte mit sozialen u.ä. Bezügen, die insbesondere auch die diesen Themen wegen ihrer beruflicher Herkunft fernstehenden gewerblich-technisch ausgebildeten Frauen in der Politik bearbeiten, durch Weiterbildung abgesichert werden. Deshalb wurde überprüft, wie hoch der jeweilige Anteil an Politikerinnen der verschiedenen beruflichen Herkünfte an vorangegangener Weiterbildung liegt.

Schaubild 11: Weiterbildungsteilnahme nach Berufs- und Studienabschlüssen

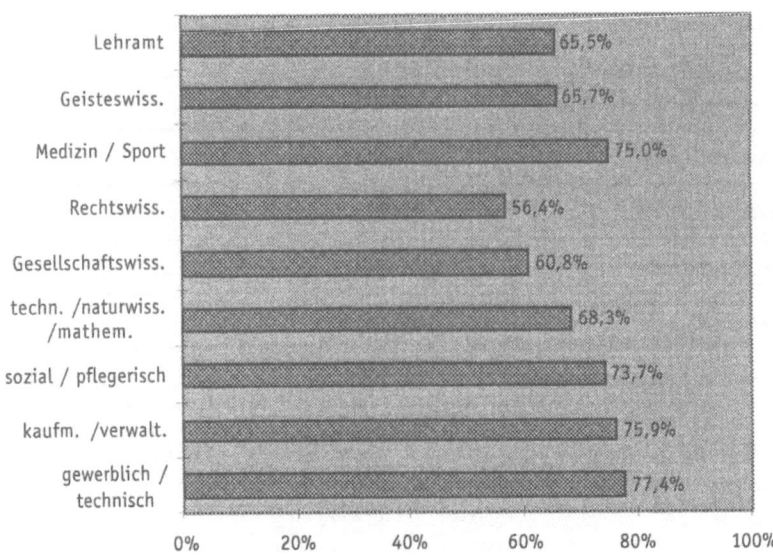

Wie aus Schaubild 12 ersichtlich, ist die Weiterbildungsteilnahme der Politikerinnen mit Berufsabschluß - mit Ausnahme der Medizinerinnen und Sportlerinnen - um rd. 10 Prozentpunkte höher als bei den Akademikerinnen, von denen die Juristinnen am seltensten an Fortbildungen teilgenommen haben.

Schaubild 12: Teilnahme an fachlicher Weiterbildung nach Berufs-/Studienabschluß

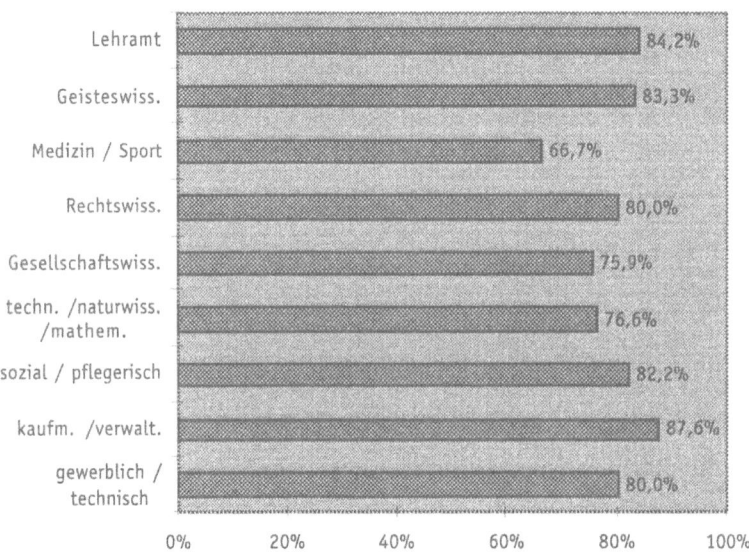

Aufgeteilt nach fachlicher oder persönlichkeitsfördernder Weiterbildung, liegt der Anteil zwischen den einzelnen Berufs- bzw. Studienabschlüssen relativ ähnlich. Politikerinnen, die aus kaufmännisch-verwaltenden Berufen stammten, führen mit knapp 88 %, die Gesellschaftswissenschaftlerinnen und die technisch-naturwissenschaftlich ausgebildeten Hochschulabsolventinnen liegen mit mehr als 10 Prozentpunkten darunter (s. Schaubild 13).

Interessanterweise sieht die Situation bei der persönlichkeitsfördernden Weiterbildung völlig anders aus. Hier haben nur Frauen mit einem technisch-gewerblichen Berufsabschluß zu über 50 % teilgenommen, mit großem Abstand (-15 %) gefolgt von den Lehrerinnen und Gesellschaftswissenschaftlerinnen.

Schaubild 13: Teilnahme an persönlichkeitsfördernder Weiterbildung nach Berufs- und Studienabschlüssen

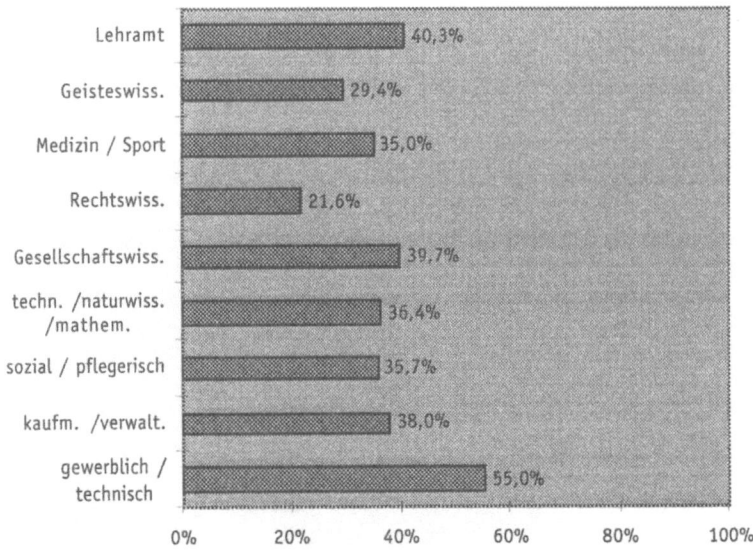

Erstaunlich ist im Fall der Juristinnen, daß sie, wenn sie an Weiterbildung teilnehmen, ebenso wie die anderen Frauen in der Politik politisch/fachliche Inhalte und selten persönlichkeitsfördernde Inhalte präferiert haben. Die insgesamt geringe Beteiligungsrate der Juristinnen an Fortbildung legt nahe, daß sie wegen ihrer beruflichen Herkunft gegenüber anderen Berufsgruppen Vorteile durch entsprechende fachliche Vorkenntnisse besitzen und deshalb auf fachliche Fortbildung eher als andere verzichten können. Dies scheint hingegen zumindest bei denen, die sich zur fachlichen Weiterbildung entschlossen haben, nicht zuzutreffen.

Frauen in politischen Führungspositionen: Die Persönlichkeit steht hinten an

Wichtig erschien herauszufinden, ob sich Politikerinnen in Führungspositionen auf diese Aufgaben durch persönlichkeitsfördernde Schulungen vorbereiten ließen.

Gegenüber den „einfachen" Mandatsträgerinnen, die zu 41 Prozent eine solche Schulung absolvierten, liegen die Führungsfrauen weit darunter. Nur ein Viertel der Ministerinnen, Staatssekretärinnen etc. haben solche Weiterbildung für sich in Anspruch genommen.

Schaubild 14: Teilnahme an persönlichkeitsfördernder Fortbildung nach politischem Amt

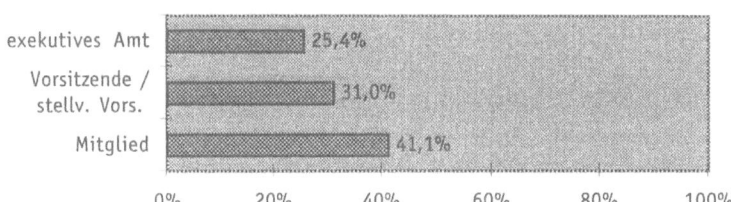

Die ungünstige Quote bei der Teilnahme an persönlichkeitsfördernder Fortbildung bei den Führungsfrauen mag dem Zeitdruck, dem sie ausgesetzt sind geschuldet sein. Es deutet aber auch darauf hin, daß, anders als bei Führungskräften in der Wirtschaft, die z.T. aus eigenem Interesse, aber auch, weil die Unternehmen dies fordern und fördern, an einer inzwischen großen Palette an Seminaren zur Persönlichkeitsförderung teilnehmen, die Politikerinnen dazu die Gelegenheit wahrnehmen bzw. ergreifen können.

Die über Frauen in politischen Führungspositionen geäußerten Kritiken, z.B. daß sie keine neue weibliche Politik befördern und im Mainstream der Männerpolitik stünden, ließen sich, soweit sie überhaupt berechtigt sind, wahrscheinlich mindern, wenn sich diese Führungspersönlichkeiten Zeit für entsprechende Führungsseminare nähmen.

Stiefkind Persönlichkeitsförderung

Auf die Altersgruppen bezogen sind die Frauen der mittleren Jahrgänge gegenüber den ganz jungen und den über sechzigjährigen Politikerinnen in der Weiterbildung am aktivsten. Dies betrifft die grundsätzliche Bereitschaft zur Teilnahme. Bei der Wahl der Weiterbildungsinhalte fallen die jüngsten Politikerinnen bei der persönlichkeitsfördernden Weiterbildung durch ihre nur knapp über einem Viertel liegende Teilnahme auf.

Schaubild 15: Teilnahme an persönlichkeitsfördernder Weiterbildung nach Altersgruppe

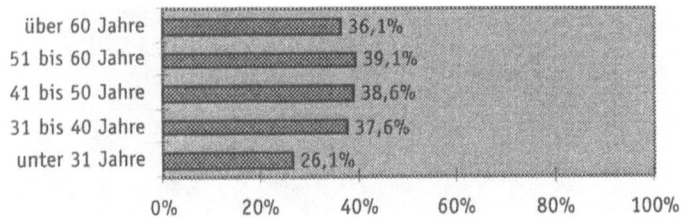

Ist Weiterbildung erst ab 40 Jahren nötig ?

Während der letzten zwei Jahre waren die einzelnen Altersgruppen in unterschiedlicher Weise weiterbildungsaktiv. Es wäre anzunehmen, daß gerade die jüngsten Politikerinnen einen erhöhten Bedarf an Schulungen haben. Unter ihnen sind die meisten Politikneulinge, die sich in der Politik in Arbeits- und Sozialzusammenhängen zurechtfinden müssen. Aus verschiedenen Gründen, wie z.B. Kürze der Berufserfahrungen, altersbedingte Erfahrung auf zunächst nachgeordneten Berufspositionen, evtl. sogar wegen unmittelbaren Übergangs von der Universität in die Politik, finden sie möglicherweise keine Ableitungsmöglichkeit aus beruflichen Vorerfahrungen für das politische Amt. Um so erstaunlicher ist ihre nur 50 Prozent ausmachende bisherige Beteiligung an Weiterbildung während der letzten zwei Jahre.

Schaubild 16: Weiterbildungsteilnahme während der letzten zwei Jahre nach Altersgruppen

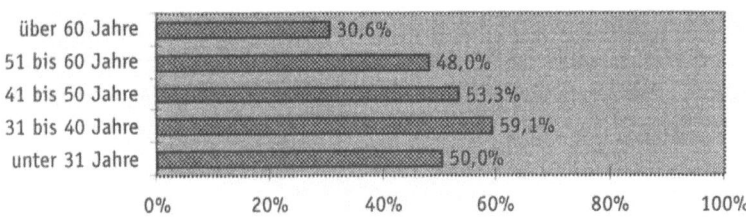

Neben der Wahrnehmung von organisierter Weiterbildung stehen Supervisoren zur Verfügung, die sich auf die fachliche Begleitung und Unterstützung von Einzelnen oder Kleingruppen konzentrieren und bei auftretenden Problemen im beruflichen

Alltag unmittelbar intervenieren, beraten, trainieren können. Diese Art der Unterstützung nehmen Führungskräfte und Arbeitsgruppen in Anspruch, die fallbezogen auf ihren beruflichen Alltag Lösungswege zum Abbau von Konflikten und anderen Schwierigkeiten benötigen. Es wurde deshalb gefragt, ob die Politikerinnen solche, auf individuelle Bedürfnisse eingehende Unterstützung aktuell in Anspruch nehmen. Dies bejahten rd. ein Drittel der Befragungspersonen.

Tabelle 24: Unterstützung durch Fachleute (Coaching, Supervision) nach Altersgruppen

N = 682	Unter 31	31 –40	41 – 50	51 – 60	Über 60
Ja	8,3 %	14 %	13,6 %	12,7 %	13,5 %
Nein	91,7 %	85,3 %	86,4 %	87,3 %	86,5 %

Es kann davon ausgegangen werden, daß solche professionelle Beratung von denen, die sie in Anspruch nehmen, selber bezahlt werden muß. Es ist deshalb in Erinnerung zu bringen, daß über die Hälfte der politischen Mandate von den Politikerinnen ehrenamtlich, also ohne oder nur mit geringer Entschädigung ausgeübt werden, vor allem von den kommunalen und städtischen Parlamentarierinnen. Die jüngeren Politikerinnen sind schwerpunktmäßig auf der kommunalen Ebene tätig. Insgesamt mag die Kostenfrage ein Grund für die geringe Inanspruchnahme von Fachleuten durch kommunale Politikerinnen liegen.

Auf die parlamentarischen Ebenen bezogen, liegen die Bundes- und Europaabgeordneten anteilsmäßig weit vor den anderen beiden Ebenen in Landes- und in Kommunalparlamenten.

Schaubild 17: Inanspruchnahme von persönlicher Beratung/Coaching nach politischer Ebene

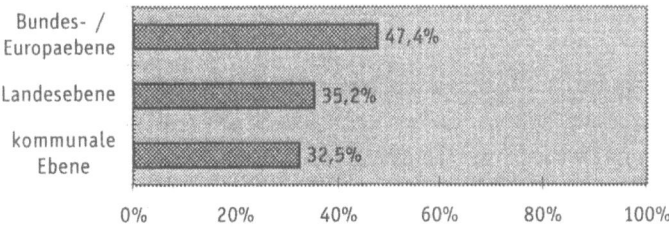

Coaching und Supervision hat den Vorteil, daß sie in Einklang mit der Zeitverfügung der Klientin angeboten wird. Als Erklärung für die geringe Weiterbildungsaktivität der Frauen in politischen Führungspositionen wurde zuvor deren erhöhter Zeitdruck herangezogen. Bei einer flexiblen Zeitgestaltung, so die Folgeannahme, könnten sich die politischen Führungsfrauen einer individuell auf sie „zugeschnittenen" Beratung eher als einer organisierten, zeitlich von außen festgelegten Weiterbildung zuwenden.

Einsamkeit der Macht - auch in der Weiterbildung ?

Gegenüber ihrer Teilnahme an persönlichkeitsfördernder Weiterbildung (25 %) nehmen immerhin ein Drittel der Frauen mit Positionen wie dem Ministerinnenamt Supervision oder Coaching u.ä. in Anspruch. Sie liegen dennoch auch hier unterhalb der anderen Gruppen, vor allem niedriger als Frauen, die sich als Parlamentspräsidentin oder Fraktionsvorsitzende zu über 40 Prozent eine solche Unterstützung im monetären und zeitlichen Sinne leisten.

Die verschiedenen, nach Alter (vgl. Schaubild 16) und Status (vgl. Tabelle 25) der Politikerinnen erfaßten Daten zum aktuellen Weiterbildungsverhalten und der Teilnahme während der letzten zwei Jahre vor dem Befragungszeitpunkt befördern in ihren Resultaten unerwartete Ergebnisse zutage.

Tabelle 25: Teilnahme an Weiterbildung von Politikerinnen während der letzten zwei Jahre nach parlamentarischen Ebenen, Ämtern bzw. Positionen

N = 686	Haben Sie während der letzten zwei Jahre an Weiterbildung teilgenommen?
	Ja
Mitglieder von Gemeindevertretungen	55,6 %
Gemeinderätinnen	55,6 %
Mitglieder von Kreistagen	38,9 %
Kreisrätinnen	46,9 %
Mitglieder von Stadtparlamenten	53,8 %
Stadträtinnen	53,8 %
Mitglieder von Landtagen	55,4 %
Parlamentspräsidentinnen (Kreis/Stadt)	60 %
Staatssekretärinnen (Land/ Bund)	57,1 %
Landesministerinnen	33,3 %
Mitglieder des Bundestages	36,8 %
Bundesministerinnen	50 %
Bürgermeisterinnen	65 %
Mitglieder des Europaparlaments	46,2 %

Über zwei Drittel der Politikerinnen hatte zwar an Schulungen teilgenommen, bei der Hälfte der Frauen liegt sie jedoch schon mehr als zwei Jahre zurück. Zwei Jahre ohne Weiterbildung ist, gemessen an den sich mit zunehmender Geschwindigkeit verändernden Anforderungen, im Arbeitsleben insgesamt ein relativ großer Zeitraum. In vielen Berufsbereichen sind turnusmäßige Weiterbildungsaktivitäten die Regel geworden, teils zur Anpassung an neue Techniken und arbeitsorganisatorische Veränderungen, zum anderen zur Persönlichkeitsentwicklung, um neue Arbeitsformen, z.B. Kundenorientierung, hierarchiefreie Kooperation, lean administration etc. mit der Fachkompetenz integrieren und weiterentwickeln zu können.

Die Landesministerinnen und die Mitglieder des Bundestages liegen mit ihrer Weiterbildungsbeteiligung während der letzten zwei Jahre weit unterhalb des Durchschnitts. Über 60 % der Bürgermeisterinnen und Parlamentspräsidentinnen (Kreis/Stadt) nahmen in diesem Zeitraum an Weiterbildung teil.

Jene Frauen, die an Schulungen während der letzten zwei Jahre teilgenommen haben, konzentrierten sich auf fachliche Angebote.

Einarbeitung neuer Themen - Leistung und/oder Strategie

An dieser Stelle ist zu fragen, wie sich die Frauen in der Politik auf die sich ja häufig ändernden und neuen Themenbereiche einarbeiten. Vorgegeben waren insgesamt fünf zur Auswahl und mit Mehrfachnennungen zu belegende mögliche Einarbeitungsverfahren: allein, z.B. durch Lesen; durch Lehrgänge; durch Zuarbeit oder Beratung anderer; learning by doing und andere, von der Befragungsperson zusätzlich einzubringende Einarbeitungsformen.

Da bereits bekannt ist, daß fast alle Politikerinnen auch während ihrer Freizeit für das politische Amt vorbereitend arbeiten, kann angenommen werden, daß die Einarbeitung in neue Themen bis zu einem gewissen Maße allein geschieht.

*Tabelle 26: Wie geschieht die Einarbeitung in neue Themengebiete ?**

	Anzahl	Anteile in %
Einarbeitung allein	630	36,3 %
Einarbeitung durch Zuarbeit/Beratung	500	28,8 %
Einarbeitung durch learning by doing	404	23,3 %
Einarbeitung durch Lehrgänge	85	4,9 %
andere Einarbeitungsformen	116	6,7 %

* Mehrfachnennungen waren möglich

Die Befragung ergibt, daß neben der individuellen Einarbeitung in neue Themen (s. Tabelle 26) und der Zuarbeit und Beratung durch andere auch learning by doing gewählt werden, um neue Themen zu erfassen und zu bearbeiten.. Sie zeigt darüber hinaus, daß Lehrgänge zur Vorbereitung auf neue Themen keine große Rolle spielen, andererseits die Frauen in der Politik in hohem Maße die ihnen zur Verfügung stehenden Möglichkeiten, wie durch persönliche Assistenz, wissenschaftliche Dienste oder andere Fachleute nutzen und sich bei der Einarbeitung in neue Themen unterstützen lassen. Die verschiedenen Altersgruppen unterscheiden sich bezüglich dieses Vorgehens kaum. Erhebliche und unerwartete Unterschiede über die Art, wie Politikerinnen bei der Einarbeitung in neue Themenbereiche vorgehen, ergeben sich aus der Analyse der Zuordnung zu den parlamentarischen Ebenen und nach politischer Position.

Kommunale und städtische Politikerinnen erarbeiten sich neue Themen öfter, indem sie an einschlägigen Lehrgängen teilnehmen als anderen parlamentarischen Ebenen angehörende Politikerinnen. Demgegenüber sind die Landespolitikerinnen wesentlich seltener bereit, diesen Weg einzuschlagen. Sie nutzen die Zuarbeit und Beratung durch andere, arbeiten sich jedoch auch alleine ein oder durch learning by doing. Die Bundes- und Europaabgeordneten nutzen gleichfalls die Zuarbeit anderer, nehmen kaum an Lehrgängen teil und arbeiten sich anteilsmäßig dazu auch alleine in neue Sachgebiete ein.

Während der Anteil an Frauen aller parlamentarischen Ebenen zur Antwort „Einarbeitung allein" etwa gleich hoch ist, verfügen erwartungsgemäß die kommunalen und städtischen Politikerinnen gegenüber den Landtags- und Bundestagsabgeordneten über weniger Möglichkeiten, sich externer Unterstützung und Zuarbeit zu bedienen. Die Bundestagsabgeordneten können ihre verschiedenen Dienste nutzen und schöpfen diese Möglichkeit auch sichtbar für sich aus. „Learning by doing" als Möglichkeit des Kompetenzzugewinns wird durchschnittlich von rd. 23 Prozent als probates Mittel zur Themeneinarbeitung erachtet.

Die hier in den Komplex „Weiterbildung von Frauen in der Politik" einbezogenen Untersuchungen zur Arbeitsweise bei der Einarbeitung in neue Themenbereiche weist auf einen durch Professionalität geprägten Arbeitsstil allein durch den hohen Anteil an Hinweisen auf die Nutzung externer Zuarbeit und Unterstützung hin. Daß sich die individuelle Auseinandersetzung mit dem neuen Thema dennoch nicht erübrigt, war von vornherein nicht auszuschließen, denn die Politikerinnen müssen dann diese Themen in Ausschüssen und im Parlament vertreten können. Da ihre Hauptdurchsetzungsstrategie darin besteht, fachliche Überzeugungsarbeit zu leisten, ist es zusätzlich folgerichtig, die zur Verfügung stehenden Dienste zur Themenerarbeitung heranzuziehen und dadurch die eigene Arbeit zu komplettieren.

Zusammenfassende Bewertung zum Weiterbildungsverhalten von Frauen in der Politik

Die Frauen in der Politik, dies zeigen die Daten zur Weiterbildung bisher, nehmen und haben an Weiterbildung in relevantem Umfang teilgenommen. Sie vermissen nachträglich, beim Einstieg in die Politik zu wenig über Strategien, Planung und Organisation gelernt zu haben und sehen zusätzlich Defizite, die durch entsprechendes Persönlichkeitstraining, wie z.b. Konfliktbewältigung oder Rhetorik, hätten gemindert werden können. Demgegenüber beteiligte sich nur ein Drittel von ihnen gleichsam bis heute an Schulungsangeboten, die solche persönlichkeitsfördernden Inhalte anbieten.

Die Kohortenanalyse zeigt eine deutlich stärkere Fortbildungsorientierung bei den älteren Altersgruppen als bei den unter 31jährigen. Noch stärker tritt dies bei der persönlichkeitsfördernden Fortbildung hervor. Persönlichkeitsfördernde Fortbildung „erlauben sich" vor allem die Politikerinnen zwischen 51 - 60 Jahren.

Immerhin haben die Hälfte aller Politikerinnen erst in kürzerer Vergangenheit an Fortbildung teilgenommen. Politikerinnen unter 41 Jahren, die ja die Minderheit bei den Weiterbildungsorientierten stellen, sind wiederum diejenigen, die primär während der vergangenen zwei Jahre an Fortbildung teilnahmen. Es liegt die Annahme vor, daß dieser Altersgruppe viele Frauen zum ersten Mal gewählt wurden und an einem Einführungsseminar ihrer Partei teilnahmen.

Professionelle Beratung/Coaching „leisten" sich Politikerinnen - im wortwörtlichen Sinne - nur in Ausnahmefällen. Einige wenden sich an ihre Partei um Rat und an nicht weiter definierte „Fachleute". Insgesamt haben diese Frage aber nur rd. 15 % mit ja beantwortet, darunter primär die ganz jungen Politikerinnen und die politischen Führungsfrauen.

Demgegenüber geben von allen Erhebungspersonen immerhin ein Drittel an, sich aktuell beraten, unterstützen/trainieren zu lassen. Hier nehmen die kommunalen Politikerinnen den Hauptanteil ein, die Bundestagsabgeordneten fallen nur geringfügig in diese Kategorie.

„Selbst ist die Frau" sagen sich die Politikerinnen - oder müssen sie sagen. 90 % bereiten sich allein auf ihre Aufgaben vor. Drei Viertel holen sich zusätzlich Beratung ein oder direkte Zuarbeit und noch über die Hälfte geben an, sich ihr Wissen durch learning by doing anzueignen. Hieraus läßt sich folgern, daß zunächst die Aktenberge durchgearbeitet werden müssen und dann mit ParteikollegInnen das anstehende Thema diskutiert wird. Bei umfangreichen oder entscheidungswichtigen Vorlagen wird verfügbare Zuarbeit für Recherchen usw. genutzt.

Bedarf es angesichts dieser Befunde zur Arbeitsweise und zur Weiterbildung von Frauen in der Politik anderer oder zusätzlicher , auf diesen Personenkreis als Zielgruppe zugeschnittene Weiterbildungsangebote und wenn ja, welche Inhalte sollten es sein, die durch die bisherige Angebotsstruktur einerseits und durch das Verhalten der Politikerinnen andererseits bisher nicht abgedeckt bzw. in Anspruch genommen werden.

Zur Erinnerung sei auf die in geringe Förderung und Unterstützung beim Einstieg in die Politik hingewiesen werden. Die mangelnde Unterstützung, aber auch die als besonders nachteilig empfundenen Konkurrenzverhältnisse, der Erfolgsdruck etc. in der Politik, die - wenn sie in anderen beruflichen Arbeitsbereichen vorkommen - durch ein weit gefächertes Angebot an frauenspezifischen Schulungen aufgefangen werden kann, „ertragen" die Mehrzahl der Politikerinnen ohne fachkompetente Unterstützung. Um für zukünftige Schulungsangebote für Frauen eine neue Ausgangslage zu schaffen, enthielt der Fragebogen Fragen zur perspektivischen Einschätzung über mögliche, verbesserte und frauenrelevante Angebote für Politikerinnen.

Wie die Untersuchungen von Schöler-Macher und Penrose (beide a.a.O.) offenlegen, sind die Politikerinnen von heute vorgeblich nicht auf der „Frauenschiene", d.h. nicht in ihren weiblichen Bedürfnissen ansprechbar. Dieser Interpretation kann man sich, wie die bisherigen Befunde dieser Untersuchung zeigen, nicht ungeteilt anschließen, da eine erhebliche Anzahl der Politikerinnen Frauen- und Familienprobleme als Auslöser für ihr politisches Engagement angeben.

Optionen, Perspektiven und Wünsche zur Weiterbildung von Frauen in der Politik

Es wurde danach gefragt, welche Art von Schulungen sich die Politikerinnen zusätzlich wünschen und an denen sie teilnehmen würden. Nach Häufigkeit (drei Nennungen waren möglich) wurden die nachfolgend genannten Themenbereiche aufgeführt:

1. Fachspezifische Themen
2. Techniken/Strategien
3. Rhetorik/Kommunikation
4. Konfliktbewältigung
5. Medientraining/PR
6. Sonstige Seminare
7. Verwaltungskenntnisse
8. Gesetzliche Grundlagen
9. Personalführung
10. Sprachen
11. Denkwerkstätten/Instrumente
12. Supervision
13. Erfahrungsaustausch
14. Computerkenntnisse

Bei den Antworten auf die gestellte Frage, an welcher Art von Schulung die einzelne Politikerin, hätte sie die Wahl, teilnehmen würde, ragen wieder deutlich fachspezifische Themen als Fortbildungsinhalte heraus. Der Abstand zu den nächsten, selbstgewählten Schwerpunkten ist groß, sie sollten dennoch als signifikant gewertet werden. Es handelt sich um „Techniken/Strategien" und um „Rhetorik und Kommunikation". Obwohl es sich bei den Frauen in der Politik um „Leseratten" handelt, die bereitwillig neue Themen erarbeiten und die sich dabei auch mühelos zusätzlich unterstützen lassen, scheint das dem fachlichen Wissensbereich zugeordnete individuelle Defizitempfinden doch erheblich zu sein.

Die Zuordnung der von den Frauen genannten wünschenswerten Schulungsangebote nach parlamentarischen Ebenen ergibt große Abweichungen. Beispielsweise interessieren sich 48 Prozent der städtischen Parlamentarierinnen, aber nur 20 Prozent der Bundestagsabgeordneten für zukünftige fachliche Schulungsangebote. Wenn auch weniger drastische, so doch noch immer erhebliche Abweichungen zwischen den verschiedenen parlamentarischen Ebenen sind bei „Techniken / Strategien", beim „Medientraining" u.a. zu erkennen. Die aus Tabelle 27 ersichtliche Spannbreite an genannten Schulungsoptionen deutet, wenn auch nicht jeweils durch entsprechende quantitative Zustimmung abgesichert, auf eine breite Bedarfskonstellation bei Frauen in der Politik hin die, bei auf sie „zugeschnittenen" Angeboten, möglicher Weise eine weitaus höhere Nachfrage erbringen würden als es die Befragungsbefunde nahelegen.

Tabelle 27a: Weiterbildungsbedürfnisse von Frauen in der Politik
nach parlamentarischen Ebenen

welche Art von Angeboten	Parlamentarische Ebene				
	Kommunale Ebene	Städtische Ebene	Landesebene	Bundesebene	Europaebene
Techniken / Strategien	17,4 %	14,6 %	23,4 %	23,0 %	
Rhetorik / Kommunikation	20,0 %	11,9 %	12,6 %	11,1 %	9,1 %
Fachspezifische Themen	31,0 %	48,5 %	30,2 %	20,6 %	54,5 %
Medientraining / PR	3,2 %	3,4 %	3,5 %	6,3 %	18,2 %
Gruppendynamik		,7 %	,3 %	1,6 %	
Konfliktbewältigung	9,7 %	7,8 %	8,1 %	12,7 %	18,2 %
Planung / Organisation	2,6 %	4,4 %	8,3 %	8,7 %	
Sprachen			1,3 %	4,0 %	
Denkwerkstätten / Instrumente		1,0 %	,8 %	2,4 %	
Verwaltungskenntnisse	5,8 %	1,4 %	3,3 %		
Gesetzliche Grundlagen	4,5 %	4,4 %	1,3 %		
Erfahrungsaustausch	1,9 %	,3 %			
Supervision	,6 %		1,3 %	,8 %	
Personalführung	,6 %	,3 %	1,8 %	2,4 %	
Computerkenntnisse			,5 %	1,6 %	
sonstige Seminare	2,6 %	1,4 %	3,5 %	4,8 %	
Total	100,0 %	100,0 %	100,0 %	100,0 %	100,0 %

Tabelle 27b: **Weiterbildungsbedürfnisse von Frauen in der Politik nach aktuellem Amt / Position**

	Aktuelles Amt / Position		
welche Art von Angeboten	**Mitglied**	**Vorsitzende, usw.**	**exekutives Amt**
Techniken / Strategien	19,9 %	18,8 %	17,3 %
Rhetorik / Kommunikation	15,0 %	10,0 %	4,9 %
Fachspezifische Themen	32,7 %	40,6 %	42,0 %
Medientraining / PR	3,4 %	5,9 %	4,9 %
Gruppendynamik	,4 %		2,5 %
Konfliktbewältigung	10,0 %	5,9 %	6,2 %
Planung / Organisation	6,0 %	5,3 %	9,9 %
Sprachen	1,1 %	1,2 %	
Denkwerkstätten / Instrumente	,7 %	1,2 %	2,5 %
Verwaltungskenntnisse	2,7 %	2,4 %	2,5 %
Gesetzliche Grundlagen	1,9 %	5,3 %	2,5 %
Erfahrungsaustausch	,3 %	1,2 %	
Supervision	,8 %		1,2 %
Personalführung	1,4 %	,6 %	1,2 %
Computerkenntnisse	,5 %		
sonstige Seminare	3,1 %	1,8 %	2,5 %
Total	100,0 %	100,0 %	100,0 %

Soll es Weiterbildung nur für Frauen in der Politik geben?

Eingedenk der aus der Literatur gewonnenen Antizipation, Frauen in der Politik seien dort nicht als Vertreterinnen von Frauen und wollten sich auch nicht von den Männern durch weibliche Kollektivierungen abtrennen lassen, wurde die Frage „Sind Sie der Ansicht, daß es für Frauen in der Politik spezielle Schulungsangebote geben sollte" als letzte Frage im Erhebungsbogen gestellt.

Anders als angenommen, ist nur ein Drittel der Politikerinnen gegen reine Frauenlehrgänge, die Mehrheit ist also dafür. An diesem Punkt kann widerlegt werden, daß sich Politikerinnen nicht in die Kategorie "Frau" oder zur Kollektivbildung mit anderen Politikerinnen drängen ließen. Die Mehrheit von ihnen will für ihre Weiterbildung an Lehrgängen teilnehmen, die nur von anderen Frauen besucht werden. Die einzelnen Kohorten weichen in ihrer Ansicht bis auf die über sechzig Jahre alten Politikerinnen bei dieser Einschätzung nur unwesentlich voneinander ab.

Schaubild 18a: Wunsch nach speziellen Schulungsangeboten für Frauen nach Altersgruppen

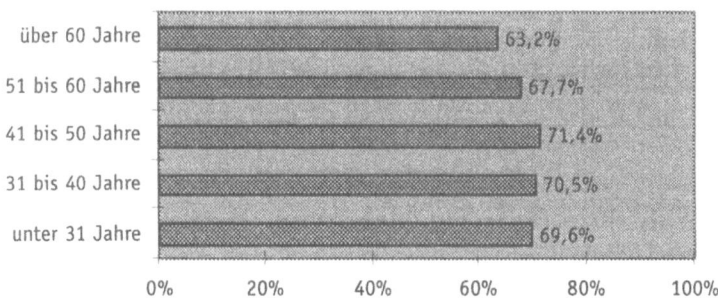

Nach der Zugehörigkeit zur politischen Ebene läßt sich für die Bundestagsabgeordneten die höchste Zustimmung (79 %) und bei den städtischen Politikerinnen die geringste (60 %) erkennen.

*Schaubild 18b: **Wunsch nach speziellen Schulungsangeboten für Frauen nach parlamentarischer Ebene***

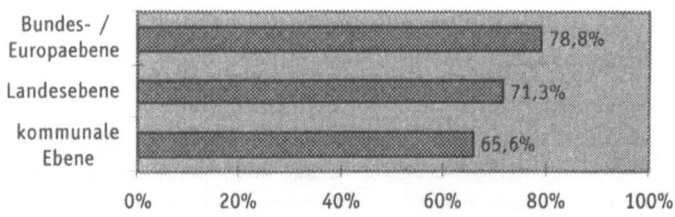

Die Zustimmungsquote bleibt jedoch insgesamt, sowohl auf die Altersgruppen als auch auf die verschiedenen Ebenen bezogen, durchgängig über sechzig, mehrheitlich bei über siebzig Prozent. Hierdurch wird der Bedarf nach frauenspezifischen Weiterbildungsangeboten sichtbar und auch, daß die Frauen in der Politik keineswegs, wie angenommen, vor solchen, sich nur an sie als Frauen richtende Angebote zurückscheuen würden. Das Selbstbewußtsein, das in der Literatur primär als Resultat ihres Status und ihrer Bildung abgeleitet wird, mindert nicht, wie aus der großen Zustimmung der Politikerinnen für frauenspezifische Schulungsangebote ersichtlich, ihr Bewußtsein, als Frau Bedürfnisse an Weiterbildung zu stellen, die besser im Kreise anderer Frauen als mit Männern bearbeitet werden können.

Vorbehalte, so der Grund für die abschließende Frage, ob es sich eher um überparteiliche oder um parteigebundene Schulungen für Frauen in der Politik handeln sollte, könnten aus der Parteibindung entstehen. Sechzig Prozent präferieren überparteiliche Schulungsangebote für Frauen und entziehen sich dadurch gleichsam dem Druck des unmittelbaren politischen Umfelds, Erklärungen für ihre Wahl der Weiterbildung abzugeben.

Schlußüberlegungen

Die in unterschiedlichen Zusammenhängen herausgestellte Fachorientierung von Frauen in der Politik läßt z.T. vergessen, um welches „Geschäft" es sich eigentlich bei ihnen handelt. Die mehrfach wiederholten Hinweise auf die fachliche Arbeit, die Vorbereitung für die Themen und Arbeitsschwerpunkte, Hinweise auf die primär, wenn auch nicht ausschließlich durch hohe Eigenleistung erbrachten Arbeitsresultate legen ebenso wie die Aussage, daß vor allem fachliches Wissen Überzeugungskraft besitzt, eher nahe, es handele sich um Wissenschaftlerinnen in Forschungszusammenhängen als um Mandatsträgerinnen für ein politisches Amt.

Das Handlungsfeld von Personen in der Politik mag durch ein, gegenüber anderen Berufen, erhöhtes Maß an Terminarbeit, an besonders schwierig zu erarbeitenden Themen und an Leistungserfordernisse geprägt sein, die, zumindest zeitweilig, für eine Person „zu viel" sind. Betrachtet man jedoch Männer in der Politik, wie die Ministerpräsidenten von Niedersachsen oder dem Saarland und den hochgradig gerade jetzt im Sommer 1997 beanspruchten Bundesfinanzminister, dann scheint deren Lebensführung selbst als Spitzenpolitiker noch neue Familiengründungen zuzulassen. Politiker, und kaum Politikerinnen, sind in Talk Shows im Fernsehen zu hören und sehen und im Zusammenhang z.b. mit Skandalen in der Politik erfährt man von Segelturns und Freiflügen in ferne Länder der männlichen politischen Elite. Mit anderen Worten, das Freizeitverhalten der Männer in der Politik scheint weniger von Arbeit belastet als bei Frauen. Nun ist diese Untersuchung keine Vergleichsstudie und verfügt nicht über Daten zum politischen Alltag der Mehrheit der männlichen Mandatsträger. Deshalb soll hier abschließend nicht in Abgrenzung, sondern weiter immanent geschlechtsbezogen resümiert werden, was diese Erhebung teils in Übereinstimmung mit vorhergegangenen Untersuchungen, teils in deutlicher Abweichung zu den getroffenen Vorannahmen aussagt.

Zunächst kann festgestellt werden, daß Frauen in der Politik in ihren Lebensäußerungen in vieler Hinsicht nicht von denen der Mehrheit der Frauen in der deutschen weiblichen Bevölkerung abweichen. Es handelt sich bei ihnen um berufstätige Frauen, die verheiratet sind und familienbedingt ihre Erwerbstätigkeit irgendwann einmal unterbrochen haben oder teilzeitig fortsetzen mußten. Die Familie steht trotz des weiten Aktivitätsspektrums, das Beruf, Politik und Ehrenamt bei vielen von ihnen umfaßt, im Vordergrund ihrer sozialen Orientierung. Aber auch der Beruf hat einen besonderen Stellenwert für sie, denn die dort erworbenen Kompetenzen und Qualifikationen erachten sie für wichtige Eingangsvoraussetzungen für den politischen Werdegang. Frauentypisch kann auch ihre Einschätzung gewertet werden, die sie zur Arbeitszufriedenheit - hier im politischen Amt - abgeben. Das politische Mandat ist für sie die Grundlage, um jene Probleme, die bereits den Auslöser für ihre politischen Aktivitäten vor Mandatsübernahme stellten, von entscheidender Stelle aus lösen zu können. Machtambitionen geben sie nicht zu erkennen, gleichwohl sie ihre politischen Ziele durchsetzen wollen. Dies wiederum können und wollen sie vor allem durch fachliche Überzeugung erreichen.

Fachliche Überzeugung als die von ihnen gewählte Primärstrategie zur Realisierung ihrer politischen Intentionen, setzt die Frauen in der Politik jedoch auch unter dauernden Zeitdruck und verursacht das Gefühl ständiger Unzulänglichkeit. Letzteres ist aus den zu verschiedenen Fragen wiederkehrenden Aussagen zu den Arbeitsbedingungen, zum Arbeitseinsatz und zu den artikulierten Wünschen zur Fortbildung abzuleiten.

Immer wieder sind Hinweise auf das Streben nach fachlicher Vervollkommnung zu finden. Daran wird zu Hause in der Freizeit gearbeitet, dafür entscheiden sie sich, wenn zwischen fachlicher und persönlichkeitsfördernder Fortbildung gewählt werden kann und die fachbezogene Schulung von der Mehrheit der Politikerinnen den Vorrang erhält. Last but not least wird die fachliche Aussagekraft ihrer Argumentationen - gegenüber der politischen Durchsetzungsfähigkeit - als vorrangiges Mittel zur Erreichung ihrer Ziele, nämlich der Lösung der von ihnen als vordringlich betrachteten Probleme, eingeschätzt.

Interessant ist jedoch, daß die politische Statusebene, wie sie in unterschiedlichen Zusammenhängen nach Zugehörigkeit zu den parlamentarischen Ebenen belegt werden konnte, zu verschiedenen Fragen z.T. stark voneinander abweichende Aussagen erbrachte, so auch zur Frage zukünftig gewünschter Schulung und Fortbildung. Je höher die Statusebene, desto weniger stehen fachliche zugunsten von anderen Fortbildungswünschen, wie z.B. Techniken/Strategien oder Medienkompetenz, im Vordergrund.

Neben der Statusebene spielt auch das Alter der Abgeordneten eine wichtige Rolle bei den offenen Fortbildungswünschen. Junge Mandatsträgerinnen erachten den fachspezifischen Angebotsteil potentieller Fortbildung für sich als wichtig und notwendig. Ihre Fortbildungswünsche nach persönlichkeitsfördernden Schulungsangeboten liegen jedoch niedriger als bei den älteren Politikerinnen. Obwohl sie nur geringfügig professionelle Unterstützung durch Supervision oder Coaching in Anspruch nehmen, ist es den jungen Abgeordneten wiederum aktuell, d.h. zum Zeitpunkt der Befragung häufiger als den älteren Kolleginnen möglich, auf informelle und/oder kollegiale Beratung zurückzugreifen.

Unabhängig von Alter und Status, so das unerwartete Ergebnis aus der Befragung, ist der mehrheitlich positiv beschiedene Wunsch der Mandatsträgerinnen nach Schulungen, an denen nur Frauen teilnehmen und die parteienübergreifend angeboten werden sollten. Die auch hier wieder herrschende Dominanz der Fachorientierung kann um die Themenbereiche erweitert werden, die sich mit Handlungsoptimierung auseinandersetzen, wie Techniken/Strategien, Rhetorik und/oder Medienkompetenz.

Dieses Ergebnis, das auch für die in jüngster Zeit geführten theoretischen Erörterungen zur Positionierung von Frauen in der Politik und in anderen Berufsbereichen (Gildemeister 1992) den empirischen Nachweis zur internalisierten Präsenz der Geschlechterfrage bei der Mehrheit der Politikerinnen erbringt, zeigt vor allem, daß politisch aktive Frauen eine in der politischen Bildung vernachlässigte Gruppe sind. Allerdings muß nunmehr an dieser Stelle gefragt werden, was unter politischer Bildung unter diesen Vorzeichen zu verstehen ist, denn - und dies darf nicht übersehen werden,- die Politikerinnen stellen Erwartungen an Fortbildungsangebote, die sich mit ihren Erfahrungen als Frauen im politischen Handlungsfeld auseinandersetzen.

Die Reform der politischen Bildung mit dem Ziel, nicht nur mehr Frauen für die Politik zu gewinnen, sondern mit daran zu wirken, daß von Frauen und für Frauen neue politische Inhalte und Formen entstehen, steht noch offen. Die hier vorgelegten Daten, Analysen und Interpretationen sollen Anregungen bieten, den längst überfälligen Prozeß einer solchen Reform als Paradigmenwechsel in die Wege zu leiten.

Literatur

Albrecht, Lisa; Brewer, Rose (1994): Demokratie, Differenz und multikulturelle Allianzen unter Frauen, in: Frauenanstiftung e.V. (Hg.): Demokratie und Differenz. Feministische Bündnispolitik auf dem Weg zu einer Zivilgesellschaft. Dokumentation des gleichnamigen Kongresses, Hamburg

Allmendinger, Jutta; Hackman, J. Richard (1994): Akzeptanz oder Abwehr? Die Integration von Frauen in professionelle Organisationen. in: Kölner Zeitschrift für Soziologie und Sozialpsychologie, Heft 2, 238-258

Arbeitsgemeinschaft sozialdemokratischer Frauen (AsF) (1995): Gleichstellungsbericht, vorgelegt auf dem ordentlichen Bundesparteitag der SPD 14. bis 17. November 1995 in Mannheim

Arendt, Hannah (1970): Macht und Gewalt, München

Asgodom, Sabine; Weber-Nau, Monica (Hg.) (1995): Frauen machen Politik, Düsseldorf

Barkhausen, Silvia; Niemann-Geiger, Rita (1994): Keine Angst vor dünner Luft. Chancen für Frauen in Politik, Wirtschaft, Wissenschaft, Medien, Frankfurt/Main, New York

Beck, Ulrich (1986): Risikogesellschaft, Frankfurt/Main

Beck, Ulrich (Hg.) (1997): Kinder der Freiheit, Frankfurt/Main

Becker, G.S. (1964): Human Capital. New York

Becker-Schmidt, Regina (1980): Widersprüchliche Realitäten und Ambivalenz. In: Kölner Zeitschrift für Soziologie und Sozialpsychologie 32, 705-725

Benjamin, Jessica (1994): Die Fesseln der Liebe. Psychoanalyse, Feminismus und das Problem der Macht, Frankfurt/Main

Biester, Elke, Holland-Cunz, Barbara, Sauer, Birgit (Hg.) (1994): Demokratie oder Androkratie?: Theorie und Praxis demokratischer Herrschaft in der feministischen Diskussion, Frankfurt/Main

Biester, Elke; Holland-Cunz, Barbara; Maleck-Lewy, Eva; Ruf, Anja; Sauer Birgit (Hg.) (1994): Gleichstellungspolitik. Totem und Tabus. Eine feministische Revision, Frankfurt/Main, New York

Bleyer-Rex, Iris (1995): Zur „Entgrenzung" und Bestimmung des Politischen am Beispiel der Frauenbildung, in: Außerschulische Bildung. Materialien zur politischen Jugend- und Erwachsenenbildung 2/95, 176-178

Böhmer, Maria (1994): Gesetze zur Gleichberechtigung von Frauen und Männern in Bund und Ländern. Eine vergleichende Dokumentation. Zweite, völlig neu bearbeitete Auflage. Konrad-Adenauer-Stiftung (Hg.): Interne Studien Nr. 83/1994, Sankt Augustin

Borchert, Jens; Golsch, Lutz (1995): Die politische Klasse in westlichen Demokratien: Rekrutierung, Karriereinteressen und institutioneller Wandel, in: Politische Vierteljahreszeitschrift, Heft 4/1995, 609-629

Borst, Frauke (1997): Führungstrainingsprogramme für Frauen in Politik und Wirtschaft: Begründungen - Tendenzen - Ergebnisse, Magisterarbeit an der Technischen Universität Berlin, Berlin

Bortz, Jürgen; Döring, Nicola (1995): Forschungsmethoden und Evaluation für Sozialwissenschaftler, Berlin, Heidelberg, New York, Barcelona, Budapest, Hong Kong, London, Mailand, Paris, Tokyo

Bourdieu, Pierre (1983): Ökonomisches Kapital, kulturelles Kapital, soziales Kapital, in: Kreckel, Reinhard (Hg.): Soziale Ungleichheiten; Soziale Welt, Sonderband 2, Göttingen,

Bourdieu, Pierre (1989): Delegation und politischer Fetischismus, in: Ebbighaus, Rolf; Neckel, Sighard (Hg.): Anatomie des politischen Skandals, Frankfurt/Main, 36-54

Bourdieu, Pierre; Boltanski, Luc; de Saint Martin, Monique; Maldidier, Pascale (1981): Titel und Stelle. Über die Reproduktion sozialer Macht, Frankfurt/Main

Braun, Lily (1979): Die Frauenfrage. Leipzig 1901, Nachdruck. Berlin, Bonn

Brown, Lyn; Gilligan, Carol (1997): Die verlorene Stimme. Wendepunkte in der Entwicklung von Mädchen, München

Bundesanstalt für Arbeit (Hg.) (1996): ibv, Frauen. Ausbildung - Beschäftigung - Weiterbildung. Heft 44/96

Bundesministerium für Bildung, Wissenschaft, Forschung und Technologie (Hg.) (1991): Weiterbildung von Frauen in den Neuen Bundesländern, Bonn

Bundesministerium für Bildung, Wissenschaft, Forschung und Technologie (Hg.) (1995): Berichtssystem Weiterbildung, Bonn

Bundesministerium für Bildung, Wissenschaft, Forschung und Technologie (Hg.) (1995a): Grund- und Strukturdaten 1995/96, Bonn

Bundesministerium für Bildung, Wissenschaft, Forschung und Technologie (Hg.) (1996): Auf unterschiedlichen Wegen? Politische Weiterbildung im Prozeß der deutsch-deutschen Vereinigung. Dokumentation des Werkstattgesprächs vom 24.-26. Juni 1996 in Magdeburg, Bonn

Bundesministerium für Bildung, Wissenschaft, Forschung und Technologie (Hg.) (1996a): VI Integrierter Gesamtbericht zur Weiterbildungssituation in Deutschland, Bonn

Bundesministerium für Familie, Senioren, Frauen und Jugend (1993): Junge Nichtwählerinnen. Eine Analyse der Entwicklung, Anzahl, Struktur und Motive junger Nichtwählerinnen. Institut für Demoskopie Allensbach. Materialien zur Frauenpolitik 30/93, Bonn

Bundeszentrale für politische Bildung (Hg.) (1995): Verantwortung in einer unübersichtlichen Welt. Aufgaben wertorientierter politischer Bildung. Bonn

Chodorow, Nancy (1990): Das Erbe der Mütter, München

Cordes, Mechthild (1996): Frauenpolitik. Gleichstellung oder Gesellschaftsveränderung? Opladen

Cornelißen, Waltraud; Voigt, Christine (Hg.) (1995): Wege von Frauen in die Politik: Möglichkeiten und Grenzen von Kursen zur Qualifizierung für politische Aufgaben - eine empirische Untersuchung, Bielefeld

Damkowski, Christa (1993): Die Entzauberung der Politik. Frauen erobern - langsam - das politische Parkett, in: Nuber, Ursula (Hg.) (1993): Wir wollten alles ... was haben wir nun? Eine Zwischenbilanz der Frauenbewegung, Zürich

Debold, Elisabeth; Malvé, Idelisse; Wilson, Marie (1994): Die Mutter-Tochter-Revolution, Reinbek

Derichs-Kunstman, Karin; Müthing, Brigitte (Hg.) (1993): Frauen lernen anders. Theorie und Praxis der Weiterbildung von Frauen, Bielefeld

Derichs-Kunstmann, Karin (1995), Frauenseminare in der politischen Bildungsarbeit. Entwicklungen, Zielvorstellungen und didaktische Konzepte, in: Bundeszentrale für politische Bildung (Hg.): Verantwortung in einer unübersichtlichen Welt, Bonn, 317-329

Derichs-Kunstmann, Karin (1995a): Von der Politisierung des Privaten zur gleichberechtigten Partizipation an Politik. Zur Entwicklung der politischen Frauenbidungsarbeit in den letzten 20 Jahren, in: Cornelißen, Waltraud, Voigt, Christine (Hg.) (1995): Wege von Frauen in die Politik: Möglichkeiten und Grenzen von Kursen zur Qualifizierung für politische Aufgaben - eine empirische Untersuchung, Bielefeld, 12-26

Deters, Magdalene (1995): Kein Vertrauen in Frauen? Ein Beitrag zur Diskussion über Frauen in modernen Unternehmen, in: Modelmog, Ilse; Grässel, Ulrike (Hg.) (1995): Konkurrenz & Kooperation. Frauen im Zwiespalt? Münster

Deutsche UNESCO-Kommission (Hg.) (1997): Lernfähigkeit. Unser verborgener Reichtum. UNESCO-Bericht zur Bildung für das 21. Jahrhundert. Neuwied

Dick, Ulla (1994): Netzwerke und Berufsverbände für Frauen. Ein Handbuch, Reinbek

Dienel, Christiane (1996): Frauen in Führungspositionen in Europa, München

Enders-Dragässer, Ute; Fuchs, Claudia (1989): Interaktion der Geschlechter. Sexismus-Strukturen in der Schule, Weinheim/München

Ermert, K. (Hg.) (1990): Sprachliche Bildung und kultureller Wandel. Loccumer Protokolle 56/1989, Rehburg-Loccum

Esch, Marion (1997): Preparing Women to Lead - Empowerment für Frauen in der Politik, Abschlußbericht für das Berliner Förderprogramm Frauenforschung, unveröffentlichtes Manuskript

European Commission Equal Opportunities Unit (Ed.) (1995): Strategies for a Gender Balance in Political Decision Making. Report: European Seminar Dublin, March 1995, Brüssel

Fischer, Gabriele; Preissner-Polte, Ann; Risch, Susanne; Schwarzer, Ursula (1993): Der große Unterschied, in: Manager Magazin 5/1993, 101-115

Flaake, Karin (1991): Frauen und öffentlich sichtbare Einflußnahme, in: Feministische Studien 1/1991, 136-142

Flaake, Karin (1993): Lieber schwach, aber gemeinsam als stark, aber einsam? Arbeitszusammenhänge von Frauen aus psychoanalytischer Sicht, in: Koppert, Claudia (Hg.): Glück, Alltag und Desaster. Über die Zusammenarbeit von Frauen, Berlin, 42-57

Fraser, Nancy (1996): Die Gleichheit der Geschlechter und das Wohlfahrtssystem. Ein postindustrielles Gedankenexperiment, in: Nagl-Docekal, Herta; Pauer-Studer, Herlinde (Hg.): Politische Theorie. Differenz und Lebensqualität, Frankfurt/Main, 469-493

Frauenanstiftung e.V. (Hg.) (1994): Demokratie und Differenz. Feministische Bündnispolitik auf dem Weg zu einer Zivilgesellschaft. Dokumentation des gleichnamigen Kongresses, Hamburg

Frauenbericht der CDU (1996): Bericht des Generalsekretärs zur Umsetzung der Essener Leitsätze, vorgelegt zum 8. Parteitag des CDU Deutschland in Hannover

Frerichs, Petra; Steinrücke, Margareta (1995): Klasse und Geschlecht. Anerkennungschancen von Frauen im System gesellschaftlicher Arbeitsteilung, in: Aus Politik und Zeitgeschichte, B 36-37/95, Bonn

Friedrich-Ebert-Stiftung (Hg.) (1994): Bedeutung des demographischen Wandels. Frauenerwerbstätigkeit und Zuwanderung. Bonn

Gerecht, Cerstin (1994): Frauenpolitische Forderungen im Spannungsfeld von Interesse und Moral: Die Parteien und der § 218, in: Biester, Elke; Holland-Cunz, Barbara; Maleck-Lewy Eva; Ruf, Anja; Sauer, Birgit (Hg.) (1994): Gleichstellungspolitik, Totem und Tabus. Eine feministische Revision, Frankfurt/Main, New York, 82-113

Gerhard, Ute (1996): Atempause: Die aktuelle Bedeutung der Frauenbewegung für eine zivile Gesellschaft, in: Aus Politik und Zeitgeschichte, B 21-22/1996, 3-14

Gerhardt, Uta; Schütze, Yvonne (Hg.) (1988): Frauensituationen. Veränderungen in den letzten zwanzig Jahren. Frankfurt/Main

Gerste, Margrit (1997): Die letzte Bastion fällt. Endlich: Vergewaltigung in der Ehe gilt künftig als Verbrechen, in: Die Zeit, Nr. 21, 16. Mai 1997

Gieseke, Wiltrud (Hg.) (1993): Feministische Bildung - Frauenbildung. Pfaffenweiler

Gieseke, Wiltrud (Hg.) (1993a): Frauenfreundliche Lernformen: Lernstrategien von Frauen. In: Frauen in der Weiterbildung. Lernen und Lehren, Dokumentation der Arbeitstagung vom 26.2 bis 27.2.1993 in Tübingen. Deutsches Institut für Fernstudien an der Universität Tübingen (DIFF) (Hg.) Arbeitskreis Frauen in der Weiterbildung, 77-93

Gildemeister, Regine; Wetterer, Angelika (1992): Wie Geschlechter gemacht werden. Die soziale Konstruktion der Zweigeschlechtlichkeit und ihre Reifizierung in der Frauenforschung, in: Knapp, Gudrun-Axeli; Wetterer, Angelika (Hg.): Traditionen Brüche - Entwicklungen feministischer Theorie, Freiburg, 201-254

Goehler, Adrienne (1991): Feminat und Frauenfraktion - Veränderung der Politik durch Grüne und alternative Frauen in den Parlamenten, in: Schaeffer-Hegel, Barbara; Kopp-Degetoff, Heidi (Hg.) (1991): Vater Staat und seine Frauen. Bd. 2: Studien zur politischen Kultur, Pfaffenweiler

Gottschalch, Wilfried; Neumann-Schönwetter, Marina; Soukup, Gunter (1974): Sozialisationsforschung. Materialien, Probleme, Kritik. Reinbek bei Hamburg

Grabrucker, Marianne (1993): Vater Staat hat keine Muttersprache. Die Frau in der Gesellschaft, Frankfurt/Main

Grolle, Inge; Bake, Rita (1995): „Ich habe mit drei Bällen jonglieren geübt". Frauen in der Hamburgischen Bürgerschaft 1946 bis 1993, Landeszentrale für politische Bildung, Hamburg

Hagemann-White, Carol (1986): Hat die neue Frauenbewegung die politischen Partizipationsformen und Wirkungsmöglichkeiten von Frauen verändert?, in: Zeitschrift für Frauenforschung, Heft 4, 38-50

Harbordt, Steffen (1995): Erfolgreiche demokratische Sozialisation. Eine empirische Jugendstudie zur politischen Bildung, in: Aus Politik und Zeitgeschichte, B 47/95, Bonn, 20-26

Haug, Frigga (1996): Frauen-Politiken, Berlin, Hamburg

Häußermann, Hartmut; Siebel, Walter (1995): Dienstleistungsgesellschaften, Frankfurt/Main

Heinzel, Friederike (1996): Die Inszenierung der Besonderheit. Zur politischen Sozialisation von Frauen in Gewerkschaftspositionen, Bielefeld

Helgesen, Sally (1991): Führen Frauen anders? Vorteile eines neuen Führungsstils, Frankfurt/Main, New York

Hennig, Margaret; Jardin, Anne (1987): Frau und Karriere. Erwartungen, Vorstellungen, Verhaltensweisen, Reinbek

Herzog, Dietrich (1982): Politische Führungsgruppen. Probleme und Ergebnisse der modernen Elitenfoschung, Darmstadt

Hilgers, Andrea (1993): Geschlechterstereotype und Unterricht. Zur Verbesserung der Chancengleichheit von Mädchen und Jungen in der Schule, Weinheim, München

Hoecker, Beate (1987): Frauen in der Politik. Eine soziologische Studie, Opladen

Hoecker, Beate (1995): Politische Partizipation von Frauen: Kontinuität und Wandel des Geschlechterverhältnisses in der Politik. Ein einführendes Studienbuch, Opladen

Hoecker, Beate (1996): Innerparteiliche Frauenförderung in Großbritannien und Deutschland, in: Zeitschrift für Parlamentsfragen 4/1996, 642-657

Holland-Cunz, Barbara (1994): Öffentlichkeit und Intimität - demokratietheoretische Überlegungen, in: Biester, Elke; Holland-Cunz, Barbara; Sauer, Birgit (Hg.) (1994): Demokratie oder Androkratie? Theorie und Praxis demokratischer Herrschaft in der feministischen Diskussion, Frankfurt/Main

Holland-Cunz, Barbara (1996): Demokratietheorie und feministische Bündnispolitik, in: Verein niedersächsischer Bildungsinitiativen (Hg.): Frauen als Gleiche - Frauen als Verschiedene. Perspektiven feministischer Bündnispolitik. Dokumentation des gleichnamigen Kongresses am 20./21. März, Hannover

Holzapfel, Klaus-J. (Hg.) (1995): Kürschners Volkshandbuch. Deutscher Bundestag. 13. Wahlperiode, Stand: 2. Mai 1995, Darmstadt

Hoppe, Heidrun (1995): Brauchen wir eine frauenspezifische politische Bildung?, in: Bundeszentrale für politische Bildung (Hg.): Verantwortung in einer unübersichtlichen Welt, Bonn, 301-316

Hufer, Klaus-Peter (1997): Politische Bildung in der Erwachsenenbildung, in: Sander, Wolfgang (Hg.) (1997): Handbuch politische Bildung. Schwalbach, 271-284

Hügel, Ika; Lange, Chris; Ayim, May; Bubeck, Ilona; Aktas, Gülsen; Schultz, Dagmar (Hg.) (1993): Entfernte Verbindungen. Rassismus, Antisemitismus, Klassenunterdrückung, Berlin

Jugendwerk der Deutschen Shell (Hg.) (1997): Jugend '97. Zukunftsperspektiven, Gesellschaftliches Engagement, Politische Orientierungen, Opladen

Jung, Dörthe (1993): Abschied zu neuen Ufern - Frauenpolitik in der Krise, in: Beiträge zur feministischen Theorie und Praxis 3/93, 47-55

Jung, Dörthe (1994): Gemeinschaft und Geschlecht, in: Frankfurter Rundschau, 5.4.1994

Jung, Dörthe (1995): Gutachten: „Konzeption und Aufbau eines Instituts für feministische Theorie und Praxis im Rahmen der bündnisgrün-nahen Stiftung". Ergebnisse einer Recherche zu frauenpolitischen Instituten (Vereinigte Staaten, Niederlande) und konzeptionelle Schlußfolgerungen, Frankfurt/Main, unveröffentlichtes Manuskript

Kahlweit, Cathrin (1994): Damenwahl: Politikerinnen in Deutschland, München

Knapp, Gudrun-Axeli (1992): Macht und Geschlecht. Neuere Entwicklungen in der feministischen Macht- und Herrschaftsdiskussion, in: Knapp, Gudrun-Axeli; Wetterer, Angelika (Hg.): Traditionen. Brüche - Entwicklungen feministischer Theorie, Freiburg, 287-321

Knapp, Gudrun-Axeli; Wetterer, Angelika (Hg.) (1992): Traditionen. Brüche - Entwicklungen feministischer Theorie, Freiburg

Koppert, Claudia (Hg.) (1993): Glück, Alltag und Desaster. Über die Zusammenarbeit von Frauen, Berlin

Krais, Beate (1983): Bildung als Kapital. Neue Perspektiven für die Analyse der Sozialstruktur, in: Kreckel, Reinhard (Hg.): Soziale Ungleichheiten; Soziale Welt, Sonderband 2, Göttingen, 368-396

Kreienbaum, Maria Anna; Metz-Göckel, Sigrid (1992): Koedukation und Technikkompetenz von Mädchen. Der heimliche Lehrplan der Geschlechtererziehung und wie man ihn ändert, Weinheim, München

Kreisky, Eva (1988): Bürokratie und Frauen, in: Österreichische Zeitschrift für Politikwissenschaft 1/1988, 91-102

Kreisky, Eva (1992): Der Staat als Männerbund. Der Versuch einer feministischen Staatssicht, in Biester, Elke; Geißel, Brigitte; Lang, Sabine; Sauer, Birgit; Schäfer, Petra; Young, Brigitte (Hg.) (1992): Staat aus feministischer Sicht. Berlin, 53-62

Kreisky, Eva (1993): Der Staat ohne Geschlecht? Ansätze feministischer Staatskritik und feministischer Staatserklärung., in: Österreichische Zeitschrift für Politikwissenschaft 1/1993, 23-35

Kreisky, Eva (1995): Gegen „geschlechtshalbierte" Wahrheiten. Feministische Kritik an der Politikwissenschaft im deutschsprachigen Raum, in: Kreisky, Eva; Sauer, Birgit (Hg.) (1995): Feministische Standpunkte in der Politikwissenschaft. Eine Einführung. Frankfurt/Main, New York, 27-62

Kreß, Brigitta (1993): Frauen in Führungspositionen. Diskriminiert, hofiert, ignoriert, in: Nuber, Ursula (Hg.) (1993): Wir wollten alles ... was haben wir nun? Eine Zwischenbilanz der Frauenbewegung, Zürich, 114-138

Kuippers, Dorette (1997): Vortrag auf der Tagung „WeibsBilder und Televisionen - Frauen und Fernsehen", Mainz. Der bisher unveröffentlichte Vortrag wird 1998 in der Reihe des ZDF „Mainzer Tage der Fernseh-Kritik" als Band 30 erscheinen.

Kutz-Bauer, Helga (1990): Diskriminierung von Frauen in der politischen Bildung, in: Bundeszentrale für politische Bildung (Hg.): Vierzig Jahre politische Bildung in der Demokratie, Bonn, 176-182

Kutz-Bauer, Helga: Was heißt frauenspezifisches Lernen und Handeln? Politische Bildung als Männerdiskurs und Männerdomäne. in: Aus Politik und Zeitgeschichte, B 25-26/92, 19-31

Lang, Sabine (1994): Politische Öffentlichkeit und Demokratie. Überlegungen zur Verschränkung von Androzentrismus und öffentlicher Teilhabe, in: Biester, Elke; Holland-Cunz, Barbara; Sauer, Birgit (Hg.) (1994): Demokratie oder Androkratie? Theorie und Praxis demokratischer Herrschaft in der feministischen Diskussion, Frankfurt/Main

Leder, Dietrich (1995): Medien und Politik: Verwandschaftsverhältnisse. in: Bundeszentrale für politische Bildung (Hg.): Verantwortung in einer unübersichtlichen Welt. Aufgaben wertorientierter politischer Bildung. Bonn, 437-442

Libreria delle donne di Milano (1988): Wie weibliche Freiheit entsteht, Berlin

Lindenbaum, Joyce P. (1990): Eine Illusion zerbricht. Konkurrenz in lesbischen Beziehungen, in: Miner, Valerie; Longino, Helen (Hg.): Konkurrenz. Ein Tabu unter Frauen, München, 128-142

Löhr, Ulrike (1995): Frauen in Führungspositionen - auf dem Weg nach oben? in: Verwaltung und Management 1/1995, 24-57

Lukoschat, Helga (1995): Geschlecht und Politik. Über die Spezifika der Skandalisierung weiblicher Politiker am Beispiel des rotgrünen Frauensenats 1989/90 in Berlin, in: Schaeffer-Hegel, Barbara u.a. (1995): Frauen mit Macht, Pfaffenweiler, 265-305

Lutz, Burkart (1983): Bildungsexpansion und soziale Ungleichheit, in: Kreckel, Reinhard (Hg.): Soziale Ungleichheiten; Soziale Welt, Sonderband 2, Göttingen, 226-253

Mackensen, Rainer; Umbach, Eberhard; Jung, Ronald (1984): Leben im Jahr 2000 und danach. Perspektiven für die nächsten Generationen. Berlin

Maleck-Lewy, Eva; Penrose, Virginia (Hg.) (1995): Gefährtinnen der Macht. Politische Partizipation von Frauen im vereinigten Deutschland - eine Zwischenbilanz, Berlin

Metz-Göckel, Sigrid (1993): Frauen in akademischen Berufen: Wie sie kooperieren, konkurrieren und sich aus dem Wege gehen, in: Koppert, Claudia (Hg.): Glück, Alltag und Desaster. Über die Zusammenarbeit von Frauen, Berlin, 128-146

Metz-Göckel, Sigrid (1994): Mächtige Frauen und die Macht der Frauen, in: Roemheld, Regine (Hg.): Fraueninteresse - Frauenpolitik. Definitionen und Initiativen, Weinheim, 28-55

Meyer, Birgit (1990): Frauenpolitiken und Frauenleitbilder der Parteien in der Bundesrepublik, in: Aus Politik und Zeitgeschichte, Bd. 34-35/1990, 16-28

Meyer, Birgit (1992): Die „unpolitische Frau". Politische Partizipation von Frauen oder: Haben Frauen ein anderes Verständnis von Politik?, in: Aus Politik und Zeitgeschichte, Band 25-26/1992, 3-18

Meyer, Birgit (1993): „Hat sie heute denn überhaupt gekocht?" Frauen in der Politik von der Nachkriegszeit bis heute, in: Zeitschrift für Frauenforschung 3/1993, 6-32

Meyer, Birgit (1994): „Wenn man so politisch aktiv ist, muß man sich ja noch lange nicht für Politik interessieren" Zum Politikverständnis von Mädchen, in: Zeitschrift für Frauenforschung 1/1994, 64-76

Meyer, Birgit (1995): „Politik ist eine Sucht wie das Rauchen." Frauen in politischen Führungspositionen, in: Maleck-Lewy, Eva; Penrose, Virginia (Hg.) (1995): Gefährtinnen der Macht. Politische Partizipation von Frauen im vereinigten Deutschland - eine Zwischenbilanz, Berlin, 165-182

Meyer, Birgit (1995a): Ist das Projekt Frauensolidarität gescheitert?, in: Modelmog, Ilse; Gräßel, Ulrike (Hg.):Konkurrenz & Kooperation. Frauen im Zwiespalt?, Münster, 157-170

Meyer, Thomas (1993): Politische Weiterbildung für eine Gesellschaft im Wandel, in: Außerschulische Bildung 3/1993, 271-276

Meyer, Thomas (1995): Die Inszenierung des Scheins. Symbolische Politik in der Mediengesellschaft, in: Bundeszentrale für politische Bildung (Hg.): Verantwortung in einer unübersichtlichen Welt. Aufgaben wertorientierter politischer Bildung. Bonn 425-436

Miner, Valerie; Longino, Helen (Hg.) (1990): Konkurrenz. Ein Tabu unter Frauen, München

Modelmog, Ilse; Gräßel, Ulrike (Hg.) (1995): Konkurrenz & Kooperation. Frauen im Zwiespalt?, Münster

Moret, Esther (1996): Konkurrenz im Diskurs der Neuen Frauenbewegung und Frauenforschung, in: Verein niedersächsischer Bildungsinitiativen (Hg.): Frauen als Gleiche - Frauen als Verschiedene. Perspektiven feministischer Bündnispolitik. Dokumentation des gleichnamigen Kongresses am 20/21. März, Hannover, 49-59

Mühlen Achs, Gitta (1997): Schön brav warten auf den Richtigen? in: Lenssen, Margrit (Hg.): Schaulust. Erotik und Pornografie in den Medien, GMK-Schriftenreihe Band 11, Opladen, 11-36

Nagl-Docekal, Herta; Pauer-Studer, Herlinde (Hg.) (1996): Politische Theorie. Differenz und Lebensqualität, Frankfurt/Main

Naßmacher, Hiltrud (1994): Frauen in die Politik?! , in: Biester, Elke; Holland-Cunz, Barbara; Sauer, Birgit (Hg.) (1994): Demokratie oder Androkratie? Theorie und Praxis demokratischer Herrschaft in der feministischen Diskussion, Frankfurt/Main, 52-68

Nordic Councils of Ministers (1995): Programme for Nordic Co-operation on Gender Equality 1995-2000, Copenhagen

Norwegian Labour Party (Hg.) (1992): Women can do it! Oslo

Notz, Gisela (1991): „Du bist als Frau um einiges mehr gebunden als der Mann" Die Auswirkungen der Geburt des ersten Kindes auf die Lebens- und Arbeitsplanung von Müttern und Väter. Bonn

Nunner-Winkler, Gertrud (1995): Eine weibliche Moral? Die These der Geschlechterdifferenz als Waffe im Verteilungskampf, in: Bundeszentrale für politische Bildung (Hg.): Verantwortung in einer unübersichtlichen Welt. Aufgaben wertorientierter politischer Bildung. Bonn, 281-299

Oltmanns, Reimar (1990): Frauen an der Macht. Marie Schlei, Renate Schmidt, Irmgard Adam-Schwaetzer, Rita Süssmuth, Antje Vollmer. Protokolle einer Aufbruchsära, Frankfurt/Main

Ostner, Ilona (1995): Geschlecht, in: Schäfers, Bernhard (Hg.): Grundbegriffe der Soziologie, Opladen, 93-95

Otto, Heidi (1993): Frauenstudien aus der Sicht der Teilnehmerinnen - Erfahrungen, Veränderungen, Perspektiven. in: Kettschau, Irmhild; Bruchhagen, Verena; Steenbuck, Gisela (Hg.): Frauenstudien - Qualifikationen für eine neue Praxis der Frauenarbeit. Pfaffenweiler

Parkin, Frank (1983): Strategien sozialer Schließung und Klassenbildung, in: Kreckel, Reinhard (Hg.): Soziale Ungleichheiten; Soziale Welt, Sonderband 2, Göttingen, 121-134

Parsons, Talcott (1951): The Social System. Glencoe

Patzelt, Werner J. (1996): Deutschlands Abgeordnete: Profil eines Berufsstandes, der besser ist als sein Ruf, in: Zeitschrift für Parlamentsfragen 3/1996 (Sonderdruck)

Penrose, Virginia (1993): Orientierungsmuster des Karriereverhaltens deutscher Politikerinnen. Ein Ost- Westvergleich. Bielefeld

Peuckert, Rüdiger (1995): Sozialisation, in: Schäfers, Bernhard (Hg.): Grundbegriffe der Soziologie, Opladen, 279-283

Pfarr, Heide (1987): Was Frauen wirklich schafft, ist etwas anderes. Leicht faßliche Widerlegungen aller Argumente gegen Quotierung und Frauenförderpläne. in: Schlaeger, Hille: Die Herren der Dinge. Vom neuen alten Männlichkeitswahn. München, 85-106

Pfister, Gertrud u.a. (Hg.) (1988): Zurück zur Mädchenschule? Beiträge zur Koedukation, Pfaffenweiler

Plöger, Elke (1996): (K)Ein Verhältnis zur Macht? Möglichkeiten und Hemnisse der Machtausübung - eine Ostsicht, in: Penrose, Virginia; Rudolph, Clarissa (Hg.) (1996): Zwischen Machtkritik und Machtgewinn. Feministische Konzepte und politische Realität, Frankfurt/Main, 125-142

Pross, Helge (1969): Über die Bildungschancen von Mädchen in der Bundesrepublik, Frankfurt/Main

Pusch, L.F. (1991): Das Deutsche als Männersprache. Frankfurt/Main

Putnam, Robert D. (1995): Bowling alone. America's Declining Social Capital. http://muse.jhu.edu/demo/journal_of_democracy/v006/putnam.html

Raschke, Joachim (1993): Die Grünen. Wie sie wurden, was sie sind, Frankfurt/Main, Wien

Reinhardt, Sibylle (1996): Braucht die Demokratie politische Bildung? Eine nur scheinbar absurde Frage, in: Aus Politik und Zeitgeschichte, B47/1996, 9-22

Reinhardt, Sybille (1997a): Handlungsorientierung, in: Sander, Wolfgang (Hg.): Handbuch politische Bildung. Schwalbach, 105-115

Reinhardt, Sybille (1997b): Moral- und Werteerziehung, in: Sander, Wolfgang (Hg.): Handbuch politische Bildung. Schwalbach, 338-348

Richter, Dagmar (1997): Geschlechtsspezifische Zusammenhänge politischen Lernens, in: Sander, Wolfgang (Hg.): Handbuch politische Bildung. Schwalbach, 403-414

Roemheld, Regine (1994): Frauenpolitik im Männerstaat. Wege aus dem Dilemma, in: Roemheld, Regine (Hg.): Foraueninteressen und Frauenpolitik. Definitionen und Initiativen, Weinheim, 63-88

Roemheld, Regine (Hg.) (1994): Foraueninteressen - Frauenpolitik: Definitionen und Initiativen, Weinheim

Roemheld, Regine (Hg.) (1994): Foraueninteressen und Frauenpolitik. Definitionen und Initiativen, Weinheim

Rosenberger, Sieglinde (1991): Geschlechterarrangements in der politischen Öffentlichkeit - am Beispiel von Frauenorganisationen in Parteien, in: Angerer, Marie-Luise u.a. (Hg.): Auf glattem Parkett. Feministinnen in Institutionen, Wien, 35-56

Rudolph, Clarissa (1994): Die Institutionalisierung von Frauenpolitik im Parteienstaat, in: Biester, Elke; Holland-Cunz, Barbara; Maleck-Lewy, Eva; Ruf, Anja; Sauer Birgit (Hg.): Gleichstellungspolitik, Totem und Tabus. Eine feministische Revision, Frankfurt/Main, New York, 62-81

Rudolph, Hedwig; Grüning, Marlies (1993): Neue Jobs für Frauen? Frauenförderpläne und die Dynamik gespaltener Arbeitsmärkte, in: Strümpel, Burkhard, Dierkes, Meinolf (1993): Innovation und Beharrung in der Arbeitswelt, Stuttgart, 116-138

Sander, Wolfgang (Hg.) (1997): Handbuch politische Bildung. Schwalbach

Sarcinelli, Ulrich (1995): Politikvermittlung durch Massenmedien - Bedingung oder Ersatz für politische Bildung? Herausforderungen politischer Kommunikation in der Mediengesellschaft, in: Bundeszentrale für politische Bildung (Hg.): Verantwortung in einer unübersichtlichen Welt. Aufgaben wertorientierter politischer Bildung, Bonn, 443-458

Sauer, Birgit (1994): Was heißt und zu welchem Zweck partizipieren wir? Kritische Anmerkungen zur Partizipationsforschung, in: Biester, Elke; Holland-Cunz, Barbara; Sauer, Birgit (Hg.) (1994): Demokratie oder Androkratie? Theorie und Praxis demokratischer Herrschaft in der feministischen Diskussion, Frankfurt/Main, 99-130

Schaeffer-Hegel, Barbara (Hg.) (1990): Vater Staat und seine Frauen, Bd. 1, Pfaffenweiler

Schaeffer-Hegel, Barbara (1990): Eigentum, Vernunft, Liebe: Paradigmen des Ausschlusses von Frauen aus der Politik, in: Schaeffer-Hegel, Barbara (Hg.): Vater Staat und seine Frauen, Bd. 1, Pfaffenweiler, 149-165

Schaeffer-Hegel, Barbara u.a. (1995): Frauen mit Macht. Zum Wandel der politischen Kultur durch die Präsenz von Frauen in Führungspositionen. Pfaffenweiler

Schaeffer-Hegel, Barbara (1996): Säulen des Patriarchats. Zur Kritik patriarchaler Konzept von Wissenschaft, Weiblichkeit, Sexualität und Macht. Pfaffenweiler

Schaeffer-Hegel, Barbara; Leist, Andrea (1996a): Sozialer Wandel und Geschlecht: Für eine Neubestimmung des Privaten, in: Aus Politik und Zeitgeschichte B42/1996, 32-40

Schlapeit-Beck, Dagmar (1991): Karrierefrauen im Konflikt zwischen Ohnmachtszuschreibungen und weiblichem Führungsstil, in: Feministische Studien 1/1991, 147-157

Schmidt, Margot (1993): Interpretierte Geschichte - lebensgeschichtliche Interviews mit hessischen Politikerinnen. in: Wischermann, Ulla (Hg.): Staatsbürgerinnen zwischen Partei und bewegung. Frauenpolitik in Hessen 1945-1955, Frankfurt/Main, 193-268

Schmidtchen, Gerhard (1989): Schritte ins Nichts. Selbstschädigungstendenzen unter jungen Menschen, Opladen

Schmidtchen, Gerhard (1997): Wie weit ist der Weg nach Deutschland? Sozialpsychologie der Jugend in der postsozialistischen Welt, Opladen

Schöler-Macher, Bärbel (1994): Die Fremdheit der Politik: Erfahrungen von Frauen in Parteien und Parlamenten, Weinheim

Schreyögg, Astrid (1996): Coaching. Eine Einführung für Praxis und Ausbildung, Frankfurt/Main, New York

Schüller, Elke (1993): Keine Frau darf fehlen. Frauen und Kommunalpolitik im ersten Nachkriegsjahrzehnt in Hessen. in: Wischermann, Ulla (Hg.): Staatsbürgerinnen zwischen Partei und bewegung. Frauenpolitik in Hessen 1945-1955, Frankfurt/Main, 88-151

Schultz, Dagmar (1993): Kein Ort nur für uns allein. Weiße Frauen auf dem Weg zu Bündnissen, in: Hügel, Ika; Lange, Chris; Ayim, May; Bubeck, Ilona; Aktas, Gülsen; Schultz, Dagmar (Hg.): Entfernte Verbindungen. Rassismus, Antisemitismus, Klassenunterdrückung, Berlin

Schulz-Erker, Gisela (1995): Frauen, Öffentlichkeit und das Problem der Macht, Pfaffenweiler

Schwarting, Frauke (1995): „Manchmal hast du das Gefühl, du stimmst nicht ganz": Erfahrungen von Frauen in Parlamenten, Münster

Segerman-Peck, Lily (1994): Frauen fördern Frauen. Netzwerke und Mentorinnen. Ein Leitfaden für den Weg nach oben, Frankfurt/Main, New York

Showstack Sassoon, Anne (1991): Gleichheit und Unterschied. Das Entstehen eines neuen Konzepts von Staatsbürgerschaft, in: Das Argument 185/1991, Hamburg, Berlin, 27-40

Sineau, Mariette (1995): Recht und Demokratie, in: Thébaud, Francoise (Hg.): Geschichte der Frauen. 20. Jahrhundert, Frankfurt/Main, 529-558

Statistisches Bundesamt (1995): Bildung und Kultur. Fachserie 11. Reihe 4.1. Studenten an Hochschulen. Wiesbaden

Statistisches Bundesamt (1996): Statistisches Jahrbuch 1995, Wiesbaden

Sutor, Bernhard (1997): Kleine politische Ethik in: Bundeszentrale für politische Bildung, Schriftenreihe Bd. 341, Bonn

Verein niedersächsischer Bildungsinitiativen (Hg.) (1996): Frauen als Gleiche - Frauen als Verschiedene. Perspektiven feministischer Bündnispolitik. Dokumentation des gleichnamigen Kongresses am 20/21. März, Hannover

von Arnim, Hans Herbert (1995): Wege aus der Krise der Demokratie, in: Bundeszentrale für politische Bildung (Hg.): Verantwortung in einer unübersichtlichen Welt. Bonn, 131-143

Waschbüsch, Eva; Kuwan, Helmut (1994): Qualifizierungsmöglichkeiten für Frauen in Führungspositionen. Bestandsaufnahme und Empfehlungen. Hg. vom Bundesministerium für Bildung und Wissenschaft, Bonn

Weber, Max (1964): Wirtschaft und Gesellschaft, Köln, Berlin

Weber, Max (1992): Politik als Beruf, Stuttgart

Weber, Ulla (1995): Hoffnungsträger Hexenfrühstück, in: Schaeffer-Hegel, Barbara u.a. (1995): Frauen mit Macht: zum Wandel der politischen Kultur durch die Präsenz von Frauen in Führungspositionen. Pfaffenweiler, 169-198

Weis, Petra (1995): Hürdenlauf an die Macht? Politische Partizipation von Frauen in der SPD und die Quote, in: Maleck-Lewy, Eva; Penrose, Virginia (Hg.): Gefährtinnen der Macht. Politische Partizipation von Frauen im vereinigten Deutschland - eine Zwischenbilanz, Berlin, 65 - 82

Wender, Ingeborg: (1995): „Kinderbetreuung - das geht mich noch nichts an". in: Initiative „Frauen geben Technik neue Impulse" (Hg.): FrauenTechnikTag 1994. Bonn, 70-76

Wetterer, Angelika (Hg.) (1992): Profession und Geschlecht. Über die Marginalität von Frauen in hochqualifizierten Berufen, Frankfurt/Main, New York

Wilkenson, Helen (1997): Kinder der Freiheit. Entsteht eine neue Ethik individueller und sozialer Verantwortung?, in: Beck, Ulrich (Hg.): Kinder der Freiheit. Frankfurt/Main, 85 - 123

Winkler, Gunnar (Hg.) (1990): Frauenreport '90, Berlin

Wülffing, Gisela (1994): Die öffentliche Frau. Ein vertrautes oder fremdartiges Zauberwesen? In: Brückner, Margrit, Meyer, Birgit (Hg.) (1994): Die sichtbare Frau: die Aneignung der gesellschaftlichen Räume, Freiburg im Breisgau, 57-74

Ulla Weber, Berlin

Ulla Weber ist Medienwissenschaftlerin und seit 1995 wissenschaftliche Mitarbeiterin am Institut für Erziehungswissenschaften der Technischen Universität Berlin. Ulla Weber war mehrere Jahre im Bereich Kulturpolitik/Kulturorganisation tätig. Sie war an der Untersuchung über den Berliner Frauensenat „Frauen mit Macht" und am Forschungsprojekt „Zur Situation und Zukunft von Frauen in der Politik" beteiligt.

Elke Wülfing; Bonn

Elke Wülfing, staatlich geprüfte Auslandskorrespondentin, ist seit Januar 1997 Parlamentarische Staatssekretärin beim Bundesministerium für Bildung, Wissenschaft, Forschung und Technologie (BMBF). Elke Wülfing erfüllte verschiedene politische Funktionen auf kommunaler Ebene für die CDU, deren Mitglied sie seit 1973 ist. Seit 1990 ist sie Mitglied des Deutschen Bundestages und war bis Januar 1997 Mitglied des Wirtschafts-, Finanz- und Europaausschusses des Deutschen Bundestages. Seit 1991 ist Elke Wülfing stellvertretende Landesvorsitzende der CDU Nordrhein-Westfalen.

Rahmen des 4. Aktionsprogramms zur Chancengleichheit von Frauen und Männern von der Europäischen Kommission gefördert wird. Helga Lukoschat ist stellvertretende Vorsitzende der EUROPÄISCHEN AKADEMIE FÜR FRAUEN IN POLITIK UND WIRTSCHAFT - Berlin.

Barbara Schaeffer-Hegel; Berlin

Prof. Dr. Barbara Schaeffer-Hegel hat Politikwissenschaften, Geschichte, Philosophie und Romanistik studiert. Sie ist ist seit 1972 Professorin für Erziehungswissenschaften an der Technischen Universität Berlin und Vorstandsvorsitzende der EUROPÄISCHEN AKADEMIE FÜR FRAUEN IN POLITIK UND WIRTSCHAFT - Berlin. Prof. Schaeffer-Hegel hat zahlreiche internationale Fachkonferenzen zu verschiedenen frauenpolitischen Themen durchgeführt und war entscheidend an der Einrichtung der Zentraleinrichtung Frauenstudien und Frauenforschung an der Freien Universität Berlin beteiligt (1978 - 1979). Im Laufe ihrer Lehrtätigkeit hatte sie verschiedene Gastprofessuren im europäischen Ausland und in den USA inne und leitete mehrere Forschungsprojekte im Bereich der Frauenforschung. Dazu gehört u.a. das DFG-Forschungsprojekt über den Berliner Frauensenat „Frauen mit Macht" (1989-1990). Barbara Schaeffer-Hegel hat zahlreiche Bücher zu frauen- und wissenschaftspolitischen Fragen veröffentlicht.

Rita Süssmuth; Bonn

Prof. Dr. Rita Süssmuth ist seit 1988 die Präsidentin des Deutschen Bundestages.

Sie lehrte mehrere Jahre Erziehungswissenschaften an verschiedenen Universitäten und war von 1982 bis 1985 Direktorin des Instituts Frau und Gesellschaft in Hannover. 1985 übernahm sie das Amt der Bundesministerin für Jugend, Familie und Gesundheit. Mit der Erweiterung der Zuständigkeiten des Ministeriums auf die Bereiche Jugend, Familie, Frauen und Gesundheit wurde Rita Süssmuth 1986 die erste Frauenministerin der Bundesrepublik Deutschland. Seit 1986 ist sie Bundesvorsitzende der Frauen-Union der CDU.

Ann Swain; London, Großbritannien

Ann Swain die früher als Chemikerin in der Forschung tätig war, ist Vorsitzende von The 300 Group. Sie hat zahlreiche gesellschaftliche und politische Funktionen inne, unter anderem ist sie Fellow der Royal Society of Arts, Mitglied des Fair Play South East, einem regionalen Zusammenschluß gegen die Diskriminierung von Frauen in Wirtschaft und Gesellschaft und unabhängiges Mitglied der Sussex Police Authority. Sie ist ehemalige Präsidentin der Business & Professional Women UK Ltd. und war Vorsitzende der West Sussex Family Health Services Authority.

Danuta Waniek; Warschau, Republik Polen

Prof. Dr. Danuta Waniek, Rechts- und Sozialwissenschaftlerin, ist seit 1995 Chefin der Kanzlei des Präsidenten der Republik Polen und Gründerin der Demokratischen Frauenunion. Von 1994 bis 1995 war sie Unterstaatssekretärin für Nationale Verteidigung und 1995 Wahlkampfleiterin für Alexander Kwasniewski. Danuta Waniek ist Mitglied der Allianz der Demokratischen Linken (SLD) und Mitbegründerin, zeitweise auch stellvertretende Vorsitzende, der parteiunabhängigen Frauengruppe des polnischen Parlaments.

Marion Esch; Berlin

Marion Esch ist Doktorandin im Fachgebiet Medienwissenschaften der TU Berlin und freie Mitarbeiterin der EUROPÄISCHEN AKADEMIE FÜR FRAUEN IN POLITIK UND WIRTSCHAFT - Berlin e.V. Sie studierte Medien-, Politik- und Erziehungswissenschaften an der TU Berlin. In ihrer bisherigen Forschungs- und Lehrtätigkeit an der TU Berlin sowie in der außeruniversitären Erwachsenenbildung hat sie sich schwerpunktmäßig mit Vermittlungsproblemen in der Medienkommunikation befaßt. Ihr im Abschluß befindliches mediensoziologisches Promotionsvorhaben beschäftigt sich mit den Problemen der massenmedialen Politikvermittlung. 1996/97 hat Marion Esch in Kooperation mit dem Forschungsprojekt „Frauen in der Politik als Aufgabe politischer Bildungsarbeit" und mit Unterstützung des Berliner Senat eine international vergleichende Studie zu den Erfolgsbedingungen und Instrumenten gleichstellungsorientierten Mainstreamings erarbeitet.

Anita Perez Ferguson; Washington, DC, USA

Anita Perez Ferguson, Psychologin, Kommunikations- und Betriebswissenschaftlerin, ist die Präsidentin des National Women's Political Caucus (NWPC). Sie ist Vorsitzende der Coalition for Women's Appointments, deren Ziel es ist, Frauen in politische Führungspositionen zu bringen. Vor ihrer Wahl zur Präsidentin des NWPC war sie Verbindungsfrau des Weißen Hauses zum U.S. Department of Transportation und Landesvorsitzende für die Bereiche Training und Erziehung des Democratic National Committee.

Helga Foster; Berlin

Dr. Helga Foster ist Sozialwissenschaftlerin und Frauenbeauftragte des Bundesinstituts für Berufsbildung. Sie arbeitet in der Berufsbildungsforschung zu verschiedenen Aspekten der Aus- und Weiterbildung sowie zu Fragen der Erwerbsarbeit von Frauen. Ein Schwerpunkt ihrer Arbeit liegt darin, durch geeignete Bildungsangebote für Frauen dazu beizutragen, die gesellschaftliche Beteiligung von Frauen in Beruf und Öffentlichkeit zu erweitern und Karrierewege für Frauen zu erschließen.

Marianne Laxén; Kopenhagen, Dänemark

Dr. Marianne Laxén ist seit 1995 Senior-Beraterin für Gleichstellungsfragen beim Nordic Council of Minister's. Frau Dr. Laxén, die in Politischer Ökonomie, Soziologie und in sozialer und ökonomischer Geschichte promoviert hat, stammt ursprünglich aus Finnland. Als Mitglied der Sozialdemokratischen Partei bekleidete sie zahlreiche politische Führungspositionen, unter anderem war sie Generalsekretärin der Sozialdemokratischen Frauen und Staatssekretärin im Ministerium für Soziale Angelegenheiten und Gesundheit.

Helga Lukoschat; Berlin

Helga Lukoschat, Politologin und Publizistin, ist wissenschaftliche Mitarbeiterin an der Technischen Universität Berlin (TU). Sie arbeitete als Redakteurin bei der Tageszeitung (taz) und als Referentin für Frauenpolitik bei Bündnis 90/Die Grünen in Berlin. Helga Lukoschat hat bereits an mehreren Forschungsprojekten der TU mitgearbeitet. Zur Zeit ist sie verantwortlich für das Projekt „Preparing Women to Lead. Starthilfen für den weiblichen Führungsnachwuchs", das im

Die Autorinnen

Marianne Alexander; Washington DC, USA

Marianne Alexander Ph.D., Amerikanistin und Historikerin, ist seit 1986 die Geschäftsführende Direktorin des Public Leadership Education Network (PLEN). Im Rahmen dieser Tätigkeit war sie unter anderem Leiterin der PLEN-Delegation bei der UN-Frauenkonferenz 1995 in Peking und leitete verschiedene Forschungsprojekte in den Bereichen „Frauen und Politik in Europa" und „Frauen in Führungspositionen". Seit 1992 ist sie außerdem führendes Mitglied des National Board of Directors, Girl Scouts of the USA und seit 1996 gewähltes Mitglied des Penn State Alumini council.

Susanne Bergmann; Dortmund

Susanne Bergmann, Absolventin der Berliner Hochschule der Künste und langjährige Dozentin für politische Bildung mit dem Schwerpunkt kreative Mediengestaltung im Jugendfilmstudio Berlin, hat unter der Leitung von Prof. Dr. Barbara Schaeffer-Hegel als wissenschaftliche Mitarbeiterin im Forschungsprojekt „Zur Situation und Zukunft von Frauen in der Politik" an der Technischen Universität Berlin mitgearbeitet. Sie ist Vorstandsmitglied der GMK (Gesellschaft für Medienpädagogik und Kommunikationskultur) und Prüfausschußvorsitzende bei der FSF (Freiwillige Selbstkontrolle Fernsehen). Sie schreibt als freie Autorin für den Süddeutschen Rundfunk und wurde 1997 Preisträgerin des 10. Nordrhein-Westfälischen Autorentreffens in der Sparte Kinder- und Jugendliteratur.

Nancy Brown; Stanley, Kansas, USA

Nancy Brown engagiert sich bereits seit vielen Jahren für das Women's Network, den Zusammenschluß der weiblichen Abgeordneten aus den Parlamenten der US-Bundesstaaten, und ist seit Anfang 1996 die Geschäftsführende Direktorin der Organisation. In den vergangenen zwanzig Jahren hatte Nancy Brown verschiedene politische Führungspositionen inne. Für fünf Amtsperioden war sie Abgeordnete im Kansas House of Representatives und Vorsitzende des House of Representative's Local Government Committee. Während ihrer politischen Laufbahn gehörte sie zahlreichen Ausschüssen an. Auf der Landesebene war Nancy Brown Vorsitzende des State-Local-Tribal Relations Committee of the NCSL (National Conference of State Legislatures) und Mitglied der Fiscal Affairs Working Group des NCSL.

Helga Ebeling; Bonn

Helga Ebeling , Erziehungswissenschaftlerin und Diplom-Pädagogin, ist Leiterin des Referats Frauen in Bildung und Forschung beim Bundesministerium für Bildung, Wissenschaft, Forschung und Technologie. Im Rahmen ihrer Tätigkeit, die sie seit 1989 ausübt, befaßt sich Helga Ebeling mit der Situation und den Perspektiven von Frauen in Bildung, Wissenschaft und Forschung. Dabei geht es vor allem um die Realisierung gleicher Chancen für Frauen und Mädchen in Schule, Berufsausbildung, Weiterbildung, Hochschule, Wissenschaft und Forschung. Auch auf internationaler Ebene vertritt sie die Chancengleichheitspolitik des BMBF in verschiedenen Institutionen (UNO, ILO, OECD, EU) und koordiniert verschiedene Maßnahmen und Aktionsprogramme der Europäischen Union.

FRAUEN & GESCHICHTE, GESELLSCHAFT, KULTUR

Biró, Christine
Zwischen Fiktion und Wirklichkeit. Zur Bedeutung weiblicher Identität in den Bildern Lovis Corinths
Kunstgeschichte, Band 5, 2000, 108 Seiten, Abb., br.,
ISBN 3-8255-0291-0, ca. 50,00 DM

Claas, Babette
Gleichberechtigt in den Parteien? Der Gleichberechtigungsartikel und die Parteien in der Geschichte der Bundesrepublik Deutschland.
Feministische Theorie und Polititk, Band 14, 2000, 360 S., br.,
ISBN 3-8255-0300-3, ca. 60,00 DM

Dörr, Bea / Kaschuba, Gerrit / Maurer, Susanne
„Endlich habe ich einen Platz für meine Erinnerungen gefunden".
Kollektives Erinnern von Frauen in Erzählcafés zum Nationalsozialismus
Forschungen zum Nationalsozialismus, Band 1, 2. Auflage 2000, 176 Seiten, Abb., br.,
ISBN 3-8255-0245-7, ca. 30,00 DM

Förner, Judith
Musikalische Mädchen(t)räume. Die Bedeutung der weiblichen Adoleszenz für die Ausbildung musikalisch-künstlerischer Produktivität
Frauen*Gesellschaft*Kritik, Band 33, 2000, 108 Seiten, Abb., br.,
ISBN 3-8255-0250-3, ca. 40,00 DM

Hoffmann-Altmann, Uta / Teheranni-Krönner, Parto / Schultz, Ulrike (Hg.)
Frauen und nachhaltige ländliche Entwicklung. Beiträge der III. Internationalen Tagung „Frauen in der ländlichen Entwicklung"
Frauen*Gesellschaft*Kritik, Band 34, 1999, 196 Seiten, br., ISBN 3-8255-0283-X, 49,80 DM

Katharina Katt
Bürgerinnenbeteiligung in der Kommune. Empirische Studie zur politischen Partizipation von Frauen am Beispiel der Zukunftswerkstätten in Heidelberg
Aktuelle Frauenforschung, Band 41, 2000, 168 Seiten, br.,
ISBN 3-8255-0304-6, ca. 50,00 DM / 365 öS / 46,50 sFr

Koppenhöfer, Eva
Frauen und Zigaretten. Über das Ambivalente am Rauchen und seine Ausprägungen in weiblichen Lebenszusammenhängen
Betrifft: Geschlecht. Diskussionsbeiträge junger Wissenschaftlerinnen, Band 2, 2000, 200 Seiten, br. ISBN 3-8255-0274-0, ca. 50,00 DM

CENTAURUS VERLAG

FRAUEN & GESCHICHTE, GESELLSCHAFT, KULTUR

Kroll, Renate/Stoye, Sabine
**Bibliographie der deutschsprachigen Frauenliteratur 1998/1999.
Belletristik – Sachbuch – Gender Studies.**
Bibliographie der deutschsprachigen Frauenliteratur, Band 5, 2000, 420 S., br.,
ISBN 3-8255-0312-7, ca. 60,00 DM/438 öS/54,50 sFr

Ley, Ulrike
Einerseits und Andererseits. Das Dilemma liberaler Frauenrechtlerinnen in der Politik. Zu den Bedingungen politischer Partizipation von Frauen im Kaiserreich
Forum Politik & Geschlechterverhältnisse, Band, 1, 1999, 230 Seiten, br.,
ISBN 3-8255-0229-5, 59,80 DM

Puschmann, Claudia
Fahrende Frauenzimmer. Zur Geschichte der Frauen an deutschen Wanderbühnen
Frauen in Geschichte und Gesellschaft, Band 34, 2000, 172 Seiten, br.,
ISBN 3-8255-0272-4, ca. 50,00 DM

Reinert, Kirsten
Frauen und Sexualreform 1897-1933
Forum Frauengeschichte, Band 22, 2000, 346 Seiten, Abb., br.,
ISBN 3-8255-0258-9, ca. 60,00 DM

Sitter, Carmen
„Die eine Hälfte vergißt man(n) leicht!" Zur Situation von Journalistinnen in Deutschland unter besonderer Berücksichtigung des 20. Jahrhunderts
Frauen*Gesellschaft*Kritik, Band 31, 1998, 580 Seiten, Abb., br.,
ISBN 3-8255-0212-0, 49,80 DM

Tübinger Institut für frauenpolitische Sozialforschung (Hg.)
Den Wechsel im Blick. Methodologische Ansichten feministischer Sozialforschung
Aktuelle Frauenforschung, Band 40, 2. Auflage 2000, 328 Seiten, br.,
ISBN 3-8255-0221-X, 49,80 DM

Wonneberger, Eva / Marten, Susanne
„Eigenes Geld - Eigenes Glück?" Risiken und Chancen der beruflichen Selbständigkeit für Frauen
Aktuelle Frauenforschung, Band 23, 2000, 108 Seiten, Abb., br.,
ISBN 3-8255-0280-5, ca. 30,00 DM

CENTAURUS VERLAG

MIX
Papier aus verantwortungsvollen Quellen
Paper from responsible sources
FSC® C105338

If you have any concerns about our products,
you can contact us on
ProductSafety@springernature.com

In case Publisher is established outside the EU,
the EU authorized representative is:
**Springer Nature Customer Service Center GmbH
Europaplatz 3, 69115 Heidelberg, Germany**

Printed by Libri Plureos GmbH
in Hamburg, Germany